明清史料考论

展龙 著

百高等学校哲学社会科学优秀学者资助项目成果

百高等学校哲学社会科学基础研究重大项目阶段性成果

科学出版社

北京

内 容 简 介

本书运用寓论于考，考论结合的研究方法，对焦竑《献征录》、薛应旂《宪章录》、张廷玉《明史》、万斯同《明史》、吴炎等《明史记》、《四库全书总目》等明清要籍之编撰缘起、成书刊布、撰述义例、文献征稽、史学价值及衍脱舛讹做了细致考究，其中既有微观的文献考实，也有宏观的义理阐述。全书凡分七题，成此一编，旨在辨章学术，考镜源流，以为学界同好充分征用《明史》《献征录》《宪章录》等重要文献扫清史误，澄清史实，厘清史源，并为进一步深入研究明清史料史实提供文献基础和理论参考。

本书适合对明清史、史学史感兴趣的读者阅读。

图书在版编目（CIP）数据

明清史料考论 / 展龙著. —北京：科学出版社，2017.12
ISBN 978-7-03-056231-9

Ⅰ. ①明… Ⅱ. ①展… Ⅲ. ①中国历史-史料-明清时代 Ⅳ. ①K248.06

中国版本图书馆 CIP 数据核字（2017）第 323876 号

责任编辑：耿　雪 / 责任校对：张林红
责任印制：张　伟 / 封面设计：耕者设计

科 学 出 版 社 出版
北京东黄城根北街 16 号
邮政编码：100717
http://www.sciencep.com

北京虎彩文化传播有限公司 印刷
科学出版社发行　各地新华书店经销

*

2017 年 12 月第 一 版　开本：720×1000　B5
2019 年 1 月第二次印刷　印张：24 1/4
字数：360 000

定价：99.00 元

（如有印装质量问题，我社负责调换）

目　　录

焦竑《献征录》研究

一、《献征录》编纂流传 ……………………………………… 4

　（一）编纂动因 …………………………………………… 4

　（二）编纂过程 …………………………………………… 10

　（三）版本流传 …………………………………………… 15

二、《献征录》编纂义例 ………………………………………… 18

　（一）编载人物，系以官署 ……………………………… 19

　（二）收录人物，德行为先 ……………………………… 24

　（三）传记类型，灵活多样 ……………………………… 31

三、《献征录》文献征引 ………………………………………… 32

　（一）文献征引范围 ……………………………………… 33

　（二）文献征引方法 ……………………………………… 40

　（三）文献征引原则 ……………………………………… 42

四、《献征录》史料价值 ………………………………………… 45

　（一）补明史文献之阙 …………………………………… 46

（二）为明史文献之源 ……………………………………… 47

（三）订明史文献之讹 ……………………………………… 48

（四）辑明史文献之佚 ……………………………………… 49

（五）《献征录》纰漏 ……………………………………… 50

薛应旂《宪章录》编纂义例及特色

一、编纂体例灵活恰当 ……………………………………… 61

二、善于臧否本朝人物 ……………………………………… 63

三、详载官方文献编修 ……………………………………… 64

四、广泛精当的"按语" ……………………………………… 66

五、史料来源翔实可靠 ……………………………………… 67

（一）征引历朝实录 ………………………………………… 67

（二）博采野史笔记 ………………………………………… 71

（三）取材见闻史料 ………………………………………… 73

万斯同《明史》序、论的史学价值

一、论明代典制之得失 ……………………………………… 77

二、论明代历史之兴衰 ……………………………………… 81

三、论明代人物之善恶 ……………………………………… 85

四、序、论特色与价值 ……………………………………… 90

吴炎、潘柽章《明史记》编纂考论

一、《明史记》编纂缘起 ·· 94

（一）保存故国之史 ·· 94

（二）批评私修明史 ·· 95

（三）推重《史记》旧例 ·· 96

二、《明史记》编纂过程 ·· 96

（一）编纂体例 ·· 96

（二）撰写分工 ·· 98

（三）史料征集 ·· 99

（四）完稿情况 ·· 100

三、《明史记》史料来源 ·· 102

"四库"馆臣论明代笔记史料

一、《总目》著录明人笔记 ·· 106

二、论明人笔记的史料价值 ·· 108

三、论明人笔记的纰漏缺陷 ·· 115

张廷玉《明史·列传》疑误拾零

一、人名误 ·· 123

二、地名误………………………………………197

三、时间误………………………………………231

四、史实误………………………………………253

五、职官误………………………………………280

六、文字误………………………………………297

七、标点误………………………………………338

焦竑著述编年考………………………………345

参考文献………………………………………367

焦竑《献征录》研究

　　焦竑（1540—1620 年），字弱侯，号澹园，江苏江宁（今南京市）人。万历十七年（1589 年）进士，官翰林院修撰。焦竑长涉艺文，耽悦史传，居今识古，覃思著述，所撰诸书遍及经、史、子、集，又兼涉金石、文字、音韵等领域，他既是"以文学冠时"①的文学家和"以倡明圣学为己任"②的哲学家，也是"开清代校勘学先例"③的文献学家；其所论曾被时人"视为冠冕舟航"④，"奉为拱璧"⑤，或得其片言，也"莫不叹以为难得"⑥，即使对焦竑颇有非议的清人，也认为他"负博物之名"⑦。不仅如此，在明代史坛上，焦竑堪为名家，他博古通今，谙于国史，撰成《皇明人物考》《国史经籍志》《逊国忠节录》《熙朝名臣实录》《献征录》《玉堂丛语》等当代史著多部。但其中卷帙最博、声誉最隆、最能代表焦竑史学成就的当属《献征录》。⑧

　　《献征录》，又称《国朝献征录》《国史献征录》⑨《国史文献征

---

① （明）沈德符撰：《万历野获编》卷一六《己丑词林》，北京：中华书局，1959 年，第 421 页。

② （清）陈作霖纂：《（光绪）金陵通传》卷一九《焦竑传》，《中国方志丛书》本，台北：成文出版社有限公司，1970 年，第 553 页。

③ 范文澜：《经学史讲演录》，《历史学》1979 年第 6 期。

④ （明）焦竑撰，李剑雄点校：《澹园集》卷首《尊师澹园焦先生续集序》（徐光启），北京：中华书局，1999 年，第 1219 页。

⑤ （明）焦竑撰，李剑雄点校：《澹园集》卷首《澹园续集序》（金励），北京：中华书局，1999 年，第 1217 页。

⑥ （明）焦竑撰，李剑雄点校：《澹园集》卷首《焦太史澹园集序》（耿定力），北京：中华书局，1999 年，第 1211 页。

⑦ （清）永瑢等撰：《四库全书总目》卷八七《国史经籍志》提要，北京：中华书局，1965 年，第 744 页。

⑧ 展龙：《明清以来焦竑研究述论》，《历史典籍和传统文化研究》，北京：方志出版社，2004 年。

⑨ （清）永瑢等撰：《四库全书总目》卷五八《今献备遗》提要云："明人学无根柢，而最好著书，尤好作私史。其以累朝人物汇辑成编者，如雷礼之《列卿记》、杨豫孙之《名臣琬琰录》、焦竑之《国史献征录》。"（《四库全书总目》卷五八《今献备遗》提要，北京：中华书局，1965 年，第 524 页）《千顷堂书目》《明史·艺文志》亦著录为《国史献征录》。

录》①，凡 120 卷，是一部明代人物传记资料汇编。此书所收人物起自明
开国初期，包括元末农民起义中的部分人物，如郭子兴、俞廷玉、花云、
徐寿辉、张德胜、耿再成等均死于元至正年间，并非严格意义上的"国
朝"人物。故说《献征录》所收人物起于明初或洪武初，皆有失准确。此
书所收人物下限，学界观点有三：清四库馆臣云"迄于嘉靖"②，今人商
传③、陈高华诸先生④从此说，《献征录》上海书店影印 1986 年"出版说
明"也持此观点。此外，德国学者傅吾康（Wolfgang Franke，1912—2007
年）先生云"终万历初期"⑤。而南炳文先生、李小林先生则认为"下迄
万历末"⑥。实际上，第三种说法更为准确。万历一朝凡四十八年，在明
代诸帝中历时最久。据笔者统计，《献征录》所收人物共有 3554 人，其中
不少生活在万历末年，如沈子木卒于万历三十七年（1609 年），王锡爵卒
于万历三十八年（1610 年），阮鄂卒于万历四十一年（1613 年），申时行
卒于万历四十二年（1614 年），最晚的是李廷机，卒于万历四十四年
（1616 年），仅比焦竑早离世四年。

传记史书，自有渊源。书名以"献"专指传记者，《献征录》之前就
有不少，仅明代就有：嘉靖三年（1524 年），郑岳纂成《莆阳文献》，其

---

① 乾隆四十四年（1779 年）四月江苏巡抚杨魁奏缴条，载《清代禁书总述》，北京：中国书店，1999
年，第 187 页。

② （清）永瑢等撰：《四库全书总目》卷六二《献征录》提要，北京：中华书局，1965 年，第 559
页。

③ 商传先生说："书中收入明建国至嘉靖中各类人物近四千。"白寿彝主编：《中国通史》第 15 册，上
海：上海人民出版社，1999 年，第 65 页。

④ 陈高华、陈智超等：《中国古代史史料学》，北京：北京出版社，1983 年，第 383 页。安作璋、朱
仲玉、丁宏宣、王炜民诸先生也有相同说法，分别见《中国古代史史料学》，福州：福建人民出版
社，1994 年，第 263 页；《焦竑的史学成就》，《历史文献研究》（北京新八辑），北京：北京师范大
学出版社，1997 年；《论焦竑与〈国史经籍志〉》，《图书馆论坛》1997 年第 1 期；《焦竑的文献
学》，《历史文献研究》（北京新五辑），北京：北京师范大学出版社，1994 年。另，《简明中国古籍
辞典》（长春：吉林文史出版社，1987 年）、《中国历史大辞典》（上海：上海古籍出版社，1983
年）在释《献征录》时，亦云"至嘉靖"。

⑤ 〔美〕牟复礼、〔英〕崔瑞德：《剑桥中国明代史》，张书生、黄沫、杨品良，等译，思炜、张言、
谢亮生校，北京：中国社会科学出版社，1992 年，第 812 页。

⑥ 南炳文：《正直博学的焦澹园》，《明史研究》第 4 辑，1994 年；李小林：《万历官修本朝正史研
究》，天津：南开大学出版社，1999 年，第 49 页。

中属"文"者 13 卷,属"献"者 75 卷[①],黄起龙序云:"取名公事迹为列传 74 卷。"此"名公事迹"即为"献"。嘉靖二十五年(1546 年),李濂《祥符文献志》17 卷成书,是书所载人物,自明初至嘉靖,共 29 人。嘉靖末,袁褧《皇明献实》40 卷,收录人物自开国迄嘉靖初,共 180 人。以此书为基础,万历初,项笃寿成《今献备遗》42 卷,书中收洪武至正德"公卿将相,烈士才人,崇勋懋德,纯懿孤棱,称首八朝者"[②],凡 204 人。《藩献志》4 卷,则主要记载宗室王侯的事迹。以上各"献",皆指人物传记。而书名中首次出现"献征录"者,《献征录》之前有朱存理的《吴郡献征录》[③]。可见,焦竑将此书题曰《献征录》,与这种风气不无关系[④],且明人黄汝亨已经明示:"(《献征录》)自同姓诸侯王传、文臣武臣以及四夷等传,凡百二十余卷,万有一千余页,录名《献征》。"[⑤]《献征录》之后,尚有以"献"标题的传记史书,如清人曹溶《续献征录》、李桓《国朝耆献类征初编》、刘毓松《彭城献征录》等。

　　焦竑《献征录》被誉为明代"最杰出的"传记之一[⑥],所收明代人物时间跨度之大,数量之多,可谓史无前例。不仅如此,书中博采群籍,且多为原始资料或唯一资料,从而保证了全书史料的丰富性和真实性,主要

---

① 此书卷数史载各异。《千顷堂书目》七《地理类》云:"郑岳《莆阳文献志》七十五卷,弘治中修。注:吴(骞)校云:'《遗书目》云诗文杂著十三卷,列传七十四篇'。疑所谓七十五卷者,误也。"(见黄虞稷撰:《千顷堂书目》卷七《地理类中》,上海:上海古籍出版社,2001 年,第 191 页)《明史》卷九七《艺文·二地理类》:"郑岳《莆阳文献志》七十五卷。"(见《明史》卷九七《艺文二·地理类》,北京:中华书局,1974 年,第 2413 页)《四库全书总目》卷六一传记存目三:"《莆阳文献》十三卷、《列传》七十五卷。"(清·永瑢等撰:《四库全书总目》卷六一《莆阳文献》提要,北京:中华书局,1965 年,第 550 页)王重民《中国善本书提要·史部传记类》:"《莆阳文献》一三卷、《列传》七十五卷。"(王重民撰:《中国善本书提要》,上海:上海古籍出版社,1983 年,第 134 页)实际上,言七十五卷者,是包括了原书作者郑岳一传,其他并无出入。

② (明)项笃寿撰:《今献备遗》卷首《今献备遗原序》,《景印文渊阁四库全书》本,第 453 册,第 504 页。

③ 据《国朝献征录》卷一一五《朱性南存理墓志铭》(文征明撰)云:"(朱存理)篡集有《经子钩玄》《吴郡献征录》《名物寓言》等。"(《续修四库全书》本,第 531 册,第 512 页),今佚。

④ 此前焦竑已有"收录国献"一说:"(此书)至收录文献。明习故典者,当奉为蓍蔡,未可与虚车之词同类而共观之也。"(明·焦竑撰,李剑雄点校:《澹园续集》卷一《梁端肃公奏议序》,北京:中华书局,1999 年,第 761 页。)

⑤ (明)焦竑辑:《献征录》卷首《献征录序》(黄汝亨),《续修四库全书》本,第 525 册,第 7 页。

⑥ 〔美〕牟复礼、〔英〕崔瑞德编:《剑桥中国明代史》,张书生、黄沫、杨品良,等译,思炜、张言、谢亮生校,北京:中国社会科学出版社,1992 年,第 812 页。

表现在：一是部分人物传记他书无，而此书有；二是部分人物传记他书简略，而此书详备；三是部分人物传记他书讹误，而此书精当。可以说，研究明史，此书必不可少。然而，明清鼎革之际，清朝统治者因人废言，他们在批评焦竑附会佛禅、近于"异端"之时，也对《献征录》颇有非议，或云"卷帙最为浩博，而冗杂泛滥，不免有所抵牾"[①]，或云"文颇泛滥，不皆可据"[②]，甚至认为此书"语有违碍"[③]而大加禁毁。但纵然如此，明清之际仍有许多有识之士不顾专制淫威，"感明史而痛之"[④]，满怀"国可亡史不可亡"的故国情怀，致力于明史编撰，其间他们曾广引《献征录》。近年来，明史研究蔚然勃兴，学术界在整理明史文献，探究明代史实时，也多引《献征录》，创获颇多，以致赢得"钩深致远，穷志极研，使读者兴会淋漓"[⑤]的学术美誉。但一直以来，学界虽然承认《献征录》"煌煌巨编足当明代传记之冠"[⑥]，并自觉加以征引，却在忽视焦竑研究之时，也忽略了对《献征录》的探究。有鉴于此，兹通过考证求源、比较归纳、逻辑阐释、计量分析、钩沉辑佚等研究方法，拟就《献征录》的编纂过程、编纂义例、主要内容、史学价值及其文献征引的范围、方法等予以考究。

一、《献征录》编纂流传

（一）编纂动因

史家著史既源自学术志趣的驱动，也与其所处时代休戚相关。孔子作《春秋》，司马迁著《史记》，司马光修《资治通鉴》，无论是为了"使乱臣贼子惧"，还是要"通古今之变，成一家之言"，抑或"鉴前世之兴衰，考

---

① （清）永瑢等撰：《四库全书总目》卷一八《今献备遗》提要，北京：中华书局，1965 年，第 524 页。
② （清）永瑢等撰：《四库全书总目》卷六二《献征录》提要，北京：中华书局，1965 年，第 559 页。
③ 乾隆四十三年（1778 年）《湖广总督三宝等呈查缴应毁各书清单》，载中国第一历史档案馆编：《纂修四库全书档案》，上海：上海古籍出版社，1997 年，第 969 页。
④ （明）谈迁著，张宗祥校点：《国榷》卷首《自序》，北京：中华书局，1958 年，第 5 页。
⑤ 白钢：《中国政治制度史》卷首序，北京：人民出版社，1996 年。
⑥ 1986 年 10 月上海书店影印《献征录》"出版说明"。

当今之得失"，无疑都具有真实、客观的时代因素。同样，焦竑编纂《献征录》也有着深层的学术缘起和历史背景。

1. 社会现实的驱动

明后期以降，面对政权渐衰、世风日下的社会局面，许多史学家流露出深沉的忧患意识和强烈的经世观念，表现在学术行为上，就是相继撰述了一系列经世著作，诸如陈建的《皇明通纪》、雷礼的《皇明大政记》和《国朝列卿记》、彭韶的《国朝名臣录赞》、徐纮的《明名臣琬琰录》、徐咸的《皇明名臣言行录》、薛应旂的《宪章录》，郑晓的《吾学编》等，无不蕴含"经世务，裨圣化"[①]"与经世者共之"[②]的经世愿望。同样，基于对现实社会的真切体认，焦竑忧心忡忡、感慨万分：

> 余立朝几十年，会时事莽莽，日怀忧虑。窃见同事无与共忧者，意愈皇皇，若不能朝夕。相知者谓余无责守，何必乃尔？然余方窃禄于朝，万分不能解，归来严栖采蕨，兴味萧然，乃若驰于负担者；但谓乐其身治，则深有愧焉。[③]

这种深沉的忧国之情体现在学术思想上，便是经世观念的泛起，他不仅批判"喜为空谈，而不求诸实践"[④]的空疏学风，更提出"学不知经世，非学也"[⑤]等主题鲜明的经世观点。可以说，焦竑编纂《献征录》一定程度上成了其践履经世观念的重要途径。他曾分析天下忧患说：

> 今两都警备，费已不赀，然倭固不至，至亦无益于用也。民贫财殚，不自爱惜，一旦有急，何以待之？顷风波生于朝堂，干戈系于唇吻，家聘其私，人思为政，仆以谓可忧者不在夷虏耳。自惟疏直寡

---

① （明）郑晓撰：《吾学编》卷首《序略》（郑履淳），《续修四库全书》本，第 424 册，第 134 页。
② （明）薛应旂撰：《宪章录》卷首《宪章录序》，《四库全书存目丛书》本，史部第 11 册，第 376 页。
③ （明）焦竑撰，李剑雄点校：《焦氏笔乘续集》卷四《文子》，上海：上海古籍出版社，1986 年，第 287 页。
④ （明）焦竑撰，李剑雄点校：《澹园集续集》卷二《神交馆集序》，北京：中华书局，1999 年，第 790 页。
⑤ （明）焦竑撰，李剑雄点校：《澹园集》卷一四《荆川先生右编序》，北京：中华书局，1999 年，第 141 页。

谐，隐忧徒切，思卷而怀之，未知所出也。①

又说：

> 西陲幸即荡平，倭患尚不可测，然此非所急也。国是摇摇，人心不美，此国之大患，顾不知收拾挽回之，当自何处着手耳。②

在焦竑看来，当时"国之大患"并非"夷虏""倭患"，而是内忧。他认为造成"国是摇摇"，纪纲败坏，军政废弛的根源，在于朝廷所用非人、朋党力争、"民贫财"和"人心不美"。由此，他继承宋元以来注重正君心、正臣心、正民心的史学经世路线，以期通过《献征录》对本朝人物事迹的翔实记述，宣扬"忠君""仁义"等价值观念，进而凭借一系列个体生命来树立政治和道德的人伦典范，以改变"世间公道多坏"③的局面，最终达到警世、昭世和醒世的目的。

当然，焦竑的史学旨趣也有其合理的理论基点。作为泰州学派的一员，在其"心学"观点中，同样包含有关"人性"的论说。他认为"性本无物，空空洞洞；而且性无善无恶，浑浑融融"④，而之所以出现善恶之别，取决于后天的人生履历和生命感悟。所以他提出"复性"⑤的观点，认为已经恶化的人性可以通过教化、修养和学习得以恢复，进而完成内心的净化和道德的升华，实现"通生死，外祸福，成天下之务"⑥的终极目的。与此相联系，焦竑认为编纂《献征录》也应对"修身蓄德"⑦、改变人性和复归良知有着积极意义。在此，他将对"人性"的理论阐释与修史的经世意义联系起来，从而使其编纂《献征录》的动机多了几分哲学

---

① （明）焦竑撰，李剑雄点校：《澹园集》卷一三《答陈兵宪》，北京：中华书局，1999 年，第 112 页。
② （明）焦竑撰，李剑雄点校：《澹园集》卷一三《答乔给谏》，北京：中华书局，1999 年，第 103 页。
③ （明）焦竑撰，李剑雄点校：《焦氏笔乘》卷四《刘文介公》，上海：上海古籍出版社，1986 年，第 132 页。
④ （明）焦竑撰，李剑雄点校：《澹园集》卷一三《答许中丞》，北京：中华书局，1999 年，第 113 页。
⑤ 复性，即复归人的良知之性。焦竑云："余谓学非他，以还其良心之谓也。"（明·焦竑撰，李剑雄点校：《澹园集续集》卷四《天目书院记》，北京：中华书局，1999 年，第 832 页）又云："夫学必有宗，如射之有的也。的若何？吾之初心是也。"（明·焦竑撰，李剑雄点校：《澹园集》卷一四《宗儒语略序》，北京：中华书局，1999 年，第 130 页）
⑥ （明）焦竑撰，李剑雄点校：《澹园集》卷一四《京学志》，北京：中华书局，1999 年，第 133 页。
⑦ （明）焦竑撰：《熙朝名臣实录》卷首《熙朝名臣实录叙》，《续修四库全书》本，第 532 册，第 2 页。

色彩。

此外，焦竑编纂《献征录》也与明代后期人文主义思潮的兴起有关。"历史事实根源于人类的存在。集中在个人日常生活上的微观探索是历史赖以建立的坚强基础。"①但在专制社会，人们对自身的认识和记载却较为有限。明代中期以后，随着专制统治的日渐松弛，商品经济的快速发展和启蒙思潮的日益高涨，在社会生活中，人们对国家和地主的人身依附有所松懈；在文化生活中，政治禁网有所松弛，学术禁区也随之减少。于是，人们的自我意识和独立精神逐渐泛起，一些有识之士在针砭时政之时，开始自觉关注个人或群体在专制统治下的境遇，甚至展开了对人生意义的理性思考，宣扬"天生一人，自有一人之用"②，"何至甘心死人脚下"③的主体意识。在此背景下，史学界蔚然兴起了撰修当代人物传记的热潮，出现了彭韶的《国朝名臣录赞》、徐纮的《明名臣琬琰录》、徐咸的《皇明名臣言行录》、雷礼的《国朝列卿记》等人物传记。这为焦竑编纂《献征录》营造了浓郁的学术氛围，提供了丰富的传记史料。

2. 不满以实录代国史的局面

传统观念中，只有纪传体史书方可称为"国史"或"正史"，而实录无非"备史"而已。明代历朝不修国史，唯以实录代之。对此，早在焦竑之前，王鏊、郑晓、郎瑛、李建泰、沈德符、王世贞④等已有微词，认为明代实录"曲笔为多"⑤，不可尽据。明人之所以对实录持此态度，盖不能因为实录是"正史之本"⑥，就对其观点概加否定。实际上，明人持批

---

① 〔英〕巴特菲尔德：《个人在历史上的作用》，《历史》1955年增刊，第4页。
② 〔明〕李贽：《焚书》卷一《答耿中丞》，北京：中华书局，1975年，第16页。
③ 〔明〕焦竑撰，李剑雄点校：《焦氏笔乘续集》卷二《支谈上》，上海：上海古籍出版社，1986年，第230页。
④ 〔明〕王鏊撰：《震泽长语》卷上，《景印文渊阁四库全书》本，第867册，第205页；〔明〕郑晓撰：《今言》卷二，北京：中华书局，1984年；〔明〕郎瑛撰：《七修类稿》卷一三《三无》，上海：上海书店出版社，2001年，第136页；〔明〕何乔远辑：《名山藏》卷首《序》（李建泰），《四库禁毁书丛刊》本，第46册，第127页；〔明〕沈德符撰：《万历野获编》卷二五《私史》，北京：中华书局，1959年，第631页；〔明〕王世贞撰，魏连科点校：《弇山堂别集》卷二〇《史乘考误一》，北京：中华书局，1985年，第361页。
⑤ 〔明〕沈德符撰：《万历野获编》卷二《实录难据》，北京：中华书局，1959年，第61页。
⑥ 〔清〕夏燮撰：《明通鉴》卷首《义例》，北京：中华书局，2009年，第7页。

评态度有其理由：一是实录确有曲笔之处；二是他们对实录持批判态度，并非要否定实录的史料价值，只是对煌煌明代而无"正史"这一事实发出的缺憾，所谓"明兴二百余年，正史未备，后嗣何观？"[①]"前朝史与《实录》并行，本朝则不然"[②]，无疑是要与前代一样，修成本朝正史而已。[③]

同样，焦竑立志编纂《献征录》，除了社会现实的驱动外，也与他不满明代单依实录，而无"正史"的局面有关。在他看来，实录只是"待异日采择"的资料，而"非正史"。[④]出乎此，焦竑对实录的悖谬诬妄之处深加剖析。首先，他认为实录对诸帝的记载多难据信，其谓：

> 累朝《实录》，禀于总裁，苟非其人，是非多谬。如谓方正学（方孝儒）为乞哀，于肃愍为迎立，褒贬出之胸臆，美恶系其爱憎。此类实繁，难以枚举。[⑤]

褒贬任情，溢美曲笔是官修史书的通病。在此，焦竑的批判一针见血，毫无隐讳，尤其是"此类实繁，难以枚举"一语，不仅说明了实录纰漏之多，也反映了焦竑对实录的是非真妄有深刻了解。

其次，焦竑对实录三品以上官员方可立传的做法不以为然[⑥]，他批驳道：

> 窃闻旧例，大臣三品以上乃得立传。夫史以褒贬人伦。岂论显

---

① （明）王圻撰：《续文献通考》卷八六《职官考·史官》，《续修四库全书》本，第763册，第460页。

② （明）朱荃宰撰：《文通》卷二《国史策问》，《四库全书存目丛书》本，集部第418册，第390页。

③ 明代之前，正史与实录并行者唯宋代，当时本朝历史文献除了起居注、日历、实录、会要等外，本朝正史有《三朝国史》《二朝国史》《四朝国史》及《中兴四朝国史》等。

④ （明）焦竑撰，李剑雄点校：《澹园集》卷二三《经籍志论》，北京：中华书局，1999年，第306页。

⑤ （明）焦竑撰，李剑雄点校：《澹园集》卷五《修史条陈四事议》，北京：中华书局，1999年，第30页。

⑥ 《明实录》立传不仅以品位为准，也注重人物的功勋、德行和节义，此历朝实录卷首凡例有载，如《明宣宗实录》第十六条云："若中外文武官有功绩显著，及以事特升迁者，不限职之大小皆书。官大臣之子亦书。"第三十三条云："若文武官有治行，功绩显著，不限职之大小皆书。"第三十四条云："文武臣僚有没于王事者皆书，有得褒赠亦书。"第四十五条云："有特旨罢黜，干系惩劝者，不限职之大小并书。其蒙特恩宽宥亦书。"

晦。若如所闻，高门虽踣、跻亦书，寒族虽夷、鳅并诎，何以阐明公道，昭示来兹？谓当贵贱并列，不必以位为断。①

在他看来，这种以职位和贵贱为标准的立传原则，不仅限制了对本朝某些重要人物事迹的记载，也难以达到"阐明公道，昭示来兹"的修史目的，故他主张"贵贱并列，不必以位为断"，并倡导另修史书，以补实录记载人物缺漏之失。这一客观求实的治史态度，充分表明焦竑是一位提倡实录传信的史学家，有着"国可灭，史不可灭也"②的历史责任感和使命感。

当然，焦竑的视点并未停留在对实录的批判上，与诸多明代史家一样，他批判的旨归是要对实录之不足"亟为改正"③。如在《献征录》成书之前，焦竑纂成《熙朝名臣实录》即是因为："明代诸帝有《实录》，而诸臣之事不详。因撰此书，自王侯将相及庶人、方外、缁黄、僮仆、妾妓无不备载，人各为传。"④

不仅如此，焦竑甚至有纂修本朝正史的念头，"自首廷对，领史官，毅然思有以自举其职"⑤。但凭借个人力量，要修成一部体例完善、内容翔实的本朝正史，并非易事。焦竑之前，陈建、王世贞、郑晓等都曾为撰修本朝正史煞费苦心，但终未如愿。个中原因，陈继儒在评论王世贞时一语道破："王弇州（王世贞）负两司马之才，若置之天禄石渠，而以伯玉诸子为副，其史必可观，而老为文人以殁"，实为"本朝大恨事也"。⑥焦竑虽有"太史"之誉，但鉴于前辙，也只好退而求其次，纂成《献征录》，以"储一代之史材"⑦，一如时人顾起元所言：

> 此录（《献征录》——笔者注）出，而一代之人材、政事，如指

---

① （明）焦竑撰，李剑雄点校：《澹园集》卷五《修史条陈四事议》，北京：中华书局，1999年，第30页。
② （明）焦竑撰，李剑雄点校：《澹园集》卷五《修史条陈四事议》，北京：中华书局，1999年，第29页。
③ （明）焦竑撰，李剑雄点校：《澹园集》卷五《修史条陈四事议》，北京：中华书局，1999年，第30页。
④ （清）永瑢等撰：《四库全书总目》卷六二《熙朝名臣实录》提要，北京：中华书局，1965年，第559页。
⑤ （明）焦竑辑：《献征录》卷首《献征录序》（顾起元），《续修四库全书》本，第525册，第1页。
⑥ （明）陈继儒：《弇州史料叙》，（明）王世贞撰：《弇州史料》，《四库禁毁书丛刊》本，第428—429页。
⑦ （明）焦竑辑：《献征录》卷首《献征录序》（顾起元），《续修四库全书》本，第525册，第4页。

诸掌。览者资之为政鉴，作者资之为史材，如先生自谓者，所禅岂甚微哉！……余诚愿上一日大开金匮石室，征先生典之，绪成正史，垂诸万世。执此以往，先生得无意乎？①

在此，顾氏肯定了《献征录》的史学价值，也道出了焦竑编纂此书的初衷，"臣职在国史，当备述主上嘉兴臣工，风厉四海者，以诏来世"②。

可见，焦竑编纂《献征录》不仅有客观因素，也有诸多主观因素。然而，无论是社会现实的驱动，还是焦竑不满以实录代替国史的局面，不过是他编纂《献征录》的动因而已，并不能作为主要因素直接催生《献征录》，也即动因作为内在因素，不过是维系焦竑修史念头的深层缘由，要将这种修史动因转化为现实的修史行为和最终的史学产品，则需要一定客观的修史条件。从这个意义上说，构成焦竑编纂《献征录》整个过程的基本因素，除内在动因外，最主要的是他必须拥有编纂《献征录》的良好环境和丰富资料，而这些在焦竑参修国史期间业已具备。

（二）编纂过程

焦竑编纂《献征录》是在万历二十二年（1594年）至二十五年与修国史期间，但作为他关注本朝人物的最终成果，《献征录》的编纂当起自焦竑编纂此书前所做的史学努力，尤其是他对传记史料的搜集和董理，客观上为《献征录》的编纂奠定了史料基础。焦竑对传记史料的裒辑，在其早年即已开始，他曾说道：

余自束发，好觉观国朝名公卿事迹。迨滥竽词林，尤欲综核其行事，以待异日之参考。此为史职，非第如欧阳公所云夸于田夫野老而已者。顾衙门前辈，体势辽阔，虽隔一资，即不肯降颜以相梯接。苦无从咨问，每就简册中求之，凡人品淑慝，注厝之得失，朝廷之论

---

① （明）焦竑辑：《献征录》卷首《献征录序》（顾起元），《续修四库全书》本，第525册，第2—3页。
② （明）焦竑撰，李剑雄点校：《澹园集》卷二二《恭题两朝谕祭文后》，北京：中华书局，1999年，第276页。

建，隐居之讲求，辄以片纸志之，储之巾箱。①

焦竑所谓"好觉观国朝名公卿事迹"及"综核其行事"云云，必有一个前提，即有人物传记可"观"，有大量史料可供"综核"。无疑，焦竑早年已开始人物传记的观览、搜集和整理，而其目的则在于"以待异日之参考"，言下之意，是要打算编修本朝人物传记。缘此，在《献征录》成书之前，焦竑就利用所搜史料，先后纂成《皇明人物考》②《熙朝名臣实录》③《逊国忠节录》④《京学志》⑤等本朝传记史书多部。另外，在其《焦氏笔乘》⑥《澹园集》⑦等著述中，也载有不少碑传行状。凡此，均为焦竑编纂《献征录》奠定了史料基础，尤其是《京学志》《澹园集》《熙朝名臣实录》，更是《献征录》直接征引的文献。

然而，上述成果只是为焦竑编纂《献征录》准备了部分史料，而非《献征录》的阶段性成果。因为在参修国史之前，焦竑并无编纂《献征录》的计划，他真正萌生编纂《献征录》的念头是在参修国史期间。万历

---

① （明）焦竑撰，李剑雄点校::《玉堂丛语》卷首《书玉堂丛语》，北京：中华书局，1981年，第5页。
② 此书《四库禁毁总目》著录，成书时间不详，但刻于万历二十三年（1595年），此时焦竑正参修国史，疑此书编纂与史事有关。
③ 此书成于万历三十九年（1611年），今人朱仲玉先生认为此书是提炼《献征录》而成（《焦竑的史学成就》，《历史文献研究》（北京新八辑），北京：北京师范大学出版社，1997年，疑误，因《献征录》成于万历四十四年，在《熙朝名臣实录》之后。此书虽名"名臣录"，但所载及"士庶人、方士缁黄、僮仆妾伎"，名实有乖。《四库总目存目》著录，今有《续修四库全书》本。另，朱鸿林《熙朝名臣实录即〈续藏书〉考》（《大陆杂志》，1986年第6期）一文证实《熙朝名臣实录》与李贽《续藏书》实为一书。承此，杨艳秋作《〈熙朝名臣实录〉与〈续藏书〉》（《中国史研究》2003年第3期）。
④ 《千顷堂书目》《贩书偶记》著录及《罪惟录·列传》卷一八《焦竑》提及。《明史·艺文志》《同治上元县志·艺文志》载为八卷。按《四库总目存目》有《忠节录》六卷，题张朝瑞撰。《澹园集》卷一四有《忠节录序》云"鸿胪张朝瑞撰"。（明·焦竑撰：《玉堂丛语》卷首《书玉堂丛语》，北京：中华书局，1981年，第5页）认为《熙朝名臣实录》为翻刻《续藏书》而成。
⑤ 《京学志》，凡八卷，《千顷堂书目》《明史·艺文志》著录。《（同治）上元县志》作三卷。《陈学士初集》卷三一载焦竑有《应天府学志》。按《千顷堂书目》本条下注"南京应天府学"，知二者即一书。盖南京为留都，故其府学又称京学。据焦竑《澹园集》卷一四，该书叙应天府学之沿革及人物典制。
⑥ 此书正六卷，续集八卷，皆有刊本，流传较广。另有别集六卷，未见传本，唯《千顷堂书目》叙录。正集初刻于万历八年（1580年），万历三十四年始由谢与栋全部刻成正续二集。两集除了考证名物、阐发佛道、品赏诗文而外，也对本朝一些人物有所记载，如"董先生""赵古则"等。
⑦ 据笔者统计，其中墓志铭97篇，祭文64篇，传45篇，墓表24篇，神道碑5篇，行状7篇，诔3篇，哀碑1篇，总共246篇。

二十二年（1594 年）八月，明廷开馆始修国史，鉴于焦竑之史识，大学士陈于陛、王锡爵力荐他"专领此事"①，焦竑虽"固辞不可"，但因"胸中实具有成书"②，提出了许多修史建议③，并与其他史臣"分纪其事"④，主持编纂《国史经籍志》。⑤其间，焦竑除了为国史"晨入暮归"⑥外，面对前所未见、丰厚繁富的馆阁藏书，油然萌生了重修本朝人物传记的意念，并开始为编纂《献征录》而广裒史料。如黄汝亨所言：

> 先生（焦竑）殚日夜之力，取累朝训录及海内碑铭、志状、表传之属，尽录之，下及齐谐小说，靡不诠择，自曹分而外，并有结撰。⑦

---

① （清）永瑢等撰：《四库全书总目》卷八七《国史经籍志》提要，北京：中华书局，1965 年，第 744 页。

② （明）焦竑辑：《献征录》卷首《献征录序》（顾起元），《续修四库全书》本，第 525 册，第 1 页。

③ 史事伊始，焦竑撰《修史条陈四事议》，围绕本纪、列传、职官、书籍提出四条建议（详见明·焦竑撰，李剑雄点校：《澹园集》卷五《修史条陈四事议》，北京：中华书局，1999 年，第 29—31 页）。顾起元云："文宪（陈于陛）所建议规画，大氐皆发端于先生者也。"（明·焦竑辑：《献征录》卷首《献征录序》（顾起元），《续修四库全书》本，第 525 册，第 1—2 页），也是基于此四条建议。吴道南称："余年焦公竑曾著《论史》一篇。当修正史初，又陈四事，出入古今，言言石画，班马复生，无以易此。"（明·吴道南撰：《吴文恪公文集》卷二《正史议》，《四库禁毁书丛刊》本，集部第 31 册，第 314 页）后礼科左给事孙羽侯条上《纂修正史》，提出议本纪、议列传、议职官、广书籍、释嫌忌、达幽隐六条，也多以焦竑四条建议为本（《明神宗实录》卷二七六"万历二十二年八月癸酉"条，台北："中研院"历史语言研究所，1962 年影印本，第 5115—5117 页）。可见，在此次修史中，焦竑扮演了总裁作用。另《罪惟录》所谓"条七议"者，实即焦竑"四事"。

④ （明）焦竑辑：《献征录》卷首《献征录序》（顾起元），《续修四库全书》本，第 525 册，第 1 页。

⑤ 明清史家对此皆有定论。如高汝栻云："昔陈文宪修国史，意甚锐，奏已请旨，时焦弱侯先生分修《经籍志》。"（明·高汝栻撰：《三朝法传录》卷首《三朝法传录小引》，《续修四库全书》本，第 357 册，第 616 页）又张萱云："久之，陈文宪公于陛复以国史请，报闻开局矣，第问史局，不问史才。无何，文宪去位。时史局惟叶公向高有《四夷志》，焦公竑有《经籍志》，余所受简，皆未有闻。"（明·张萱撰：《西园闻见录缘起》，《续修四库全书》本，第 1168 册，第 3 页）倪文灿在《明史·艺文志序》中亦云："明万历中，修撰焦竑修国史，辑《经籍志》，号称详博。"（《明史》卷九六《艺文一》，北京：中华书局，1974 年，第 2344 页）《明史》焦竑本传径称："（焦竑）先撰《经籍志》，其他率无所撰。"凡此，皆可为证。（《明史》卷二八八《焦竑传》，北京：中华书局，1974 年，第 7392 页）

⑥ 《澹园集》卷一三《答周京兆》云："顷因开馆，晨入暮归，无寸晷之暇。"（明·焦竑撰，李剑雄点校：《澹园集》卷一三《答周京兆》，北京：中华书局，1999 年，第 111 页）

⑦ （明）焦竑辑：《献征录》卷首《献征录序》（黄汝亨），《续修四库全书》本，第 525 册，第 6 页。

据黄氏所言,可知两点:一是其间焦竑为编纂《献征录》搜集史料,不过是他"自曹分而外"的个人行为,并非修史的分内工作;二是焦竑在广搜史料时,也做了部分"并有结撰"的工作。在搜集资料时,焦竑除充分利用大内藏书外,也四处搜访民间藏书,他曾写信给友人:

> 国史肇修,为方今一大事,顾令寡陋如仆者滥竽其间,非其任矣。承见谕种种,皆大有关涉,即以告之总裁公。搜讨收入外,有载籍可资采择者,更望一二见示。郑端简公最名通今,其家国朝典故之书必多,丈一为转问其目,仆自讬人就其家传写之。闻云村先生有《革朝志》十卷,乞转借一抄,至望。①

这是焦竑向民间学人索求史料的典型一例,这种强烈的史料观念和治史风范,无疑是促成《献征录》竣稿的原因之一。

至万历二十五年(1597年)六月十九日,修史一事因故中辍。国史未成,却留下诸多宝贵成果②,其中焦竑除撰成《国史经籍志》外,也部分完成了《献征录》的辑录工作,顾起元在该书序中说:"(期间焦竑)分类别采而缉之,自禁中之副、名山之藏、通都大邑之传,毕登于简,一代史材犁然大备,兹录固其一尔。"③四库馆臣则径言"此书殆即当时(纂修国史)所辑录"④。可见,作为焦竑的"私人"产品,《献征录》实为此次修史活动的一个副产品,但这个副产品只是个半成品,甚至为"匮而在笥"的资料⑤,还不是一部完整的史学作品。《献征录》真正成型是在

---

① (明)焦竑撰,李剑雄点校:《澹园集》卷一三《答钱太学》,北京:中华书局,1999年,第117页。
② 除上文谈及列传外,尚有吴道南《国史河渠志》、叶向高《四夷志》、焦竑《国史经籍志》、史继偕《皇明兵制考》等(详见李小林:《万历官修本朝正史研究》,天津:南开大学出版社,1999年)。另,笔者认为张萱《西省日钞》也为此次修史成果之一,此张萱明言:"时有正史之役,谬为当事推择,窃幸获观金匮石室之藏,后死谓何!……视草之暇,即觅吏佣节略累朝《实录》,自洪武迄隆庆,凡三百卷,私名之曰《西省日钞》,不敢言《实录》也。"可见张萱不仅参与史事,且有创获。不幸的是,《西省日钞》连同他所修《西省识小录》均遭焚,好在张萱"笔墨未荒,复采前言往行自洪武迄万历,为《西园闻见录》"。(明·张萱撰:《西园闻见录》卷首《西园闻见录缘起》,《续修四库全书》本,第1168册,第3页)
③ (明)焦竑辑:《献征录》卷首《献征录序》(顾起元),《续修四库全书》本,第525册,第2页。
④ (清)永瑢等撰:《四库全书总目》卷六二《献征录》提要,北京:中华书局,1965年,第559页。
⑤ (明)焦竑辑:《献征录》卷首《献征录序》(顾起元),《续修四库全书》本,第525册,第2页。

史事停止以后，理由在于：《献征录》所收人物有不少卒于万历二十五年（1597 年）六月国史停修之后（已见前述），且黄汝亨明言：

> （此次修史）诸编稍稍就绪，我明不朽之业且观厥成矣！而道之丧世，王公（王锡爵）归里，陈公（陈于陛）下世，绪业未竟，而忌才者至踬先生成东山之高，讵不痛乎？然先生即归田，若而年不忘其初，凡所睹闻，金命掌记，时为缵辑。自同姓诸侯王传、文臣、武臣以及四夷等传，凡百二十余卷，万有一千余叶，录名《献征》。①

修史活动中途流产，激发了焦竑编纂《献征录》的热情。他在"归田"以后，"不忘其初"，鼓足余勇，在广搜资料之时，或"时为缵辑"，或"时为雠校"②，或剪裁厘定，经过近二十年的董理编纂，最终于万历四十四年"绪成其业"③，完成了《献征录》的编纂，并于当年付之梨枣。

焦竑之所以能编成《献征录》，除了他长期关注本朝史实，注意裒辑史料外，盖有以下原因：

一是有丰富的资料可以利用。明中期以前，实录、档案等流传未广，各类资料也沉淀不多，史家修史所能依据的资料比较有限。至万历中叶以后，情况大改，实录、制书、档案流入民间，稗史、家史、文集、传记异彩纷呈，这为包括焦竑在内的史家提供了丰富、多样的修史资料。尤其是参修国史一事，使焦竑得以目睹金匮石室之藏，并可以"从容禁林，次第笔削，日月不刊，唾手可冀"④。而这种机会是那些"寒俊野老"和"井底窥观"的"一方一伎之士"远难企及的。⑤黄汝亨之所以批评"《吾学》《征吾》实而未详，《宪章》《鸿猷》略而不遍，丰城（雷礼）之《列卿记》未萃群流，弇州（王世贞）之《琬琰录》且多挂漏"，正是因为他们

---

① （明）焦竑辑：《献征录》卷首《献征录序》（黄汝亨），《续修四库全书》本，第 525 册，第 6—7 页。
② （明）焦竑辑：《献征录》卷首《献征录序》（顾起元），《续修四库全书》本，第 525 册，第 2 页。
③ （明）焦竑辑：《献征录》卷首《献征录序》（顾起元），《续修四库全书》本，第 525 册，第 2 页。
④ （明）焦竑辑：《献征录》卷首《献征录序》（顾起元），《续修四库全书》本，第 525 册，第 2 页。
⑤ （明）焦竑辑：《献征录》卷首《献征录序》（黄汝亨），《续修四库全书》本，第 525 册，第 5 页。

无法像焦竑一样充分利用馆阁藏书。①

二是与焦竑的史学素养有关。晚明士人喜好迂谈，而"问以当代行事与人物材品高下代谢之数，则舌举目眙，莫能置对"，至于"阙文残简"，更无人"正之"。②相反，焦竑"独禀宏才，通道略物，兼有三长，遐览万古"③，并致力于对国朝典故和人物事迹的讨习。同时，他"兼有三长"，搜集资料不仅"能裒集"，"更能裒裁"④；不仅能"阙疑而传其信"，也能"斥似而采其真"。⑤这种执着的学术精神和独特的识断能力，无疑是焦竑顺利编成《献征录》的重要原因之一。

三是焦竑私藏图书丰富。晚明士人喜好藏书，焦竑也不例外，据澹生堂主人祁承爜亲眼所见："金陵之焦太史弱侯，藏书两楼，五楹俱满。"⑥过庭训也说："拥书数万卷，日哦咏其中，有若寒生。"⑦清人黄虞稷甚至在《征刻唐宋秘本书目》卷一中称"明代藏书之富，南中焦氏第一"。丰富的藏书保证了焦竑归田以后，在无金匮之藏的情况下，仍能博采众家，顺利编成《献征录》。

概言之，在人物传记纷至沓来的明代后期，之所以会产生《献征录》这样一部规模宏大、独步一时的史书，并非偶然。可以说，《献征录》既是焦竑苦心追求的学术结晶，也是特定社会造就的文化产物。

（三）版本流传

《献征录》祖本为明万历四十四年（1616年）徐象橒曼山馆本，此本书口下刻有"曼山馆"三字，前有黄汝亨及顾起元万历四十四年序。每卷目录后皆题明校勘和刊刻人姓名，刊刻者为徐象橒，校勘者每卷为两人，其中茅元仪一人通校全书，另一人则变动不定，如张汝霖、张耀芳、黄应登、俞思冲等皆参校此书。由此看来，1987年10月上海书店出版社影印

① （明）焦竑辑：《献征录》卷首《献征录序》（黄汝亨），《续修四库全书》本，第525册，第5页。
② （明）焦竑辑：《献征录》卷首《献征录序》（黄汝亨），《续修四库全书》本，第525册，第5页。
③ （明）焦竑辑：《献征录》卷首《献征录序》（黄汝亨），《续修四库全书》本，第525册，第6页。
④ （明）郭一鄂：《玉堂丛语序》，（明）焦竑撰：《玉堂丛语》，北京：中华书局，1981年，第3页。
⑤ （明）焦竑辑：《献征录》卷首《献征录序》（顾起元），《续修四库全书》本，第525册，第2页。
⑥ （明）祁承爜：《澹生堂藏书约·藏书训略》，上海：上海古籍出版社，2005年，第16页。
⑦ （明）过庭训撰：《本朝分省人物考》卷一三《焦竑》，《续修四库全书》本，第513册，第295页。

出版此书时，在"出版说明"中云："目录后题山阴张汝霖、吴兴茅元仪同校，钱唐（当作塘）徐象橒刊行。"其中将校勘者定为张、茅二人，失于确实。此祖本今北京图书馆、上海图书馆、北京大学图书馆、南开大学图书馆、华东师范大学图书馆、浙江省图书馆、许昌市图书馆、旅大市图书馆等八家图书馆有藏。

　　除祖本外，《献征录》目前不见其他古本。《千顷堂书目》《明史·艺文志》著录此书为120卷，而焦竑《国史经籍志》却著录为360卷。《国史经籍志》成于万历二十四年（1596年）前后[1]，而《献征录》成于万历四十四年，为何前者会著录后者呢？今《中国古籍善本书目·史部》著录《国史经籍志》有明刻本两种，其中万历三十年陈汝元函三馆刻本，盖为最早刊本。另一刻本为万历四十四年徐象橒曼山馆本，与《献征录》祖本同年刊刻。据此，笔者怀疑《国史经籍志》自万历三十年初刻至四十四年重刻期间，焦竑曾对其补修过，故会著录此时已经成书的《献征录》。至于为何著录为360卷，不知所由，因为黄汝亨在《献征录》曼山馆本卷首序中已明言该书"凡百二十余卷"。

　　《献征录》的流传，可谓历经沧桑，这与清初禁毁有关。乾隆三十八年（1773年），始修《四库全书》，乾隆帝下诏各地采访书籍，并令所采书籍，凡悖于王朝思想、种族意识和皇权观念，存在狂语妄言、违碍诋毁者，都予以不同程度地禁毁。其中，焦竑《澹园集》及其《续集》《献征录》《状元策》[2]《皇明人物考》等，皆以"语有违碍""语有干犯"[3]而遭致禁毁。兹将有关禁毁《献征录》的部分禁书缴令摘录如下。

　　（1）乾隆四十年六月，江苏巡抚萨载奏缴："《献征录》一部，九十四

---

① 史载："陈文端（于陛）请修正史，分各志二十八（应作二十二），务于详备，一志多至四五十万余言。未几，文端薨，各志草草了事。"（明·朱国桢撰：《涌幢小品》卷二《实录》，北京：中华书局，1959年，第31页）按：陈于陛死于万历二十四年（1596年），而此时各志已成，焦竑《经籍志》也当成在是年前后。今人昌彼得先生考证是在万历二十六年（1598年）（《焦竑国史经籍志的评价》，载屈万里先生七秩荣庆论文集编辑委员会编：《屈万里先生七秩荣庆论文集》，台北：联经出版事业公司，1978年，第307—317页）。

② 是书为明状元举业策论的范文，《四库全书禁毁总目》题焦竑撰，其他书目皆不题焦竑。《千顷堂书目》《明史·艺文志》有《明状元策》十二卷，注"坊刻本"，但未注撰者姓名。

③ 《湖广总督图思德等奏第八次查获应毁各书解缴缘由折》，中国第一历史档案馆编：《纂修四库全书档案》，上海：上海古籍出版社，1997年，第1121页。

本。明上元焦竑著。"（《江苏巡抚萨载奏再行查解违碍书籍板片折》，载中国第一历史档案馆编：《纂修四库全书档案》，上海：上海古籍出版社出版，1997年，第410页）

（2）乾隆四十二年五月，两江总督高晋奏缴："《献征录》一部。"（《两江总督高晋奏续解堪备采择及违碍应毁书籍板片折》，第594页）

（3）乾隆四十二年八月，浙江巡抚三宝奏缴："《献征录》一十二部。刊本。是书明焦竑著。"（《浙江巡抚三宝奏续交应毁书籍折》，第643页）其中只有一部全，其他皆缺。

（4）乾隆四十年六月，两江总督高晋奏缴："《献征录》二部，共九十六本，内一部不全。"（《两江总督高晋奏续解违碍书籍板片折》，第406页）

（5）乾隆四十三年十月，湖广总督三宝等奏缴："《献征录》二部，刊本。前已缴过，今续查获一部计九十六本，全。又一部计二十九本，止存十五卷至二十五卷，六十三卷至七十七卷。"（《湖广总督三宝等奏六次查获应毁各书折》，第894页）

（6）乾隆四十三年二月，湖广总督三宝等奏缴："《献征录》一部，刊本，是书焦竑著，计五十一本。内志铭碑传，语有违碍。"（《湖广总督三宝等奏呈查缴应毁违碍书籍》，第969页）

（7）乾隆四十四年四月，江苏巡抚杨魁奏缴："《献征录》十部。"（《江苏巡抚杨魁奏续缴应毁书籍并再实力妥办折》，第1019页）

（8）乾隆四十六年六月，直隶总督袁守侗奏缴："《献征录》一部，八本，全。明焦竑著。"（《直隶总督袁守侗奏汇缴应禁书籍情形折》，第1362页）

从上述禁毁《献征录》的地域范围和数量可知，乾隆以前，《献征录》已广为流传，且可推定：万历四十四年（1616年）此书初刻后，曾屡被刻印，不然一部《献征录》，各处所缴册数不会出现九十四本、九十六本、五十一本、八本等情况。据此，认为《献征录》"四百年来未见重付枣梨之丛"①，实有悖史实。

---

① 1987年10月上海书店影印《献征录》"出版说明"。

至于《献征录》遭致禁毁的原因，四库馆臣说："查《献征录》，其卷五《成国公朱希忠神道碑》、卷一〇《威宁伯（仇钺）传》、卷二四《王翱传》、卷三八《余肃敏公（余子俊）传》、卷三九《大司马谭公纶传》、卷四二《资德大夫程公信墓志铭》、卷一一七《汪直传》、卷一二〇《朝鲜》、《女直》两篇，俱有违碍诬妄语，应请抽毁。"①但实际上，以上除《朝鲜》《女直》似乎与满清有关外，其他数文仅提及"北虏""倭寇"诸事，难说有"悖语"云云，而它们之所以遭到禁毁，盖是"因人废书"。焦竑是晚明泰州学派之后劲，其思想旨趣充分彰显了傲岸不羁、自由狂狷的主体意识，鼓荡了晚明援佛入儒、三教合流的"异端"思潮，这种犀利的批判精神和会通意识在"异化"传统之时，也不可避免地刺痛了统治者及其忠实道学家的心灵深处。盖因如此，在专制统治更趋强化，传统理学重新回归的清朝，《献征录》遭致厄运在所难免，这从清廷禁毁晚明"进步"学者的著述（清初禁书多为晚明著述）中，也可得到印证。

因清廷禁毁，《献征录》传本极少。中华人民共和国成立初，国内收藏此书"不盈十部"，使得"研治明史者，咸抱向隅之感"②，重印《献征录》成了明史研究的紧要工作。为此，台湾学生书局与上海书店出版社先后于1965年、1987年影印出版了《献征录》，可谓明史研究之幸事。该书今有《续修四库全书》和《四库全书存目丛书》两种本子，皆据徐象橒曼山馆本印影。

二、《献征录》编纂义例

史家著述，讲求章法，所谓"史之有例，犹国之有法。国无法，则上下靡定；史无例，则是非莫准"③。《献征录》之价值，不仅在于其补明

① （清）英廉等编：《全毁抽毁书目》，《丛书集成新编》，台北：新文丰出版公司，1984年影印本，第2册，第324页。
② 1986年10月上海书店影印《献征录》"出版说明"。
③ （唐）刘知幾撰，（清）浦起龙释：《史通通释》卷四《序例》，上海：上海古籍出版社，1978年，第88页。

史文献之阙略、为明史文献之史源、纠明史文献之讹误、辑明史文献之散佚等史料价值，而且在于其独特而缜密的编纂义例，集中反映了明代史学编纂的综合化趋势，极大丰富了人物传记的叙事笔法，成为后世传记著述相率模仿之标范。

（一）编载人物，系以官署

据笔者统计，除"四夷类"所列 64 个"传"是非人物传记外，《献征录》收载各类人物共 3554 人。但焦竑在选录人物时，并非任意滥收，而是有本可据，自成体系。具体而言，书中除卷一一二"孝子"至卷一一九"胜国群雄"八传外，《献征录》编排人物大体以明代官署为据，所收人物广涉明代主要政府机构。其中，卷一至卷一〇为"宗室勋戚"；卷一一至卷一〇五为各级文官衙门，包括南京相应的职官系统；卷一〇六至一一一为各级军事衙门。具体人物编排分布如表 1-1 所示。

表 1-1　《献征录》人物传记统计表

类别	目录人数	实际人数	卷次	备注
宗室	127 人	118 人	卷 1—2	有 9 传有目无传
戚畹	18 人	18 人	卷 3	—
驸马都尉	11 人	11 人	卷 4	—
公	44 人	47 人	卷 5—6	卷 5 附 3 人；卷 6 别见 1 人；1 人有传无目
侯	45 人	45 人	卷 7—8	—
伯	41 人	42 人	卷 9—10	卷 10 别见 1 人，2 人目录单列，实合为 1 传；1 人有传无目，另附 2 人
中书省	7 人	6 人	卷 11	别见 1 人
内阁	98 人	98 人	卷 12—17	卷 13 附 1 人，别见 1 人；卷 16 有 1 人有目无传
詹事府	53 人	54 人	卷 18—19	卷 18 有 1 人有传无目
北南翰林院	130 人	130 人	卷 20—23	卷 20 附 1 人；卷 22 有 1 人有目无传
北南吏部	106 人	107 人	卷 24—27	卷 24 附 1 人
北南户部	138 人	139 人	卷 28—32	—
北南礼部	118 人	117 人	卷 33—37	卷 34 有 1 人目无传

续表

类别	目录人数	实际人数	卷次	备注
北南兵部	158 人	158 人	卷 38—43	—
北南刑部	167 人	167 人	卷 44—49	—
北南工部	130 人	131 人	卷 50—53	卷 51 有 3 人有传无目，卷 52 有 2 人有目无传
北南都察院	340 人	346 人	卷 54—64	卷 54 附 3 人，卷 59 有 1 人有传无目
北南道御史	77 人	78 人	卷 65—66	卷 65 附 1 人
北南通政司	34 人	34 人	卷 67	—
北南大理寺	57 人	58 人	卷 68—69	卷 68 附 1 人
北南太常寺	44 人	45 人	卷 70	1 人有传无目
北南光禄寺	23 人	21 人	卷 71	2 人有目无传
北南太仆寺	35 人	35 人	卷 72	—
北南国子监	56 人	57 人	卷 73—74	卷 73 附 1 人
顺天府 应天府	29 人	29 人	卷 75	—
北南鸿胪寺	11 人	12 人	卷 76	1 人有传无目
北南尚宝司	20 人	20 人	卷 77	—
太医院	32 人	32 人	卷 78	—
钦天监	12 人	12 人	卷 79	—
北南六科	53 人	54 人	卷 80	附 1 人
中书科行人司督府幕锦衣卫	17 人	16 人	卷 81	1 人有目无传。2 人目录单列，实合为 1 传
北南直隶	85 人	85 人	卷 82—83	—
浙江	80 人	81 人	卷 84—85	卷 84 附 1 人
江西	96 人	95 人	卷 86—87	卷 86 有 1 人有目无传
湖广	77 人	77 人	卷 88—89	—
福建	54 人	54 人	卷 90—91	—
河南	61 人	61 人	卷 92—93	—
陕西	59 人	59 人	卷 94	—
山东	72 人	75 人	卷 95—96	卷 95 附 2 人；卷 96 附 1 人
山西	51 人	50 人	卷 97	1 人有目无传
四川	52 人	51 人	卷 98	附 1 人，1 人有目无传
广东	87 人	88 人	卷 99—100	卷 100 有 1 人有目无传

续表

类别	目录人数	实际人数	卷次	备注
广西	43 人	46 人	卷 101	附 3 人
云南	47 人	48 人	卷 102	附 1 人
贵州（附交址）	31 人	31 人	卷 103	——
行太仆寺苑马寺盐运司	24 人	24 人	卷 104	——
藩府僚	34 人	35 人	卷 105	附 1 人
左右都督	20 人	21 人	卷 106	附 1 人
都督同知	25 人	25 人	卷 107	——
都督佥事	32 人	32 人	卷 108	——
锦衣卫	16 人	16 人	卷 109	——
都司	32 人	32 人	卷 110	——
各卫	26 人	26 人	卷 111	——
孝子	49 人	50 人	卷 112	附 2 人，1 人有目无传
义人	24 人	25 人	卷 113	附 1 人
儒林	28 人	30 人	卷 114	附 1 人，1 人有传无目
艺苑	41 人	45 人	卷 115	附 2 人，2 人有传无目
隐佚	23 人	23 人	卷 116	——
寺人	28 人	28 人	卷 117	——
释道	39 人	39 人	卷 118	——
胜国群雄	20 人	20 人	卷 119	——
总计	3587 人（含 55 个重复传记，实为 3532 人）	3609 人（含 55 个重复传记，实为 3554 人）	——	——

由表 1-1 可见，《献征录》总体是按官署级别高低编排人物，但也有例外，如宗室、戚畹、驸马都尉、公、侯、伯等，实际是按身份爵位编排的"类传"。内阁在明代官制中并非正式官署，内阁大学士的品级也不过五品，但因其"虽无相名，实有相职"①，长期为中枢机构，故焦竑实事求是，特列"内阁"一目，这与以往史书将其附于"翰林院"，以强调本

① 《明世宗实录》卷五一七"嘉靖四十二年正月庚寅"条，台北："中研院"历史语言研究所，1962 年，第 8483—8484 页。

朝"祖训"的做法迥然不同。又如武官中的左右都督、都督同知、都督佥事等，其品秩虽在二品以上，但鉴于明代重文轻武、以文制武之况，焦竑也不依品级高低，仍将武职官署列于文职官署之后。再如北南十三道监察御史本是都察院属官，属中央外派官员，但它与都察院的职掌有别，且在行使权力时，一般不受都察院节制，具有较强的独立性，故焦竑将其单独列出，置于"都察院"之后，可见其对本朝典制之谙熟。

若将表1-1中所列人物分为"有官"和"无官"两类，《献征录》在编载人物时，也大体以官署为主，主要表现在：

一是从分类数量看，"有官"类包括宗室、戚畹、勋爵、内阁、六卿及地方官员，凡111卷，收3294人；"无官"类包括孝子、义人、儒林、艺苑、隐佚、寺人、释道、胜国群雄，仅占8卷，收260人。

二是对于少数"无官"人物，焦竑也尽量将其归入"有官"类。如卷七八"太医院"收载32人，王履、滑寿等14人属民间医生，但因其"以医业者起家"[1]，"善用其术"[2]，在医学方面颇有造诣，故焦竑冠以"附"字标明，将其缀在官医之后。同样，卷七九"钦天监"收载12人，张中、胡弘等7人也非官员，故焦竑将其附在钦天监掌监事光禄寺少卿华湘等5位官员之后。

三是对某些既可归入"有官"类，又可归入"无官"类，焦竑也一般收入"有官"类。如耿定向、唐顺之二人虽为理学家，但地位不高，影响有限，故焦竑仍按其曾任官职，分别归于"户部"和"都御史"。与此同时，若某些人物在官宦和其他方面均有建树，焦竑则采取两处并载的编载方式，如王艮曾任翰林修撰，又是泰州学派的翘楚，故焦竑既将其归入"翰林院"，又归入"儒林"。

四是所谓"无官"者，是沿袭了"四库"馆臣的说法："其（《献征录》）无官者，则以孝子、义人、儒林、艺苑等目分载之。"[3]其实，其中少数人物也有官宦经历，如"艺苑"中的万允曾官至鸿胪丞，滕克恭官至

① （明）焦竑辑：《献征录》卷七八《严景传》（陈镐撰），《续修四库全书》本，529册，第263页。
② （明）焦竑辑：《献征录》卷七八《张颐传》（王鏊撰），《续修四库全书》本，529册，第258页。
③ （清）永瑢等撰：《四库全书总目》卷六二《献征录》提要，北京：中华书局，1965年，第559页。

集贤院学士，又"孝子"中的简祖英曾任建平知县等。焦竑之所以未将其归入"有官"类，而是另外列出，盖是因为：这些人物所任官职品位不高，难以归入《献征录》所列官署之中。同时，这些人物在文德、仁义、忠孝等方面的个性特征及影响，已超越其仕宦政绩，故归于"无官"类更为合理。

《献征录》按照官署编载人物，实际包含两层意思：

一是人物所属官署不同，品秩自然有异。就"有官"类所收人物来看，《献征录》基本囊括了上至皇亲国戚、达官勋贵，下至七品知县的各级官员，其中又以三品、四品官员为多。而且在同一类中，也是按照人物品秩高低依次编载，如在"户部"中，先有二品尚书，次有三品侍郎，再有六品主事等。这种编纂体例，继承了传统正史列传及人物传记多载政治人物的做法，强调政治人物在历史发展中的特殊地位和主导作用，并弥补了明代《实录》"三品以上方得立传"[①]的缺陷。而在体例上严格遵循品秩次序，则表明焦竑作为传统文人，同样无法摆脱专制时代的等级观念和名位秩序。

二是《献征录》在以官署分类时，为避免编载混乱，又在每类中按时间次序排列人物。如卷109"锦衣卫"共收16人，焦竑按卒日次序列出建文时期的宋忠，成化时期的万贵，弘治时期的钱通、朱骥和叶广，嘉靖时期的陈寅和陆炳，最后是卒于万历时期的朱希孝、王良等9人。当然，在这一点上，焦竑也有失误，如"太常寺"中，吕本生活在洪武时期，焦竑却将其置于景泰以后的刘岌、崔志端、田景贤、艾福等人之后。

总之，以官署编载人物是统系《献征录》整体结构的基本体例，而焦竑之所以采取这一体例，有其理由：

一方面，以官署编载人物，实际采用了《明会典》"以本朝官职制度为纲"[②]，且各类依时间顺序编排的编纂体例。不同的是，《明会典》是"以官统事""从事分类"，而《献征录》则是"以官系人"。如吏部类，《明会典》先叙吏部官名、品秩、属官，再分叙各自的职掌、典制及相关

① （明）郎瑛撰：《七修类稿》卷一三《三无》，上海：上海书店出版社，2001年，第136页。
② （明）申时行等修：《明会典》（万历朝重修本）卷首《弘治间凡例》，北京：中华书局，1989年，第5页。

事例等，而《献征录》则分四卷列出陈修、詹同、吴琳等吏部官员 107
人，类目相同而内容不同。更直接地说，《献征录》也继承了雷礼《国朝
列卿记》等收载人物"以衙门大小为次，其分就各署，以履历先后为
次"①的编纂体例。

　　另一方面，焦竑在以官署编载人物的框架内，特立儒林、艺苑、义人、
孝子、隐佚、寺人、释道等"无官"类，也并非偶然：一是受宋明以来"名
臣录"分类方法的影响。就明代而言，如林之盛《皇明应谥名臣备考录》
（又作《应谥名臣传》）分理学、节义、功业、文章、武功五类；沈应魁《皇
明名臣言行录新编》所收名臣，"或以节行标，或以勋业显，或以理学称，
或以忠烈著，或以文章鸣"②。李贽《续藏书》所收人物分功臣、名臣两
类，其中"名臣"又详分为清正、理学、忠节、孝义、文学等十二类。显
然，《献征录》与以上诸书的分类颇为相似。二是仿照了"正史"类传的分
类方法，详见下文。另外，万历官修正史活动虽然中辍，但从《献征录》的
体例中，仍可见其列传类目之大概。当时所修正史是"依仿古史旧体，分类
派撰"③，其中"列传"分二十六类，除诸王公侯、历朝诸臣外，又有理
学、文苑、循良、高逸、孝节、乱逆、佞幸、方伎、四夷，分类精详，毕举
无遗。④其中多数类目也与《献征录》类似。可见，《献征录》虽是一部传
记汇编，但在结构上表现出正史列传的特征，反映了焦竑博综先例，融通和
会，"扫古人之刍狗"⑤、成一家之言的撰述风格和治史风范。

　　（二）收录人物，德行为先

　　传统史学讲求褒贬人伦、臧否人物，所谓"彰善瘅恶，树之风

---

① （明）雷礼：《国朝列卿纪》卷首《国朝列卿纪凡例》，《四库全书存目丛书》本，史部第 92 册，第
　　435 页。
② （明）沈应魁撰：《皇明名臣言行录新编》卷首《序》，《明代传记丛刊》本，第 1 辑，第 6 册，第
　　682 页。
③ 《明神宗实录》卷二七一"万历二十二年三月癸卯"条，台北："中研院"历史语言研究所，1962
　　年，第 5039 页。
④ （明）吴道南：《吴文恪公文集》卷二《正史议》，《四库禁毁书丛刊》本，第 31 册，第 313 页。
⑤ （明）焦竑撰，李剑雄点校：《焦氏笔乘续集》卷二《支谈上》，上海：上海古籍出版社，1986 年，
　　第 230 页。

声"①，便是史家自觉考量人物操行修养，以达到明理教化、示劝世人之旨趣。明中后期，面对复杂多变的社会局面，裁量人物蔚为风潮，其间无论是专记勋功、德义、学识、著述有裨于政教的名臣录，还是记载馆阁卿贰，嘉言善行的纪传体史书，皆旨在借用人物的垂训功能以达到方驾前修，嘉惠后学的目的。于此，《献征录》表现得尤为突出。

那么，焦竑如何从明代"不可胜数"②的人物中选出若干典型人物呢？对此，他的原则是"以德为主"，即看所收人物是否是善类，其言行是否符合礼教，其事迹是否有助于教化。上至皇亲国戚、达官贵人，下至宦官艺苑，乃至布衣之贤，只要"有德"，皆可收录。这一点，若与张廷玉《明史》列传的分类加以比较，即可查知，如表 1-2 所示。

表 1-2　《献征录》与《明史》列传分类比较表

《献征录》		张廷玉《明史》	
类别	数量	类别	数量
—	—	后妃	48 人
宗室诸王	118 人	宗室诸王	120 人
驸马都尉	11 人	—	—
—	—	公主	95 人
胜国群雄	20 人	胜国群雄	11 人
各级文武官员	3203 人	各级文武官员	2297 人
		循吏	40 人
儒林	30 人	儒林	87 人
艺苑	45 人	文苑	129 人
义人	25 人	忠义	282 人
孝子	50 人	孝义	80 人
隐佚	23 人	隐逸	12 人
—	—	方伎	25 人
戚畹	18 人	外戚	34 人

---

① （南朝梁）刘勰著，黄叔琳注，李祥补注，杨明校注拾遗：《增订文心雕龙校注》卷四《史传第十六》，北京：中华书局，2012 年，第 207 页。

② （明）余继登撰，（明）冯琦编：《淡然轩集》卷一《修史疏一》，《景印文渊阁四库全书》本，第 1291 册，第 766 页。

续表

《献征录》		张廷玉《明史》	
类别	数量	类别	数量
无	—	列女	237 人
寺人	28 人	宦官	39 人
—	—	阉党	16 人
—	—	佞幸	13 人
—	—	奸臣	10 人
—	—	流贼	2 人
释道	38 人	—	—
四夷	62 人	外国	83 人
总计	3609 人 （不包括四夷类，含重 复传记 55 个）	总计	3577 人 （不包括外国类）

由表 1-2 可见，《明史》列传的分类较《献征录》精详，除包括文武官员的"有官"类与儒林、艺苑、孝子三传，二者近似外，《明史》中的后妃、公主、循吏、方伎、列女、阉党、佞幸、奸臣、流贼等，均为《献征录》所无，而《献征录》的"释道"则为《明史》所无。应该说，这种差异，除因二者体例不同外，更在于其不同的撰述旨趣和取人原则。一般而言，正史列传多是善恶并存，旨在扬善斥恶，所谓"列传善善恶恶，而言行录善善之意长，若似乎恕矣"[1]。毫无例外，《明史》继承了正史列传的取人原则和分类方式，故也列出循吏、忠义、孝义以"扬善"，列出阉党、佞幸、奸臣、流贼以"斥恶"。

焦竑认为"记德之史，褒功之诏"，为"史氏职也"[2]。故他编纂《献征录》也旨在褒扬功臣名贤、忠烈节义，进而在收录人物时，强调"以德为主"。对此，焦竑在其《国史经籍志》卷三"传记"中，将《献征录》归入"名贤"即为明证。析言之，此"名贤"大体包括"名臣"和"贤人"两类。

---

① （清）徐开任辑：《明名臣言行录》卷首《明名臣言行录序》（黄宗羲），《续修四库全书》本，第520 册，第 394 页。

② （明）焦竑撰，李剑雄点校：《澹园集》卷二五《少司农王公传》，北京：中华书局，1999 年，第355 页。

"名臣"主要指各级官员。焦竑自幼"好览观国朝名公卿事迹"①，对本朝人物传记更是情有独钟，故他在编纂《献征录》时，对各类人物传记多加征引。书中所收各级官员凡 3203 人，其中以"有德者"居多，此从《献征录》所引文献即可窥知，如张朝瑞《忠节录》所载皆"仗节死义""藏名远举"②的忠烈之人，《献征录》征引达 51 处，焦竑认为这对于那些"怀奸嫉善者，诵其言，论其世，即幸逃于指视，宁无怍于衾影"③。此外，《献征录》所引郑汝璧《功臣封爵考》、李贽《续藏书》、陈沂《畜德录》、黄金《开国功臣录》、王世贞《嘉靖以来首辅传》、郑晓《名臣记》、李贤《传道录》、尹直《名臣言行通录》及徐咸《名臣言行录》、《忠宣言行录》、陈凤《欣慕编》等，也意在推扬人物功勋、循良、武功、德义和学识，至于书中所引碑铭、行状等，也多褒扬名贤、传颂溢美之词。

自然，《献征录》中焦竑自撰的人物传记也多为"有德者"。如他在叙述了潘朝言（潘丝）的事迹后，叹云："呜呼！岂不明于趣舍尚风节伟丈夫哉！君子之为善也，不赫赫于时，其流风遗烈在乎人者，必有时而著。故余传其事，俟知言者考焉。"焦竑之所以感慨至此，在于潘氏"忠孝廉节，处穷达，临利害，无愧于古人"④。又如他认为王崇古制虏有方，"功在社稷"，故撰墓铭志之。⑤

"贤人"多是无官者，其中除孝子、义人等带有褒义色彩外，儒林、艺苑、隐侠、寺人、释道及胜国群雄等所收人物，也多为贤达名人。如"儒林"中的梁寅"通六经之旨"⑥，王艮开泰州之学，邓元锡"闳深博奥"且力排"学惟无觉"的空虚之学。⑦焦竑钟情明代"贤人"，除了史学体例上的继承因素外，也取决于晚明特定的文化场景。当时，心学昌

① （明）焦竑撰，李剑雄点校：《澹园集》卷一四《忠节录序》，北京：中华书局，1999 年，第 133 页。
② （明）焦竑撰，李剑雄点校：《澹园集》卷一四《忠节录序》，北京：中华书局，1999 年，第 133 页。
③ （明）焦竑撰，李剑雄点校：《澹园集》卷一四《忠节录序》，北京：中华书局，1999 年，第 134 页。
④ （明）焦竑辑：《献征录》卷一〇二《潘朝言丝传》，《续修四库全书》本，第 531 册，第 57—59 页。
⑤ （明）焦竑撰，李剑雄点校：《澹园集》卷二九《光禄大夫柱国少保兼太子太保兵部尚书赠太保谥襄毅王公墓志铭》，北京：中华书局，1999 年，第 441 页。
⑥ （明）焦竑辑：《献征录》卷一一四《征士梁寅传》，《续修四库全书》本，第 531 册，第 451 页。
⑦ 《明史》卷二八三《邓元锡传》，北京：中华书局，1974 年，第 7291—7292 页。

盛，文化兴隆，而焦竑又"以昌明道学为己任"①，"以文冠时"，故他立儒林、艺苑，合乎时宜。同时，焦竑所处时代心学勃兴，逃禅成风，"三教"融通蔚为大观，受此影响，焦竑立隐佚、释道，也无可厚非。至于"胜国群雄"，焦竑将其置于"释道"后，盖意味有二：一是认为徐寿辉、陈友谅、张士诚等人在推翻元朝统治方面功不可没，所以取之；二是认为这些人曾割据一方，与太祖为敌，鉴于"正统"，焦竑不可能对其评价过高，也不愿在危机四伏的万历时期，宣扬有悖于统治的社会暴动和政治割据，故将其置于最后。但值得一提的是，《献征录》"寺人"所载，实为除去阉党的宦官。如卷一一七载：沐敬"貌魁伟，敢慷慨直言"；阮安"清介善谋，尤长于工作之事"；成敬"逊避不招权宠，又不乞恩泽"；栢玉"能以义自断，而乃心国事"；陈准"为人清俭平恕"等，焦竑也不惜笔墨，详加载录。

然而，《献征录》并非对反面人物一概不收，其中收有极少数反面人物。从表 1-2 可知，《献征录》未列阉党、佞幸、奸臣三类，且其中所含人物焦竑也未收入其他类目。如《明史·阉党传》收 21 人，除焦芳、刘宇、韩福等 4 人外，《献征录》皆弃而不载；《明史·佞幸传》收 12 人，除"左道乱政"②的李孜省外，其他 12 人《献征录》亦未收载。当然，所谓"史以褒贬人伦，岂论显晦"③，焦竑曾批判《吾学编》《名臣录》"多载懿行，而巨憝宵人幸逃斧钺，史称梼杌，义不甚然"④。故他在宣扬文德，褒颂名贤时，对少数影响较大，且资料丰富的"权奸误国之人，邪佞欺君之辈"⑤，也特加记载。如胡惟庸，受明初"胡惟庸案"的影响，世人对他颇有微词，如王世贞谓其"阴刻险鸷，众多畏之"⑥，明史馆臣也以"凶狡自肆"⑦大加斥之。由此，明代史书有关他的记载多失于

---

① （清）陈作霖纂：《金陵通传》卷一九《焦竑传》，《中国方志丛书》本，台北：成文出版社有限公司，1970 年，第 553 页。

② 《明史》卷一六八《刘翔传》，北京：中华书局，1974 年，第 4526 页。

③ （明）焦竑撰，李剑雄点校：《澹园集》卷五《修史条陈四事议》，北京：中华书局，1999 年，第 30 页。

④ （清）查继佐撰：《罪惟录》列传卷一八《焦竑》，《续修四库全书》本，第 323 册，第 280 页。

⑤ （明）焦竑撰，李剑雄点校：《澹园集》卷五《修史条陈四事议》，北京：中华书局，1999 年，第 30 页。

⑥ （明）焦竑辑：《献征录》卷一一《胡惟庸》（王世贞），《续修四库全书》本，第 525 册，第 382 页。

⑦ 《明史》卷三〇八《奸臣传》序，北京：中华书局，1974 年，第 7905 页。

史实，包括李贽这样的"异端"学者，也在《续藏书》中避而不谈。《明史》虽有记载，却将其归入《奸臣传》，仍有贬义。而焦竑则依其曾任官职，将其收入中书省。又如严嵩，《明史》称他"父子济恶，贪酷无厌"①，"窃权罔利"②，并收入《奸臣传》，而焦竑却收入内阁类。再如王振、曹吉祥、汪直、刘瑾等一代权阉，《献征录》也予以收载，却有意将其置于"寺人"之末，亦有贬义。表面来看，焦竑对胡惟庸诸人收载，似乎实践了其"善恶并列，不必以人为断"③的治史旨趣，但《献征录》所收反面人物毕竟极少，并不能改变全书取人"以德为主"的基本原则。深层而言，这一收录原则并非为了突出一个"德"字，而在于通过描述多数"高贤"和少数"巨奸"之行事，以达到斥恶扬善、粉饰名教的目的。因此，《献征录》中虽然难见焦竑评骘人物的点点言语，但他收录人物的原则和标准，足以彰显其独到的史学见解和客观的记史态度。

与《明史》相比，《献征录》不收后妃、公主、列女及循吏、方伎，究其原因在于：一是《献征录》不收后妃等，并非焦竑缺乏"妇德"观念，相反，在女性地位低下的明代社会，三从四德、男尊女卑、节女烈妇等礼教观念深入人心，作为传统文人，焦竑无法摆脱对女性从属地位的固有认识，他承认并宣扬"妇之事夫，与君臣等耳"④、"妇死其夫"⑤的观念，并认为这样做是"奉扬明天资之德意以垂亡穷，史职也"⑥。因此，焦竑对女性，尤其是节烈女性或持之褒奖，或挥以笔墨，他在《上元县志序》中，就对县志作者在对良吏、名人、忠义、孝友、高行、隐佚、儒林、文苑"靡不备载"时，也对"列女、方伎若事之不可吐弃者，咸附焉"的做法⑦，深表赞誉。而且，焦竑在其《澹园集》中也载有76处碑

① 《明史》卷三〇八《奸臣传·序》，北京：中华书局，1974年，第7905页。
② 《明史》卷三〇八《奸臣传·严嵩传》，北京：中华书局，1974年，第7916页。
③ （明）焦竑撰，李剑雄点校：《澹园集》卷五《修史条陈四事议》，北京：中华书局，1999年，第30页。
④ （明）焦竑撰，李剑雄点校：《澹园集》卷二五《李节母小传》，北京：中华书局，1999年，第373页。
⑤ （明）焦竑撰，李剑雄点校：《澹园集》卷二〇《礼部侍中黄公元配翁夫人暨二女墓祠记》，北京：中华书局，1999年，第251页。
⑥ （明）焦竑撰，李剑雄点校：《澹园集》卷二七《赠淑人徐母王氏墓表》，北京：中华书局，1999年，第408页。
⑦ （明）焦竑撰，李剑雄点校：《澹园集》卷一四《上元县志序》，北京：中华书局，1999年，第140页。

传，专对"淑人""贞烈""节孝""硕人"等做了叙述。如他记载侍中黄观战死靖难，其夫人、二女并死金陵时，认为"妇死其夫"是"光日月而振宇宙"①的节义行为。《献征录》之所以不收女性，盖原因有二：一是由全书体例决定的。一般来说，后妃、公主作为统治者，为其立传多在正史中，且置于列传最前，以突出其尊崇地位。而有关列女的记载除了一些专门《列女传》外，也多出现在正史中，但其目的也是旌表节烈，以"立纲陈纪"②、树立风教。作为一部多载"名贤"的人物传记，《献征录》要发凡起例，收录后妃、公主以示正统，收录列女以表贞烈，似乎不符合编纂人物传记之宗旨。二是受资料的限制。《献征录》成书之前，对后妃、公主的记载，仅有《实录》和杨继礼的《皇明后妃嫔传》等，这一点不同于诸王传，焦竑除了可以利用《实录》外，还有《吾学编》《封爵考》《绳蛰录》《藩献志》《弇州别集》及许多碑传。节烈女性虽然在明代颇受表扬，"（列女）著于《实录》及郡邑志者，不下万余人，虽间有以文艺显，要之节烈为多。呜呼！何其盛也"③，但有关列女的记载，除《实录》和方志以"谨夫妇"④外，详载其事者寥寥。受此限制，《献征录》要收入女性，实属不易。

至于《明史》循吏、方伎二传，《献征录》虽未单独标目，但焦竑将其分载于"有官"中。如《献征录》将《明史》"循吏"中的范希正归入"山东知州"，徐九思归入"广东知府"，方克勤归入"山东知府"，万观归入"山东左布政使"，赵豫归入"南直隶知府"。将"方伎"中滑寿、翁吕复、倪伟德等归入"太医院"，张三丰归入"释道"，皇甫仲和、仝寅、张中等归入"钦天监"。

总之，《献征录》基本是一部"名贤"传记，其中有建功立业的功臣，有兼济天下的名臣，有治恶济善的贤人，也有侣文论道的名儒。这不同于只记功臣、名臣，不记贤人、名儒的"名臣传"，也有别于善恶并

---

① （明）焦竑撰，李剑雄点校：《澹园集》卷二○《礼部侍中黄公元配翁夫人暨二女墓祠记》，北京：中华书局，1999 年，第 250—251 页。
② 《明史》卷一一三《后妃传》序，北京：中华书局，1974 年，第 3503 页。
③ 《明史》卷三○一《列女》序，北京：中华书局，1974 年，第 7690 页。
④ 《明史》卷一一三《后妃传》序，北京：中华书局，1974 年，第 3503 页。

列，扬善斥恶的正史列传。故既不能认为《献征录》就是纯粹的"名臣传"，也不能夸大《献征录》所收反面人物的范围和广度。

（三）传记类型，灵活多样

如果将每一官署视为一类，加及儒林、艺苑、释道等，《献征录》实为一部类传。在此框架内，《献征录》又按所收人物的特点和征引文献的类型，采取灵活的编载方式，从而使《献征录》的传记类型表现出多样性特征。

（1）类传中采取单传。这一点与正史类传相似，即一个类传由若干个单传组成，如表1-1所示，内阁类含98个单传，詹事府含54个单传，寺人含28个单传等。这种情况在《献征录》中占绝对数量。而且在某些单传中，《献征录》在为主要人物立传时，也附载了部分与传主有关的人物，主要形式有：一是家族附。这种传记类型的特点用刘知幾的话说就是："每一姓有传，多附出余亲。"[①]如卷五《鄂国公常遇春神道碑》附其子常茂，卷八四《浙江按察司副使曹公时中传》附其兄曹泰，卷一百六《都督廖镛传》附其弟廖铭，等等。二是同类附。所附人物往往与传主有共同经历或类似行事。如儒林类中的《张孝廉基先生》附周汝宗，《献征录》云"（张基）真孝廉也"，而周汝宗也"笃实有隐操，能无惭孝廉名也"[②]，二人品行类似，可为同类，故附之。三是多人附。如都御史类中的《袁泰传》附李邦典、范俊、艾良三人；又《右副都御史王公珣传》附王崇仁、王崇文、王崇献三人。这种传记既可简笔省文，又不致漏载史实，可谓一举两得，深获史法之妙。

（2）类传中采取合传。合传是由两个或两个以上的人物组成的传记。正史列传中的合传一般有两种形式，即对照组合和以类相从。由于《献征录》总体是一部类传，受此限制，其中出现的部分合传以"以类相从"者为多。如"刑部"中的《三司狱传》，实为孙一谦、陈继源、苏梦晹三人合传；又"义人"中的《叶伯巨郑士利传》，"隐佚"中的《张明鉴万允

---

① （唐）刘知幾撰，（清）浦起龙释：《史通通释》卷四《编次》，上海：上海古籍出版社，1978年，第102页。

② （明）焦竑辑：《献征录》卷一一四《张孝廉基先生》，《续修四库全书》本，第531册，第473页。

（万）祺合传》，"广东"中的《临高知县杨护梁俭合传》，"六科"中的《中书舍人宋和郭节》等，皆是类传中的合传。

　　除上所述，《献征录》在体例上尚有两点值得指出：一是由于《献征录》主要以官署编排人物，而某些人物一生历仕数官，如何确定此类人物的归属呢？于此，焦竑大体依人物所任最高官职为准，而对部分地位显赫、历任高官的特殊人物，则灵活运用了"别见法"（类似正史的互见法）。如"伯"中的汪广洋别见"中书省"，"公"中的李善长别见"中书省"，"中书省"的徐达别见"公"，"内阁"中的徐有功别见"伯"。焦竑为避免重复，只为"别见者"立传一次，一般仅见于"别见"门类当中。这种方法实际在焦竑之前已有前例，如雷礼在其《皇明列卿记》中就以"余详某某"字样采用此法。二是受陈建《皇明启运录》等随文批注风格的影响，焦竑《献征录》在某些传记的版栏外，也时常以简明扼要的词句概括本传或本段的主要内容，或对其中某些人物的言行予以简要评论。这种笔法不仅具有提纲挈领的作用，也便于研究者阅读利用。

　　总之，《献征录》虽然是一部人物传记的资料汇编，但并非简单地堆砌资料，而是有着严整而灵活的编载体例；虽然收载人物数量极多，但也并非滥取乱收，而是有着合理的取人原则，二者相互配合，一以贯终，充分保证了《献征录》内部结构的严整和所取人物的精慎。

三、《献征录》文献征引

　　焦竑《献征录》博采群籍，且多为碑铭、行状、传记、年谱、自传、序文等原始资料或唯一资料，从而保证了全书史料的丰富性和真实性。故长期以来，《献征录》在明史研究中具有重要价值，但其在征引各类文献时，"于引据之书，或注或不注"①，为参考者带来诸多不便。鉴于此，兹对《献征录》征引文献的范围、方法、原则予以考究。

---

① （清）永瑢等撰：《四库全书总目》卷六二《献征录》提要，北京：中华书局，1965 年，第 559 页。

（一）文献征引范围

焦竑编纂史书，重视文献的搜集和运用，这与他提倡博综通达、兼及众说的治学路径如出一辙，所谓"古之良史，多资故典。会稡成书，未有无因而作者"①。故此，他著《焦氏类林》就是"搜百代之菁华，掇群书之芳润"②；所著《玉堂丛语》也是裒集"金匮石室、典册高文"，"稗官野史之余论"。③但相形之下，真正做到广征博引者当属《献征录》，其中内容除少数出自焦竑之手外，绝大多数是引自他处。概言之，书中所引文献有"累朝训录、方国纪志，与家乘野史"，有"禁中之副，名山之藏，通都大邑之传"④，也有"海内碑铭、志状、表传"及"齐谐小说"⑤。但细言之，各类文献的征引数量却不尽相同。兹结合明代史料状况，条分缕析如下。

1. 引自明人文集中的碑传文字

利用碑传文字记录和评论本朝人物是宋明史家的特色。宋代司马光《资治通鉴》、李心传《建炎以来系年要录》、李焘《续通鉴长编》等，就采用了不少碑传文字。朱熹的《宋八朝名臣言行录》也是其读"近代文集及记事之书"时，"观其所载国朝名臣言行之迹，多有补于世教"，因而"掇取其要，聚为此录"⑥。而杜大珪的《宋名臣碑传琬琰集》则几乎全是依据神道碑、墓志铭、行状等辑录而成。逮至明代，部分史家也注重对文集中碑传铭文的兼采运用。如彭韶《国朝名臣录赞》在记述人物时，"列其志铭状传等类于后，以窃附大儒先生之意"⑦。徐纮《皇明名臣琬琰录》，也"遍访之诸名臣后，或士大夫藏书家，得一碑一铭，一状一传，辄手抄录"⑧。即使是官修《明实录》，在"所附臣工传，有时系据

---

① （明）焦竑撰，李剑雄点校：《澹园集》卷五《修史条陈四议》，北京：中华书局，1999年，第30页。
② （明）李登：《刻焦氏类林引》，载（明）焦竑辑：《焦氏类林》，《续修四库全书》本，第1189册，第180页。
③ （明）焦竑撰：《玉堂丛语》卷首《玉堂丛语序》（顾起元），北京：中华书局，1981年，第1页。
④ （明）焦竑辑：《献征录》卷首《献征录序》（顾起元），《续修四库全书》本，第525册，第2页。
⑤ （明）焦竑辑：《献征录》卷首《献征录序》（黄汝亨），《续修四库全书》本，第525册，第6页。
⑥ （宋）朱熹辑：《五朝名臣言行录》卷首序，《宋代传记资料丛刊》本，第21册，第415—416页。
⑦ （明）彭韶撰：《彭惠安集》卷二《名臣录赞序》，《景印文渊阁四库全书》本，第1247册，第24页。
⑧ （明）张诩：《张诩集·东所先生文集》卷二《皇明名臣琬琰录序》，上海：上海古籍出版社，2015年，第97页。

墓志神道碑润色"①。这中间,《献征录》作为碑传资料的"大成之作"②,可为显例。

在《献征录》所引文献中,明人文集中的各类碑传文字最多。据笔者考索,《献征录》共收人物 3554 个,而引自碑传文字者就达近 3000 处,其中属于"碑文"者,共计 1797 处,如表 1-3 所示。

表 1-3 《献征录》征引文献范围、数量简表 单位:个

文献	墓志铭	神道碑	墓表	行状	祠记庙碑	碣铭	事状	圹志
数量	1041	327	194	193	16	9	9	8

另外,属于"传文"者,也有 1000 余处。如卷一、卷二《宗室》及卷八《侯二》,大多出自郑晓《吾学编》。此外,《徐辉祖传》出自王世贞《弇山堂史料集》卷二四,《冯胜传》出自王世贞《弇山堂史料集》卷二三,《吴伯宗传》出自廖道南《殿阁词林记》卷一,《王公鳌传》出自王守仁《王文成公书》卷二五,《高拱传》出自王世贞《嘉靖以来首辅传》,《李文定公春芳传》出自王锡爵《王文肃公全集》卷六,《修撰徐公旭传》出自梁潜《泊菴集》卷一二,《仪智传》出自李贽《续藏书》卷八,《詹鼎传》出自方孝孺《逊志斋集》卷二一,《周公忱传》出自彭韶《彭惠安集》卷四,《唐公顺之传》出自李开先《李中麓闲居集》卷一〇,《罗伦传》出自陈献章《陈伯沙集》卷四,《吏部尚书倪文毅公岳传》出自吴宽《家藏集》卷五九,《夏忠靖公原吉传》出自丘浚《重编琼台稿》卷二〇,等等。

据笔者初步考订,《献征录》共征引明人文集近 460 种,部分今天尚存,其中《四库全书》收录 90 种,《四库全书存目丛书》收录 178 种,《四库禁毁书丛刊》收录 13 种,另《续修四库全书》《四部丛刊初编》也收有数种。遗憾的是,焦竑在征引此类文献时,多只注明作者,而未注明集名。如释道类中的《周尊师玄真小传》,焦竑注明作者为宋濂,但未注明出自宋濂《銮坡后集》卷三。户部类中《资政大夫南京户部尚书致仕梁

---

① 黄彰健:《校印明实录序》,《明实录》,台北:商务印书馆,1962 年影印本,第 22 页。

② 〔美〕牟复礼、〔英〕崔瑞德编:《剑桥中国明代史》,张书生、黄沫、杨品良,等译,思炜、张言、谢亮生校,北京:中国社会科学出版社,1992 年,第 812 页。

公璟神道碑》，焦竑也只注明作者为李东阳，未注明出自李东阳《怀麓堂集》卷七八。此类情况约占所引文集的多数。而注明集名者，只有王世贞《弇州别集》（或《弇州史料集》）22 处、耿定向《耿恭简集》3 处、万表《灼艾集》1 处、唐龙《渔石集》1 处、蔡清《虚斋集》1 处、顾璘《东桥先生集》1 处、方孝孺《正气集》1 处。

当然，《献征录》所引碑传文字并非全部引自文集，也有少数是焦竑迻自明人撰写的单篇碑传文字，而这些人或无文集，或有文集而后世未存。缘此，此类文字最多只知作者，而难知其出处，更难确定其出自何部文集。《献征录》能够保存此类史料，价值弥足珍贵。

2. 引自明代列朝实录

明代前期，实录"藏之金匮石室，最为秘密"①，严禁私人传抄，"不惟草莱书生，目不及见，即庙堂缙绅之士，亦有不及知者"②。嘉靖以后，因私人传抄，实录始流入民间。至万历中叶，已是"遍及台省"，"家藏户守"③。实录的广泛流布，无疑推动了私家修史的快速发展，也使焦竑在编纂《献征录》时，大量征引本朝《实录》成为可能。焦竑虽对实录持有成见，但毕竟为修史之本，"史之基也"④，尤其在"叙章典，述文献"方面，实录更是"不可废也"⑤，焦竑编纂《献征录》，同样难舍实录。笔者通过比较《实录》与《献征录》所收人物传记⑥，发现：《献征录》引自《实录》的人物传记共有 363 处，其中注明引自《实录》者有 203 处，包括有 9 处题引《国史实录》，书名不同，实即《实录》；未注明出处者有 160 处。显然，这个数量不及引自碑传文字，但有学者认为《献征录》所引文献以实录为主，如日本学者山根幸夫就说："（《献征

---

① （明）朱国桢撰：《湧幢小品》卷二《实录》，北京：中华书局，1959 年，第 31 页。
② （明）吴朴撰：《龙飞纪略》卷首《龙飞纪略序》（林希元），《四库全书存目丛书》本，第 9 册，第 412 页。
③ （明）朱国桢撰：《湧幢小品》卷二《实录》，北京：中华书局，1959 年，第 31 页。
④ （宋）高似孙：《史略》卷三《实录》，《新世纪万有文库》本，沈阳：辽宁教育出版社，1998 年，第 51 页。
⑤ （明）王世贞撰，魏连科点校：《弇山堂别集》卷二○《史乘考误一》，北京：中华书局，1985 年，第 361 页。
⑥ 据笔者统计，明代十三朝《实录》及《崇祯长编》，共收人物传记 3587 个，其中《明神宗实录》以前各《实录》收 3299 个，较《献征录》3554 个少。

录》——笔者注）使用的史料以实录为主，范围甚广，并尽可能地引用原文。"①蔡友谋先生也持此说。②

具体而言，《献征录》征引本朝《实录》包括太祖至穆宗的9朝《实录》，但因各朝《实录》记载人物详略各异，所记内容的多寡不同，故焦竑征引《实录》的传记数量也不尽相同。如表1-4中所列。

表 1-4　《献征录》征引实录数量表

实录名称	卷数	征引数量	皇帝在位时间	备注
《明太祖实录》	257 卷	35 处	31 年	建文帝无实录③
《明太宗实录》	130 卷	21 处	22 年	
《明仁宗实录》	10 卷	0 处	1 年	实际在位 10 个月
《明宣宗实录》	115 卷	14 处	10 年	
《明英宗实录》	361 卷	51 处	22 年	正统 14 年，天顺 8 年
《明宪宗实录》	293 卷	62 处	23 年	
《明孝宗实录》	224 卷	51 处	18 年	
《明武宗实录》	197 卷	82 处	16 年	
《明世宗实录》	566 卷	41 处	45 年	
《明穆宗实录》	70 卷	6 处	6 年	

从表1-4可知，武宗在位仅16年，其《实录》也只有197卷，但《献征录》却征引最多；其次《明宪宗实录》和《明孝宗实录》卷数也不太多，但《献征录》也征引不少。反之，太祖、英宗、世宗在位时间长，《实录》卷数多，而《献征录》征引其中传记却相对较少，尤其是《明世宗实录》，卷数最多，而《献征录》所引传记仅41处。之所以存在这种差异，主要取决于实录记载人物传记的详备程度。总体上，《明实录》所载人物传记详略有别，其中《明宪宗实录》《明孝宗实录》《明武宗实录》较为详备，多数传记详述传主事迹，《献征录》所引实录人物传记也多集中在这些实录；而《明世宗实录》《明穆宗实录》所载传记较为简单，多数

① 〔日〕山根幸夫编：《中国史研究入门》，田人隆等译，北京：中国社会科学出版社，1994 年，第 530 页。
② 蔡友谋：《谈迁〈国榷〉》，《书馨》，1998 年第 3 期。
③ 郭培贵：《建文帝有实录吗》，《殷都学刊》2000 年第 4 期。

仅载"某某卒"或"赐某某祭葬",甚至对部分三品以上的官员事迹也一笔带过,极为简略,故《献征录》征引较少。另外,因仁宗在位不及一年,其实录所载传记数量极少,故《献征录》未引。

3. 引自明代人物传记

明人好修传记,仅《明史·艺文志》就著录各类传记144种,其中记明朝人物者56种,所占比例虽少,却多有内容丰富、规模宏大、资料性强,且以通代和全国性类传为主的特点。这与宋代以前的区域性、个体性等小型人物传记不同。究其原因,除与史学自身的发展传承有关外,盖与明人撰修此类文献的动机有关,即或"以备史氏之采录"[①],或为"国家一代材贤之盛,炳乎不朽"[②]。

焦竑自幼"好览观国朝名公卿事迹"[③],对本朝传记史书情有独钟。与此相联系,焦竑在编纂《献征录》时,对明人所修各类传记做了恰当、灵活地征引,但他在征引此类文献时,多未注明出处。如征引王世贞《嘉靖以来首辅传》凡9处,注明者仅1处,以不注者为多,而注明出处者仅有196处,详见表1-5。

表1-5 《献征录》征引人物传记数量表

文献名称	作者	数量	文献名称	作者	数量
《吾学编》	郑晓	60处	《祥符文献志》	李濂	10处
《忠节录》	张朝瑞	51处	《封爵考》	郑汝璧	8处
《维风编》	史旌贤	20处	《续藏书》	李贽	7处
《绳蛰录》	未详	22处	《传道录》	李贤	2处
《藩献志》	朱睦㮮	15处	《畜德录》	陈沂	2处
《欣慕编》	未详	1处	《开国功臣录》	黄金	1处
《嘉靖以来首辅传》	王世贞	1处	《进思录》	未详	1处
《名臣记》	郑晓	1处	《历代小史》	未详	1处
《名臣言行通纪》	尹直	1处	《名臣言行录》	徐咸	1处
《忠宣言行录》	未详	1处			

---

① （明）黄清:《书开国功臣录后》,载（明）黄金撰:《皇明开国功臣录》,《明代传记资料丛刊》本,第1辑,第39册,第818页。

② （明）陈子龙等:《明经世文编》卷二七一《皇明献实序》（袁褒）,北京:中华书局,1962年,第2864页。

③ （明）焦竑:《玉堂丛语》卷首《书玉堂丛语》（焦竑）,北京:中华书局,1981年,第5页。

以上除《吾学编》被认为是纪传体（实为略仿纪传体）而外，其他多为人物传记。

4. 引自明人野史笔记和家乘小说

明代史学以史料发达见称，尤其是野史、家乘、小说，可谓汗牛充栋，不可胜数。①但对于此类文献，明代史家多有不屑，或云"人臆而善失真"②，或云"舛谬多而鄙诞可笑"③，或云"未足尽凭也"④。但有趣的是，明人在贬斥此类文献时，又自觉加以观览征引，诸如王世贞、郑晓、陈建、李贽等莫不如此。同样，焦竑虽深感"野史小说，尤多不根"⑤，并批评其"体制不醇，根据疏浅"⑥。但他对"家乘野史"的批判已近于辩证：

> 余观古今稗说，不啻千数百家，其间订经子之讹，补史传之阙，网罗时事，缀辑艺文，不谓无取；而肤浅杜撰，疑误观听者，往往有之。⑦

焦竑并未完全否认"家乘野史"的史料价值，故他提出要合理利用此类文献，但须做到"善择之而已"⑧。于此，焦竑在《献征录》中得到很好实践，其中大量征引了"野史笔记"。其中注明出处者如表 1-6 所示。

此外，《献征录》也少量征引了家乘和年谱，如卷五四《都御史罗公通传》、卷八八《湖广布政司右参议方公勉行实》出自家乘；卷二一《杨升庵太史年谱》与卷三七《礼部尚书章纶年谱》则出自年谱。

---

① 谈迁云："实录外，野史、家状，汗牛充栋，不胜数矣。"（明·谈迁著，张宗祥校点：《国榷》卷首《义例》，北京：中华书局，1958 年，第 7 页）夏燮云："明人野史，汗牛充栋。"（清·夏燮撰：《明通鉴》卷首《义例》，北京：中华书局，2009 年，第 8 页）
② （明）王世贞撰，魏连科点校：《弇山堂别集》卷二〇《史乘考误一》，北京：中华书局，1985 年，第 361 页。
③ （明）陈建：《皇明启运录》卷八"洪武二十六年十一月"条，《稀见明史史籍辑存》本，北京：线装书局，2003 年影印本，第 4 册，第 320 页。
④ （明）郑晓撰：《吾学编》卷首《序略》（郑履淳），《续修四库全书》本，第 424 册，第 133 页。
⑤ （明）焦竑撰，李剑雄点校：《澹园集》卷五《修史条陈四事议》，北京：中华书局，1999 年，第 30 页。
⑥ （明）焦竑撰，李剑雄点校：《澹园集》卷二三《经籍志论》，北京：中华书局，1999 年，第 305 页。
⑦ （明）焦竑撰，李剑雄点校：《焦氏笔乘》卷首《自序》，上海：上海古籍出版社，1986 年，第 1 页。
⑧ （明）焦竑撰，李剑雄点校：《澹园集》卷二三《经籍志论》，北京：中华书局，1999 年，第 305 页。

表 1-6　《献征录》征引笔记小说数量表　　单位：处

文献名称	作者	数量	文献名称	作者	数量
《北征录》	杨荣	1	《今言》	郑晓	7
《孤树裒谈》	李默	2	《治世余闻》	陈洪谟	2
《双槐岁抄》	黄瑜	1	《守溪长语》	王鏊	1
《琅琊漫谈》	文林	1	《四友斋丛说》	何良俊	3
《水东日记》	叶盛	2	《复斋日记》	许浩	2
《震泽长语》	王鏊	2	《守溪笔记》	王鏊	1
《革除遗事》	黄佐	1	《九朝野记》	祝允明	1
《庚巳编》	陆粲	1	《南雍志》	黄佐	1
《马氏日记》	马愈	1	《庚申纪事》	李维桢	1
《东华杂记》	未详	1	《困知录》	罗钦顺	1
《西湖谈压录》	未详	1	《皇杂记》	未详	1
《顾东江杂记》	未详	1			

5. 引自明代地方志

"方志乃一方之全史"①，不仅记载一方历史沿革、政治建制、经济状况、社会风俗和文物古迹，也载有诸多先贤名宦。明代方志众多，仅《明史·艺文志》就著录 471 种，若加及未著录者，共约 3000 种②，其中除总志、通志及明代特有的边关卫志外，以府州县志为多。

明人修史好引文献，但征引方志却并不多见，但焦竑是个例外，他在《献征录》中屡屡征引方志。其中除《湖广总志》(《湖广通志》)和《广东通志》是通志，《巩昌卫志》与《修山海卫志》是卫志外，其他多为县志，其中注明出处者有 47 处，如表 1-7 所示。

---

① （清）章学诚撰：《章氏遗书》卷二八《丁巳岁暮书怀投赠宾谷转运因以志别》，北京：文物出版社，1985 年，第 317 页。另，明人杨一清云："国有史，郡有志。志，史之翼也。"(嘉靖《九江府志序》，转引自白寿彝总主编、王毓铨主编：《中国通史》(第九卷)，上海：上海人民出版社，2015年，第 68 页）张居正亦云："州郡之有志，犹国之有史。"(明·张居正撰：《张太岳集》卷七《刻滦州志序》，上海：上海古籍出版社，1984 年影印本，第 94 页）

② 确切数目说法不一：黄苇统计有 1400 余种（《论方志的继承与创新》，《方志论集》，杭州：浙江人民出版社，1983 年）。黄燕生统计有 1600 种以上（《明代的地方志》，《史学史研究》1989 年第 4期）。又巴兆祥统计有 2982 种（《明代方志纂修略述》，《文献》1988 年第 3 期）。今从巴说。

表 1-7 《献征录》征引方志数量表

志名	数量	志名	数量	志名	数量
《顺德县志》	13 处	《永平志》	10 处	《值黎志》	1 处
《杞县志》	4 处	《曹州志》	2 处	《沛志》	1 处
《当涂志》	2 处	《松江府志》	1 处	《芜湖志》	1 处
《林志》	1 处	《维扬志》	1 处	《晋阳志》	1 处
《上元志》	1 处	《金山志》	1 处	《清远志》	1 处
《汝登志》	1 处	《余姚志》	1 处	《汝阳志》	1 处
《东平志》	1 处	《钜野志》	1 处	《上海志》	1 处

6. 引自其他文献

除上述文献外，焦竑还少量征引了以下文献：一是明人自传，有《铁笛通人杨维祯自传》《大学士李先生自状》《杨循吉生圹碑》《朱公纨圹志》《方鹏生圹志》《郑舜臣自叙》和杨爵《处困记》及《续处困记》。二是明人小序，有王暐《昭德录序略》、黄汝亨《王二固侍御疏稿序》、王樵《送王邑侯俨序》、焦竑《六书本义序》、邹智《序正一峰先生事状》、朱升《序故叶太守宗茂事》。三是焦竑自撰文献，其中引自《澹园集》的有卷二五《吏部尚书张恭懿公瀚传》、卷四五《刑部尚书刘公自强神道碑》、卷八九《丁别驾旦传》等 26 处。引自《京学志》（又作《太学志》）的有《云南曲靖军民府知府庞公嵩传》《户部尚书耿公定向传》《南京刑部尚书顾公璘传》《左都御史顾公佐传》等 17 处。四是御制文献，如卷五《魏国公徐公达神道碑》、卷六《姚广孝神道碑》和卷一一八《御制周颠仙传》等。

综上，《献征录》是广撮各类史料而成，且多引自上层官僚的作品，而少引民间文人的作品；多引私修自撰文献，而少引官修御制文献；多引原始文献，而少引衍生文献。之所以这样，除受焦竑搜集史料范围和《献征录》自身体例影响外，也与明代史料状况有关。

（二）文献征引方法

明人嗜好抄书，且惯于原文照录。焦竑之前，大凡书名为"某某录""某某文征""某某编"者，多是抄录而成。《献征录》作为一部传记汇编，不仅史源有自，且以原文照录为主，但焦竑照录并非简单的全文抄袭和资料堆砌，而是在谙熟各类史料的基础之上，甄别去取，择善而从，对所引文献进行了灵活恰当的编排，此主要表现为以下两种情况。

1. 并载法

并载法是指同一人物，有两个或两个以上的传记独立并存，相互间只有补证之益，而无主次之分，且可独立为传。在《献征录》中，并载两"传"者共 109 处，如罗洪先，先引徐阶撰《罗公洪先墓志铭》，又引王时槐撰《念罗先生传》。又如王徽，分别引李东阳《王先生徽墓表》和储瓘《王公徽墓志铭》。也有"三传"并载者，此种情况较少，仅 5 处。如唐顺之，焦竑分别征引了《金都御史荆川唐公顺之言行录》、李开先的《荆川唐都御史传》和万士和的《祭荆山唐先生文》；又仝寅，分别征引了《仝寅》《锦衣卫仝百户墓志铭》和程敏政的《仝景明先生寅传》，等等。

并载法除了可以保证史料的丰富性外，另一优点就是并载者可以参稽互补。如杨廷和，卷一五引孙志仁《行状》，记载了杨氏"尚书入内阁""止逮远夷""策安化之变""平流贼""止宁藩献灯""谏南巡""讨擒江彬""力争不易新诏""裁冗食""正内宦封爵"等 20 事；又引赵贞吉《墓碑祠》补载了杨氏"居寺""除奸""迎立""为乡人建惠局"等 7 事。二者相合，杨廷和一生大体可观。

2. 连载法

连载法是指同一传记，由两个或两个以上有关此人的记载，共同相连组成一个完整的人物传记。一般而言，先引者为主体，次引者为补充，前者可独立为"传"，而后者则不能。据笔者统计，《献征录》采用连载法的传记有 61 处，包括补引 1 处、补引 2 处和 2 处以上三种情形。其中补引 1 处者最多，有 43 处，如李善长，先引王世贞《李善长传》，又节录黄金《开国功臣录》对前文未载"定官制""议定朝臣服色""置司农司"等予以补充。补引两处者有 11 处，如李东阳，先引出自《明武宗实录》卷一三九的《李东阳传》，又补引《维风编》《四友斋丛说》。又如薛瑄，先引李贤《古穰集》卷一三的《神道碑铭》，再引《困知录》《传道录》补之。补引 2 处以上者最少，只有 7 处。如王崇古，《献征录》除收录焦竑撰

《太宰王公传》外，还附录了许浩《复斋日记》、李默《哀谈》（即《孤树
哀谈》）、文林《琅琊漫抄》、蔡清《虚斋集》等所记相关内容。一般而
言，焦竑在具体补引时，惯用的术语为"见某某""以上并见某某""具见
某某"等。就行文格式而言，一般补引内容与主体内容另起一行，且多在
补引内容的末尾注明出处。

焦竑在运用连载法时，有两大特色：一是为避免文辞冗繁，焦竑对补
引文献多有剪裁，以摘取有用者为宜。如卷二四《吏部尚书郭珹》出自
《续藏书》卷一五《经济名臣·尚书郭公》，其中只引"上论曰"至"尽留
诸大臣"，其他部分皆未引；又卷五《朱希忠神道碑》出自张居正《张太
岳全集》卷一二①，而"非其中心诚信"至"明无穷"一段亦未引。再如
在引墓志铭等碑传文字时，焦竑往往将铭文、碑文内容略去，并冠以
"云"字标明。二是补引内容多为野史笔记，这一点从上文所举数例亦可
得知。实际上，焦竑的这种做法可以理解，概言之，野史笔记多强调人物
言行的典型性，甚至不同程度上存在演绎和背离事实的情况，这与人物传
记所要求的客观性、真实性和完整性不相一致。所以焦竑秉持严谨求实的
治学态度，对野史笔记择善而从。当然，明代运用连载法者并非唯有焦
竑，陈建的《皇明启运录》、徐纮的《明名臣琬琰录》、徐咸的《皇明名臣
言行录》、雷礼的《皇明列卿记》、王世贞的《弇山堂别集》、李贽的《藏
书》和《续藏书》等，也巧妙运用了连载法。

焦竑通过对并载、连载两法的恰当运用，不仅使《献征录》史料表现
出详而不芜、精而不漏的特点，而且由于焦竑对所据史料熟练地加工、整
合和剪裁，书中多数传记始末贯通，因果彰明，充分保证了人物事迹的真
实表现和全面展示。

（三）文献征引原则

《献征录》在征引文献时，为确保所引文献的全面性、可靠性和真实
性，焦竑对各类史料的编次取舍，并不是盲目抄并、随意摒弃，而是遵循

① （明）张居正撰：《张太岳集》卷一二《特进光禄大夫柱国太师兼太子太师成国公追封定襄王谥恭靖
朱公神道碑》，上海：上海古籍出版社，1984年影印本，第152—153页。

了求备、求真和照录的征引原则。

1. 求备原则

焦竑认为，史家修史应"不废群籍"，力求所纂史书内容完备，如此才能像"良史如迁"者一样，为"后有作者，以资采拾"①。基于此，焦竑在编纂《献征录》时，同样不废求备原则，这在他网罗文献，并采用并载、连载等征引方法中均有体现。

实际上，焦竑征引文献坚持求备原则，取决于其广博精审的治学路径。他不仅"博极群书，自经史至稗官、杂说，无不淹贯"②，且对搜集各类文献兴趣盎然。如他在参修国史期间，鉴于"中秘之书，见散失甚多"，曾建议朝廷广征文献，认为如此"不但史学有资，而于圣世文明之化，未必无补"③。此外，他编《中原文献》，也是"采群言之菁华，芟芜秽，增阙遗"④而成。著《玉堂丛语》，大凡"人品之淑慝，注厝之得失，朝廷之论建，隐居之讲求，辄以片纸志之，储之巾箱"⑤。焦竑的这种治学态度，在《献征录》中得到充分彰显。

2. 求真原则

真实性是衡量文献学术价值的最高标准，如《史记》《汉书》选择史料不仅博征，且为"当代雅言，事无邪僻"⑥一样，焦竑治史讲求真实原则，如《玉堂丛语》，蒋国榜称"义例精而权量审，闻见博而取舍严"⑦，焦竑在《论史》中也论及：

> 史之废久矣……故议史于今日，难之难者也。必不得已，章奏采矣，而又参之时论；志铭收矣，而又核之乡评；馆局开矣，而又总之

① （明）焦竑撰：《国史经籍志》卷三史类《小序》，《四库全书存目丛书》本，史部第277册，第340页。
② 《明史》卷二八八《焦竑传》，北京：中华书局，1974年，第7393页。
③ （明）焦竑撰，李剑雄点校：《澹园集》卷五《修史条陈四事议》，北京：中华书局，1999年，第30—31页。
④ （明）焦竑选，（明）陶望龄评，（明）朱之蕃注：《新镌焦太史汇选中原文献》卷首《中原文献自序》，《四库全书存目丛书》本，集部第330册，第3页。
⑤ （明）焦竑撰：《玉堂丛语》卷首《玉堂丛语序》（顾起元），北京：中华书局，1981年，第5页。
⑥ （唐）刘知幾撰，（清）浦起龙释：《史通通释》卷五《采撰》，上海：上海古籍出版社，1978年，第115页。
⑦ （明）焦竑撰：《玉堂丛语》卷首《玉堂丛语序》（顾起元），北京：中华书局，1981年，第1页。

一家，则伪不胜真，同可为证；权不他移，事有所统，然后道法与事词并茂，刊削与铨配兼行，虽未必进之作者，庶可以备采来兹矣。①

焦竑对文献的谨慎态度和辩证观点，实际是在强调文献的真实性。在他看来，修史著文不能单据实录、志状，也不能迷信野史、小说，而应在二者结合的基础上，参及乡论、时论和公论，只有这样，方可"备采来兹"。循此，《献征录》征引各类文献，也讲求"真实"，诚如顾起元所言：

> （《献征录》——笔者注）至折衷是非，综校名实，阙疑而传其信，斥似而采其真，所谓'其义则某窃取之'。先生于此，实有独鉴。异乎徒事网罗，靡所澄汰，受奇好异，或滥情实者矣。②

可见，《献征录》征引文献并非盲从滥引，也并非单求其全而忽略其实，而是更注重文献的"信""真"。《献征录》广引文献，参稽群书的客观态度，以及征引方文献的独到做法，都很好地践履了真实原则，这使《献征录》纠正其他明史之误成为可能。

3. 照录原则

承寓论于史、无须美刺的史学传统，焦竑记史强调实录传信，"史之论赞，人具有之，往往语焉而不详"③。因此，他在编纂《献征录》时，未像陈建《通纪》、李贽《续藏书》、朱国桢《皇明史概》那样，对所据史料大加改作，赋予己见，而是不做改写，不加评论，照录原文。这种做法的积极意义不言而喻：一是照录不仅保证了所录文献的原始性，也避免了改写史料所造成的缺失。更重要的是，焦竑照录的部分文献原书已佚，而其中的某些内容却可通过《献征录》得以保存。二是照录原则与焦竑倡导"求实"的学术理路如出一辙，这与晚明学人"束书不观，游谈无根"的萎靡学风迥然异趣，也以实际史学行为践行、弘扬了纠偏救时的学术新风。

---

① （明）焦竑撰，李剑雄点校：《澹园集》卷四《论史》，北京：中华书局，1999 年，第 20—21 页。
② （明）焦竑辑：《献征录》卷首《献征录序》（顾起元），《续修四库全书》本，第 525 册，第 2 页。
③ （明）焦竑撰，李剑雄点校：《澹园续集》卷二《师资论统序》，北京：中华书局，1999 年，第 782 页。

史家修史贵在"博而知要"①，这不仅要求修史者能够融通众说，兼采各家，更需取其精华，得其要旨。《献征录》在史料上之所以表现出博洽、珍贵、慎核等宝贵史料特征，除与焦竑对本朝文献的熟稔外，更取决于他征引文献时所遵循的求备、求真和照录原则。通过对这些原则的实践，深化了焦竑博综通洽的学术风格，推动了晚明黜虚求实的文化潮流。于此而言，《献征录》不仅是焦竑学术生命的一个结晶，也是晚明经世思潮的一个缩影。

四、《献征录》史料价值

明清时期，学界对《献征录》贬褒不一。持贬斥态度者以清代四库馆臣为甚，认为此书"文颇泛滥，不可皆据"②，甚至认为此书"语有违碍"③而大加禁毁。清初学者查继佐也贬斥道："《献征录》所载，多谀墓之言，是故未详大事记而任志铭，遂有胜败互影，是非易位，内外衡决，万不能达者矣。"④但总体来看，持贬低态度者毕竟少数，多数人对《献征录》还是观览诵习、推崇备至。《献征录》成书伊始，即在学界引起很大反响，"学士大夫，向往此书，借观至于简渝，传写为之纸贵"⑤。明末黄尊素临终时，嘱咐其子黄宗羲说："学者不可不通知史事，可读《献征录》。"⑥万斯同深谙明代史料，他评比诸史，认为如郑晓《吾学编》、李贽《续藏书》、陈建《通纪》、雷礼《大政纪》和《宪章录》、朱国桢《皇明史概》、谈迁《国榷》、何乔远《名山藏》等，"无一足满人意者"。但相形之下，他认为："惟焦氏《献征录》一书，搜采之最广，自大臣以

---

① （清）徐乾学撰：《憺园文集》卷一四《修史条议》，《续修四库全书》本，第1412册，第488页。

② （清）永瑢等撰：《四库全书总目》卷六二《献征录》提要，北京：中华书局，1965年，第559页。

③ 乾隆四十三年（1778年）《湖广总督三宝等呈查缴应毁各书清单》，中国第一历史档案馆编：《纂修四库全书档案》，上海：上海古籍出版社，1997年，第969页。

④ （清）查继佐撰：《罪惟录》列传卷一八《焦竑》，《续修四库全书》本，第323册，第281页。

⑤ （明）焦竑辑：《献征录》卷首《献征录序》（顾起元），《续修四库全书》本，第525册，第2页。

⑥ （清）全祖望撰，朱铸禹汇校集校：《鲒埼亭集》卷一一《梨洲先生神道碑文》，《全祖望集汇校集注》，上海：上海古籍出版社，2000年，第214页。

至郡邑吏，莫不有传。可备国史之采择者，惟此而已。"①万氏所言，虽"无一足满人意者"有些言过其实，但也可见他对《献征录》价值的肯定。那么，《献征录》的史料价值到底何在？兹简述于下。

（一）补明史文献之阙

《献征录》所收人物数量之多，内容之博，均为其他明史文献所不及，诚如时人所言："若举一代王侯将相、贤士大夫、山林瓢衲之迹，巨细毕收，毋患埋蔓，实未有若澹园先生（焦竑）之《献征录》者……盖其目广于《列卿》者什五，其人多于《琬琰》者什七。"②现在看来，不仅《列卿记》《琬琰录》诸书所载人物传记数量不及《献征录》，甚至《明实录》《明史》《国榷》等也罕有其匹。故《献征录》可补上述文献之阙漏。主要表现在：

其一，《献征录》所收很多人物其他明史文献未收。如"释道传"，《献征录》共列佛师、禅师、方丈、主持、道士等39人，而《明史》无"释道"一类，只提及张三丰、张正常两位道士，且列入"方伎传"；而《明实录》对此类人物所收更少。另外，其他各类人物，尤其是知府、知州、知县等品秩较低及部分非官员者，《明实录》《明史》《国榷》等所收甚少，但《献征录》除"四夷传"外，基本按官署级别高低编排人物，对历朝各级主要官员尽量记载，由此明代人物传记多赖《献征录》传之。

其二，《献征录》所引文献多出自文集的碑传文字，加之焦竑惯用并载、连载等征引方法，使得传记内容颇为详备。故在传记内容上，《献征录》也可补《实录》《明史》等之缺略。以《明实录》为例，其所收人物传记虽多，但内容多失于简略，尤其是世宗、穆宗、神宗三朝实录，甚至对部分高级官员略而未记，即使有所记载，也多以"某某卒""赐某某祭葬"等一语带过，算不上人物传记，而这些在《献征录》中却有翔实记载。如刑部尚书郑晓，《明穆宗实录》卷四仅有"赠故刑部尚书郑晓为太

① （清）万斯同撰：《石园文集》卷七《与范笔山书》，《续修四库全书》本，第1415册，第510页。
② （明）焦竑辑：《献征录》卷首《献征录序》（顾起元），《续修四库全书》本，第525册，第1—2页。

子少保，赐祭二坛"一语，而《献征录》卷四五引戚元佐《刑部尚书端简公晓传》及史旌贤《维风编》所记相关内容，将郑晓的一生完整登载。又如，有关申时行的记载，《明史》卷二一八本传可见大略，但相对《献征录》卷一七焦竑所撰《神道碑》而言，则缺略颇多。如关于申时行执政期间实行惠政一事，《明史》仅以"务为宽大"一言蔽之，而《献征录》则详述了免税粮、省烦苛，缓征徭，恤灾荒，平刑狱，罢工作等具体事例。另外，《明史》对《献征录》中所载申时行充《明世宗实录》《明会典》副总裁及在嘉靖时"掌文官诰敕"等事也只字未提，付之阙如。

可见，《献征录》作为一部人物传记的大成之作，不仅可以充当明代其他传记史书的良好注本，且进一步说，历史人物是反映其生存时代的一面镜子，通过对具体人物形象的记载，可以从其身上透露出若干历史信息，而记载的历史人物越多，透露的历史信息也就越广。就此而言，通过《献征录》便可略知明代精英社会之梗概。

（二）为明史文献之源

《献征录》自成书之日起，就被明史撰述者当作资料加以征引。明末，过庭训在其《本朝京省人物考》卷首《凡例》中指出："是集或采之本朝《实录》，或采之家乘野史，或从《吾学编》《列卿记》《名臣言行录》《献征录》与各省通志等书。"桑学夔著《南京鸿胪寺志》，其中"卿丞诸人之传，率全录焦竑《献征录》"①。又沈佳《明儒言行录》卷二《曹端月川先生》文后注明此传出自《献征录》。《明儒言行录续编》卷二《邵锐》："公质任自然，不为矫饰，而言动必依于礼，一时称为端士"一语，亦注明出自《献征录》。凡此，皆明人利用《献征录》之明证。

降逮于清，《献征录》仍是史家修史之史源。如谈迁修《国榷》，博采"诸家之书，凡百余种"②，其中也大量引用了《献征录》。据吴晗先生考证，在《国榷》卷一至卷三二中，谈迁曾参考明人著述一百二十余家，其

① （清）永瑢等撰：《四库全书总目》卷八〇《南京鸿胪寺志》提要，北京：中华书局，1965年，第691页。
② （明）喻应益：《喻序》，（明）谈迁著，张宗祥校点：《国榷》，北京：中华书局，1958年，第4页。

中参考最多者包括《献征录》《吾学编》等 12 种。①李清馥《闽中理学渊源考》卷六四《襄惠张净峰先生岳》也注明出自《献征录》。清修《明史》"凡作名卿一传，必遍阅记载之书"②，其中，《献征录》也是征引对象之一。曾任《明史》总裁官的徐乾学述及："史材之最博者，无如《献征录》《人物考》两书。"③他曾著《读礼通考》，亦将《献征录》列入"引用书目"。据此，可知清修《明史》也引用了《献征录》，如《明史》卷二二五《张瀚传》有关张瀚不为张居正谋私情的记载，就是删改《献征录》卷二五焦竑撰《吏部尚书张恭懿公瀚传》而成。张瀚卒于万历二十一年（1593年），与焦竑所处时代相当，焦竑所撰此传盖是有关张瀚的最早记载，故《明史》在为张瀚立传时，除参稽其他文献外，主体本自《献征录》。此外，《明史》卷一三〇《吴良传》亦出自《献征录》卷八吴伯宗《吴良神道碑》。据笔者考证，今存吴伯宗《荣进集》无此碑文，另据该集《四库全书总目》提要，吴伯宗所著《南宫集》《使交集》《成均集》《玉堂集》，今皆佚。可知《吴良神道碑》已佚，《明史》所引盖只能出自《献征录》。另《明史》卷二九六《孝子丘铎传》，也是基于卷一一二的《孝子丘铎传》删改而成。

（三）订明史文献之讹

最早注意到《献征录》可纠正明史文献之舛误的是清代四库馆臣。据笔者初步统计，四库馆臣在考校《明史》时，据引《献征录》者多达 370 余处。《献征录》之所以可以纠谬其他文献之舛误，盖缘于其所据文献的真实性和原始性。比如其中所引文集的碑传文字，虽然不乏溢美之词，但由于此类文献多为死者故友、同事、家属或亲近学者所撰，故他们对死者生平信息的占有和人格特征的了解，大多最全面、最可靠，也最及时。如《献征录》引杨士奇撰《古朴神道碑》，称"余与古公同朝三十年，知公有

① 吴晗：《谈迁和〈国榷〉》，吴泽主编，袁英光编选：《中国史学史论集》（二），上海：上海人民出版社，1980 年，第 501~502 页。

② （清）徐乾学撰：《憺园文集》卷一四《修史条议》，《续修四库全书》本，第 1412 册，第 488 页。

③ （清）徐乾学撰：《憺园文集》卷一四《修史条议》，《续修四库全书》本，第 1412 册，第 487 页。

廉静之操”[1]。而且从碑传文字中间，往往可以得到有关死者生卒年月、籍贯、历官及重要事迹等真实信息。另外，《献征录》所引年谱、自传、自述等文献的真实性和可靠性，更不待言。这些都保证了《献征录》可纠其他文献之舛误。举例而言：

如《明史》卷三一一载：“（宣德）八年，遣行人章聪、侯琏赍敕往谕，仍敕巡按与三司官往平之。”“侯琏”，误。按：《献征录》卷三八王直撰《侯公神道碑》作“侯琎”。考《明史》卷一七二本传及《明史》卷三一九载：“八年，帝命行人章聪、侯琎赍敕，谕云会三司巡按究豹与卢氏是非，从公判决。”另据朱有炖《芳洲文集》卷七《侯公神道碑》、何乔新《名山藏·臣林记》卷一一、叶盛《水东日记》卷五、汤斌《明史列传》卷四三及《明一统志》卷二一等，所载皆与《献征录》同。又如，《献征录》卷二载汝王为朱祐梈，而《明世宗实录》卷四六二作“朱祐椁”。据王世贞《弇山堂别集》卷三三、《吾学编·同姓诸王传》卷三、《明史》卷一一九等，可知《明世宗实录》误。再如，关于光化王朱祐櫍薨年的记载，郑晓《吾学编·同姓诸王传》卷三误载为：“弘治四年封。正德中嗣王。嘉靖四年卒。”据焦竑考证，朱祐櫍当薨于嘉靖二十九年（1550年）[2]。此与《明史》卷一一九所载同。

（四）辑明史文献之佚

《献征录》所据文献，后世多有散佚，今人欲知其原貌，则可赖《献征录》。故此，《献征录》也有一定的辑佚价值。

其一，对明人文集的辑佚。《献征录》征引明人文集最多，而此类文献后世散佚者亦最多。如杨溥《杨溥文集》、王叔果《半山藏稿》、孙存《丰山集》、彭时《彭时文集》、罗亨信《罗亨信集》、舒芬《内外集》等，今皆佚。而其中许多碑传文字多赖《献征录》以传。如《杨溥文集》中张瑛、李暹、胡廙、周琮、徐永达、王泰等的墓志铭、神道碑，

---

① （明）焦竑辑：《献征录》卷二八《资善大夫户部尚书素轩古朴神道碑》（杨士奇），《续修四库全书》本，第526册，第427页。

② （明）焦竑辑：《献征录》卷二《襄王传》，《续修四库全书》本，第525册，第72页。

皆在《献征录》得存。又孙存《丰山集》亦佚，其所撰《南京礼部尚书杨公廉传》，亦赖《献征录》以传。此外，虽然《献征录》所引部分明人文集今存，但《献征录》所收文集作者的一些碑传文字却不见于文集。如《献征录》引霍韬所撰碑传文字共 7 处，其中《王公琼神道碑铭》，今不见其《霍文敏公文集》。又引杨士奇撰碑传文字 71 处，有《袁公宝墓志铭》《赵友同墓志铭》《林公瑜墓志铭》等 43 处，亦不见其《东里文集》及《续集》。另有一些明人虽无文集，但其所撰的部分碑传文字却在《献征录》中得以保存，如卷一二王桩撰《文华殿河间权公谨传》、卷八〇徐杭撰《章君适墓志铭》、卷一九陆可教撰《王公祖嫡行状》等，即属此类。

其二，对野史笔记的辑佚。据笔者统计，《献征录》注明引自野史笔记者凡 36 处，分别涉及 23 种野史笔记，但其中如《维风编》《忠宣言行录》《进思录》《欣慕编》《绳蛰录》等今佚，其中部分内容唯赖《献征录》得以保存。又《献征录》所收梁材、耿定向、顾璘、顾佐、陈镐、张淳、杨宜、周如斗、王爌、孙鼎、娄谦、鲁崇志、庞嵩、海瑞、许谷、陈选等 16 传，皆注明出自《京学志》。而《京学志》今已失传，《献征录》所保存的人物传记，便弥补了原书不存的遗憾。

综上，《献征录》是研究明史，尤其是研究明代人物的首选史料和必备史料，如果能够将其与《明史》《明实录》《罪惟录》《国榷》等重要文献及文集、方志、野史等相关文献结合起来考察明代人物，相信会得出更加全面、客观的结论。

（五）《献征录》纰漏

1. 体例有失混乱

《献征录》编纂体例完备，但若细究，也有混乱之处，主要表现在以下四方面。

其一，《献征录》在编排人物时，虽整齐灵活，但并未做到细致入微。如儒林类（共列 28 人），专记修明经艺、谙于理术的儒贤之士，但焦竑在具体收录时，却将某些儒士归入他类。如"潜心格物致知之学"[①]的罗钦顺入吏部类，"以儒学鸣者"[②]的曹端入山西类，"醇儒"[③]薛瑄入内阁类，而此三人《明史》皆归《儒林传》。

其二，标注征引文献，书名不一。如《实录》，称《实录》者202处，称《国史实录》者9处；《弇州史料》，称《弇州别集》者2处，《弇州别记》者16处，《弇州外史》者2处，《弇州续稿》者2处，《弇州续稿》者1处；《藏书》，称《藏书》者4处，《李氏藏书》者2处，《李氏续藏书》者1处。另《欣慕编》，又注引《忻慕编》；《南雍录》，又注引《南雍志》；《马氏日记》，又注引《马氏日抄》。

其三，《献征录》卷一二〇所列"四夷"传，实际记载的是一些外国和少数民族的地理位置、历史风情及与明朝的外交往来等。焦竑特列此目，固然受了正史外国、西域、四夷、土司等传的影响，也有其合理的历史原因和文化背景，比如明代后期边患四起、外交频繁、"四夷"文献的大量出现等。但无论如何，在一部纯粹的人物传记中另列此目，实有失严整。

其四，《献征录》每类是按时间编排人物，但也有时序混乱之处。如"太常寺"类中，吕本生活在洪武年间，焦竑却将其置于生活在景泰以后的刘岌、崔志端、田景贤、艾福、丁永中等人之后。此类情况几乎每类皆有，阅读使用时需加留意。

2. 引文有失考证

焦竑擅长考据，成就卓著，但《献征录》中的有关考证并未做到精益求精。

其一，时间误。此类错误较多，如关于明初与三佛齐交往一事，《献征录》卷一二〇载："洪武四年，遣赵述等使其国。其王马哈剌札八剌卜奉表贡方物……（恒麻沙那阿者）洪武十年卒。封其子麻那者巫里嗣

① 《明史》卷二八二《罗钦顺传》，北京：中华书局，1974年，第7237页。
② （明）焦竑辑：《献征录》卷九七《山西霍州儒学学正曹公端传》（黄佐撰），《续修四库全书》本，第530册，第510页。
③ 《明史》卷二八二《儒林传·序》，北京：中华书局，1974年，第7221页。

王。"此事《明史》载为:"洪武三年,太祖遣行人赵述诏谕其国。明年,其王马哈剌札八剌卜遣使奉金叶表,随入贡……九年,怛麻沙那阿者卒,子麻那者巫里嗣。"[①]二者记载赵述出使三佛齐的时间相异。据《明太祖实录》可知,太祖遣使诏谕三佛齐,当在洪武三年八月[②],《献征录》误。再以"诸王传"为例:如太祖第八子朱梓本为洪武三年(1370年)四月封为潭王,《明太祖实录》卷五一、《明史》卷二《太祖本纪》及卷四本传皆有记载。而《献征录》卷一却载为:"洪武二年,才二岁受封。"误。又如肃王朱瑛改封时间,《献征录》卷一载:"(洪武)二十四年改封肃。"而《明史》卷一一七、《明史》卷三《太祖本纪》、《明太宗实录》卷二一九,均作"二十五年",《献征录》亦误。再如据《明史》卷一一八和《明英宗实录》卷一九〇载,岷王朱楩本于景泰元年(1450年)薨,而《献征录》卷一则误为"景泰三年"。

其二,史实误。如宁献王朱权为太祖第十七子,对此《明史》卷一一七本传载:"太祖第十七子。洪武二十四年封。逾二年,就藩大宁。"另《吾学编·同姓诸王表上》、《明史》卷一〇〇《诸王世表》、《弇山堂别集》卷三二等载同。而《献征录》卷一却误载为:"高皇帝十六子也,洪武二十四年封之国大宁。"

其三,出处误。表现在两点:一是注引某书,而实出自他书。如卷一四引贾咏撰《吏部尚书刘公健墓志铭》,后又补引《今言》《治世余闻》《孤树裒谈》。其中补引《治世余闻》误,实出自李东阳的《燕对录》,且将孝宗召刘健、李东阳等议盐法诸事的时间"弘治十八年四月初七"误引作"弘治十八年二月初七"。二是注引某书,而某书实无。如卷六一《都察院右副都御史陈公璧传》,《献征录》注引出自《实录》,但据《明武宗实录》卷一一八对陈璧的记载,二者内容颇有出入,不知焦竑所据。再如卷三八《兵部尚书于公谦传》,文尾注明征引了《畜德录》,但查《畜德录》原文并无此传所引内容。另外,《献征录》中标明征引《澹园集》者

---

① 《明史》卷三二四《三佛齐》,北京:中华书局,1974年,第8406页。

② 《明太祖实录》卷五五"洪武三年八月戊寅"条,台北:"中研院"历史语言研究所,1962年影印本,第1079页。

有 26 处，查《澹园集》，可知《大司农克斋王公暐传》《明卓忠贞公庙碑》《御史大夫李敏肃公世达传》等 9 处实为《澹园集》所无。

其四，人名误。如魏境，《献征录》卷六七作"魏澋"，据《明世宗实录》卷一三〇，作"魏境"是。李湘，《献征录》卷九三作"李相"，据杨士奇《东里续集》卷二八，作"李湘"是。赵大佑，《献征录》卷四二作"赵天佑"，据《明穆宗实录》卷二八、《明史》卷一五七《林鹗传》和卷一九三《翟銮传》，知《献征录》误。又张居正，其字《明史》卷二一四《张居正传》、《明神宗实录》卷一二五等皆作"叔大"，而《献征录》卷十七则误作"时大"。此类讹误多为形近而误，盖与传抄、刊刻有关。

3. 引文多未注出处

四库馆臣批评《献征录》"于引据之书或注或不注"[①]，此为事实。表面看来，《献征录》于所引文献多能标明原文作者，少数也能标明出处，但这种注引方式除了提供文献来源线索外，并未完整告诉文献出处。[②]大体有如下情形：一是只注作者，而不注文献。此类情况较多，主要表现在征引明人文集、传记等文献时。二是使用文献简称，注之不详。如《实录》《野记》（即《九朝野记》）、《衷谈》（即《孤树裒谈》）、《郡志》、《县志》等，皆有失具体。三是完全不注明出处者，此类情况据笔者统计，有 848 处。四是曾注明出处，后不知何因，又加以涂改者，如卷一六《许公赞神道碑》即是如此。

4. 引文互有重复

作为一部资料性传记汇编，《献征录》对所据文献尚未经过系统整理和加工，因而难免存在传记重复之处。这一点李小林先生在其《万历官修本朝正史研究》一书中已举出张润、王大用二人做了说明。以此为基础，兹将考出的 55 处重复传记全部列出，如表 1-8 所示。

---

① （清）永瑢等撰：《四库全书总目》卷六二《献征录》提要，北京：中华书局，1965 年，第 559 页。

② 东北师范大学古籍整理研究所编《简明中国古籍辞典》"《献征录》"条云："（此书）引述多注明出处。"不确。

表 1-8 《献征录》引文重复一览表

传主	前引	后引	备注
廖庄	卷三七南礼部《南京礼部右侍郎廖公庄传》	卷四六刑部三袁袠撰《通议大夫刑部左侍郎赠刑部尚书谥恭敏廖公庄传》	前者云廖庄字"汝止",而后者云为"安止"。据《明史》卷一六二《廖庄传》,作"安止"是
王相	卷六五道御史王崇庆撰《赠光禄寺少卿监察御史觉轩王公相墓志》	卷八三南直隶朱睦㮮撰《高邮州判官赠光禄寺少卿王相传》	
夏瑄	卷七〇南太常寺引自《明宪宗实录》卷二一二《南京太常寺少卿夏瑄传》	卷七七尚宝司李东阳撰《南京太常寺少卿掌尚宝司事夏公瑄行状》	
高启	卷二一翰林修撰李志光撰《编修高公启传》	卷一一五义人《高季迪传》	高启,字季迪
唐珣	卷五八都察院五《都察院右都御史唐珣传》	卷一一四儒林引自《顺德县志》《唐豫传》	
唐胄	卷三〇户部三黄佐撰《户部左侍郎唐公胄传》	卷六〇都察院七王弘诲撰《通议大夫户部左侍郎赠都察院右都御史西洲唐公胄神道碑》	
唐豫	卷一〇〇广东二黄佐撰《教谕唐豫传》	卷一一四儒林引自《顺德县志》《唐豫传》	
郭维藩	卷二〇翰林院吴国伦撰《明中宪大夫太常寺少卿兼翰林院侍读学士价夫郭先生维藩墓志铭》	卷七〇太常寺《太常寺少卿兼翰林院侍读学士郭维藩传》	
施纯	卷三三礼部《礼部尚书施纯传》	卷七六鸿胪寺引自《明宪宗实录》卷六五《太子少保礼部尚书掌鸿胪寺事施纯传》	
许论	卷三九兵部二张鼎文撰《光禄大夫太子太保兵部尚书兼都察院右副都御史默斋许公论墓志铭》	卷五七都察院四汪道昆撰《许恭襄公论传》	
王行	卷八三南直隶《训导王行传》	卷一一六隐佚《王半轩行传》	
王大用	卷四九南刑部王凤灵撰《南京刑部右侍郎王大用行状》	卷六〇都察院七徐观澜撰《都御史王公大用传》	

续表

传主	前引	后引	备注
聂铉	卷二二翰林二 黄佐撰《翰林院典籍聂器之传》	卷七三国子监 《国子助教聂铉传》	聂铉,子器之
张文质	卷三三礼部 《礼部尚书张文质传》	卷六七通政司 引自《明孝宗实录》卷七四《太子少保礼部尚书张文质传》	
张润	卷二七南吏部 聂豹撰《资政大夫南京吏部尚书赠太子少保谥恭肃张公润墓志铭》	卷二九户部二 《户部尚书张润传》	
张升	卷二八户部 《户部尚书张公凤传》	卷三一南户部 李贤撰《资德大夫正治上卿南京户部尚书张公凤神道碑铭》	
翼杰	卷一〇伯二 《清源伯翼杰》	卷一〇六左右都督 引自《明宣宗实录》卷五一《左军都督府右都督翼杰传》	
孙蕡	卷二二翰林三 引自《顺德县志》《典籍孙蕡传》	卷一一五艺苑 《孙仲衍传》	孙蕡,子仲衍
孙贤	卷二一翰林二 朱睦㮮《翰林院学士孙公贤传略》	卷七〇太常寺 引自《明宪宗实录》卷一七二《太常寺卿兼翰林院侍读学士孙贤传》	
何孟春	卷二六吏部三 顾璘撰《前吏部侍郎燕泉先生何公孟春墓碑》	卷五三南工部二 罗钦顺撰《南京工部左侍郎赠礼部尚书燕泉何公孟春墓志铭》	
何鳌	卷八八湖广 黄佐撰《湖广左布政使何公鳌墓志》	卷九〇福建 《福建左布政使何鳌传》	
柴升	卷四二 朱睦㮮撰《南京兵部尚书柴公升传》	卷五二 《南京工部尚书赠太子少保柴公升传》	
任勉	卷九〇福建 钱溥撰《参政任勉墓志铭》	卷九三河南二 钱溥撰《河南睢州知州任公勉墓志》	二者出自一处
山云	卷一〇伯二 《怀远伯山云》	卷一〇六左右都督 《右军都督府右都督山云传》	
程文德	卷一八詹事府 罗洪先撰《吏部左侍郎兼翰林院学士掌詹事府事松溪程君文德墓志铭》	卷五三南工部 引自《明世宗实录》卷四七七《南京工部右侍郎程文德传》	

续表

传主	前引	后引	备注
吴节	卷二〇翰林院 周洪谟撰《太常寺卿兼翰林院侍读学士吴先生节神道碑》	卷七〇太常寺 引自《明宪宗实录》卷二一七《太常寺卿兼翰林院侍读学士吴节传》	
偰斯	卷二四吏部 《吏部尚书偰斯传》	卷三三礼部 《礼部尚书偰斯传》	二者均出自《明太祖实录》卷一三二
潘松	卷九一福建二 王升撰《教授潘公松行状》	卷一〇五藩府僚 万士和撰《鲁府纪善潘先生松墓志铭》	
潘旦	卷四三南兵部二 严嵩撰《工部尚书婺源潘公旦神道碑》	卷五八都察院五 严嵩撰《工部尚书潘公旦神道碑》	二者出自一处
沈禄	卷三五礼部三 《礼部右侍郎沈禄传》	卷六七通政司 引自《明武宗实录》卷二〇《掌通政司事礼部右侍郎沈禄传》	二者均出自《实录》
李孜省	卷六七通政司 引自《明孝宗实录》卷八《李孜省传》	卷一〇八都督佥事 引自《明孝宗实录》卷八《李孜省传》	二者出自一处
李仑	卷九二河南 何景明撰《河南左参政李公仑传》	卷九五山东 张弘道撰《太中大夫山东布政司左参政静庵李公仑墓表》	
李质	卷四四刑部 黄佐撰《刑部尚书李公质传》	卷一〇五藩府僚 陈琏撰《靖江相府右相李公质墓志铭》	
古朴	卷二八户部 杨士奇撰《资善大夫户部尚书素轩古公朴神道碑》	卷三一南户部 雷礼撰《户部尚书古朴传》	
艾福	卷三五礼部三 《礼部右侍郎艾福传》	卷七〇太常寺 引自《明孝宗实录》卷六五《礼部右侍郎掌光禄寺事艾福传》	二者出自一处
万祺	卷五〇工部 引自《明宪宗实录》卷四十八《太子少保工部尚书万祺传》	卷一一五艺苑 杨廉撰《张明鉴万允元万祺合传》	
杜环	卷七〇太常寺 黄佐撰《太常寺寺丞金陵杜公环传》	卷一一三义人 宋濂撰《杜环小传》	
林文	卷二〇翰林院 《太常乡兼侍读学士林公文传》	卷七〇太常寺 引自《明宪宗实录》卷一五四《太常寺少卿兼翰林院侍读学士林公文传》	

传主	前引	后引	备注
胡子昭	卷四一兵部四 薛甲撰《兵部侍郎胡公子昭神道碑》	卷四六刑部三 刘应箕撰《胡公子昭忠节祠记》	
胡俨	卷一二内阁 黄佐撰《直内阁国子监祭酒兼翰林院侍讲胡公俨传》	卷七三国子监 引自《实录》的《国子监祭酒兼侍讲胡俨传》	
胡岳	卷六一都察院八 徐阶撰《通议大夫大理寺卿前巡抚江西都察院右副都御史浦南胡公岳墓志铭》	卷六八大理寺 徐阶撰《通议大夫大理寺卿浦南胡公岳墓志铭》	二者出自一处
娄谦	卷六五道御史 引自《京学志》的《监察御史娄公谦传》	卷九八四川 《四川左布政娄公谦》	二者均出自《京学志》
曹弘	卷四六刑部三 《刑部右侍郎曹弘传》	卷五一工部 《工部右侍郎曹弘传》	二者均出自《实录》
田景贤	卷三三礼部 杨廷和撰《荣禄大夫太子太保礼部尚书掌太常寺事赠太子太傅西郭田公景贤墓志铭》	卷七〇太常寺 《太子太保礼部尚书掌太常寺田景贤传》	
毕鸾	卷八八湖广 《湖广参议孝廉毕公鸾传》	卷一一二孝子 刘俨撰《毕孝子鸾传》	
庞嵩	卷七五应天府 引自《京学志》的《应天府治中庞公嵩传》	卷一〇二云南 引自《京学志》的《云南曲靖军民府知府庞公嵩传》	二者均出自一处
刘发	卷三三礼部 《礼部尚书刘发传》	卷七〇太常寺 引自《明孝宗实录》卷四《太子少保礼部尚书掌太常寺刘发传》	
刘崧	卷三五礼部三 尹直撰《侍郎刘公崧传》	卷七三国子监 《国子监司业前礼部侍郎刘崧传》	二者出自一处
刘实	卷二三南翰林院 刘定之撰《庶吉士刘公实传》	卷一〇〇广东二 《广东南雄府知府刘实传》及彭时撰《广东南雄府知府刘公实墓志铭》	
刘闵	卷九一福建二 《训导刘闵》	卷一一二孝子 《刘孝子闵传》	
陈鄂	卷七五顺天府 雷礼撰《顺天府尹陈鄂》	卷八三南直隶 黄佐撰《镇江府同知陈鄂传》	前者云陈鄂字"克初",后者云"克忠"。据《明史》

续表

传主	前引	后引	备注
陈俊	卷二七南吏部 王慎撰《资政大夫太子少保南京吏部尚书谥康懿陈公俊墓志铭》	卷三南户部 彭韶撰《南京户部尚书陈公俊墓碑》	
陶仲文	卷一〇伯二 《恭诚伯陶仲文》	卷一一八释道 引自《顺德总志》的《陶仲文》	
郑普	卷三二南户部二 王慎中撰《户部员外郎郑公普墓志铭》	卷一〇二云南 王慎中撰《知府郑海亭溥墓志铭》	二者出自一处。据原文，后者"郑溥"当作"郑普"
李逊学	卷三三礼部 引自《明孝宗实录》卷一七一《礼部尚书李逊学传》	卷一八詹事府 毛纪撰《资善大夫礼部尚书兼翰林院学士掌詹事府事赠太子少保悔斋李公逊学墓志铭》	

由表 1-8 可见，《献征录》引文互有重复大体两种情况：一是同一人物有出自不同文献的两传或多传。如杨士奇，卷一二有王直《杨文贞公传》和陈赏《东里先生传》两传；又如罗纶，卷二一有陈献章《翰林院修撰罗公纶》、邹智《序正一峰先生事状》和《遗事》三传。这种做法，虽为焦竑征引文献的高明之举，但求全则易滥，难免造成不同传记内容重复。如人物的姓氏名号、籍贯、主要事迹等，往往是重复之处较多。一是同一人物有出自同一文献两个传记。此类情形有 12 处，如卷二四与卷三三《僳斯传》，均出自《明太祖实录》卷一三二；卷三五与卷七〇《艾福传》，均出自《明孝宗实录》卷六五；卷七五与卷一〇二《庞公嵩传》，均出自《京学志》；卷四三与卷五八《潘公旦神道碑》，均出自严嵩《钤山堂集》卷三八；卷六一与卷六八《胡公岳墓志铭》，均出自徐阶《世经堂集》卷一五；卷三二与卷一二〇《郑海亭溥墓志铭》，均出自王慎中《遵岩集》卷一三，且据原文，后者"郑溥"当作"郑普"。

总之，各种小疵，虽屡见不鲜，但瑕不掩瑜，《献征录》的价值不可否认。在"空谈性命，不务实学"的晚明时期，焦竑恪守求实学风，撮前人成果，发凡起例，自辟蹊径，以个人之力完成《献征录》鸿篇巨制，充分彰显了其严谨求实的治史风范和经世致用的学术精神。《献征录》虽是一部传记汇编，多数传记也并非出自焦竑之手，但如同陈建撰《皇明通记》、王世贞撰《弇山堂别集》、李贽撰《续藏书》一样，当焦竑将修史动因与社会现实结合起来，将经世观念与修史行为结合起来之时，就注定《献征录》蕴含丰富的历史观点和史学思想，如重人事、重事实的进步史观，正国史、去隐讳的良史精神，重体例、重史料的编纂思想，资鉴戒、彰德行的致用观念，破正统、尊个性的启蒙意识。凡此，都使《献征录》的史学价值弥足珍贵。

当然，作为一代鸿儒，焦竑在史学领域的深厚造诣和独到见解，并非一部《献征录》所能充分展示。因此，学界当在细致梳理《献征录》之时，有必要对其相关著述，如《国史经籍志》《熙朝名臣实录》《皇明人物考》《澹园集》等予以深入探究。这不仅有助于客观估量焦竑在明代乃至中国史学史上的卓著成就，也对明史的深入研究颇有裨益。

薛应旂《宪章录》编纂义例及特色

薛应旂（1500—1574 年），字仲常，号方山。武进（今江苏省常州市）人。嘉靖十四年（1535 年）进士，授慈溪知县，累迁南京考功郎中。二十四年，因得罪首辅严嵩，出任建昌通判。严嵩失势，得以辗转升迁，历礼部祠祭司员外郎、礼部精膳司郎中、浙江按察司提学副使、陕西按察司副使。三十五年，罢职闲住，覃思著述。

薛应旂性耽文史，折衷朱陆，学出邵宝、吕柟，著有《浙江通志》《甲子会记》《宋元资治通鉴》《考亭渊源录》《宪章录》《隐逸传》《高士传》《薛方山纪述》《四书人物考》《薛子庸语》《方山先生文录》《方山薛先生全集》等，可谓宏富。其中，《宪章录》是薛氏生前最后一部著作，也是其最得意的一部当代史著。现存万历二年（1574 年）陆光斋刻本，另有万历重刻本、明重修本、《续修四库全书》本、《四库全书存目丛书》本、全国图书馆文献微缩复制中心编《中国文献珍本丛书》本、巴蜀书社《中国野史集成》本，皆据陆光斋本重刻或影印。2014 年，展龙、耿勇校注的《宪章录》由凤凰出版社出版。

《宪章录》凡 46 卷，编年体史书。该书自万历元年成书，二年刊刻后，即为世人所重。顾尔迈撰《珰彰瘅录》，"采撮《实录》《宪章录》诸书，而各加论断"[1]。沈国元在《皇明从信录》总例中云："《宪章》《吾学》《大政》之类，当圣明不讳之朝，百家纷纷竞胜，于是删芜纳新，削荒引实。"[2]谈迁撰《国榷》，采诸家史书百余种，其中许多史实亦源自《宪章录》[3]。至清，论者对《宪章录》持有异议，如四库馆臣认为此书

---

① （清）永瑢等撰：《四库全书总目》卷六一《明珰彰瘅录》提要，北京：中华书局，1965 年，第 551 页。

② （明）陈建撰，（明）沈国元订补：《皇明从信录》卷首《从信录总例》，《四库禁毁书丛刊》本，史部第 1 册，第 6 页。

③ 吴晗：《谈迁和〈国榷〉》，《中国史学史论集》（二），上海：上海人民出版社，1980 年，第 504 页。

"摭杂书，颇失甄别"①，并因书中载有女真史事而大加禁毁，致使《宪章录》湮没不彰，流传较少。近期，《宪章录》逐渐成为研究明史的重要史料，《剑桥中国明代史》认为《宪章录》在明代编年体历史著作中，最为博学②；吴丰培在影印《宪章录》时，也指出《宪章录》广采材料，详略有殊，可补《明史》之缺。

一、编纂体例灵活恰当

关于《宪章录》的体例，诸书著录略异。焦竑《国史经籍志》将其归入"记注时政类"；陈第《世善堂藏书目录》归入"记载类"；祁承㸁《澹生堂藏书目》归入"编述类"；黄虞稷《千顷堂书目》《明史·艺文志》《续修四库全书》本、《四库存目丛书》则归入"编年类"。实际上，记注时政类、记载类、编述类皆以时系事，仍属编年体。故《宪章录》为编年体无可争议。全书将明代纷繁史事系于年月，清晰了然。不仅如此，编年体史书自《春秋》以来，至明趋于完善，《宪章录》即在编年体中融入其他体例的某些特征。

一方面，《宪章录》汲取了纪传体的编纂特点。纪传体虽晚于编年体，但自其产生之初就表现出独特优势，并对其他史体产生了重要影响，这种现象在明代表现得尤为突出。就《宪章录》而言，其中出现的一系列人物传记，即受到纪传体"列传"的影响。据笔者统计，《宪章录》记载人物传记约340个，如《宪章录》卷四对刘基的记载，用近500字，展示了刘基人生之轨辙，写法与纪传体列传并无二致。卷八对明初处士陈遇的记载，仅用百余字，陈遇"净淡恬退"的一生昭然若揭。

不仅如此，《宪章录》在记载人物时，能够将传记巧妙切入编年体中，具体方式有：一是人物卒时立传，如江西参政陶安、处士张翼、御史中丞章溢、开平王常遇春、侍讲学士危素、国子祭酒宋讷、魏国公徐

① （清）永瑢等撰：《四库全书总目》卷四八《宪章录》提要，北京：中华书局，1965年，第435页。
② 〔美〕牟复礼、〔英〕崔瑞德编：《剑桥中国明代史》，张书生、黄沫、杨品良，等译，思炜、张言、谢亮生校，北京：中国社会科学出版社，1992年，第810页。

达、刑部尚书开济、右丞相汪广洋等；二是人物致仕时立传，如翰林承旨詹同、国子博士吴沉、国子学助教贝琼等；三是授官时立传，如迁福建右参政王钝为浙江左布政史、擢德州同知陈龚为太仆寺少卿、以儒士刘三吾为左春坊左赞善等。以上是薛氏最常用的切入方式，这种方式与《明实录》插叙人物传记的做法颇为近似。另外，在"旌表"人物时切入传记，如旌表安平县烈妇张氏、真定孝妇刘氏等。上述做法，使传记与编年浑然一体，既不失编年之旨，又表现出自身体例的独特性和灵活性；不仅明确了人物去世、致仕、授官的具体时间，而且避免了传统编年体史书将人物事迹分散各卷的弊病。当然，这种做法并非薛氏所创，《资治通鉴》诸书已采用此法，《明实录》也有整合各种体例而自成一家的特点。

另一方面，《宪章录》汲取了纪事本末体的编纂特点。纪事本末体是南宋袁枢创立的一种完整记述一事的史学体裁，一定程度上避免了编年体一事散见于数年之中以及纪传体一事散见于纪、传、志中的弊端。因而这种体例创立后，仿效者络绎不绝，涌现出《宋史纪事本末》《元史纪事本末》《明史纪事本末》等纪事本末体史书。《宪章录》在按编年记事时，也恰当采取了纪事本末体的某些编纂方式，书中常用"先是""初""至是"等插叙史实。如《宪章录》卷二"洪武三年六月丁丑"条，在叙及"遣使往绍兴葬宋理宗顶骨"一事时，以"先是"引起下文，完整交代了整个事情的来龙去脉；《宪章录》卷二四"正统五年二月"条，载有杨荣乞归省墓和命侍读学士苗衷等参预机务二事，由于二者有直接关系，于是作者以"先是"切入，追叙史实原委，内容详赡而首尾备具。

可见，《宪章录》基本体例虽属编年体，但有所变通，自觉汲取纪传体、纪事本末体之优长，克服编年体之不足，充分保证了《宪章录》编纂结构的井然有序和所载史实的详略得当。《宪章录》在体例上的这种变通无疑是史学自身发展的产物，而这一点实际也是明代史书体例趋于完善，并走向"综合化"的充分体现。

二、善于臧否本朝人物

薛应旂重视人物传记的记载，著有《四书人物考》《考亭渊源录》《皇明人物考》《高士传》《隐逸传》等。在其《宋元通鉴》中，亦广载人物，尤以理学人物为详，后人评曰："惟道学宗帕特详耳"，"多出于正史之外"。①在其《方山薛先生全集》中，亦载有诸多传记、墓志铭、祭文等。一如前述，《宪章录》记载了大量人物传记，并对一些重要人物做了独到品评。

《春秋》以来，史家著述，善以一字褒贬、贬恶扬善来表达治史旨趣。薛应旂撰《宪章录》之主旨即要传之后世，以为法则，故在人物事迹的叙述中寓以褒贬，彰显奥蕴。如卷四对危素的评价："素之在元，秉文衡，握枢要，不但以文艺名，且崇尚考亭、龟山、豫章、延平、九峰、山西之学……一失节，腆颜元亡之不贺，泣颢与东阁之路声，竟死含山，甘心沟渎。仰视黄碍，何天壤也哉！"洪武元年（1368 年），徐达攻克大都时，危素与黄碍约定死节，黄碍志死而危素苟活。薛应旂虽未径斥其不忠故主，却拿他与黄碍相比，用"天壤"一词，高下立现，作者意图昭然可见。又如，卷一四薛应旂对"靖难"后降服之臣的描写："初，上过江时，胡广、金幼孜、黄淮、胡俨、解缙、杨士奇、周是修约同死难。惟是修具衣冠，诣应天府学，拜先圣毕，自为赞系于衣带，自缢死于东庑下，余皆负约。后缙为是修作《志》，士奇作《传》，因谓其子曰：'当时吾亦同死，谁与尔父作传？'识者笑之。"笔下对周是修的敬仰之情，洋溢其中，而对降服之臣的讥讽之意也溢于言表。另外，卷二六，薛应旂借用建文死节忠臣，批评正统、景泰诸臣曰："建文时，节义之士向踵，视死如归。至正统、景泰间，未五十年也，土木之变未闻皎然死节如所谓南朝李侍郎者，岂亦建文末年摧抑太过，而士气不无少挫邪？"之所以如此，薛氏认为是因士气沦丧，因而"当培植也"。另如，《宪章录》卷一九记方素易"在盱眙，廉能平恕，吏民戴之。在金华，治行益著"；卷一七记刘叔

---

① （清）永瑢等撰：《四库全书总目》卷四八《宋元通鉴》提要，北京：中华书局，1965 年，第 434 页。

悉"以爱民为务,勤于抚绥"。凡此,薛应旂对廉政爱民、勤于政务者均持褒扬态度。同时,对一些人物,他直言不讳,持以责备,如卷六记吴沉"怠于政事";卷一七记墨麟"为御史时,有粮长罪不应刖,而麟锻炼成狱,奏刖之";卷一八记姚广孝"诋讪先儒,为君子所鄙"。这些批评言论,与薛应旂倡导节义、重视民生的态度形成鲜明对比,充分体现了他斥恶扬善的思想倾向。

品评当代人物乃史家难题,要想摆脱个人恩怨进行客观评价实为不易,难免出现赞扬者嫌不足,贬抑者颇不平的现象。薛应旂为人方正,不阿权贵,为文著书,多涉规讽,以是颇为流俗所不容,故屡见摈斥。《明儒言行录》卷八称:"应旂疾恶如仇,去奸若脱。"① 《万姓统谱》卷一一八言:"薛应旂负气节,能文章,伉直不容于时。"② 出乎此,薛应旂品评人物自然会奋笔直书,不虚美,不隐恶;同时,他著《宪章录》旨在垂之久远,为万世宪章,自然会对当代人物和事件加以臧否。总体上,薛应旂对人物的记载和品评,只要重气节、为能臣、利风化,就直书其善;反之,则不掩其恶。

三、详载官方文献编修

长期以来,学界普遍认为:有明一代,史学发展相对迟缓,甚至有"有明一代无史学的"论断。其理由大体有二:一是明代后期私家修史虽一度勃兴,但史学价值总体不高;二是官方史学近于式微,没有出现影响深远的鸿篇巨制。这种观点俨若定论,广泛流行。且不论其是否妥当,单就依据的理由而言,产生上述观点的原因除与明代史学发展程度有关外,更与史界对明代史学,尤其是官方史学关注较少相关,如在明代各类文献中,对于官修文献的记载,或失于简略,或失于分散,致使学界对明代官方史学之梗概知之甚少。所幸,《宪章录》记载了大量官修文献,书中以时间顺序,对此类文献的编纂记载甚详,如下所示:

---

① (清)沈佳撰:《明儒言行录》卷八《钱德洪》,《景印文渊阁四库全书》本,第458册,第900页。
② (明)凌迪知撰:《万姓统谱》卷一一八《薛应旂》,《景印文渊阁四库全书》本,第957册,第629页。

洪武：《大明律令》，《女诫》，诏修《元史》，《大明集礼》成，《大明志书》成，《宪纲四十条》、《存心录》成，《群经类要》、《昭鉴录》成，《祖训录》成，《辩奸录》成，《大明律》成，《大明日历》成，《孝慈录》成，《御注道德经》成，宋濂《洪武圣政记》成，《御制资世通训》成，编纂《春秋本末》、《春秋本末》成，《精诚录》成，《大明清类分野书》成，《御制大诰》成，《御制大诰续编》成，《省躬录》成，《御制大诰三编》成，颁《志戒录》，颁《鱼鳞图册》，《御制洪范》成，《天下武臣大诰》、《武士训诫录》成，刊刻《韵会定正》，颁《醒贪简要录》，《诸司职掌》成，颁《稽制录》，《永鉴录》成，《寰宇通志》成，颁《祖训录》，《礼制集要》，《洪武志书》成，《为政要录》、《大明律诰》成。

建文：诏修《太祖实录》、《太祖实录》成。

永乐：解缙等上《高皇帝实录》，勅修《永乐大典》、《古今列女传》成，《文华宝鉴》成，《大学正心章讲义》、解缙等进所纂韵书赐名《文献大典》，《永乐大典》成，《圣学心法》成，《务本之训》成，命重修《太祖高皇帝实录》，勅修《五经四书大全》及《性理大全》成，《历代名臣奏议》成，诏修《天下郡县志书》，《为善阴骘》、《孝顺事实》二书成、《神仙传》成。

洪熙：《天元玉历祥异赋》、勅修《文皇帝实录》。

宣德：礼部进《耕籍田仪注》，召金幼孜等修实录，御制《外戚事鉴》及《历代臣鉴》二书成，御制《东征记》，御制《帝训》及《官箴》二书成，金幼孜等进太宗仁宗两朝实录，重修《御牒》成。

正统：勅修《宣宗实录》、《宣宗章皇帝实录》成，《五伦书》成。

景泰：勅儒臣纂修《宋元纲目》，勅礼部纂修《天下地理志》，颁《君鉴录》、《寰宇通志》成。

天顺：《大明一统志》成。

成化：修《英宗皇帝实录》，陈文等进《英宗睿皇帝实录》，颁《大明一统志》，命儒臣校订《通鉴纲目》，上谕彭时编纂《宋元纲目》，《续资治通鉴纲目》成，翰林儒臣编辑御制《诗集》成，御制《文华大训》成。

弘治：勅修《宪宗实录》，修《宪宗实录》成，《问刑条例》成，《大明会典》成，命李东阳等修《历代通鉴纂要》。

正德：勅大学士刘健等修《孝宗实录》、《孝宗实录》成。

上述所列官修文献，可粗分如下：一是本朝国史，主要记载明代各朝历史，如本朝《实录》《洪武圣政记》《东征记》《大明志书》《寰宇通志》《大明一统志》等，其中对《实录》纂修的记载尤详。二是前朝史，如《续资治通鉴纲目》《宋元纲目》《历代名臣奏议》《古今列女传》等。三是垂戒文献，如《女诫》《昭鉴录》《祖训录》《辨奸录》《省躬录》《君鉴录》《历代臣鉴》等。此类文献多载治国安邦之道，主要成书于洪武一朝。详载此类文献，盖与《宪章录》的"垂宪"目的有关。四是典制文献，如《大明律令》《诸司职掌》《大明会典》等，多载明代重要典制。五是理学文献，如《五经四书大全》《性理大全》《大学正心章讲义》等。另外，还记载一些大型史学活动，如编修《永乐大典》《大明一统志》等。可以说，从《宪章录》所载官修文献，大体可见明代官方史学发展之梗概，也可透视出明代学术文化发展之轨辙。

四、广泛精当的"按语"

在叙事时对史实加以评论，是中国传统史学之特色，《史记》"太史公曰"，《汉书》"赞曰"，《后汉书》"论曰"，《资治通鉴》"臣光曰"等，莫不如此。《宪章录》的史论，以"按语"形式出现，其格式有二：一是直接对史实发表意见；二是采用前人言论，表达个人看法。据笔者统计，《宪章录》中共有按语81条，涉及明代历史诸多方面，除了上述品评人物外，尚包括论西北边备、论宰相制度沿革、论裁汰冗员、论宦官专权、论吏治败坏等。如论裁汰冗员："按：差官审录，本非冗员，而当时司寇若廖庄者犹恐扰民。嘉靖末年，征科常政，抚、按任之已有余力，当国者顾动勤制，使供亿浩繁，此岂为国恤民以固邦本之长虑哉！"① 又如论宦官专权："按：成周之制，以冢宰统阉寺；西汉之制，以丞相监宫中；宋人

---

① （明）薛应旂撰，展龙、耿勇校注：《宪章录校注》卷三〇，南京：凤凰出版社，2014年，第404页。

循周、汉之遗，亦以宦官制属于宰相、枢密。故内侍任守忠有罪，韩魏公得以檄召而议贬；近习梁彦俊言利，仆射叶颙得以逮至政事堂而叱责之，他可知矣。三代而下，制置阉宦之法莫良于宋，故终宋之世，宦官鲜专政乱国之祸，视汉唐大不侔矣。"[①]薛应旂通过对历代宦官制度的评论，表达了对当时宦官专政乱国局面的不满，其"学为致用""借史垂鉴"的学术旨趣可见一斑。

概言之，《宪章录》"按语"的价值主要体现在：一是由薛应旂对史实的认识和评价，对研究其历史思想有重要参考价值；二是由薛应旂推之时人，可见人们对宦官、边备等敏感热点问题的关注。以此言之，通过分析这些"按语"，对充分认识明代中后期的文化思潮亦颇有帮助。

当然，由于成书仓促，加及其他原因，《宪章录》难免存在不足，诸如史实偶有错讹、引文多缺出处、记载失之简略等，但瑕不掩瑜，它所具有的重要史学价值仍不可否定。此书虽经近人吴丰培整理，但为线装本，流传不广。通行本是《续修四库全书》本、《四库全书存目丛书》等，其中讹脱之处甚多，阅读利用极为不便。

五、史料来源翔实可靠

薛应旂在编撰《宪章录》时，对书中所引史料不明出处，这给研究者带来不便，从而影响了该书价值的充分发挥。鉴于此，以下笔者对《宪章录》的史料来源予以考索。

（一）征引历朝实录

明制，实录深藏宫中，秘不示人，且每逢实录修成后，都将底稿于宫中芭蕉园焚毁。时人郑晓称："《实录》进呈，焚草液池，一字不传。"[②]即使焚毁时，也须在司礼监宦官的监督下进行。同时，实录的观览和收藏都有专门规定。故长期以来，除皇帝和少数阁臣及实录修纂官外，能看到

---

① （明）薛应旂撰，展龙、耿勇校注：《宪章录校注》卷三〇，第396页。
② （明）郑晓撰：《今言》卷二，北京：中华书局，1984年，第56页。

实录者极少。至明中后期，通过史官的传抄，实录始流布民间。实录的外传，为时人撰写当代史提供了重要史料，进而推动了私家修史的蓬勃发展。

具体到《宪章录》，其征引《实录》可成定论。薛氏弟子陆光斋在该书《跋》中言："吾师武进薛先生，恭集我祖宗列圣《宝训》、《实录》。"笔者通过逐卷对《宪章录》和《实录》进行对照，亦知《宪章录》史料多源自《实录》。兹举例为证，如永乐八年（1410 年）四月，《宪章录》载：

> 夏四月丁酉朔。癸卯，车驾次玄石坡，制铭勒于立马峰之石。铭曰："维日月明，维天地寿，玄石勒铭，与之悠久。"壬子，车驾次禽胡山，制铭刻石曰："翰海为镡，天山为锷，一扫胡尘，永清沙漠。"赐其泉名灵济。甲寅，车驾次广武镇。赐其泉名清流，制铭刻石曰："于铄六师，用歼丑虏，山高水清，永彰我武。"

其中所叙三事，皆为永乐亲征北虏途中刻石勒铭之事。《明太宗实录》卷一〇三载上述三事为：

> 夏四月丁酉朔。癸卯，车驾次玄石坡，上制铭勒于立马峰之石。铭曰："维日月明，维天地寿；玄石勒铭，与之悠久。"壬子，车驾次禽胡山，上制铭刻石曰："翰海为镡，天山为锷，一扫胡尘，永清沙漠。"赐其泉名灵济。甲寅，车驾次广武镇，赐其泉名清流，上制铭刻石曰："于铄六师，用歼丑虏，山高水清，永彰我武。"

相比而言，《实录》除每事少一"上"字外，二者一字不差。概言之，《宪章录》在征引《实录》时，除在时间和官职称谓上略有改动外，基本忠于原文。仅以成化史实与《宪宗实录》对照，即可为证：

《宪章录》卷三一：

> 成化二年冬十月：复征湖广金沙洲江西九江船钞，旧制无收船钞例。景泰中以国用不足始算之，每船百料纳钞十五贯，后以钞法不

行，又与铜钱兼收，寻以岁歉，商贾少通，暂停其课。至是，所司奏军士月粮不足，复如旧收之。

《明宪宗实录》卷三五：

成化二年冬十月：复征湖广金沙洲江西九江船钞，旧制无收船钞例。景泰中，以国用不足始算及，每船百料纳纱十五贯，后以钞法不行，又与铜钱中半兼收，近以岁歉，商贾少通，暂停其课。至是，所司奏军士月粮折支不给，复如旧收之。

《宪章录》卷三五：

成化十三年五月：发御史黄本为民，本往云南贵州清军刷卷。韦瑛承汪直风旨就其寓舍，搜得象笏等物，送锦衣卫究问，遂以罪坐之。

《明宪宗实录》卷一六六：

成化十三年五月：发监察御史黄本为民，本往云南贵州清军兼刷卷而还，百户韦瑛承太监汪直风旨，就其寓舍搜捡，得象笏等物，送锦衣卫究问，遂以罪坐之。

可见，《宪章录》与《明宪宗实录》所载相差无几。类似事例较多，兹不胪列。须指出的是，《宪章录》对历朝实录的征引数量不尽相同。据笔者初步统计，《宪章录》记载历朝史实条数如表2-1所示。

表 2-1　《宪章录》记载历朝史实条数

朝代	在位时间	《宪章录》记载史实条数
洪武	31年	1436条
建文	4年	319条
永乐	22年	643条
洪熙	1年	74条
宣德	10年	382条
正统	14年	259条
景泰	7年	171条

续表

朝代	在位时间	《宪章录》记载史实条数
天顺	8 年	242 条
成化	23 年	1043 条
弘治	18 年	424 条
正德	16 年	498 条

从洪武元年（1368 年）到正德十六年（1521 年），《宪章录》记载史实共 5400 余条。其中洪武、永乐、洪熙、宣德、成化五朝史事，多取自实录。如表 2-2 所示。

表 2-2　《宪章录》征引实录条数

朝代	《宪章录》记载史实的条数	取材自实录的条数	所占比例
洪武（含建文朝）	1436 条	1304 条	91%
永乐	643 条	602 条	93%
洪熙	74 条	74 条	100%
宣德	382 条	363 条	95%
成化	1043 条	1026 条	98%

其中对宣德史事的记载，除宣德十年（1435 年）外，其他多取自《明宣宗实录》；成化一朝，取自《明宪宗实录》者 1026 条，仅 17 条不详所自。从时间跨度而言，五朝共 87 年，记载史实 3570 余条，占全书 66%；从全书卷数比例来看，洪武 12 卷，永乐 5 卷，洪熙、宣德 5 卷，成化 10 卷，共计 32 卷，占全书 46 卷的近 70%。可见，《宪章录》洪武、永乐、洪熙、宣德、成化五朝史实取自实录确凿无疑，且数量可观。

此外，据陆光斋所言，《宪章录》部分史料亦取自历朝宝训。宝训是附于实录之后，专载皇帝言论的特殊文献，一般系从实录中摘抄编纂而成。故表面《宪章录》是引自宝训，但究其史源仍是实录。另据薛应旂所言，他在编撰《宪章录》时，对"传报与邸舍"，亦"见辄手录"[1]。邸报为当时政府公文，此类文献多已散佚，故无法考定《宪章录》征引实情。

---

[1] （明）薛应旂撰：《宪章录》卷首《序》，第 1 页。

（二）博采野史笔记

《宪章录》取材除实录、宝训、奏章和邸报等官方文献外，亦广泛征引私修野史笔记。诚如陆光斋云：《宪章录》"凡纂缉枝蔓者悉为裁约，其有事关体要，逸在诸儒臣别撰者，亦量为采入"[①]。所谓"诸儒臣别撰者"，主要包括明人撰述的野史笔记。

有明一代，野史笔记蔚为大观，然其良莠不齐，记载多异。对于此类文献，明代史家多持以批评，或云"人臆而善失真"[②]，或云"舛谬殊多而鄙诞可笑"[③]，或云"未足尽凭"[④]。但有趣的是，明人在对此类文献大加贬斥之时，又自觉地加以利用，如王世贞《弇山堂别集》、郑晓《吾学编》、陈建《明通纪》、李贽《续藏书》等即是如此。同样，薛应旂在《宪章录》中亦"采摘杂书"[⑤]，广引野史笔记。据笔者考察，书中所引野史笔记共30余种，如表2-3所示。

表2-3 《宪章录》征引野史笔记

作者	文献	主要内容
金幼孜	《北征前录》	记永乐八年二月至七月从成祖北征事迹
金幼孜	《北征后录》	记永乐十二年三月至八月从成祖北征蒙古事迹
杨士奇	《三朝圣谕录》	是编乃自录其永乐、洪熙、宣德三朝面承诏旨及奏对之语
袁彬	《北征事迹》	记英宗在蒙古期间的生活状况及明蒙之间往来
杨铭	《正统临戎录》	记英宗被俘的生活及明蒙围绕英宗南还等事
刘定之	《否泰录》	记英宗为瓦剌所俘始末
杨瑄	《复辟录》	记英宗复辟的详细经过
杨荣	《北征记》	记永乐二十二年四月扈从北征至其往还始末，此书编排月日，叙述颇详
姜清	《姜氏秘史》	以编年记建文一朝事
朱睦㮮	《革除逸史》	以编年体记建文一朝事

---

① （明）陆光斋撰：《宪章录》卷首《跋》，第2页。
② （明）王世贞撰，魏连科点校：《弇山堂别集》卷二〇《史乘考误一》，北京：中华书局，1985年，第361页。
③ （明）陈建：《皇明启运录》卷八"洪武二十六年十一月"条，《稀见明史史籍辑存》，北京：北京线装书局，2003年影印本，第4册，第320页。
④ （明）郑晓撰：《吾学编》卷首《序略》（郑履淳），《续修四库全书》本，第424册，第133页。
⑤ （清）永瑢等撰：《四库全书总目》卷四八《宪章录》提要，北京：中华书局，1965年，第435页。

作者	文献	主要内容
谢 蕡	《后鉴录》	记成化、弘治间盗寇始末
张 璁	《勅谕录》	记嘉靖间奏对上谕
陆 容	《菽园杂记》	记明代朝野故实
廖道南	《殿阁词林记》	记词林、殿阁、宫坊、台省诸臣旧事
崔 铣	《洹词》	编年排次，杂著笔记一并录入。分馆集、退集、雍集、休集、仕集五部分
李 贤	《天顺日录》	记天顺时事
祝允明	《枝山野记》	记洪武到成化事迹
王 鏊	《震泽纪闻》	记明初至中期各类人物传记
娄 性	《皇明政要》	记明太祖、太宗、仁宗、宣宗、英宗五朝事，凡四百五十二条，分类四十
张 瑄	《南征录》	记天顺八年广西诸洞蛮及土寇作乱事
刘 辰	《国初事略》	记国初史实
陈 建	《皇明通纪》	记洪武至正德史实
邵 宝	《漕政举要录》	分河渠、舟楫、仓廒、卒伍、转输、统领、纪载、稽古、准令等部分
李东阳	《燕对录》	记弘治十年三月到正德六年八月召见奏对之词
高 岱	《鸿猷录》	记事起自至正十三年朱元璋起兵，止于嘉靖三十一年
郑 晓	《吾学编》	以纪传体述洪武至正德、嘉靖间史实
尹 直	《謇斋琐缀录》	记明代掌故，于内阁尤详
何孟春	《余冬序录》	记当代及前代史实，当代居多
黄 瑜	《双槐岁钞》	记洪武迄成化中事，凡二百二十条
杨一清	《西征日录》	记正德间出征宁夏及还京途中事
许 论	《九边图论》	记边防，详于西北
叶 盛	《水东日记》	记明代制度及一时遗文逸事

　　上述野史笔记多出自名家之手，价值颇高，至今仍广为流传。《宪章录》征引此类文献，保证了其史料的全面性、可靠性和真实性。

　　当然，《宪章录》在征引野史笔记时，并非原文照搬，盲从滥引，而是在忠于原著的基础上，对所引史料进行了恰当地删改润色，尽量做到将各类文献所载史实融入《宪章录》之中。如《宪章录》记建文一朝史实共319条，其中主要内容取材自朱睦㮮的《革除逸史》和姜清的《姜氏秘史》。薛应旂在编次过程中，对二书予以取舍剪裁，加工运用。如书中记载建文四年（1402 年）史实一万余言，基本引自《革除逸史》，其中有关地理变动和诏书奏章，则多取自《姜氏秘史》。又如《宪章录》载丘浚修《宪宗实录》，"以陈献章作十绝句谜梁芳"，取自尹直《謇斋琐缀录》；载大学士刘忠等主考"辛未会试"事，取自李东阳《燕对录》；载"籍没刘瑾货财数目"事，取自王鏊《震泽长语》等。同时，薛应旂在《宪章录》中还善于借用野史笔记来论断史事。如在论建文死节诸臣时，引用崔铣《洹词》；品论徐有贞时，引用廖道南《殿阁词林记》。

总之，薛应旂通过对野史笔记的征引，不仅使全书史料表现出详而不芜、精而不漏的特点，而且薛应旂对所据史料熟练地加工、整合和剪裁，使得书中多数事件始末贯通，因果彰明，充分保证了史实的真实表现和全面展示。

（三）取材见闻史料

游历访问和实地考察历来为史家所重。因为在游历中采集的史料，指陈详切，依据坚实，不但可以弥补文献之不足，还可对史实原委有更加具体的认识。《宪章录》的部分记载或杂录即是薛应旂的所见所闻，或是他搜集的口碑史料。这充分体现了薛应旂著史注重参稽群书，融通众说的治史风格，也反映了《宪章录》征引文献的独到之处。

薛应旂曾任职江西、浙江、陕西等地，每到一地，对当地风俗、民情等多有见闻，多所记录；又其职务几度变更，与其职务相关之事也多有记述，其中尤以西北边政为多。如记营堡，《宪章录》卷三一载："尝历延绥庆阳二境，往复与偏头关花马池二千里间，凡诸营堡咸为稽考。"又言："尝巡历斯地，营堡墩台仅有遗址，率多废驰，虏人出入如履平地。"又如，记军饷供应储存，《宪章录》卷三三载："尝备兵延绥……时有知府张邦彦者，给散防秋军人克减侵欺，数多每称不足，又别行措置。尝揭其端以达之巡抚、总制，皆支辞批答，不肯查理，上下相蒙，而邦彦亦遂夤缘通显。"凭借这一经历，薛应旂感叹："边弊日滋，必专差科道官以查理，庶乎其可也！"再如，记边营变迁，《宪章录》卷三九引用"遗民故老"的口述："镇城旧在绥德，余公迁出榆林，军民役死不下万计，穷檐荒废，千里丘墟。孤儿寡妇，衰麻扶杖，日哭于军门，而浮沙筑墙，终难就绪。"这些记载考实了明代西北边备松弛、军官克扣军饷、边营建设失当等史实，至为清晰翔实，是研究明代西北边政的重要史料。另外，薛应旂曾任职精膳司郎中，故在《宪章录》卷三二载："尝监收太医院药材，亦各处解户通同本院官吏潜收价值，将旧积药材掩映，匪直内库而已。此类事多，安得如李瑢者一一言之也？言亦勿用，可如何哉？"其他如《宪章录》对铨选官员、提督江西、浙江学校诸事的记载，皆据薛应旂目击所作，此不胪列。

　　总之，史家修史贵在"博而知要"①，这不仅要求修史者能够融通众说，兼采各家，更需要取其精华，得其要旨。《宪章录》取材范围广博，从官方文献到私修野史笔记、实地考察和口述资料，靡不网罗，表现出博洽、慎核等史料特征。同时，从《宪章录》的取材可以约略看出明代前中期的史料状况。官修当代史书仅一部实录，明前期尚"藏之秘阁"，常人不得一见，嘉靖年间虽有流出，但得见者寥寥数人，且未必完整；而私人修撰之风也兴起未久，有分量的当代史著作为数不多。在这种情况下，薛应旂能多方裒集史料，广泛征引，撰成《宪章录》，充分反映了其对本朝文献之熟稔和博综通洽的治史风范。

---

① （清）徐乾学撰：《憺园文集》卷一四《修史条议》，《续修四库全书》本，第 1412 册，第 488 页。

万斯同《明史》序、论的史学价值

　　"论赞"是中国古代史论的一种形式，盖肇端于《左传》"君子曰"，但较为系统的史论则成型于《史记》"太史公曰"。[①]自此，"论赞"成为多数正史不可或缺的重要组成部分。清康熙年间，万斯同等博学鸿儒应朝廷征召，以遗民身份与修《明史》，自康熙十八年（1679 年）至三十年前后，历时十余载[②]，纂成一部史实详赡、首尾备具的史稿——416 卷《明史》。[③]本书所论万斯同《明史》即为此稿，现藏于中国国家图书馆、北京大学图书馆的为清抄本，通行本为上海古籍出版社据清抄本影印的《续

① 刘知幾《史通》卷四《论赞》谓："司马迁始限以篇终，各书一论。必理有非要，则强生其文，史论之烦，实萌于此。"此后"班固曰赞，荀悦曰论，东观曰序，谢承曰诠，陈寿曰评，王隐曰议，何法盛曰述，扬雄曰撰，刘昞曰奏，袁宏、裴子野自显姓名，皇甫谧、葛洪列其所号"。（见（唐）刘知幾撰，（清）浦起龙释：《史通通释》卷四《论赞》，上海：上海古籍出版社，1978 年，第 81 页）名称虽异，但皆效法"太史公曰"而作。

② 杨椿《孟邻堂文钞》卷二《再上〈明鉴纲目〉馆总裁书》载："历十二年而史稿粗就，凡五百十六卷。"（见（清）杨椿撰：《孟邻堂文钞》，《续修四库全书》本，第 1423 册，第 25 页）

③ 关于万斯同生前裁撰《明史拟稿》的具体卷数，诸说不一。最早，刘坊《万季野先生行状》记万氏《明史列传》三百卷，《明史表》十三卷，存史馆中。（明·刘坊：《万季野先生行状》，（清）万斯同撰：《石园文集》，《续修四库全书》本，第 1425 册，第 440 页）此后，方苞《方苞集·万季野墓表》谓："季野所撰本纪、列传凡四百六十卷，惟诸志未就。"（清·方苞著，刘季高校点：《方苞集》，上海：上海古籍出版社，1983 年，第 334 页）全祖望《鲒埼亭集·万贞文先生传》称："《明史稿》五百卷，皆先生手定。"（清·全祖望撰，朱铸禹汇校集校：《鲒埼亭集》卷二八《万贞文先生传》，《全祖望集汇校集注》，上海：上海古籍出版社，2000 年，第 520 页）此说为梁启超、陈守实所袭。梁氏在《清代学者整理旧学之总成绩》第六章谓万氏"自撰《史稿》五百卷"（梁启超：《清代学者整理旧学之总成绩》，北京：商务印书馆，1999 年，第 111 页）；陈氏在《〈明史〉抉微》中称其"自康熙十八年至京，四十一年卒于王鸿绪京寓，手定稿多至五百卷"（陈守实：《〈明史〉抉微》，《国学论丛》，1927 年第 4 期）。本文所据 416 卷本，是徐元文任总裁期间所成初稿。此后，万氏虽应王鸿绪之聘，仍与修《明史》，但所成书稿史称已为王鸿绪所"攘窃"，故不为本文所考察的对象。迄今为止，关于万氏亲定《明史》的版本尚无定论。20 世纪 60 年代，谢国桢在《增订晚明史籍考》中，曾提及与万氏有关的三种抄本，即现藏中国国家图书馆的《明史》416 卷本、《明史纪传》313 卷本及海盐朱氏所藏《明史稿列传》本（残本，存 8 册）。其中，313 卷《明史纪传》，除本纪外，列传 294 卷，被认为是万斯同的私定稿；416 卷《明史》，纪、传、志、表俱全，列传 267 卷，被认为是万斯同核定的稿本。

修四库全书》本（1995 年）和单行本（2008 年）。

就体例而言，万斯同《明史》（以下称万史）不仅具备纪、志、表、传，且承旧史成例，在纪、传篇末附以"论曰"，在志、表、类传篇首附以"叙""序"。据笔者统计，万史序、论共 277 篇，包括：本纪"论曰"17 篇，列传"论曰"220 篇；类传"论曰"14 篇，其中盗贼传有"论曰" 2 篇，土司传、外藩传无"论曰"；志"叙"10 篇，包括五行、礼、职官、选举、地理、河渠、食货、兵卫、舆服、艺文等 10 志，历法、天文、乐、刑法 4 志无"叙"；表"叙"3 篇，包括诸王表、功臣世表和大臣年表，戚臣世表和宦幸世表无"叙"；类传"序"13 篇。①这些序、论言简意赅，各有论点，志"叙"总括了明代礼制、职官、选举、地理、河渠、食货、兵卫、舆服、艺文等典章制度的演变轨辙及历史特点；表"叙"简议了明代诸王、功臣戚臣、宦臣和大臣的兴替传衍及历史影响；类传"序"概述了忠义、儒林、文苑、循吏、孝友、列女、隐逸、方伎、外戚、奸臣、佞臣、宦官、盗贼等 13 个类传分立之由，并总结了各传人物的价值取向、行为方式和历史品性。纪、传所附"论曰"，则对明代历史人物进行了富有深意且较为公允的品评。

万史序、论恪遵以史为鉴，作一代盛典的编纂宗旨，本着"以任故国之史事报故国"②的遗民情怀，对明代政治之兴衰、典章之得失、生民之否泰和人物之善恶进行了不同角度、不同深度的批判性考量。这些考量以儒家思想为圭臬③，不仅寄寓了浓郁的故国之思，而且为清初统治者的治

---

① 较之万史序、论，张史序、论的数量及分布为：本纪"赞曰"15 篇，志"序"15 篇，表"序"5 篇，列传"赞曰"167 篇，类传"序"13 篇，共 215 篇。此外，二者尚有以下不同：一是万史的志、表"叙"皆独立成篇，单独置于志、表正文之前；而张史志、表无独立成篇的"叙"，只是在志、表正文前有一段概论。二是万史盗贼传有"序" 1 篇，"论曰" 2 篇，而张史流贼传仅有"序" 1 篇，无"赞曰"。三是万史的类传除土司、外藩无"论曰"外，其他各传皆有；而张史类传皆无"赞曰"。四是二者类传的次序不同，万史为：忠义、儒林、文苑、循吏、孝友、列女、隐逸、方伎、外戚、奸臣、佞臣、宦官、盗贼、土司、外藩（张史析为外国、西域两传）；张史则为：循吏、儒林、文苑、忠义、孝义、隐逸、方伎、外戚、列女、宦官、阉党、佞倖、奸臣、流贼、湖广、四川、云南、贵州、广西（万史仅列"土司"）、外国、西域。

② （清）全祖望撰，朱铸禹汇校集校：《鲒埼亭集》卷二八《万贞文先生传》，《全祖望集汇校集注》，上海：上海古籍出版社，2000 年，第 521 页。

③ 万史序、论时常引儒家经典作为立论依据。如《礼志·叙》，引《礼记》《周礼》；《兵志·叙》，引《左传》；论列女，引《春秋》；论方伎，引《礼记》；论宦官，引《尚书》《周易》和《诗经》等。

国之道提供了最为切近的历史训诫,具有十分重要的史学价值和理论意义。然而,这一重要问题迄今论者尚少,既有研究多集中在万斯同与修《明史》之概况、作用和成就等方面。[①]有鉴于此,本文拟对万史序、论所评论的内容、方法、特点及意义予以评析,并将其与张廷玉《明史》(以下称张史)"论赞"加以比较,以期对全面解读万史的历史思想,加深对清代史论的理解,重新认识和客观评价明代历史有所助益。

一、论明代典制之得失

历史评论贵在表里如一,持论平允。万史恪守圣祖"作史昭垂永久,务宜从公论断"[②]之训,将秉笔直书,明辨是非,"非论其世、知其人而具见其表里"[③]的论史原则,贯穿于全书的序、论当中,表现出独到的历史识见和非凡的史学功力。

检讨明代典制之得失,是万史序、论的重要内容。其中,对明代前期的典制以肯定为主,对于后期的典制则以批评为主。围绕全书体例,所论主要集中在职官制度、选举制度、经济制度、军事制度、礼仪制度等方面。

(1)职官制度。万史《职官志·叙》首先简述了明代官制的设置、沿革及内部关系。在此基础上,分析了明代官制由"善"变为"不善"的原因和影响,认为明代职官制度之所以出现"不善",原因有三:一是冗官之弊,所谓"自遣督抚于各布政司,而于各府、监、司既设分守,又设分巡,又设兵备,九羊十牧,牵前曳后……计天下五百余卫,三千余所,冗食且数万人,而军政紊废";二是阉宦之祸,认为明代职官"大坏极弊,则尤在使奄",甚至认为"始终为明祸以亡其国者,非宦官乎?"三是丞相之废,认为废除宰相,虽然使"胡、蓝之后终无叛臣,亦无叛将",但

① 对此,姜胜利先生《明史研究》(北京:中国大百科全书出版社,2009年)和《20世纪〈明史〉研究述评》(《20世纪〈明史〉研究述评》《史学理论与史学史学刊》2008年卷)已有综述,兹不赘。

② (清)王先谦撰:《东华录》"康熙三十二年八月丁卯"条,《续修四库全书》本,第370册,第128页。

③ (清)方苞著,刘季高校点:《方苞集》卷一二《万季野墓表》,上海:上海古籍出版社,1983年,第333页。

又使臣下"惟以奉行诏旨为事"，内阁大臣也"大权无寄"，于是"阉人得尽拾而处之"。因此，随着官制"不善"之势愈演愈烈，"军政紊乱""冗食繁富"等一系列社会政治问题随之而生。以上所论，揆诸事实，揭露了明代官制之纰漏，行文虽略显拖沓，但立论颇中肯綮。①

张史《职官志·序》主要论述了明代丞相、内阁、部院、司监等机构的设置、职掌、沿革及其相互关系。比较而言，其与万叙所论互有异同。不同点在于：一是万叙认为明代官制"承元之旧"，而张序则认为"沿汉唐之旧而损益之"。二是万叙对官制演变原因的分析侧重于外因的考察，而张序侧重于内因的揭示。三是万叙未按照历史的脉络论述，张序则大体遵循了从洪武到宣宗，再到世宗的论述逻辑。如张序、论内阁云：洪武时期，"殿阁大学士只备顾问"；迨仁、宣朝，"内阁权日重"；至世宗中叶，夏言、严嵩迭相用事，"赫然为真宰相，压制六卿矣"。四是万叙批评了丞相之废，张序则批评了"阁权日重"。相同点在于：一是都批评了宦官对明代官制的破坏作用，"永乐间，设内监监其事，犹不敢纵。沿习数代……内监添置益多，边塞皆有巡视，四方大征伐皆有监军，而疆事遂致大坏，明祚不可支矣"②。二是都肯定了用人对制度运作的影响作用，"兴亡治乱之由，岂不在用人之得失哉"③。三是在论述"三司"时，二者皆用"外设都、布、按三司，分隶兵刑钱谷，其考核则听于府部"一语，此张序参考万叙之明证一。

（2）选举制度。万史《选举志·叙》开篇即强调选举制的重要性，所谓"夫驭天下之大法，取人与用人二者而已矣"。继之，又梳理了明代选举制度的兴废历程，指出："明初欲以网罗天下之士，屡有变更；迨典章一定，迭为遵守；行之既久，虽诈伪萌生，弊以踵至。然自立法以来，人才、政治于是乎出，而其后之补偏救敝，规条寖多……乃知致治以人不以法。"言语中，作者强调了人在"致治"中的重要作用。最后，作者依次

---

① （清）万斯同撰：《明史》卷六九《职官志·叙》，《续修四库全书》本，第 325 册，第 234 页。
② 《明史》卷七二《职官志·序》，北京：中华书局，1974 年，第 1730 页。
③ 《明史》卷七二《职官志·序》，北京：中华书局，1974 年，第 1729 页。

阐释了科目、学校、荐举、铨选等选举四法的基本内涵及运作规则。①言简而意赅，客观而平实。

对选举制度的论述，张史《选举志·序》似乎略胜一筹，作者不仅阐释了选举四法，且系以时序，梳理了其演变轨迹，谓："明制，科目为盛，卿相皆由此出，学校则储才以应科目者也。其径由学校通籍者，亦科目之亚也……荐举盛于国初，后因专用科目而罢。铨选则入官之始，舍此蔑由焉。"总体来看，万叙、张序都指出了明代选举之法包括四目，其中科目为最，学校次之，荐举、铨选又次之。同时，二者的结束语行文略同，万叙作："凡以上四者，厘然具载其本末，而二百七十余年其为人材盛衰，政治得失之故稍稍可观矣。"张序作："是四者厘然具载其本末，而二百七十年间取士得失之故可睹已。"此张序参考万叙之明证二。

（3）经济制度。万史《食货志·叙》是一篇颇有法度的短文。全文贯穿了浓郁的重农贵民思想。其中，既有"养民之政莫先于重农，农也者，足国裕民之本也"等社会经济史的宏观把握；又有太祖"重民敦本"、太宗"洞悉民隐"、仁宗"念兹民瘼"、宣宗"以农田水利殿最有司"、孝宗"休养惇庞"、张居正"蠲积逋，重考成，肇行条鞭、方田"等典型措施的精彩点评；也有英宗、宪宗"费用浸繁"，武宗"荒游，井里骚动"、世宗"庶务多寝格不行"、神宗"日就耗虚"、启、熹"黎民莫饱"等历史教训的深刻揭示。②在传统社会的经济运作中，这些评论都是具有指导意义的提示。以此叙为纲去研读万史《食货志》，自会收事半功倍之效。较之万叙，张史《食货志·序》则紧扣"理财之要"这一主题，围绕屯田、盐法、粮仓、赋税、矿税、粮储、钞法等，依次评论了明前期"百姓充实，府藏衍溢"，世宗以后，"耗财之道广，府库匮竭"，神宗"加赋重征，矿税四出，横敛侵渔，海内困敝"等经济状况。③二者相较，各有短长：一方面，万叙全面评论了明朝历代的经济状况，而张序仅评论了洪、宣之际，世、神时期的经济状况；另一方面，万叙所论侧重于以农为本的

① （清）万斯同撰：《明史》卷七一《选举志·叙》，《续修四库全书》本，第325册，第292页。
② （清）万斯同撰：《明史》卷九五《食货志·叙》，《续修四库全书》本，第325册，第605页。
③ 《明史》卷七七《食货志·序》，北京：中华书局，1974年，第1877页。

"食"，而张序所论则有"食"有"货"，较为全面具体。

（4）军事制度。万史《兵卫志·叙》开篇即立论高远，谓"兵也者，圣人以除暴救乱，平险阻而归之治，有国者所以不可已也。然其蓄养之政，控御之方，得其制则理，不得其制则乱"。继而溯委追源，简要回顾了历代兵制兴衰之由。在此基础上，叙文点出"有明积弱，武备不修，暨于中晚之世，亦已极矣"，并以英宗朝为分野，分阶段论述了明代军制的"盛衰强弱之势"及其得失，指出：太祖"创立军卫，在外则统之于都司，在内则总协于五军都督府"；成祖"创立三大营，宿军不下数十万，亦凛凛有居重驭轻之势"；宣宗"乘席余威，亦称强焉"。然逮至英宗，"奄竖用事，兵势始衰"；至宪、孝、武、世四朝，"营制数更，兵愈不竞。卫所屯丁疲于番上，东南漕卒困于转输"。自是而后，"积玩益甚，禁防并弛，营卫旧制率坏于隐占"，以至边事大坏，中原盗起，"军实丧而国亦随之"。所论为深入研究明代军制之变革提供了线索。

与万叙相较，张史《兵志·序》除了序前未回顾历代兵制外，多数论说与万叙颇为相似。如其中的"外统之都司，内统于五军都督府"；"宪、孝、武、世四朝，营制屡更，而威益不振。卫所之兵疲于番上，京师之旅困于占役"；"今取其一代规制之详，及有关于军政者，著于篇"等，皆与万叙若出一辙。此张序参考万叙之明证三。

（5）礼仪制度。万史《礼志·叙》开篇先综论礼制之要义，以为："礼也者，天地之序也。序可以辨上下，定民志……必使尊卑贵贱、等级隆杀，咸截然而弗紊，井然而弗变。天下之人莫不有所畏而而不敢犯，有所敬而不敢忽。揖让庙堂之上，而化行四海九州岛之远。"继而评论了明代"定礼"之经过，尤以太祖一朝为详，其中既列定礼官员的姓名，也列所定各种礼制。以下叙文依次阐述了礼制变革之势，指出：成祖至孝宗为"补礼"时期，其中成祖时颁降《文公家礼》，定巡狩、监国、讲筵之制；英宗时定后宫罢狗之典；孝宗时定陵庙嫡庶之分。世宗朝是"改礼"时期，其更定之大者，如"分祀天地南北坛，复朝日、夕月于东西郊，罢二祖并配及祈穀、大雩、享先蚕、祭圣师"，皆一时并创建，而前此所未行。隆、万以降是"复礼"时期，其时"议礼者请参酌成宪，稍复祖宗之旧",但"多所未遑","复礼"并未如愿。①所论言简意赅,脉络分明,颇具史学价值。

据笔者比照,张史《礼志·序》删自万叙,其中除了篇首追述前代礼制沿革万叙未论及外,其他内容二者颇为相近。此张序参考万叙之明证四。

总体上,万史序、论对明代典制的评论表现出两个特点:一是以史为鉴。序、论注重从宏观上分阶段把握明代典制的发展线索,评论时往往会揭明各种制度由盛转衰、由治而乱的转折点,并分析其发生转变的内外原因。二是得失兼论。序、论认为明代典制之得在于"驭吏特严""斟酌变通"②"因事设官,由名核实"③。之失在于不守"祖宗之法","任其更定"④;在于"费用浸繁"⑤,"奄竖用事"⑥。这些评论,大体符合明代的历史事实,持论平允,条贯系统,提示得当,发人深思。

二、论明代历史之兴衰

除了评论典制,万史还充分发挥序、论便于评断总结的长处,系统地讨论了明代的吏治、宦官、外戚、学术、民族、盗贼等重大历史问题和历史现象,立意宏远,精见迭出,为人们重新认识和全面评价明代历史提供了重要线索。

(1)对明代吏治问题的评论。明朝从建国至覆亡,吏治状况一度清明,但官吏腐败却绵延不绝,且日益恶化,表现出明显的阶段性特征。对此,万史《循吏传·叙》围绕治国大体,抓住各时期的吏治特点,用简明的语言进行了概括性评价,认为:明太祖"驭吏特严","旧习丕变";成、弘之间,"吏淳民乐";神宗初,"纯事综核",吏治较好,稍后渐趋纵

---

① (清)万斯同撰:《明史》卷四三《礼志·叙》,《续修四库全书》本,第324册,第612—613页。
② (清)万斯同撰:《明史》卷一二六《刑法志·叙》,《续修四库全书》本,第326册,第143页。
③ (清)万斯同撰:《明史》卷六九《职官志·叙》,《续修四库全书》本,第325册,第234页。
④ (清)万斯同撰:《明史》卷四三《礼志·叙》,《续修四库全书》本,第324册,第613页。
⑤ (清)万斯同撰:《明史》卷九六《食货志·叙》,《续修四库全书》本,第325册,第605页。
⑥ (清)万斯同撰:《明史》卷一〇七《兵卫志·叙》,《续修四库全书》本,第326册,第11页。

弛，"骎弛消长相乘"；启、祯之季，"变故烦兴，吏道多杂"，致使天下扰攘，明祚莫救。故作者认为："有国家者，必首重吏治。吏治弗清，即民事胡由而理明。"并进一步总结评价了方克勤、李骥、赵登等一代清官的遗爱流风，肯定了"循良之义"。①

（2）对明代外戚问题的评论。万史《外戚传》卷首有"序"，卷尾有"论曰"，前者意在引出正文，故侧重于对历代及明代外戚史实的梳理；后者意在总结正文，故侧重于经验教训的总结。总体而言，万氏对明廷控驭外戚的策略持褒扬态度，认为外戚虽因姻缘关系，位高爵显，"有自侯而进公者，自保傅而至太师者"②，但较之前代，明代未有外戚之祸，"东汉之梁、窦，唐之武、杨，接踵相师，略不知惩抑；宋室虽公严正，乃犹母后临朝，戚属进用，未为尽善"③。而明代外戚"其极不过贵富，其乐不过狗马声色，其威怒不过行里闾雏而已"，甚而出现了"外家号称循谨"④的现象。之所以如此，在万史看来，当与明廷对外戚"勿予事权""法纪申明"，且能"防微杜渐"⑤的控驭策略有关。

（3）对明代宦官问题的评论。于此，万史《宦官传》序、论从得失两个方面做了评论，认为：明前期，太祖诸帝尚能鉴于前代，著令"内臣预政者必诛"，"其时监局虽设，而未尝有权藉之寄，牙距之助也"。但数传之后，自明中叶始，"内臣窃柄之事渐积而起"，尤其是宪、武以还，"群阉并兴，奸党互作，爪牙横布，谀佞盈廷"。这种局面的泛滥，不仅"威劫人主"，而且导致"宗社颠危"。作者认为此期之所以出现宦寺之害，原因是多方面的，但主要原因则是"忘祖宗之训"，"积渐凌夷弗振之过也"。⑥当是，针对《明史》纂修，康熙帝提出"明非亡于宦官"的论断，认为："明之亡亡于太监，朕殊不以为然……以国祚颠覆委之太监，谓由中官用事之故，乌得为笃论耶？"⑦但万氏等人似乎并未遵照康熙帝

---

① （清）万斯同撰：《明史》卷三九一《循吏传·论曰》，《续修四库全书》本，第331册，第238页。
② （清）万斯同撰：《明史》卷三九九《外戚传·序》，《续修四库全书》本，第331册，第314。
③ （清）万斯同撰：《明史》卷三九九《外戚传·论曰》，《续修四库全书》本，第331册，第332页。
④ （清）万斯同撰：《明史》卷三九九《外戚传·序》，《续修四库全书》本，第331册，332页。
⑤ （清）万斯同撰：《明史》卷三九九《外戚传·论曰》，《续修四库全书》本，第331册，第332页。
⑥ （清）万斯同撰：《明史》卷四〇五《宦官传·序》，《续修四库全书》本，第331册，第373页。
⑦ 《清圣祖实录》卷一五四"康熙三十一年正月己卯"条，北京：中华书局，1985年影印本，第701页。

的基调评价明代宦官之害，而是夸张地认为："（明）三百年来，宦寺之害与国相终"，"汉唐之所未有"。①这一评价被张史《宦官传·序》所袭，谓：明宦官"考其祸败，其去汉、唐何远哉！"②

（4）对明代民族问题的评论。此主要集中在《土司传·序》和《外蕃传·序》中。有明一代，北陲蒙古人始终被视为"心腹之患"，防御蒙古人也是民族政策的重点。③在作者看来，当时虽然出现过土木之辱，但总体来看，明代对蒙古所推行的"谨备不征"政策卓有成效，"终明之世，未尝有甥舅之约，虽贡市赏赉不赀，而献纳之名无闻焉"④，"不可谓非一统之盛事"。尤其是太、成二祖"亲逐蒙古"，"三犁朔漠"之功绩，出现了"四裔宾服"⑤之格局。同时，作者还充分肯定了明朝对周边诸族的柔远之制，特别是在西南地区推行的土司制度，更是"文武相维，机权攸寓，细大相关"的"驭蛮之法"。⑥上述所论，皆饱含浓郁的劝诫深意。

（5）对明代学术思想的评论。清初，程朱理学回光返照，成为官学，与其相联系，万史恪守程朱，对一切"异端"思想痛加斥责。凡符合程朱之道者，便予以褒扬，以为师表；反之，即予以抨击。这一思想在《儒林传·序》中显得尤为集中，更加突出，其谓："明兴，二祖相继，首崇六经……既又特取洛闽诸家羽翼之说，颁之学宫，以式多士。二百年间……确为遵禀，虽承旨之余，或稍滞于章句，寡所变通，而士习民风彬彬秩秩，质诸往圣，宁有悖谬哉？嘉、隆而后，新说烦兴，诐谣邪道之辞，日趋波靡，是则世道之寖微，斯文之胥丧，而二三耽奇好异者之狡焉作俑也。"⑦在此，万序承认明中叶以后，理学的"一尊"地位日渐沦丧，但

① （清）万斯同撰：《明史》卷二二《熹宗本纪·论曰》，《续修四库全书》本，第 324 册，第 260 页。
② 《明史》卷三〇四《宦官传·赞曰》，北京：中华书局，1974 年，第 7766 页。
③ 参见展龙：《论张居正改革时期的明蒙贡市关系》（《黑龙江民族丛刊》2009 年第 5 期）、《张居正改革前周边民族形势之透视》（《西北民族大学学报（哲学社会科学版）》2010 年第 3 期）、《张居正改革时期南方民族政策述论》（《历史教学问题》2011 年第 1 期）、《张居正改革时期构筑北边防御体系述论》（《西北民族大学学报（哲学社会科学版）》2012 年第 4 期）等。
④ （清）万斯同撰：《明史》卷四一三《外蕃传·序》，《续修四库全书》本，第 331 册，第 581 页。
⑤ （清）万斯同撰：《明史》卷四《太祖本纪·论曰》，《续修四库全书》本，第 324 册，第 84 页。
⑥ （清）万斯同撰：《明史》卷四〇九《土司传·序》，《续修四库全书》本，第 331 册，第 472 页。
⑦ （清）万斯同撰：《明史》卷三八三《儒林传·序》，《续修四库全书》本，第 331 册，第 86 页。

又认为此并非常态，"虽然，天地间道自若也，岂真有所改易哉"①，并对"诐谣邪道""耽奇好异"的"异端"之学大加攻讦，其维护理学正统地位的学术意趣昭然具在。

（6）对明亡之由的评论。万史除在多篇列传中揭示明朝衰亡之势外，还在相关序、论中，直接评论明亡之由。认为，"有明当隆万之间，可称甚盛"，但笔锋一转，又认为"盛极则衰"，自此而后，明朝逐步走向了灭亡。对于衰亡的具体原因，万史在《庄烈皇帝本纪·论曰》中提出：治乱兴亡之故，在于"人事"，而非"天命"。明代至光、熹而后，威柄下移，法纪渐灭，"此国运告终之候也"。其间，崇祯帝虽励精图治，然"天命既去，民心日离，物怪人妖，菑害并至，虽有善者，亦莫如之何也"。不仅如此，适逢天下纷乱，生灵涂炭之时，士人"犹閧堂斗室，狱讼弗休，不知有宗社"，诸臣也"尽败亡之徒耳"。如此，"不亡奚待？"这一评论，道出了明代由盛而衰之要因，也表现了万斯同等人对故国覆亡的惋惜、愤恨和无奈，"呜呼！尚何言哉！尚何言哉！"②

（7）对明代统治者内部斗争的评论。终明一代，曾出现过太祖杀戮、靖难之役、大礼议、朋党之争等一系列政治斗争事件，这些事件因其影响甚大而成为后世争相考论的重要话题。万史纂修者根据自己的是非标准，在相关"论曰"中，对这些斗争进行了独到评论。如对于太祖杀戮，作者并未予以批评，仅谓："时宜重典，固有不得不然者欤。"③又如胡蓝之狱，虽然致使"宿将元臣诛夷殆尽"，但究之史实原委，"恐未尽高皇帝猜忌之过也"④，而是"（蓝）玉辈有以致之也"⑤。对于靖难之役，作者认为：建文帝乃柔弱之主，面对"强藩"，虽然他"告诸祖庙，削其宗系"，表现出"仇雠"一面。但又担心自己"负杀叔父名"⑥，尤其是他本人"制御寡谋"，所用方孝孺等人"锐意复古，帷幄之事实所未谙，卒之国破

---

① （清）万斯同撰：《明史》卷三八三《儒林传·序》，《续修四库全书》本，第 331 册，第 86 页。
② （清）万斯同撰：《明史》卷二六《庄烈皇帝本纪·论曰》，《续修四库全书》本，第 324 册，第 316 页。
③ （清）万斯同撰：《明史》卷四《太祖本纪·论曰》，《续修四库全书》本，第 324 册，第 84 页。
④ （清）万斯同撰：《明史》卷一四二《功臣世表·叙》，《续修四库全书》本，第 326 册，第 41 页。
⑤ （清）万斯同撰：《明史》卷一六四《论曰》，《续修四库全书》本，第 327 册，第 255 页。
⑥ （清）万斯同撰：《明史》卷五《建文本纪·论曰》，《续修四库全书》本，第 324 册，第 89 页。

家亡"①。而成祖之所以起兵，也是被逼无奈，"靖难之举，实成于激。诸姬被黜削，势将及我，不为偪乎？"②对于嘉靖"大礼议"，作者批判是"集议诸臣诚过矣"③，致使"君臣上下，猜忌互生，攻击轧倾"④。对于晚明党争，作者对东林党人深表同情，"以诸臣之品行，不能不与门户相始终，而患难婴缠则皆以讲学之故……窃谓有东林则必有魏党，有魏党则必有学禁，殆理势之应然"⑤。评论稳妥而得体，语言委婉而含蓄。

（8）对明代"盗贼"的评论。有明一代，农民起义此起彼伏，绵延不绝，尤其是正、嘉以降，"盗如蝟毛，不堪尽载"⑥。在《盗贼传·论曰》中，作者称农民起义军为"盗""贼""寇"，尤其在论及明末李自成起义军时，作者更是刻骨铭心，激情荡漾，认为："贼亡人国，自古罕有，况残杀如是，虽河瑞刀锯，冤句舂磨，百不及一，此循蜚以来一大劫运也。"并指出：崇祯初，"盗贼新起，不过马户偷儿耳"，但不久便成"燎原之火"，究其原因，盖因"明三百年过于轻武"，而儒臣又"漫不经省"。⑦

总之，万史序、论对明代重大历史问题和历史现象的评论，对世事升降、兴衰治乱的评论，可谓泾渭分明，意蕴深刻。但需要指出的是，万史的评论多是清初统治者所认同的正统观点，这就决定了其思想体系必然是保守的，具有一定的局限性。

三、论明代人物之善恶

在评论明代兴衰治乱的同时，万史序、论也重视对明代历史人物的审判。书中在记载明代历史上那些足以为后世取鉴的人物时，特以"论曰"的方式，对其加以褒贬品评，寓有微意，以求劝善戒恶，垂训方来，"裨

---

① （清）万斯同撰：《明史》卷一八三《论曰》，《续修四库全书》本，第327册，第399—400页。
② （清）万斯同撰：《明史》卷七《成祖本纪·论曰》，《续修四库全书》本，第324册，第113页。
③ （清）万斯同撰：《明史》卷一七《世宗本纪·论曰》，《续修四库全书》本，第324册，第213页。
④ （清）万斯同撰：《明史》卷二七六《论曰》，《续修四库全书》本，第328册，第661页。
⑤ （清）万斯同撰：《明史》卷三四四《论曰》，《续修四库全书》本，第330册，第160页。
⑥ （清）万斯同撰：《明史》卷四〇七《盗贼上·论曰》，《续修四库全书》本，第331册，第451页。
⑦ （清）万斯同撰：《明史》卷四〇八《盗贼下·论曰》，《续修四库全书》本，第331册，第471页。

于治道"①,"旌往以劝来,举一以风百"②。总体上,万史本纪的"论曰"是对某一帝王历史地位的评断,列传的"论曰"则是对同类人物的集中评论。

(1)对明朝诸帝的评断。康熙三十一年(1692年)正月二十一日,清圣祖在翻阅《明史》初稿时,认为稿中对"洪武、宣德《本纪》訾议甚多",质问史官"何敢轻议前代之令主"③。圣祖的言论虽是针对洪、宣二帝所发,但实际上却为史官评议明代诸帝定了基调。万斯同《明史》虽成书于三十一年之前,但作为一部官修史书,其评价标准自然要受到清朝统治者的种种限制,其言论在一定程度上代表了清廷的价值标准。

总体上,万史最为称颂的当属创业垂统之君明太祖、守成之君明宣宗和中兴之君明孝宗。对太祖,"论曰"主要突出了他"驱除乱略,廓清南服,扫群雄而并有之"④的历史功绩。客观地说,明太祖在一统寰宇,开国建制,立纲陈纪,推明大道等方面取得的成就是巨大的,"论曰"的褒奖无可厚非。但作者对明太祖的评价以英雄史观为基准,认为太祖的"徽猷盛业,史不胜书",将其英武智勇视作结束动乱的根本原因,夸大了个人的历史作用。对宣宗,"论曰"称其在位期间,"俗易风移,四方绥靖",故"称为一代令主,不亦宜乎"⑤。这是客观的评价,也是由衷的赞扬。对孝宗,称赞其"承累洽之后,载其清静以守之",其政治才能和历史功勋可"比诸成康"。⑥此外,对于英宗、武宗、世宗、穆宗、神宗等,作者都是从大处着墨,从正反两个方面进行臧否。如对英宗,既肯定了其在正统年间"初政简静,任用老成",也指出他"嗜好渐偏,动多出入",尤其是土木之祸,虽罪在王振,但使自己"身陷虏庭",宗社"危于累卵"的历史罪责却不可推卸。⑦对武宗,称其"游畋之荒",致使"宗

---

① (清)沈彤撰:《果堂集》卷一一《征仕郎翰林院检讨潘先生行状》,《景印文渊阁四库全书》本,第1328册,第367页。
② (清)潘耒撰:《遂初堂文集》卷九《赠吴子班序》,《续修四库全书》本,第1417册,第538页。
③ 《清圣祖实录》卷一五四,"康熙三十一年正月丁丑"条,北京:中华书局,1985年,第700页。
④ (清)万斯同撰:《明史》卷四《太祖本纪·论曰》,《续修四库全书》本,第324册,第83页。
⑤ (清)万斯同撰:《明史》卷九《宣宗本纪·论曰》,《续修四库全书》本,第324册,第134页。
⑥ (清)万斯同撰:《明史》卷一四《孝宗本纪·论曰》,《续修四库全书》本,第324册,第180页。
⑦ (清)万斯同撰:《明史》卷一〇《英宗前纪·论曰》,《续修四库全书》本,第324册,第144页。

社仅悬于一线"①。对世宗，既肯定其"资本英果，锐于有为，厘定典章，初政居然可纪"，又批评其迷信"方士之说"，"刑赏失宜，诸务丛脞"。尤其在寇贼蜂起，内外交讧之际，仍"静摄玄元，侈言祥瑞"，这是无助于"祝国佑民"的荒诞行为。②对穆宗，称其"举先朝政，悉革而罢之"，相关措施虽未见光大，但"与铺张烦扰者异矣"。③对神宗，认为其在践祚之初，"以才臣为相，一切综核振举，宇内几于富强"；但万历中期以还，"乃倦勤流为荒怠，养成痿痺不仁之症，而国病矣"；并指出万历朝是明代由盛而衰的转折点，抓住了治乱兴衰的关键。④自此而后，明朝的统治日益衰微，因此万史对光、熹诸帝的评价，也充满了悲愤、惋惜和无奈之情。如评价熹宗，指出其当政期间，阉宦柄政，"群小肆毒，正类一空"，致使天下"土崩"，如此颓势，不由让人"抚卷兴悲，能无浩叹"⑤。痛定思痛，万氏诸人的故国思绪跃然纸上。

（2）对明代诸臣的评断。万史在列传"论曰"中，对明代诸臣进行了褒贬臧否。诸臣包括名相、名将、名臣、直臣、能臣、清廉之臣、果毅之臣以及有善政可称者。他们或忠心辅君，以致承平之治；或提纲振纪，为政爱民。在这些人身上，表现出恪尽职守、先忧后乐、鞠躬尽瘁、勤政为民的职业道德以及清廉刚正、不阿权贵、忠厚仁慈、谦谦君子的优秀品质。其中，最受万史推崇的文臣武将莫过于徐达、于谦、海瑞、俞大猷、戚继光、徐阶等人。如徐达，"论曰"称其："驭下严而有恩，士卒乐为之用。又所至不扰……卓尔名将之风也。"正因为如此，太祖"终托以肺腑，略无疑问"⑥。杨士奇、杨荣、杨溥是明前期的名臣，万史颇有赞誉之辞，谓："士奇与荣并以命世才久居密勿，辅导功多。溥复继之，同心翊赞……三十年间，海内宴然称治平者，实三臣力也。"⑦又如海瑞，"论

① （清）万斯同撰：《明史》卷一五《武宗本纪·论曰》，《续修四库全书》本，第324册，第190页。
② （清）万斯同撰：《明史》卷一七《世宗本纪·论曰》，《续修四库全书》本，第324册，第213页。
③ （清）万斯同撰：《明史》卷一八《穆宗本纪·论曰》，《续修四库全书》本，第324册，第217页。
④ （清）万斯同撰：《明史》卷二〇《神宗本纪·论曰》，《续修四库全书》本，第324册，第235—236页。
⑤ （清）万斯同撰：《明史》卷二二《熹宗本纪·论曰》，《续修四库全书》本，第324册，第260页。
⑥ （清）万斯同撰：《明史》卷一六〇《论曰》，《续修四库全书》本，第327册，第229页。
⑦ （清）万斯同撰：《明史》卷一九五《论曰》，《续修四库全书》本，第327册，第499页。

曰"以为：在晚明政纪不修，上下偷惰，士大夫习尚"圆通"的情况下，海瑞仍能"抗直道以激清风"，"纠之以猛，补偏救弊"，其功绩"可谓皎皎埃溢者矣"。^①又论俞大猷、戚继光曰："大猷、继光谋勇兼擅，久历行间，并树勋于南北，诚可谓名将矣"。但遗憾的是，由于奸佞当道，二人"屡起屡踬"，"困顿于有司"。^②又如徐阶、高拱等人，"论曰"从正反两面作了精辟评断，认为徐阶"以阴诵倾同官，以宽舒收众誉，殆天下之巧人，与观其晚年柄政，力图更改，用补前阙，意诚善也"；与徐阶相较，高拱虽"制行远胜于阶"，然"才有余而量不足者也"。^③上述所论，皆是基于所论人物的历史功业。其中，论者虽然对诸臣的褒贬臧否没有刻意以类附从，但贯穿儒家礼教的价值取向却显而易见，甚至将儒家纲常、忠孝观念细化到每位人臣的仕履和品德上。

万史"论曰"在褒扬"善类"之时，对于那些心术不正、攀附通显、结党营私、奸邪无状的"恶类"又大加针砭，以期端正人心，诚世示后。这一点在《奸臣传》《佞倖传》的"论曰"中有集中表现。如在《奸臣传》中，作者论胡惟庸、陈宁、焦芳、刘宇、张彩、严嵩、温体仁、马士英、阮大铖等人说："惟庸辈当太祖之世，雷霆日月，奚所容奸，而乃愍不畏死，自取覆宗，不可谓愚乎？芳、宇、彩、嵩志徒餔啜，遂忘身家，殆穿窬之徒耳……迄于马、阮，犹党获不休，颠狂益甚，其亦醉生梦死之尤者乎……殃民蠹国，寸断莫蔽其辜矣。呜呼，后之视今，犹今之视昔，可勿戒哉！"^④在《佞倖传》中，作者论李孜省、邓常恩、邵元节、江彬、陶仲文等人说："佞倖之害，至方士尤甚。宪、世二宗，雅号英主，未便昏庸，而孜省、常恩、元节、仲文之辈，以醮斋鄙事，荧惑矫诬，遂乃恣纵猖狂，震骇天下。"^⑤上述评断，皆本诸史实，片言如约，一语破的。

（3）对同类人物的评断。此主要集中在《后妃传》《诸王传》《忠义

① （清）万斯同撰：《明史》卷三〇七《论曰》，《续修四库全书》本，第329册，第364页。
② （清）万斯同撰：《明史》卷三一九《论曰》，《续修四库全书》本，第329册，第518页。
③ （清）万斯同撰：《明史》卷三〇二《论曰》，《续修四库全书》本，第329册，第316页。
④ （清）万斯同撰：《明史》卷四〇二《论曰》，《续修四库全书》本，第331册，第346—347页。
⑤ （清）万斯同撰：《明史》卷四〇四《论曰》，《续修四库全书》本，第331册，第372页。

传》《儒林传》《文苑传》《循吏传》《孝友传》《列女传》《隐逸传》《方伎
传》《外戚传》《宦官传》《盗贼传》等 13 个类传的"序"和"论曰"中。
如在《忠义传》"序"和"论曰"中，作者对明代坚守气节，伏节蹈死之
士大加表彰，以期褒厉精忠，"以劝后世"①。在"序"中，作者首先指
出："明兴，以名节风天下，表忠褒恤之典优渥有加，盖累朝不易也。风
声所树，观感易兴，前后守土死事之臣，往往而有。至丧乱之季，义士亦
绳绳不绝。"继而在"论曰"中断以己见，加以褒扬："明世自靖难后，中
外亦甚多故矣。三百年中，仗义死节无愧古人者实繁……而区区贩夫、牧
鉴与妇孺、丐傭之流，目不识丁，身全草芥，亦或悲号孤愤，慷慨赴死而
莫回，可不谓之正气与？呜呼！忠孝者，生人之命脉也。"②应该说，这
种评论与万斯同所谓"周之顽民，即商之义士"③的观点若出一辙。又
《列女传》，明代崇尚节义，被旌表的烈女节妇不胜枚举；明季天下扰攘，
"皎然不污，死于盗贼"的列女更是"通都大邑，穷乡僻壤，所在都
有"④。对此盛况，万史"论曰"评论道："臣不二君，女不二夫，此天
地间达道也。不幸身遭危难，惟生死以之耳，更复何说乎？世衰道微，衣
冠七尺尚昧昧于此，何况裙钗巾帼之子耶？……捐生抗节亦匪细故矣，当
其汤火在前，从容赴蹈，水霜凛厉，哀动鬼神。"又《孝友传》，"论曰"
认为："孝友笃行，乃宇宙之常经，而生人之庸德也。"所以对于明代劝奖
孝悌以"表厥宅里，树之风声"⑤的做法大加褒扬，以为"斯为王化之
本，人心风俗之所著也"⑥。凡此可见，万史序、论价值取向的核心即在
于儒家的伦理纲常和忠孝观念。

　　值得指出的是，对于历史人物的记叙和评论，万史也存在疏误、偏颇
之处。如明末复社的杨廷枢，因参与抗清活动，事败被害，但万史却记杨

① （清）万斯同撰：《明史》卷三七六《忠义传一·序》，《续修四库全书》本，第 330 册，第 618 页。
② （清）万斯同撰：《明史》卷三八二《忠义传七·论曰》，《续修四库全书》本，第 331 册，第
85 页。
③ （清）万斯同辑：《宋季忠义录》附录《元史·世祖本纪》案语，《宋代传记资料丛刊》本，第 29
册，第 462 页。
④ （清）万斯同撰：《明史》卷三九四《列女传·序》，《续修四库全书》本，第 331 册，第 257 页。
⑤ （清）万斯同撰：《明史》卷三九三《孝友传·论曰》，《续修四库全书》本，第 331 册，第 257 页。
⑥ （清）万斯同撰：《明史》卷三九二《孝友传·序》，《续修四库全书》本，第 331 册，第 239 页。

氏为投水死节。王鸿绪纠正了万史这一错误，改记杨氏为被捕遇害。又如张居正在万历初年起衰振骙，力行改革，在整肃吏治、整顿财政、整饬边防等方面做出了巨大努力，但万史却对张氏大加贬抑，斥其"凌上无礼，忘亲非孝，大节既失，余何足观"，认为他所推行的改革措施，"即其设施措注于公家，不无裨补，而任情挟诈，铺张操切之为，纯心辅国者顾如是耶？"全盘否定了张居正的改革及其成绩。①较之万史，张史的评价则略显中肯，认为张居正"通识时变，勇于任事。神宗初政，起衰振骙，不可谓非干济才"②。再如在论及明亡原因时，万史简单地归结为朝廷重文轻武、重边轻内，导致"中原小寇"，"顿成燎原之势"③。而张史则指出，明廷"亡于流贼"，但"致亡之本，不在于流贼也"，而在于明末"臣僚之党局已成，草野之物力已耗，国家之法令已坏，边疆之抢攘已甚"，加及"天灾流行，饥馑洊臻，政繁赋重，外讧内叛"，"虽欲不亡，何可得哉"。④说明明朝灭亡的原因是多面的，同样比万史的论说更为深刻、切理。

四、序、论特色与价值

一般说来，史事赅备是历史记述的第一步要求，条贯系统是第二步要求，再上升一步来要求，就是即事明理，通过序、论等方式对历史事实予以哲理化、理论化评述。⑤万史序、论是对明代历史的一种批判性思考，这些思考以儒家道德规范为准则，以政治之兴衰，社会之变迁，典制之得失，人物之善恶为基点，以殷鉴资治、暗寓教化、讽喻时势为目的，具有独到的史学价值和理论意义，但却难以引导人们科学认识、准确解读明代丰富多彩的历史画卷。20世纪以来，随着唯物史观的引入，人们对明代历史的认识和评论较之万史序、论更趋全面和公允，如对被宦官、外戚、

① （清）万斯同撰：《明史》卷三〇二《论曰》，《续修四库全书》本，第329册，第316页。
② 《明史》卷二一三《赞曰》，北京：中华书局，1974年，第5653页。
③ （清）万斯同撰：《明史》卷四〇七《盗贼传·序》，《续修四库全书》本，第331册，第425页。
④ 《明史》卷三〇九《流贼传·序》，北京：中华书局，1974年，第7948页。
⑤ （清）许殿才撰：《〈汉书〉的论赞》，《社会科学辑刊》，1996年第6期。

女祸、选官制度、军事制度及张居正等一代名臣等，都做出了不同于序、论的全新认识和评价。但是，历史的进程是无法阻断的，继承优良的文化传统是认识和诠释历史不可或缺的重要环节，对万史序、论也应作如是观。概言之，序、论有如下特色值得称道：

（1）恪守了"通古今之变"的历史思维。自史司马迁揭橥"究天人之际，通古今之变，成一家之言"后，后世学者多奉为圭臬，执行如仪。这种以"通变"的历史思维探索历史发展规律的研究方法，旨在原始察终，见盛观衰。循此，万史序、论尤其是各志"叙"亦秉承"通变"思维，将明代典制置诸中国典制发展的历史长河之中，做出了逼近历史真貌的勾勒和判断，从而使人们较为清晰地看到了明代典制的演进轨辙、历史地位和时代特征，也从另一侧面看到了明代社会历史在不同时期的不同历史景象。

（2）继承了"直书实录"的论史原则。万史序、论在详叙源流，标揭史法之时，大体坚持了"赏罚在一时，褒贬在万世"，"既不可虚美失实，又不可偏听乱真"①的论史原则。以此为指导，序、论对明代统治者的罪恶和失误予以揭露和抨击。有些抨击颇有力度和深度，譬如前述对世宗迷信道教方术的揭露，对宦官之害猖獗原因的分析，都自觉抨责了专制政治的某些固疾。当然，直书实录原则的遵行，既离不开清朝统治者的允准和认同，也与万斯同等人直书实录的史学意趣和治史精神休戚相关。

（3）运用了"一分为二"的评价方法。这是万史序、论的一个突出特点，篇幅较多，涉及面广。以对历史人物的评论为例，除了像太祖、太宗、宣宗、于谦、海瑞等被万史视作明君忠臣的表率而外，多数君臣的序、论均能功过并论，或以肯定功绩为主而批评其不足，或以针砭过失为主而称颂其一得之长。这种善恶必书、功过兼论、"一分为二"的评价方法，与正文相得益彰，交映生辉，收到了强烈的对比效果，不仅丰富了万史的书法义例，而且增益了全书的认识水平和理论深度。

（4）采取了"灵活多样"的表述方式。总体上，万史序、论采取了三

---

① （清）徐乾学撰：《憺园文集》卷一四《修史条议》，《续修四库全书》本，第1412册，第486页。

种表述方式：一是先褒后贬的方式，这一点在书中具有普遍性。纵向来看，对明前中期的历史褒扬的多，批评的少，相反对明后期，尤其是明季的历史批评的多，褒扬的少。横向来看，对历史人物和事件的评论多采取先褒后贬的笔法。二是历史比较的方式，这种比较既有明代历史的内在比较（以明前期与后期的比较为多），又有明代与前代历史的比较，充分凸显了明代社会政治治乱兴衰的历史轨迹。三是点面结合的方式，即评论时以某一典型制度、事件或人物作为主要评论对象，进而总结出具有普遍意义的观点和结论。每序每赞，言约义丰，自成一体，或揭明述作之主旨，或明晰史事之态势，或点明人物之功过，或暗寓政治之微意，一定程度上突破了就事论事的史论形式，表现出较强的理论色彩。

　　总之，万斯同《明史》序、论词约义宏，言简理明，对于全书的抑扬顿挫、事增文省和即事明理起到了重要作用。从形式上看，万史序、论继承历代正史"论赞"之写法，也大体做到了三点：一是与正文水乳交融，相得益彰；二是措辞简明，意蕴丰博；三是旨意宏远，富于启示。[①]从内容上看，万史序、论也有其不可忽视的功用。一是增补资料，扩大新知。如序、论评论本篇人物或史事时，也时常根据需要，征引古训，标举异事，为读者提供了若干可供参考的资料。二是撮要钩玄，理清线索。序、论带有总结归纳全篇的意义，所以除了逻辑的分析评论外，往往伴随着历史线索的梳理，这一点在相关"叙""序"中表现得尤为突出。从思想上看，序、论虽然文字不多，但却是全书之血气，借此最能直接、集中地了解万斯同等人及其所代表的清王朝对明代历史的态度。现在来看，万史对明代历史的评论恪守了儒家伦理纲常，维护了清朝统治的利益，表现出浓郁的政治色彩，并且不乏歪曲、隐讳和偏见之类的观点；但也应看到，万史序、论中的多数观点客观反映了明代的社会状况，符合明代的历史实际，对重新认识和全面评价明代风云变幻、错综复杂的历史现象颇有裨益，值得借鉴。

---

① 许殿才：《〈汉书〉的论赞》，《社会科学辑刊》，1996 年第 6 期。

吴炎、潘柽章《明史记》编纂考论[*]

《明史记》是清初学者吴炎、潘柽章、王锡阐、戴笠四人合撰的记载明代史事的纪传体史书。该书于清顺治五年（1648年）始修^①，至康熙二年（1663年），成稿"十之六七"^②，时值庄氏明史案起，吴、潘二人因被列于参阅诸人中，不幸罹难，史事遂辍。

此后，吴、潘编纂《明史记》一事湮没无闻，几成轶事。直至清末，陈去病在辑佚吴炎《吴赤溟先生文集》时，才有意谈及吴、潘及其《明史记》。继此，谢国桢《增订晚明史籍考》、金毓黻《中国史学史》亦对吴炎、潘柽章编纂《明史记》做了简述。^③杜维运《吴炎、潘柽章之史学与风节》一文，则对《明史记》的编纂及其深含的历史意蕴做了考究^④，但仍停留在介绍性层面，加之所见资料有限，有关《明史记》的编纂始末仍隐而不彰。近期，阚红柳《清初私家修史研究——以史家群体为研究对象》一书亦论及《明史记》，但因作者引用史料较少，所论亦嫌粗简。^⑤杨绪敏《论吴炎、潘柽章与〈明史记〉的纂修》一文分析了吴、潘二人修史的动机、资料的收集、分工及作史的方法等，并探究了潘氏对相关史料考辨的严谨态度和《明史记》的基本内容、体例及作者褒贬人物、事件的立场和态度，进而总结了《明史记》的若干特点。^⑥

虽然《明史记》未能留存，但从目前残存的相关资料中，仍可窥知其

---

* 本文系与新加坡国立大学中文系耿勇博士合著。

① 杜维运：《清代史学与史家》，北京：中华书局，1988年，第218页。

② （清）戴笠：《潘柽章传》，（清）潘柽章撰：《松陵文献》，《续修四库全书》本，第541册，第3页。

③ 金毓黻：《中国史学史》，石家庄：河北教育出版社，2000年，第377—378页。

④ 阚红柳：《清初私家修史研究——以史家群体为研究对象》，北京：人民出版社，2008年，第215—222页。

⑤ （明）陈子龙等选辑：《明经世文编》，北京：中华书局1962年影印本，第119—120页。

⑥ 杨绪敏：《论吴炎、潘柽章与〈明史记〉的纂修》，《史学史研究》2012年第2期。

编纂之梗概。出乎此，兹以潘柽章著《国史考异》、陈去病辑《吴赤溟先
生文集》，吴炎、潘柽章合著《今乐府》为中心，兼及相关文集，探讨
《明史记》的编纂缘起、编纂过程、史料采集、史料来源等重要问题，以
期尽可能地还原《明史记》编纂之实况。

一、《明史记》编纂缘起

作为一部遗民史作，《明史记》的编纂不仅是吴、潘诸人为故国修
史，表达遗民思绪的学术践履，而且蕴含他们对明及清初所修明史撰述的
诸多学术考量。

（一）保存故国之史

终明一代无正史，唯有《实录》，但列朝实录"藏之金匮石
室"[1]，且因诸多原因，实录亦多不实。对此，明人王世贞、郑晓、焦
竑等已有批评，潘柽章亦认为"《实录》有疏略与曲笔"[2]。故降及明
代后期，王世贞、郑晓、雷礼、陈建、焦竑、尹守衡、朱国桢等人前
赴后继，皆以补修国史为矢志；但诸人所修史著，并不能囊括明代全
史。清顺治二年（1645 年）始修《明史》，然进展迟缓。因此，吴炎对
于故国历史的保存状况甚为忧虑，认为：明代嘉隆以前的历史，由于
明代前人学者操笔纪述，故而保存较为完整；而明后期的历史，尤其
是崇祯一朝史事，由于"实录未成，起居荡废"，"兵燹频任，邸报缺
轶"，"缙绅先生胸横门户，操戈相向"[3]等原因，则难以完整而真实的
流传后世。吴、潘诸人身为遗民，对故国之史心怀眷念，认为人物、
史事、制度之属，"粲然与三代比隆"[4]。因此，为避免"天不祚明，

---

[1]　（明）陈子龙等选辑：《明经世文编》卷四二六陈于陛《恭请圣明敕儒臣开书局纂辑本朝正史以垂陈
　　万世疏》，北京：中华书局，1962 年影印本，第 46 页。
[2]　（清）潘耒撰：《遂初堂文集》卷六《国史考异序》，《续修四库全书》本，第 1417 册，第 463 页。
[3]　（清）吴炎撰：《吴赤溟先生文集》卷一《上钱牧斋书》，国学保存会，清光绪三十二年（1906 年）
　　铅印本。
[4]　（清）潘柽章：《吴子今乐府序》，（清）吴炎、潘柽章撰：《今乐府》，《四库禁毁书丛刊》本，集部
　　第 74 册，第 113 页。

即倾其国,复灭其史"①,潘柽章特意对吴炎说:"今予两人故在,且幸未老,不之此任,将以谁俟乎。"②

（二）批评私修明史

明代自嘉靖中叶起,私修国史蔚为风潮,相继出现了郑晓《吾学编》、陈建《明通纪》、邓元锡《皇明书》、何乔远《名山藏》、朱国桢《皇明史概》、尹守衡《皇明史窃》等一大批私修史著。在吴炎看来,这些"纪载之书"大都"舛错不伦"③,不足以流传后世。如他批评郑晓的《吾学编》:"未睹国史,记洪、建间事多谬悠。"④批评何乔远的《名山藏》:"喜采稗官小说,多诞罔不经,亦不为信史。"⑤批评朱国桢的《明史概》:"杂取实录、野史、墓志、家乘,汇集成书,彼此牴牾,前后倒置。"⑥批评王世贞的《嘉靖以来首辅传》:"传华亭、江陵之事,溢美溢恶,多不足信。"⑦批评邓元锡的《明书》:"嗜奇无识,引断失据,足以害史。"⑧批评陈建的《明通纪》:"颠倒错乱。"⑨不仅如此,针对当时南浔庄廷鑨组织编写明史的活动,吴炎在给陆圻的信中也大加斥责:"尤可恨者,东南鳅生辈,以传奇小说之伎俩,自诩董狐。或窃得故人枕中秘,从而敷衍,求其立言之旨,不为目前一二有力人雪谤地。不惮丑诋故君,

① （清）吴炎撰:《吴赤溟先生文集》卷一《上钱牧斋书》,国学保存会,清光绪三十二年（1906年）铅印本。
② （清）潘柽章:《吴子今乐府序》,（清）吴炎、潘柽章撰:《今乐府》,《四库禁毁书丛刊》本,集部第74册,第113页。
③ （清）吴炎撰:《吴赤溟先生文集》卷一《答陆丽京书》,国学保存会,清光绪三十二年（1906年）铅印本。
④ （清）吴炎撰:《吴赤溟先生文集》卷一《答陆丽京书》,国学保存会,清光绪三十二年（1906年）铅印本。
⑤ （清）吴炎撰:《吴赤溟先生文集》卷一《答陆丽京书》,国学保存会,清光绪三十二年（1906年）铅印本。
⑥ （清）吴炎撰:《吴赤溟先生文集》卷一《答陆丽京书》,国学保存会,清光绪三十二年（1906年）铅印本。
⑦ （清）吴炎撰:《吴赤溟先生文集》卷一《答陆丽京书》,国学保存会,清光绪三十二年（1906年）铅印本。
⑧ （清）吴炎撰:《吴赤溟先生文集》卷一《答陆丽京书》,国学保存会,清光绪三十二年（1906年）铅印本。
⑨ （清）吴炎撰:《吴赤溟先生文集》卷一《答陆丽京书》,国学保存会,清光绪三十二年（1906年）铅印本。

移易日月以迁就之，纵能昧心，独不畏鬼乎。"①

（三）推重《史记》旧例

吴炎曾以《史记》为标准，对其他正史加以贬斥，以为"东汉驳，《三国志》僿，《晋书》野，南北六朝乱矣，《旧唐》则邸报矣也，《新唐》则墓志也，六朝史则集中记序也，宋以下吾无讥焉耳"②。此外，吴炎通过对比纪传、编年两大体裁，认为编年体"往往一人一事而跨越数世，文易牴牾，义难综贯，又况律、历、兵、刑之事本末不备"③，所论深中编年之弊。在编写《明史记》之前，吴炎已"辑汉武帝以下迄于蒙古为《续史记》，删繁涤芜，以十一史为主，而野乘家传之书附之"④，但终因"家贫书少，无从假观"⑤而罢手。潘柽章原本推崇《资治通鉴》，且已开始"颇采实录、家传，旁及輶轩，勒成数百卷"，编写《通鉴后纪》；但当吴炎告之以编年体的诸多缺陷，潘柽章"闻而然之"，认为"诸史惟马迁书最有条理，后人多失其意"⑥。最终，二人达成共识，相约仿照司马迁《史记》旧例编纂《明史记》。

二、《明史记》编纂过程

（一）编纂体例

《明史记》借鉴了司马光《资治通鉴》先列长编的方法，即在草创史

---

① （清）吴炎撰：《吴赤溟先生文集》卷一《答陆丽京书》，国学保存会，清光绪三十二年（1906 年）铅印本。

② （清）吴炎撰：《吴赤溟先生文集》卷一《上钱牧斋书》，国学保存会，清光绪三十二年（1906 年）铅印本。

③ （清）潘柽章撰：《吴子今乐府序》，（清）吴炎、潘柽章撰：《今乐府》，《四库禁毁书丛刊》本，集部第 74 册，第 113 页。

④ （清）吴炎撰：《吴赤溟先生文集》卷一《上钱牧斋书》，国学保存会，清光绪三十二年（1906 年）铅印本。

⑤ （清）吴炎撰：《吴赤溟先生文集》卷一《上钱牧斋书》，国学保存会，清光绪三十二年（1906 年）铅印本。

⑥ （清）潘柽章撰：《吴子今乐府序》，（清）吴炎、潘柽章撰：《今乐府》，《四库禁毁书丛刊》本，集部第 74 册，第 113 页。

稿时，先作长编，"聚一代之书而分划之，或以事类，或以人类。条分件
系，汇群言而骈列之，异同自出，参伍钩稽，归于至当，然后笔之于
书"①。本此方法和原则，吴炎、潘柽章仿《史记》，将《明史记》体例
确定为："纪十八、书十二、表十、世家四十、列传二百"②五部分。其
中，"本纪"部分记载了太祖至崇祯帝16帝的史事。对此，吴炎在《上
钱牧斋书》有明确交代："欲辑太祖以来迄于思陵，勒成一书，名曰《明
史记》。"③值得注意的是，吴炎曾说："前在弘光时，常欲即家开局，生
揣秘阁中必有副本"④；又言："数年孜孜仡仡，仅能于洪武一朝得十之
六七耳，建、永以下，崇、弘而上，方汗漫而不知所纪"⑤。言语中，
似乎表明吴炎在《明史记》中有为弘光帝立纪之意，然详情若何，今不
可考。

　　关于"书"部分，潘柽章曾言："《伏阙争》《跻献皇》作而《礼》
《乐》《郊祀》书具矣；《龙惜珠》作而《河渠书》究矣；《大宁怨》《搜套
前》《后捣巢》作而《边防书》饬矣；梳篦有谣而《律书》陈矣；《采珠有
怨》而《赋役》《食货》诸书晰矣；钦明有狱，红铅有狱而《刑书》密
矣。"⑥加之戴笠负责的《流寇书》，王锡阐负责的《历书》（详见下文）。
可知《明史记》的12个《书》分别为：《礼书》《乐书》《律书》《历书》
《刑书》《郊祀书》《河渠书》《边防书》《赋役书》《食货书》《边防书》《流
寇书》。

　　关于"世家""列传"部分，《明史记》的立传原则与以往史书并无
二致，举凡诸王、贤辅、王侯、外戚、忠臣、义士、名将、循吏、孝

① （清）潘耒撰：《遂初堂文集》卷七《松陵文献序》，《续修四库全书》本，第1417册，第481页。
② （清）吴炎：《潘子今乐府序》，（清）吴炎、潘柽章撰：《今乐府》，《四库禁毁书丛刊》本，集部第74册，第113页。
③ （清）吴炎撰：《吴赤溟先生文集》卷一《上钱牧斋书》，国学保存会，清光绪三十二年（1906年）铅印本。
④ （清）吴炎撰：《吴赤溟先生文集》卷一《上钱牧斋书》，国学保存会，清光绪三十二年（1906年）铅印本。
⑤ （清）吴炎撰：《吴赤溟先生文集》卷一《答陆丽京书》，国学保存会，清光绪三十二年（1906年）铅印本。
⑥ （清）吴炎：《潘子今乐府序》，（清）吴炎、潘柽章撰：《今乐府》，《四库禁毁书丛刊》本，集部第74册，第112页。

子、节妇、儒林、文苑之类皆可列入世家或列传。①但与此同时，作者又因时制宜，灵活坚持了"虽有名贤大臣，其存者，不敢立传"②的编纂原则。

（二）撰写分工

在确定体例之后，吴、潘邀请戴笠、王锡阐参撰《明史记》，并根据吴炎"长于叙事"③，潘柽章"博及群书，长于考订"④，王锡阐"尤邃于历学，兼通中西之术"⑤，戴笠长于明末农民战争的治学特点，进行了具体分工。其中，吴炎"分撰世家、列传"⑥，潘柽章分撰"本纪及诸书"⑦，年表、历法"属诸王锡阐"⑧，《流寇书》"戴笠任之"⑨。此后，《明史记》的编纂分工有所变化，如吴炎原本负责撰写世家及列传，但其在《上钱牧斋书》中批评许重熙《两年事略》中对于王之明案记载不实时，说道："将来《崇祯纪略》中有一、二类是者，生不能随声附和也。"⑩可知吴炎参与了《崇祯纪》的撰写。潘柽章原本负责撰写纪和书，但他后来却撰写了部分列传，如吴炎交代"潘子作《练景列传》"⑪。吴、潘诸人学有专长，精通史事，如此分工，确保了《明史记》的史学价值。

---

① （清）吴炎：《潘子今乐府序》，（清）吴炎、潘柽章撰：《今乐府》，《四库禁毁书丛刊》本，集部第74 册，第 113 页。
② （清）吴炎撰：《吴赤溟先生文集》卷一《复尹洞庭书》，国学保存会，清光绪三十二年（1906 年）铅印本。
③ （清）戴笠：《潘柽章传》，（清）潘柽章撰：《松陵文献》，《续修四库全书》本，第 541 册，第 3 页。
④ （清）潘耒撰：《遂初堂文集》卷六《国史考异序》，《续修四库全书》本，第 1417 册，第 463 页。
⑤ （清）潘耒撰：《遂初堂文集》卷六《晓庵遗书序》，《续修四库全书》本，第 1417 册，第 466 页。
⑥ （清）戴笠：《潘柽章传》，（清）潘柽章撰：《松陵文献》，《续修四库全书》本，第 541 册，第 3 页。
⑦ （清）戴笠：《潘柽章传》，（清）潘柽章撰：《松陵文献》，《续修四库全书》本，第 541 册，第 3 页。
⑧ （清）戴笠：《潘柽章传》，（清）潘柽章撰：《松陵文献》，《续修四库全书》本，第 541 册，第 3 页。
⑨ （清）戴笠：《潘柽章传》，（清）潘柽章撰：《松陵文献》，《续修四库全书》本，第 541 册，第 3 页。
⑩ （清）吴炎撰：《吴赤溟先生文集》卷一《上钱牧斋书》，国学保存会，清光绪三十二年（1906 年）铅印本。
⑪ （清）潘柽章：《吴子今乐府序》，（清）吴炎、潘柽章撰：《今乐府》，《四库禁毁书丛刊》本，集部第 74 册，第 112 页。

（三）史料征集

早在编撰《通鉴后纪》时，潘柽章已着手搜集明代史料，"采《实录》、家传、旁及轺轩"①，这客观上为其编纂《明史记》准备了一定史料。同时，他也为撰修《明史记》购买了相关明史资料，曾"鬻产"购得《明实录》②，以至于当时书商"有人间未见本，辄昂其价，走力田（即潘柽章）"③，他"必欲得书"④。此外，潘柽章从钱谦益处购买了《明臣志传》数百本，此本为钱氏撰修明史搜集的部分史料，绛云楼火灾后，钱谦益停止修史，《明臣志传》遂被"潘氏购去"⑤。

同时，顾炎武、李逊之、陈济生等"熟于典故，家多藏书"的学者"并出书以相佐"⑥，大力支持吴、潘诸人的修史事业。顾炎武将其所藏"史录奏状一二千本"⑦，悉数借给潘柽章修史。钱谦益亦对吴、潘诸人编纂《明史记》提供帮助，当吴炎向他借阅其史书时，钱谦益虽称自己所藏史书"可考者仅十之一二"⑧，但仍将绛云楼火灾之后残存的书籍借给吴、潘诸人修史⑨，其中可知者有《西洋朝贡典录》⑩和《东事记略》⑪二书。

① （清）潘柽章：《吴子今乐府序》，（清）吴炎、潘柽章撰：《今乐府》，《四库禁毁书丛刊》本，集部第74册，第113页。
② （清）戴笠：《潘柽章传》，（清）潘柽章撰：《松陵文献》，《续修四库全书》本，第541册，第3页。
③ （清）吴炎撰：《吴赤溟先生文集》卷一《祭秦孺人文》，国学保存会，清光绪三十二年（1906年）铅印本。
④ （清）吴炎撰：《吴赤溟先生文集》卷一《祭秦孺人文》，国学保存会，清光绪三十二年（1906年）铅印本。
⑤ （清）曹溶撰：《题词》，（清）钱谦益、藏并撰：《绛云楼书目》，《续修四库全书》本，第920册，第321页。
⑥ （清）戴笠：《潘柽章传》，（清）潘柽章撰：《松陵文献》，《续修四库全书》本，第541册，第3页。
⑦ （清）顾炎武撰：《亭林文集》卷六《答徐甥公肃书》，《续修四库全书》本，第1402册，第134页。
⑧ （清）钱谦益著，（清）钱曾笺注，钱仲联标校：《牧斋有学集补》卷一《答吴江吴赤溟书》，《续修四库全书》本，第1391册，第525页。
⑨ （清）钱谦益著，（清）钱曾笺注，钱仲联标校：《牧斋有学集补》卷一《答吴江吴赤溟书》，《续修四库全书》本，第1391册，第525页。
⑩ （清）钱谦益著，（清）钱曾笺注，钱仲联标校：《牧斋有学集》卷三八《与吴江潘力田书》，上海：上海古籍出版社，1996年，第1320页。
⑪ （清）钱谦益著，（清）钱曾笺注，钱仲联标校：《牧斋有学集》卷三九《复吴江潘力田书》，上海：上海古籍出版社，1996年，第1353页。

此外，吴炎等人修史极为重视采择明季旧闻，访寻故明遗老，"网罗天下放失旧闻，而折衷荐绅先生及世之能言者"①。如尹民兴，崇祯元年（1628 年）进士，明亡后在泾县起兵抗清。吴炎认为他熟知明末"中外交讧、用兵、加饷及庙堂议论、矛盾、门户"②诸事，且对"熊督若何以抚败，左帅之为功罪若何"③等皆"历历于心，了了于口"④。因此，吴炎写信请尹氏搜罗张同敞抗清殉国和何腾蛟"崛起湘汉，屡折屡起"⑤之事，诸如"其所据何郡邑，其败何时，其相从将吏死若生者何人，其死何日何地"⑥等。

（四）完稿情况

顺治五年（1648 年），吴炎、潘柽章等人始撰《明史记》，至十年，已完成"纪十、书五、表十、世家三十、列传六十有奇"⑦，成稿占全书的十分之四。至康熙二年（1663 年），吴、潘诸人经过"怀纸呫笔，早夜矻矻"⑧的辛勤编纂，《明史记》完成"十之六七"⑨。至于具体完成了哪些部分，现存吴炎、潘柽章合著《今乐府》及《吴赤溟先生文集》有零星记载，如表 4-1 所示。

---

① （清）吴炎：《潘子今乐府序》，（清）吴炎、潘柽章撰：《今乐府》，《四库禁毁书丛刊》本，集部第 74 册，第 113 页。
② （清）吴炎撰：《吴赤溟先生文集》卷一《复尹洞庭书》，国学保存会，清光绪三十二年（1906 年）铅印本。
③ （清）吴炎撰：《吴赤溟先生文集》卷一《复尹洞庭书》，国学保存会，清光绪三十二年（1906 年）铅印本。
④ （清）吴炎撰：《吴赤溟先生文集》卷一《复尹洞庭书》，国学保存会，清光绪三十二年（1906 年）铅印本。
⑤ （清）吴炎撰：《吴赤溟先生文集》卷一《复尹洞庭书》，国学保存会，清光绪三十二年（1906 年）铅印本。
⑥ （清）吴炎撰：《吴赤溟先生文集》卷一《复尹洞庭书》，国学保存会，清光绪三十二年（1906 年）铅印本。
⑦ （清）潘柽章：《吴子今乐府序》，（清）吴炎、潘柽章撰：《今乐府》，《四库禁毁书丛刊》本，集部第 74 册，第 113 页。
⑧ （清）顾炎武：《亭林文集》卷三《书吴潘二子事》，《续修四库全书》本，第 1402 册，第 121 页。
⑨ （清）戴笠：《潘柽章传》，（清）潘柽章撰：《松陵文献》，《续修四库全书》本，第 541 册，第 3 页。

表 4-1　《今乐府》《吴赤溟先生文集》所见《明史记》之完成部分

完成内容	撰写人	史料依据
《惠宗纪》	潘柽章	《今乐府》卷二《我行自东》后引周阊昭评曰："惠宗出亡，千古疑案。读潘子所述本纪，可称信史。"
《滁阳王世家》	吴　炎	《今乐府》卷二《古濠梁》后吴炎评曰："予作世家，于滁阳兴废之故三致意焉，然未若斯之感慨英多也。"
《宦者传》	吴　炎	《今乐府》卷二《廷无人》后引戴笠评语曰："读《宦者传》至怀恩、王安事，感叹尤深，当圣朝时，何以中官无一贤者耶。"
《郊祀书》《世宗本纪》	潘柽章	《今乐府》卷二《跻献皇》后吴炎曰："潘子作《郊祀书》，直述大礼、斋祠之事，而后《世宗本纪》在焉。"
《李成梁传》	吴　炎	《今乐府》卷二《后捣巢》后吴炎曰："予作《李宁远传》，功罪颇不相掩。"
《练景列传》	潘柽章	《今乐府》卷一《中丞舌》后吴炎曰："潘子作《练景列传》，力辨《探舌书》之伪，此犹未免传疑。"
《张居正传》	吴　炎	《吴赤溟先生文集》卷一《复尹洞庭书》中吴炎曰："某为《江陵传》，援据国史，揣摩情事，自谓颇能折衷是非。"

　　康熙二年（1663 年），庄廷鑨"《明史》案"起，因庄氏仰慕吴、潘盛名，而将其二人"列诸参阅姓名"①，受此牵连，吴、潘被捕遇难，所成《明史记》稿本"亦从灰烬"②，连同顾炎武所借之"一二千册"③也不知所终。王锡阐所撰《十表》在顺治十年（1653 年）已成初稿，吴、潘罹难后，《十表》去向不明。康熙二十一年王锡阐去世，其门生潘耒曾至其家搜寻遗书，然仅得"诗文二帙，著书数种"④，并无《十表》。

　　在《明史记》的成稿中，现存的唯一成果是戴笠的《流寇书》。吴、潘罹难后，戴笠继续编纂《流寇书》，他博采崇祯邸报及名臣章奏、私家撰述等文献，"用编年体，排日系事"⑤，记载了自"延绥起事"迄"西山余党之灭"⑥的明末农民战争史事。戴笠所撰史稿后经昆山吴氏删定，成《怀陵流寇始终录》18 卷。⑦

① （清）顾炎武撰：《亭林文集》卷三《书吴潘二子事》，《续修四库全书》本，第 1402 册，第 121 页。
② （清）潘耒撰：《遂初堂文集》卷六《国史考异序》，《续修四库全书》本，第 1417 册，第 463 页。
③ （清）顾炎武撰：《亭林文集》卷四《与次耕书》，《续修四库全书》本，第 1402 册，第 105 页。
④ （清）潘耒撰：《遂初堂文集》卷六《晓庵遗书序》，《续修四库全书》本，第 1417 册，第 466 页。
⑤ （清）潘耒撰：《遂初堂文集》卷六《寇事编年序》，《续修四库全书》本，第 1417 册，第 464 页。
⑥ （清）潘耒撰：《遂初堂文集》卷六《寇事编年序》，《续修四库全书》本，第 1417 册，第 464 页。
⑦ （清）潘耒撰：《遂初堂文集》卷六《寇事编年序》，《续修四库全书》本，第 1417 册，第 464 页。

三、《明史记》史料来源

由于《明史记》原书被毁，今人无法直接获悉其史料来源。幸运的是，潘柽章在编撰《明史记》时，仿照司马光《资治通鉴》"先成长编，别著考异"①之法而编写的《国史考异》流传下来。该书原有三十余卷，在吴、潘诸人在编纂《明史记》时曾陆续将之刻印，现存六卷本是潘柽章对明初洪武、建文、永乐三朝史事的考订，共引书 145 种，其中官修史书 18 种，档案及公文 10 种，私修杂史及笔记 79 种，方志 7 种，文集 29 种，经书 2 种。因《国史考异》为吴、潘等人编纂《明史记》长编时留下的副产品，所以从中可以窥见《明史记》所征引的部分史料。据此，兹对现存六卷《国史考异》的史源予以考察，以便从中找到《明史记》史源的一些线索。如表 4-2 所示。

表 4-2　《国史考异》史料来源简表

史料来源	《国史考异》卷次	史料来源	《国史考异》卷次
解缙等《太祖实录》	卷一《高皇帝上》一	李贤《古穰杂录》	卷四《让皇帝》八
杨士奇等《太宗实录》	卷二《高皇帝中》九	杜思《革朝遗忠录》	卷四《让皇帝》八
蹇义等《仁宗实录》	卷六《文皇帝下》十五	王世懋《窥天外乘》	卷四《让皇帝》九
杨士奇等《宣宗实录》	卷四《让皇帝》三	钱士升《皇明表忠记》	卷四《让皇帝》十二
陈文等《英宗实录》	卷四《让皇帝》十七	（伪托）程济《从亡随笔》	卷四《让皇帝》十七
张维贤《神宗实录》	卷四《让皇帝》十五	《建文编年》	卷四《让皇帝》十八
宋濂等《元史》	卷一《高皇帝上》三	郎瑛《七修类稿》	卷四《让皇帝》十八
朱元璋《御制纪梦》	卷一《高皇帝上》二	郑僖《忠贤奇秘录》	卷四《让皇帝》十八
朱元璋《御制皇陵碑》	卷一《高皇帝上》三	（伪托）史彬《致身录》	卷四《让皇帝》十九
朱元璋《孝慈录》	卷四《让皇帝》一	宋端仪《革除录》	卷五《文皇帝上》一
朱元璋《皇明祖训》	卷二《高皇帝中》十三	许相卿《革朝志》	卷五《文皇帝上》十四
朱元璋《逆臣录》	卷二《高皇帝中》十八	王鏊《震泽纪闻》	卷五《文皇帝上》十五
朱元璋《大诰三编》	卷二《高皇帝中》十三	《建文遗迹》	卷五《文皇帝上》十五
朱元璋《昭示奸党录》	卷二《高皇帝中》六	皇甫录《皇明记略》	卷五《文皇帝上》一
朱元璋《昭示奸党第二录》	卷三《高皇帝下》二	敖英《绿雪亭杂言》	卷五《文皇帝上》七

---

① （清）潘耒撰：《遂初堂文集》卷六《国史考异序》，《续修四库全书》本，第 1417 册，第 463 页。

续表

史料来源	《国史考异》卷次	史料来源	《国史考异》卷次
朱瞻基《长陵神功圣德碑》	卷四《让皇帝》十四	陆釴《病逸漫记》	卷五《文皇帝上》十二
申时行等《大明会典》	卷二《高皇帝中》一	杨循吉《苏谈》	卷五《文皇帝上》十五
翟善等奉敕撰《诸司职掌》	卷二《高皇帝中》二	李诩《戒庵老人漫笔》	卷五《文皇帝上》二十一
《公侯铁券式》	卷二《高皇帝中》七	尹直《謇斋琐缀录》	卷六《文皇帝下》三
《公侯袭封底薄》	卷三《高皇帝下》三	李贤《天顺日录》	卷六《文皇帝下》三
《兵部贴黄册》	卷四《让皇帝》十二	何孟春《余冬序录》	卷六《文皇帝下》三
《兵部绑缚册》	卷四《让皇帝》十二	王锜《寓园杂记》	卷六《文皇帝下》五
《刑部题名碑》	卷四《让皇帝》十四	顾大猷《镇远先献纪》	卷六《文皇帝下》五
《验封司稿薄》	卷五《文皇帝上》二十	田汝成《炎徼纪闻》	卷六《文皇帝下》七
傅凤翔《皇明诏令》	卷三《高皇帝下》十五	丘濬《定兴王平定南交录》	卷六《文皇帝下》八
朱宙权《统宗绳蛰录》	卷一《高皇帝上》一	杨士奇《三朝圣谕录》	卷六《文皇帝下》十
解缙《天潢玉牒》	卷一《高皇帝上》一	叶盛《水东日记》	卷六《文皇帝下》十三
周氏《天潢世系》	卷一《高皇帝上》一	吴明济《朝鲜世记》	卷三《高皇帝下》九
陈建《皇明通纪》	卷一《高皇帝上》四	朝鲜集贤殿儒臣《三纲行实》	卷三《高皇帝下》九
高岱《鸿猷录》	卷一《高皇帝上》六	黎澄《南翁梦录》	卷三《高皇帝下》十
郑晓《吾学编》	卷一《高皇帝上》九	陆采《史余》	卷三《高皇帝下》十六
何乔远《名山藏》	卷一《高皇帝上》十四	黄瑜《双槐岁抄》	卷三《高皇帝下》十七
朱国桢《皇明史概》	卷二《高皇帝中》七	黄佐《革除遗事》	卷四《让皇帝》一
雷礼《国朝列卿年表》	卷三《高皇帝下》十七	屠叔方《建文朝野汇编》	卷四《让皇帝》二
雷礼《国朝列卿纪》	卷三《高皇帝下》十七	刘文征《滇志》	卷一《高皇帝上》十
薛应旂《宪章录》	卷四《让皇帝》十五	王俊华《(洪武)京城图志》	卷二《高皇帝中》一
徐纮《国朝名臣琬琰录》	卷一《高皇帝上》十一	李贤、彭时、昌原等《大明一统志》	卷二《高皇帝中》一
王世贞《弇山堂别集》	卷一《高皇帝上》十三	张元忭《会稽志》	卷四《让皇帝》十八
王世贞《弇州山人四部稿》	卷三《高皇帝下》十	王鏊《姑苏志》	卷四《让皇帝》十八
王世贞《弇州山人续稿》	卷一《高皇帝上》十一	莫旦等《吴江志》	卷四《让皇帝》十九
钱谦益《国初群雄事略》	卷一《高皇帝上》三	谢理《太平人物志》	卷一《高皇帝上》十一
徐祯卿《剪胜野闻》	卷一《高皇帝上》一	陈基《夷白集》	卷一《高皇帝上》四
夏原吉《一统肇基录》	卷一《高皇帝上》一	朱元璋《明高皇帝御制集》	卷一《高皇帝上》二
解缙《大明帝典》	卷一《高皇帝上》一	赵汸《东山文集》	卷一《高皇帝上》五
俞本《记事录》	卷一《高皇帝上》二	叶子奇《静斋文稿》	卷一《高皇帝上》五
佚名《皇明本纪》	卷一《高皇帝上》二	宋濂《宋学士文集》	卷一《高皇帝上》五

续表

史料来源	《国史考异》卷次	史料来源	《国史考异》卷次
未详《龙凤事迹》	卷一《高皇帝上》三	朱升《朱枫林集》	卷一《高皇帝上》五
汪宗元《南京太常寺志》	卷一《高皇帝上》四	王逢《梧溪集》	卷一《高皇帝上六》六
陆深《平胡录》	卷一《高皇帝上》三	陶安《陶学士先生文集》	卷一《高皇帝上》十一
黄标《平夏录》	卷一《高皇帝上》十	钱谦益《列朝诗集》	卷一《高皇帝上》十一
佚名《平吴录》	卷一《高皇帝上》六	方孝孺《逊志斋集》	卷一《高皇帝上》十六
金幼孜《北征后录》	卷六《文皇帝下》九	张以宁《翠屏集》	卷二《高皇帝中》四
杨荣《北征记》	卷六《文皇帝下》十六	解缙《解学士先生集》	卷二《高皇帝中》十二
郑晓《今言》	卷一《高皇帝上》一	刘荐《盘谷集》	卷三《高皇帝下》三
张羽《滁阳王庙碑记》	卷一《高皇帝上》四	陈谷《闲闲先生传》	卷三《高皇帝下》三
刘辰《国初事迹》	卷一《高皇帝上》五	陈敬宗《湛然居士文集》	卷三《高皇帝下》十五
钱谦益《太祖实录辩证》	卷一《高皇帝上》五	刘三吾《刘先生文集》	卷三《高皇帝下》十七
陶宗仪《辍耕录》	卷一《高皇帝上》六	董应举《崇相集》	卷三《高皇帝下》十七
杨慎《滇载记》	卷一《高皇帝上》六	李贤《古穰集》	卷四《让皇帝》十三
权衡《庚申外史》	卷一《高皇帝上》十六	杨士奇《东里文集》	卷一《高皇帝上》十二
祝允明《野记》	卷一《高皇帝上》十六	周忱《双崖集》	卷四《让皇帝》十三
董暘《蓬轩类记》	卷二《高皇帝中》四	归有光《震川先生集》	卷四《让皇帝》六
《皇明记事类》	卷二《高皇帝中》七	杨溥《杨文定公集》	卷四《让皇帝》十四
张紞《云南机务抄黄》	卷二《高皇帝中》十七	黄云《丹岩集》	卷四《让皇帝》十八
叶子奇《草木子余录》	卷二《高皇帝中》十九	史鉴《西村集》	卷四《让皇帝》十九
《史翼》	卷三《高皇帝下》一	谢常《桂轩诗集》	卷五《文皇帝上》二
《大明主婿》	卷三《高皇帝下》一	王钝《野庄集》	卷五《文皇帝上》二
梅纯《损斋备忘录》	卷三《高皇帝下》二	杨荣《杨文敏公文集》	卷五《文皇帝上》十
刘仲璟《遇恩录》	卷三《高皇帝下》三	钱谦益《牧斋初学集》	卷五《文皇帝上》十二
黄金《开国功臣录》	卷三《高皇帝下》四	王家屏《复宿山房集》	卷六《文皇帝下》十三
姚福《青溪暇笔》	卷三《高皇帝下》五	朱权《通鉴博论》	卷一《高皇帝上》十五
宋端仪《立斋闲录》	卷三《高皇帝下》七	朱睦㮮《五经稽疑》	卷三《高皇帝下》十七
《东国史略》	卷三《高皇帝下》九		

由表 4-2 可见,《国史考异》史料来源之广泛,数量之庞大,且所征引之私修杂史及笔记多为名家所作,史料价值上乘。若《国史考异》完整保存下来,可以窥见《明史记》史料来源之数量当更为可观。

　　总之,《明史记》是清初私修明史的代表作之一。全书体例精当,征引广博,加及吴炎等人深具史识,且得到时贤的鼎力支持,因而深为清初史坛所注目。同时,《明史记》寄托着明遗民对故国之史眷念,吴炎、潘柽章诸人的悲惨结局,表明了清廷在统治稳定之后所实行的文化专制政策的残酷;而《明史记》编纂的失败,实为中国史学之一大损失,令人扼腕,正如潘柽章之弟潘耒所云:"藉令天假之年,从容撰次,俾有完史,纵未敢言上追班陈,下匹欧宋,而视近代诸家之书,或当差胜!"①

---

① (清)潘耒撰:《遂初堂文集》卷六《国史考异序》,《续修四库全书》本,第 1417 册,第 463 页。

"四库"馆臣论明代笔记史料

笔记史料历来被视为"小道"①，但"其征是非，削讳忌不可废也"②，加及其中汇集了大量有关政治经济、军事边备、人文典故、民俗风情、思想意识等珍贵史料，因而日渐为学界所关注。明代"野史竞出"③，数量宏富，近来尤为明史学者所倚重。早在清代，以四库馆臣为代表的官方学者对明代笔记史料的批评独具只眼，发人深省，兹以《四库全书总目》（以下称《总目》）对明人笔记史料的评论为例，初步探讨清代官方学者对明代笔记史料的认识，以期审视明代笔记史料之大概，并为学者日后研究提供借鉴。

一、《总目》著录明人笔记

何为笔记史料？学界尚无定论，宋代郑樵曾言："小说与传记、杂家、杂史、故事相紊乱而不能分。"④元代马端临也说："盖有实故事而以为杂史者，实杂史而以为小说者。"⑤明代胡应麟则将笔记史料归为志怪、传奇、杂录、丛谈、辨订、箴规六类⑥，但现在看来，其中可视为笔记史料者只有杂录、丛谈、辨订和箴规，志怪、传奇实为传奇小说。近人鲁迅道："野史和杂说自然也免不了有讹传，挟恩怨，但看往事却可以较

① （汉）班固撰，（唐）颜师古注：《汉书》卷三〇《艺文志第十》，北京：中华书局，1962年，第1745页。
② （明）王世贞撰，魏连科点校：《弇山堂别集》卷二〇《史乘考误一》，北京：中华书局，1985年，第361页。
③ （清）永瑢等撰：《四库全书总目》卷五一《弇山堂别集》提要，北京：中华书局，1965年，第446页。
④ （清）郑樵：《通志》卷七一《校雠略》，《景印文渊阁四库全书》本，第374册，第489页。
⑤ （宋）马端临：《文献通考》卷一九五《经籍考二十二》，北京：中华书局，1986年，第1648页。
⑥ （明）胡应麟：《少室山房笔丛》卷二九《九流绪论下》，北京：中华书局，1958年，第374页。

分明，因为它究竟不像正史那样地装腔作势"①，认为与正史相对者可视为野史杂说。谢国桢则称："凡不是官修的史籍，而是由在野的文人学士以及贫士寒儒所写的历史纪闻，都可以说是笔记史料，也可以说是稗乘杂家。"②此外，今人刘叶秋称："笔记，是一种随笔记录的文体，包括笔记史料、考据笔记和笔记小说。"③他指出笔记史料是以记掌故、轶闻为主，以亲历亲闻为特征。综观诸说，笔记史料应具以下特点：一是重载史实，有资于考证；二是注重摭拾史料，可补他史之阙；三是体例不拘，以随笔记录为主；四是为私人撰述，记事鲜有讳饰。据此，《总目》大体将明人笔记史料归入四类：《史部·杂史类》，记载军国大事；《子部·杂家类·杂考之属》，考证史实；《子部·杂家类·杂说之属》《子部·小说家类·杂事之属》，记录轶闻琐事。据此，以上四类所录明代笔记史料如下。

《史部·杂史类》：收录 119 种。其中《四库全书》收录全书者，仅王世贞《弇山堂别集》、朱睦㮮《革除逸史》2 种；列入存目④者 120 种，其中《谈往》为清初"明之遗民民"⑤所撰，非严格意义上的明人著述；另，张文燫《战国策谈椒》与穆文熙《七雄策纂》，专记战国史，且"剿袭陈因，无所考证"⑥。《大狩龙飞录》为明世宗肃皇帝御撰。

《子部·杂家类·杂考之属》：收录 11 种，列入存目者 20 种。其中，存目王宇所编《升庵新语》是"抄撮《丹铅》诸录，存其什一，而所择又不能精，原书具存，此为蛇足矣"⑦。《灼薪剧谈》"殆书肆贾人所为耶"⑧，属伪书。故此类共收笔记史料为 29 种。

---

① 鲁迅：《这个与那个》，见《鲁迅全集·华盖集》，北京：人民文学出版社，2000 年，第 148 页。

② 谢国桢：《明清笔记史料概述》，《明末清初的学风》，上海：上海书店出版社，2004 年，第 82 页。

③ 刘叶秋：《古典小说笔记论丛》，天津：南开大学出版社，1985 年，第 183 页。

④ 所谓"存目"，根据乾隆三十八年（1773 年）五月十七日上谕，就是"止存书名"，不收其书，在《四库全书总目》各类著录书后给这些不予收录的书撰写了提要，计 6793 种。

⑤ （清）永瑢等撰：《四库全书总目》卷五四《谈往》提要，北京：中华书局，1965 年，第 489 页。

⑥ （清）永瑢等撰：《四库全书总目》卷五二《七雄策纂》提要，北京：中华书局，1965 年，第 468 页。

⑦ （清）永瑢等撰：《四库全书总目》卷一二六《升庵新语》提要，北京：中华书局，1965 年，第 1089 页。

⑧ （清）永瑢等撰：《四库全书总目》卷一二六《灼薪剧谈》提要，北京：中华书局，1965 年，第 1088 页。

《子部·杂家类·杂说之属》：收录 14 种，其中李日华《六研斋笔记》、董其昌《画禅室随笔》、徐伯龄《蟫精隽》、曹安《谰言长语》4 种为论学之作；方以智《物理小识》为术数之作；《蠡海集》旧本题为宋人王逵撰。以上皆非笔记史料，故此类收明人笔记计 8 种。另，列入存目者 104 种，其中《蒙泉杂言》《澹斋内言》及《外言》《仙愚馆杂帖》《燕居功课》《郁冈斋笔尘》《说原》为论学之作；张燧《稽古堂论古》据考证是伪书，除此 7 种，此类实著录明人笔记史料 105 种。

《子部·小说家类·杂事之属》：收录 5 种，均为明人笔记史料；列入存目者 64 种，其中《东园友闻》一卷，实为"剽剟孙道易《东园客谈》，改题此名也"①。此类所收明人笔记史料共 69 种。

综上，《总目》及其存目类、部、属所录明人笔记史料共 322 种。值得指出的是，《总目》及其存目的所录笔记史料主要集中在宋明两代，寻其因果，主要与"私家记载，惟宋明二代为多"②有关。但相形之下，又以明代略多，据笔者初步统计，其中所录宋人笔记史料约有 193 种，较明代少 129 种。

二、论明人笔记的史料价值

笔记史料可以"寓劝戒、广见闻、资考证"③，然其可贵之处首先在于其史料价值。于此，《总目》颇为重视，其中凡所著录，"大抵取其事系庙堂，语关军国，或但具一事之始末，非一代之全编；或但述一时之见闻，只一家之私记……要期遗文旧事，足以存掌故，资考证，备读史者之参稽"④。出乎此，四库馆臣评论明人笔记史料也基本围绕史料价值展开。谢国桢曾论明代笔记道："乾隆时，官修的《四库全书总目提要》

---

① （清）永瑢等撰：《四库全书总目》卷一四三《东园友闻》提要，北京：中华书局，1965 年，第 1228 页。

② （清）永瑢等撰：《四库全书总目》卷四五《史部总叙》，北京：中华书局，1965 年，第 397 页。

③ （清）永瑢等撰：《四库全书总目》卷一四〇《小说家类一》提要叙，北京：中华书局，1965 年，第 1182 页。

④ （清）永瑢等撰：《四库全书总目》卷五一《杂史类叙》，北京：中华书局，1965 年，第 460 页。

里，对唐宋的杂家稗史，评述起来还有褒有贬；但一提到明代的野史杂记，就毫无足取的。"①同样，在四库馆臣看来，明人笔记史料"是非颠倒，颇亦荧听"②，并认为造成缺陷的原因在于："明人皆好议论。议论异则门户分，门户分则朋党立，朋党立则恩怨结。恩怨既结，得志则排挤于朝廷，不得志则以笔墨相报复。"③但客观地说，四库馆臣在评述明人笔记史料时，并非一概否定，除了那些"鄙倍冗杂、灼然无可采录"者外，认为部分笔记史料"有裨于正史者，固均宜择而存之"④，或"可旁资考证者"，或"有裨于正史者"。具体而言，四库馆臣认为明人笔记史料的史料价值主要表现在：

其一，直书实录，持论平允。唐人刘知幾《史通·惑经》云："良史以实录直书为贵"，要做到"爱而知其丑，憎而知其善，善恶必书"⑤。循此，四库馆臣讲求"书法无隐""褒贬协当"，以此为尺度，辨识明人笔记史料，肯定其史料价值。如刘辰《国初事迹》，馆臣称："（此书）盖即修实录时所进事略草本也。（刘）辰于明初，尝使方国珍，又尝在李文忠幕下，所见旧事皆真确，而其文质直，无所隐讳。"因此，是书"明代史乘多采用之"⑥。徐三重《采芹录》，凡四卷，分论养民、教民、学校、贡举、政事之利弊及明人之臧否。馆臣认为此书"持论率皆平允，无激烈偏僻之见，亦无恩怨毁誉之私"⑦。陆梦龙《梃击始末》，"备述张差事始末，明末三案之一也。于一时诸人牵就弥缝情状，摹写甚详，核以《明史·张问达传》，语皆相合，盖实录也"⑧。许相卿《革朝志》专载明代最为敏感的建文史事，馆臣称"其持论非不正，然革除年号当时格于祖宗之所废，不敢遽复。相卿不奏论于朝廷之上，而私著一书以复之，于义反

---

① 谢国桢：《明清笔记史料概述》，《明末清初的学风》，上海：上海书店出版社，2004年，第83页。

② （清）永瑢等撰：《四库全书总目》卷四五《史部总叙》，北京：中华书局，1965年，第397页。

③ （清）永瑢等撰：《四库全书总目》卷四五《史部总叙》，北京：中华书局，1965年，第397页。

④ （清）永瑢等撰：《四库全书总目》卷四五《史部总叙》，北京：中华书局，1965年，第397页。

⑤ （唐）刘知幾撰，（清）浦起龙释：《史通通释》卷一四《惑经》，上海：上海古籍出版社，1978年，第409、402页。

⑥ （清）永瑢等撰：《四库全书总目》卷五二《国初事迹》提要，北京：中华书局，1965年，第476页。

⑦ （清）永瑢等撰：《四库全书总目》卷一二二《采芹录》提要，北京：中华书局，1965年，第1054—1055页。

⑧ （清）永瑢等撰：《四库全书总目》卷五四《梃击始末》提要，北京：中华书局，1965年，第487页。

有所未安矣"①。在此,馆臣实替许相卿表达了违碍祖宗成法,直书史事的良苦用心。另如《平黔三记》,明人邬琏作序言"不知出谁手",馆臣考《明史·艺文志》《千顷堂书目》,知为赵汝谦所撰,作者之所以"隐其名",则缘于是书"纪实不讳",故"有所避而不敢言也"②。正因如此,正史碍于情面而漏载之事,在笔记史料中多有详载,这正是笔记史料魅力之所在。

其二,载史详备,补史缺略。明人笔记史料大多采掇群籍,力求详备。如王世贞《山堂别集》、沈德符《万历野获编》等囊括天文地理、朝政典章、古道友谊、嘉言懿行、格言正论、科场舞弊、志节义烈、循良法吏、诗文书画、德量器识、师模家训、高隐恬退、英断神识、母范孝友、清修直节、人物逸事、三教九流等,凡所能书者,多有涉及。于此,四库馆臣多有评论,如《嘉靖倭乱备钞》,馆臣称:"始嘉靖二十三年日本入贡,终于四十五年闰十月。凡倭之构乱以及平戡始末,皆载之。大旨谓倭乱始于谢氏之通海,成于严嵩之任用非人,功罪颠倒,所言比正史为详。"③郎瑛《七修类稿》,馆臣称:"所载如《杭州宋官署考》,则咸淳《临安志》及西湖各《志》所未详……皆《明会典》及《明史》诸志所未及,亦间有足资考证者。"④《南园漫录》"所纪录亦可与明史相参考"⑤。《守汴日志》是作者李光壂崇祯时流寓南京时所作,"记李自成三攻开封,终于河决城没之事。大致与史传相出入,而分日记载,于情事委曲,特为详备……光壂登陴目击,当得其真"⑥。《北楼日记》记载了万历二十年(1592 年)宁夏致仕副总兵哱拜造反之事。馆臣称:"所载自正月己丑始乱,至九月辛未平贼,按日系事,颇为详悉。其中月日先后,往往与史不

① (清)永瑢等撰:《四库全书总目》卷五三《革朝志》提要,北京:中华书局,1965 年,第 480 页。

② (清)永瑢等撰:《四库全书总目》卷五三《平黔三记》提要,北京:中华书局,1965 年,第 484 页。

③ (清)永瑢等撰:《四库全书总目》卷五三《嘉靖倭乱备钞》提要,北京:中华书局,1965 年,第 484 页。

④ (清)永瑢等撰:《四库全书总目》卷一二七《七修类稿》提要,北京:中华书局,1965 年,第 1097 页。

⑤ (清)永瑢等撰:《四库全书总目》卷一二二《南园漫录》提要,北京:中华书局,1965 年,第 1054 页。

⑥ (清)永瑢等撰:《四库全书总目》卷五四《守汴日志》提要,北京:中华书局,1965 年,第 489 页。

合，似当以此书为得实。"① 又评：《管窥小识》，"记当时门户倾轧、专权乱政之事，多史所未详。其记会推，有立推、坐推、行推之异，亦诸书所未及"②。《菽园杂记》，"于明代朝野故实，叙述颇详，多可与史相考证"③。《觚不觚录》，"专记明代典章制度，于今昔沿革尤详……虽多纪世故，颇涉琐屑，而朝野轶闻，往往可资考据。若徐学谟《博物典汇》载高拱考察科道，被劾者二十七人，并载名氏。而是书并详及诸人所以被劾之故，为学谟所不及载。于情事首尾，尤为完具，非他人之稗贩耳食者可比。故所叙录，有足备史家甄择者焉"④。文秉《先拨志始》所记皆明末遗事，"上卷起万历，讫天启四年；下卷起天启五年，讫崇祯二年。如妖书、梃击、红丸、移宫三案，以及魏忠贤乱政，崇祯钦定逆案之类，靡不详载。自序谓首纪国本，著门户之所由始也，终以逆案，著贞佞之所由判也"⑤。明代笔记史料空前繁荣，可谓"汗牛充栋，不胜数矣"⑥，仅其交互考证，便可勾勒出明代史实之概貌，正如《总目·史部总叙》所云："然虽有疑狱，合众证而质之，必得其情。"⑦馆臣所论充分彰显了明人笔记史料采掇衷订，追求赅博的史学风格。

其三，杂录见闻，史实有据。明人笔记史料有不少是作者杂录见闻而成，所载指陈详切，坚实有据，颇受四库馆臣推扬。如《北征录》与《后北征录》，作者金幼孜曾随成祖北征阿鲁台，二书即其"所历山川、古迹及行营之所见闻，以成前《录》。本传称成祖重幼孜文学，所过山川要害，辄命记之，幼孜据鞍起草立就；又称所撰有北征前后二《录》，即此

---

① （清）永瑢等撰：《四库全书总目》卷五四《北楼日记》提要，北京：中华书局，1965年，第486页。
② （清）永瑢等撰：《四库全书总目》卷一四三《管窥小识》提要，北京：中华书局，1965年，第1224页。
③ （清）永瑢等撰：《四库全书总目》卷一四一《菽园杂记》提要，北京：中华书局，1965年，第1204页。
④ （清）永瑢等撰：《四库全书总目》卷一四一《觚不觚录》提要，北京：中华书局，1965年，第1204页。
⑤ （清）永瑢等撰：《四库全书总目》卷五四《先拨志始》提要，北京：中华书局，1965年，第489页。
⑥ 谈迁云："实录外，野史、家状，汗牛充栋，不胜数矣。"（《国榷》卷首《义例》，北京：中华书局，1958年，第7页）夏燮亦云："明人野史，汗牛充栋。"（《明通鉴》卷首《义例》，北京：中华书局，2009年，第8页）
⑦ （清）永瑢等撰：《四库全书总目》卷四五《史部总叙》，北京：中华书局，1965年，第397页。

本也"。其中所载诸多史实,馆臣认为"均与史传相合"①。又如许进,弘治中任甘肃巡抚,曾镇压土鲁番阿黑麻叛乱,致仕后检阅奏稿案牍,编成《平番始末》,馆臣称"其述用兵始末及西番情事颇详,今《明史》土鲁番、哈密诸《传》,大略本之于此"②。杨暄《复辟录》,是作者任御史时,"事皆目觏,又尝劾曹吉祥、石亨,坐谴论戍,于二人事迹知之尤悉,故其辨于谦、王文之被诬,石亨、曹吉祥之恣肆,皆与史合。后附李贤《天顺日录》、祝允明《苏材小纂》、陈循《辨冤疏》、叶盛《水东日记》、王琼《双溪杂记》数条,盖皆同时亲与其事者,故引以为据,明所述之不诬云"③。姚福所作《青溪暇笔》,"札记读书所得,及杂录耳目见闻。其首卷所述明初轶事,多正史所不载"④。秦金本《安楚录》、孙允中《云中纪变》、诸葛元声《两朝平攘录》、李乐《见闻杂记》、郭应聘《西南纪事》、李化龙《平播全书》等,皆据目击所作,四库馆臣对其亦多加褒扬,反映了清人批评玄想臆断,闭门造车的"纸上之经济"⑤,高扬经世实学的致思取向。同时,馆臣认为洞识此类史料,要有辨证眼光,"当以史文为据,不以所自记者为据矣"⑥。

其四,考证详赡,足备参稽。乾嘉之世,考据大盛,四库馆臣亦"讲考证之学"⑦,并此为准绳,对"笃学谨严""考证详赡"的明代笔记史料甚为推重。如邓伯羔《艺彀》及《彀补》,馆臣称"是书援据经籍,考证详赡",理由是其中"疑汉有两牟融,辨《出师表》原有两本,皆为有见。引《西京赋》证澹、淡为两字;引《唐六典》证畊、耕为两字,于六书辨析亦精"。又认为其中所论"尤能力持公论,不附和门户之局"。借此,馆臣进而论道:"隆庆、万历以后,士大夫惟尚狂禅,不复以稽古为

① (清)永瑢等撰:《总目全书总目》卷五二《北征录》提要,北京:中华书局,1965年,第476页。
② (清)永瑢等撰:《总目全书总目》卷五三《平番始末》提要,北京:中华书局,1965年,第479页。
③ (清)永瑢等撰:《总目全书总目》卷五三《复辟录》提要,北京:中华书局,1965年,第477页。
④ (清)永瑢等撰:《四库全书总目》卷一二八《青溪暇笔》提要,北京:中华书局,1965年,第1104页。
⑤ (清)永瑢等撰:《总目全书总目》卷八四《海运详考》提要,北京:中华书局,1965年,第722页。
⑥ (清)永瑢等撰:《四库全书总目》卷五三《东征纪行录》提要,北京:中华书局,1965年,第477页。
⑦ (清)永瑢等撰:《四库全书总目》卷一九九《花草粹编》提要,北京:中华书局,1965年,第1825页。

事。是编广征博引，足备参稽，在尔时犹为笃实之学矣。"①何良俊《何氏语林》，馆臣认为其"抵牾固所不免"，"援引考证，亦未尝并驱千古"，但"是编因晋裴启《语林》之名，其义例、门目则全以刘义庆《世说新语》为蓝本，而杂采宋齐以后事迹续之，并义庆原书共得二千七百余条，其简汰颇为精审，其采掇旧文，翦裁镕铸，具有简澹隽雅之致。每条之下，又仿刘孝标例，自为之注，亦颇为博赡"。由此，馆臣认为此书"语有根柢，终非明人小说所可比也"②。周婴《卮林》，馆臣称"体近类书，而考订经史，辨证颇为该洽"③。王世贞《弇山堂别集》中《史乘考误》及《诸侯王百官表》《亲征》《命将》《谥法》《兵制》《市马》《中官》诸考，馆臣认为"皆能辨析精核，有裨考证"，"其所述颇为详洽，虽征事既多，不无小误。又所为各表，多不依旁行斜上之体，所失正与雷礼相同，其《盛事》《奇事》诸述，颇涉谈谐，亦非史体。然其大端可信，此固不足以为病矣"。④评张居正《太岳杂著》，"多论古之语，而于明代掌故尤详，亦兼及医方杂事"⑤。罗凤《延休堂漫录》，"征引蒐辑，颇为繁富。然或录汉晋以来遗事，而错以有明；或详有明一朝人物典制，而复泛摭前代……此论最善，可以释千古之疑也"⑥。尹直《謇斋琐缀录》，"所载多明代掌故，于内阁尤详，于同时仕宦黜陟、恩怨报复之由，亦颇缕悉。而好恶之词，或所不免。其丑诋吴与弼不遗余力……考证颇详云"⑦。确是至当评骘。

其五，寓史于论，多资劝戒。四库馆臣认为，史家修史，能"意存殷鉴"者，方可称为"良史"，笔记史料所载虽多为轶闻琐事，但"亦往往

① （清）永瑢等撰：《四库全书总目》卷一一九《艺彀》提要，北京：中华书局，1965年，第1027页。
② （清）永瑢等撰：《四库全书总目》卷一四一《何氏语林》提要，北京：中华书局，1965年，第1204页。
③ （清）永瑢等撰：《四库全书总目》卷一一九《卮林》提要，北京：中华书局，1965年，第1028页。
④ （清）永瑢等撰：《四库全书总目》卷五一《弇山堂别集》提要，北京：中华书局，1965年，第466页。
⑤ （清）永瑢等撰：《四库全书总目》卷一二七《太岳杂著》提要，北京：中华书局，1965年，第1098页。
⑥ （清）永瑢等撰：《四库全书总目》卷一四三《延休堂漫录》提要，北京：中华书局，1965年，第1220页。
⑦ （清）永瑢等撰：《四库全书总目》卷一四三《謇斋琐缀录》提要，北京：中华书局，1965年，第1218页。

有裨劝戒"①。依此，馆臣将"史鉴"作为价值尺度来评论明人笔记史料。如潘士藻《闇然堂类纂》，此书成于万历间，当时世道昏乱，人心浇薄，潘氏以所闻所见，分训惇、嘉话、谈篋、警喻、溢损、征异加以纂叙。馆臣认为，潘氏撰此书，"大抵皆警世之意"，"盖所以针砭流俗也"。②同样，谈修《避暑漫笔》亦成于万历中，馆臣认为书中所载"先进言行，可为师法"，"近代风俗浇薄，可为鉴戒"。陆深《春雨堂杂抄》，"所录多古今政治得失之故"，其中"谓汉光武笃信图谶与求仙"一事，馆臣认为其旨在于托讽"世宗好道"而已。③又如耿定向《先进遗风》，"载明代名臣遗闻琐事，大抵严操守砺，品行存忠厚者为多"。为何如此？馆臣究其缘由："盖明自嘉靖以后，开国敦庞之气日远日漓，士大夫怙权营贿，风尚日偷，定向陈先进懿行以救时弊，故所纪多居家行已之细事，而朝政罕及焉。"④不仅如此，即使对一些价值不高的著作，四库馆臣也会因为其中有"资劝戒"之处而予以赞誉，如评商维浚《古今评录》，认为该书"借古事立论，不出明季纤巧之习，间有考证，每多疏舛"，然"假借古人为寓言，多资劝戒，亦未尝无一节之可取焉"⑤。对于明人笔记史料寓惩劝、资劝戒之缘由，馆臣鲜有论及，但在王穉登《吴社编》提要中，仍言："专纪吴中里社之事，其神名五方贤圣，乃淫祀之尤者，而谓本于《搜神记》，殊属附会不经。所列'走会'、'舍会'诸条，亦征风俗之弊。末附顾文龙书，谓穉登是编有悯时之怀，先事之虑，然铺张太过，不免讽一而劝百矣。"⑥意谓作者意存鉴戒之动因，在于"悯时之怀，先事之虑"。

① （清）永瑢等撰：《四库全书总目》卷一四一《萍州可谈》提要，北京：中华书局，1965年，第1197页。

② （清）永瑢等撰：《四库全书总目》卷一四三《闇然堂类纂》提要，北京：中华书局，1965年，第1222页。

③ （清）永瑢等撰：《四库全书总目》卷一四三《避暑漫笔》提要，北京：中华书局，1965年，第1223页。

④ （清）永瑢等撰：《四库全书总目》卷一四一《先进遗风》提要，北京：中华书局，1965年，第1204页。

⑤ （清）永瑢等撰：《四库全书总目》卷一二八《古今评录》提要，北京：中华书局，1965年，第1105页。

⑥ （清）永瑢等撰：《四库全书总目》卷一四三《吴社编》提要，北京：中华书局，1965年，第1222页。

总之,"时代既近,殷鉴尤明"①。四库馆臣以史鉴的眼光观看明人笔记史料,不仅是要激赏明人借史著引古筹今、行道设教、警悟后人的意图,更进一步,是要从中提出一系列"足以资法鉴"经验教训以裨益于清王朝的统治,表现出极其强烈的经世意识。

三、论明人笔记的纰漏缺陷

笔记史料作为一种随笔记录、体例不拘的著述形式,存在一定的随意性,加之笔记作者学术修养参差不齐,因而,一些笔记史料难免存在纰漏与缺陷,或挟以个人恩怨,以致人各为说,造成偏颇失实;或囿于作者阅历闻见,道听途说,此因彼袭,乃致错谬难纠。四库馆臣认为,"明人皆好议论"②,又有"恣纵之习"③,其所著笔记史料也难免存在纰漏。

其一,"语涉回护"。在笔记史料的所有缺点中,四库馆臣对"曲笔回护"最为反感。如其论《湘山野录》:"盖考证偶疏,未为大失;小说习径亦不足深求。惟诚,其一瑕耳。"④在四库馆臣看来,考证偶疏,不算大失,小说习径亦不足深求,唯有曲意逢迎是罪无可赦的。明代笔记史料,馆臣认为"语涉回护"者颇多。如蒋以化《西台漫记》杂记见闻,"多恩怨之词,不尽实录也"⑤。《管窥小识》"于高拱、张居正诋諆颇甚,而独推尊徐阶,殆亦恩怨之词,不尽直笔矣"⑥。李贤《古穰杂录》"述时事者为多",但馆臣认为其中"颇著微词",多"文饰之说"。⑦梅纯《损斋

① (清)永瑢等撰:《四库全书总目》卷五五《钦定明臣奏议》提要,北京:中华书局,1965年,第508页。

② (清)永瑢等撰:《四库全书总目》卷四五《史部总叙》提要,北京:中华书局,1965年,第397页。

③ (清)永瑢等撰:《四库全书总目》卷一一九《笔精》提要,北京:中华书局,1965年,第1027页。

④ (清)永瑢等撰:《四库全书总目》卷一四○《湘山野录》提要,北京:中华书局,1965年,第1193页。

⑤ (清)永瑢等撰:《四库全书总目》卷一四三《西台漫记》提要,北京:中华书局,1965年,第1222页。

⑥ (清)永瑢等撰:《四库全书总目》卷一四三《管窥小识》提要,北京:中华书局,1965年,第1224页。

⑦ (清)永瑢等撰:《四库全书总目》卷一二七《古穰杂录》提要,北京:中华书局,1965年,第1095页。

备忘录》所载"与史迥异，亦曲笔也"①。李贤《天顺日录》所载诸多史实，或"颇与正史不合"，或"讳而不言"，或"未免爱憎之见"。②如《奉天靖难记》所载建文诸书，《总目》认为也"文饰概可见矣"③，等等。

其二，"抄撮前说"。明人著述，好袭前说，此在笔记史料中表现得尤为突出。对此，四库馆臣往往予以揭明：如《哈密事迹》，乃"明人杂钞之残帙也"，其结果"其说自相矛盾"。④《别本北平录》，"杂记见闻，终以辨物字义，皆抄撮前人成说"⑤。戴冠《濯缨亭笔记》，"其文亦从实录抄出也"⑥。《北平录》亦"后人从实录中抄出也"⑦。此类情形颇多，此不赘。

其三，"体例芜杂"。体例不拘是笔记史料一大特点，但"不拘"往往造成"芜杂"。四库馆臣论廖道南《楚纪》"自以其书比于《史记》，然其体例芜杂，援引附会，殊不足观也"⑧。郭世霖《使琉球录》"所言大略与《明史·琉球传》合，惟每条列原录于前，而附所续于后，皆以'霖按'二字冠之，似乎考订旧闻，实则铺叙新事，于体例殊未协也"⑨。而评《平倭录》更是"编次丛杂，漫无体例"⑩。

其四，"不标出处"。明人著书，每每不注明出典，四库馆臣认为此乃明人笔记史料之"通病"⑪。如周祈《名义考》"援引旧文，往往不著出

---

① （清）永瑢等撰：《四库全书总目》卷一二七《损斋备忘录》提要，北京：中华书局，1965年，第1096页。

② （清）永瑢等撰：《四库全书总目》卷五三《天顺日录》提要，北京：中华书局，1965年，第476页。

③ （清）永瑢等撰：《四库全书总目》卷五二《奉天靖难记》提要，北京：中华书局，1965年，第475—476页。

④ （清）永瑢等撰：《四库全书总目》卷五三《哈密事迹》提要，北京：中华书局，1965年，第481页。

⑤ （清）永瑢等撰：《四库全书总目》卷一二七《濯缨亭笔记》提要，北京：中华书局，1965年，第1098页。

⑥ （清）永瑢等撰：《四库全书总目》卷五二《别本北平录》提要，北京：中华书局，1965年，第475页。

⑦ （清）永瑢等撰：《四库全书总目》卷五二《北平录》提要，北京：中华书局，1965年，第475页。

⑧ （清）永瑢等撰：《四库全书总目》卷五三《楚纪》提要，北京：中华书局，1965年，第481页。

⑨ （清）永瑢等撰：《四库全书总目》卷五三《使琉球录》提要，北京：中华书局，1965年，第484页。

⑩ （清）永瑢等撰：《四库全书总目》卷五三《平倭录》提要，北京：中华书局，1965年，第483页。

⑪ （清）永瑢等撰：《四库全书总目》卷一一九《名义考》提要，北京：中华书局，1965年，第1027页

典"①；余懋学《说颐》"每则征引古事，颇得连珠遗意，然引事不标出典"②；穆希文《说原》"杂采事迹，大抵剿剟之谈，非根柢之学；又不著其所出，更茫无依据"③。

其五，"有悖谬之言"。清王朝以少数民族入主中原，故明人著作若有不利于满族形象和统治的，均大加禁毁，在《总目》中则多列入存目。如明魏焕《九边考》，因其书"抄撮案牍""多指斥文句"，故予以销毁并列为存目。④谈迁《枣林杂俎》、王世贞《弇州史料》、毛霖《平叛记》等，均因内容涉及明清之际史事，存在"偏驳""悖谬""偏谬"之语，不能为清王朝所容，故被摒入存目。

其六，"非圣无法"。清代官方崇奉程朱理学，厉行思想专制，因此对于"离经叛道"的著作，"掊击必严""摒斥必力"⑤。此外，由于清王朝在宋明理学上，尊程朱而贬陆王，对于王学传人及其他非程朱派的学者著作，也多大加指斥，仅存其目。如四库馆臣斥责卢格《荷亭辩论》"持论诡异，攻击朱子之说"⑥；季本《易学四同》"标心学之旨"⑦；罗洪先《冬游记》所言涉及"性命学问"⑧；薛侃《图书质疑》"守姚江良知之说"⑨。凡此，《总目》均列入存目。

其七，"颇涉鬼怪"。如黄奂《黄元龙小品》是作者读书时的随笔札记，四库馆臣认为书中"所见颇为迂阔，偶载则鬼神怪异之事，亦多不经"⑩。又评顾起元《客座赘语》所记南京故实及诸杂事，"多神怪琐屑

① （清）永瑢等撰：《四库全书总目》卷一一九《名义考》提要，北京：中华书局，1965年，第1027页。
② （清）永瑢等撰：《四库全书总目》卷一二八《说颐》提要，北京：中华书局，1965年，第1101页。
③ （清）永瑢等撰：《四库全书总目》卷一二八《说原》提要，北京：中华书局，1965年，第1103页。
④ （清）永瑢等撰：《四库全书总目》卷七五《九边考》提要，北京：中华书局，1965年，第656页。
⑤ （清）永瑢等撰：《四库全书总目》卷首《凡例》，北京：中华书局，1965年，第19页。
⑥ （清）永瑢等撰：《四库全书总目》卷一二七《荷亭辨论》提要，北京：中华书局，1965年，第1096页。
⑦ （清）永瑢等撰：《四库全书总目》卷七《易学四同》提要，北京：中华书局，1965年，第53页。
⑧ （清）永瑢等撰：《四库全书总目》卷一二四《冬游记》提要，北京：中华书局，1965年，第1071页。
⑨ （清）永瑢等撰：《四库全书总目》卷七《图书质疑》提要，北京：中华书局，1965年，第53页。
⑩ （清）永瑢等撰：《四库全书总目》卷一二八《黄云龙小品》提要，北京：中华书局，1965年，第1105页。

之语"①。评胡侍《墅谈》云:"征采庞杂,多及怪异不根之语,未免失实。"②李本固《汝南遗事》亦"多涉神怪仙鬼,不免为小说家言"③。

其八,"引据疏略"。如四库馆臣评:陈沂《维祯录》"杂记朝廷典章及明初故事抄撮而成,殊多疏略"④。陈继儒《太平清话》"杂记古今琐事,征引舛错,不可枚举。当时称继儒能识古今书画,然如所载耐辱居士墨竹笔铭,证以《唐书·司空图传》,乖舛显然,殊不能知其伪"⑤。释静福《癸未夏抄》"抄撮诸家说部,亦间载其所见闻,颇无伦次"⑥。胡侍《真珠船》"杂采经史故事及小说家言,然征引拉杂,考证甚疏;又喜谈怪异果报之说,皆不免于纰缪"⑦。苏佑《逌旃琐语》"杂记碎事,而引据多疏……其余亦多鄙猥之谈,不足采录"⑧。马大壮《天都载》"大抵喜采异闻,亦间有考证,而往往务求博引,不核虚实"⑨。

其九,"荒诞谬误"。如评:《典故辑遗》"大抵丛脞庞杂,全无义例。其纪明太祖微行为巡军,所拘诸事已属不经,至以明宣宗为建文之子,更为荒诞也"⑩。卢格《荷亭辨论》"持论诡异",而"谓亲见朱子与扬雄辨难,尤为诬诞"⑪。另如陈沂《询刍录》、陈德文《孤竹宾谈》、《建文事

① (清)永瑢等撰:《四库全书总目》卷一四三《客座赘语》提要,北京:中华书局,1965年,第1223页。

② (清)永瑢等撰:《四库全书总目》卷一二七《墅谈》提要,北京:中华书局,1965年,第1097页。

③ (清)永瑢等撰:《四库全书总目》卷一四三《汝南遗事》提要,北京:中华书局,1965年,第1223页。

④ (清)永瑢等撰:《四库全书总目》卷五三《维祯录》提要,北京:中华书局,1965年,第480页。

⑤ (清)永瑢等撰:《四库全书总目》卷一四三《太平清话》提要,北京:中华书局,1965年,第1224页。

⑥ (清)永瑢等撰:《四库全书总目》卷一四三《太平清话》提要,北京:中华书局,1965年,第1224页。

⑦ (清)永瑢等撰:《四库全书总目》卷一二七《真珠船》提要,北京:中华书局,1965年,第1097页。

⑧ (清)永瑢等撰:《四库全书总目》卷一二七《逌旃琐语》提要,北京:中华书局,1965年,第1098页。

⑨ (清)永瑢等撰:《四库全书总目》卷一二八《天都载》提要,北京:中华书局,1965年,第1101页。

⑩ (清)永瑢等撰:《四库全书总目》卷一四三《明朝典故辑遗》提要,北京:中华书局,1965年,第1222页。

⑪ (清)永瑢等撰:《四库全书总目》卷一二七《荷亭辨论》提要,北京:中华书局,1965年,第1096页。

迹备遗录》、《逊国君记钞》、《小史摘抄》等，抑或"论断率多僻谬"①，或"所载疏谬颇多"②，或"皆荒唐无稽之言"③，或"妄诞不足取矣"④，或"谬妄固不待辨也"⑤。

其十，"偏驳不纯"。如评刘教《正思斋杂记》所"论殊附会无理，其取《伊洛渊源续录》之说，诋许衡、刘因不当仕元，尤明人偏驳之见"⑥。江应晓《对问编》"所载天文、地理、人物、杂事，分条立说，议论多偏驳不纯"⑦。袁宏道《瓶花斋杂录》"多记闻见杂事及经验、医方，间及书传，持论亦多偏驳"⑧。陈霆《两山墨谈》，"考证古籍，颇为详赡，而持论每涉偏驳"⑨。伍袁萃《林居漫录前集》，"所载多朝野故实，往往引明初之事以证明季弊政。而词气过激，嫌于己甚。又因力排良知之说，与王守仁为难，遂并其事功而没之，不免矫枉过正"⑩。

应该说，四库馆臣对明代笔记史料缺失的指斥符合实际，这一认识的形成经过了长期的历史积淀。笔记史料从创生之初就被人们评论，如宋代是笔记开始兴盛的时期，但宋人对笔记史料评价不高，如王栐《燕翼诒谋录》在取材时就"凡稗官小说，悉弃不取"⑪。而洪迈《容斋随笔》则径称"野史不可信"⑫。逮至明代，这种情况有所改观，如王世贞称："野

① （清）永瑢等撰：《四库全书总目》卷一二七《孤竹宾谈》提要，北京：中华书局，1965年，第1100页。
② （清）永瑢等撰：《四库全书总目》卷一二八《赵氏连城》提要，北京：中华书局，1965年，第1102页。
③ （清）永瑢等撰：《四库全书总目》卷五三《建文事迹备遗录》提要，北京：中华书局，1965年，第482页。
④ （清）永瑢等撰：《四库全书总目》卷五四《逊国君记钞》提要，北京：中华书局，1965年，第487页。
⑤ （清）永瑢等撰：《四库全书总目》卷五二《小史摘抄》提要，北京：中华书局，1965年，第476页。
⑥ （清）永瑢等撰：《四库全书总目》卷一二七《正思斋杂记》提要，北京：中华书局，1965年，第1096页。
⑦ （清）永瑢等撰：《四库全书总目》卷一二七《对问编》提要，北京：中华书局，1965年，第1100页。
⑧ （清）永瑢等撰：《四库全书总目》卷一二七《对问编》提要，北京：中华书局，1965年，第1100页。
⑨ （清）永瑢等撰：《四库全书总目》卷一二六《两山墨谈》提要，北京：中华书局，1965年，第1087页。
⑩ （清）永瑢等撰：《四库全书总目》卷一四三《林居漫录》提要，北京：中华书局，1965年，第1222页。
⑪ （清）永瑢等撰：《四库全书总目》卷五一《燕翼诒谋录》提要，北京：中华书局，1965年，第465页。
⑫ 洪迈：《容斋随笔》卷四《野史不可信》，北京：中华书局，2005年，第53页。

史人臆而善失真，其征是非、削讳忌，不可废也。"① 所言较为客观。但相形之下，以四库馆臣为代表的清代官方学者对笔记史料的认识更趋成熟，他们不仅认为此类史料"裨于史氏"，"深于史事有补"，同时也指出某些资料要经过考证、筛选方能引用，反映了清代学者对笔记史料的中肯之论。

　　当然，现在看来，四库馆臣对笔记史料的评价也不是尽善尽美的，某些评价实在言过其实，甚而吹毛求疵，对笔记的最高评价也不过是"于史事有补"，所以《总目》将多数明代笔记列入存目，这表明：一是暗示清代官方学者并没有完全摆脱把笔记史料视为"小道"的传统观念。二是四库馆臣对明代笔记史料的某些偏颇评价多出于政治目的，代表了官方主流思想，其中"有悖谬之言""非圣无法"等评价即为显例。三是四库馆臣以考据学家的尺度来衡量明代学风，过分夸大了明代笔记史料中的疏略和放诞之处。实际上，诚如季羡林、任继愈等所言："四库存目书内容异常丰富，其中有许多典籍的价值，即使收录在《四库全书》中的某些书，也未必能与之相比。"② 以明代笔记史料为例，如黄瑜《双槐岁钞》在明人野史中颇有体要，多记当时掌故，其言洪武丁丑科场之狱，多明史所未及。何良俊《四友斋丛说》包括经、史、杂记、释道、诗文、书画等十七类，其中考证和评论对研究文史均有裨益；朱国桢《涌幢小品》历时十三年而成书，记载明代朝章典制、政治经济、社会风俗、人物遗事、东南倭寇、市民抗税斗争等。其他如陈全之《蓬窗日录》、焦竑《玉堂丛语》、文秉《先拔志始》、蒋平阶《东林始末》、顾起元《客座赘语》、陆容《菽园杂记》、张瀚《松窗梦语》、俞正燮《癸巳类稿》、谢肇淛《五杂俎》、沈榜《宛署杂记》、田汝成《西湖游览志余》等，皆为名家名著。

　　近人谢国桢云：笔记史料"不是正统派史官所写的，不像那样歪曲事实，因而多少反映了历史的事迹和社会上的真相"③。因此，要研究中国

---

① 王世贞：《弇山堂别集》卷二〇《史乘考误一》，北京：中华书局，1985 年，第 361 页。
② 季羡林、任继愈、刘俊文：《读书与出版〈四库全书存目丛书〉编纂缘起》，《文史哲》1997 年第 4 期。
③ 谢国桢：《鲁迅与北京风土序》，《瓜蒂庵文集》，沈阳：辽宁教育出版社，1996 年，第 216 页。

史尤其是明清史，就要"从人所不甚注意的笔记史料当中寻找滋补的材料"①，以科学的眼光审视前人遗留下来的历史记录，充分利用包括明清野史笔记在内的史料，经过综合分析，发潜彰幽，披沙觅金，去粗取精，历史真相总会愈辨愈明，许多历史问题，也会得到恰当解决。

---

① 谢国桢：《对于研究明清史的一点体会》，《中国史研究》1979 第 3 期。

张廷玉《明史·列传》疑误拾零

　　清修《明史》有乾隆四年（1739 年）武英殿原刊本、同治湖北崇文书局刊本、清图书集成局铅字排印本以及各种翻刻或影印殿本的版本。1974 年中华书局点校本以乾隆武英殿刊本为底本，是迄今《明史》诸本中版本最好的一种。

　　中华书局点校本《明史》重视本校，广泛参校了《明实录》、《明史稿》、万历《明会典》、《明一统志》、《明经世文编》、《国榷》、《国朝献征录》等文献。然而，中华书局点校本《明史》亦有诸多失误。一方面，《明史》编修历经久远，转相增删，致使讹误难免。另一方面，囿于诸种原因，点校本纠正原本错讹未能彻底，断句、标点亦有失误。此外，点校本《明史》校勘时未参考文集、方志、年谱、族谱、档案、起居注等重要文献。鉴于此，兹对中华书局点校本《明史》部分列传（卷二一四至卷二八〇）中人名、地名、时间、史实、文字、职官、标点等讹误予以勘正。具体做法：以乾隆武英殿原刊本《明史》为底本，在选用中华点校本已用文献时，扩大参校文献范围，其中除了万斯同《明史》、王鸿绪《明史稿》、徐乾学《明史列传》、万斯同《明史列传》、朱彝尊《明史馆稿传》、姜宸英《拟明史传残卷》、方象瑛《明史分稿残本》、万邦荣《明史列传分纂》、尤侗《明史拟稿》等清修《明史》时留存的稿本外，还参考了明人别集、方志、档案、传记、族谱、年谱、墓志以及《万历起居注》、计六奇《明季北略》、高岱《鸿猷录》、谷应泰《明史纪事本末》、何乔远《名山藏》、陈建《皇明从信录》、谈迁《国榷》、查继佐《罪惟录》、过庭训《本朝分省人物考》、徐开任《明名臣言行录》、傅维麟《明书》、陈鼎《东林列传》、张岱《石匮书》等文献。同时，充分参考王世贞《弇山堂别集》、潘柽章《国史考异》、王颂蔚《明史考证捃逸》、黄云眉《明史考证》等明代以来研究考证《明史》的论著。

一、人名误

刑部侍郎詹瀚共锻成夏言曾铣狱（卷二一五列传第一〇三，页五六七四倒四至三行）

按：詹瀚，原作"詹翰"。万斯同《明史》卷三〇九《王治传》、王鸿绪《明史稿》列传卷九四《王治传》、《明世宗实录》卷三三八第六一七二页"嘉靖二十七年七月乙酉"条、雷礼《皇明大政纪》卷二三《曾铣论死》、焦竑《国朝献征录》卷四六《詹公瀚墓铭》、涂山《明政统宗》卷二六《曾铣论死》、谈迁《国榷》卷五九"嘉靖二十七年七月乙酉"条、谷应泰《明史纪事本末》卷五四《严嵩用事》、范守己《皇明肃皇外史》卷二八《曾铣论死》、陈鹤《明纪》卷三七《穆宗纪一》、《明进士题名碑录》正德丁丑科皆作"詹瀚"。

湖广巡按陈省劾太和山守备中官吕祥（卷二一五列传第一〇三，页五六七六行一至二）

按：吕祥，原作"吕详"。万斯同《明史》卷三〇九《欧阳一敬传》、王鸿绪《明史稿》列传卷九四《欧阳一敬传》、《明穆宗实录》卷一〇第二八五页"隆庆元年七月壬申"条、王世贞《弇山堂别集》卷一〇〇《中官考十一》、王圻《续文献通考》卷九三《职官考》、谈迁《国榷》卷六五"隆庆元年七月壬申"条皆作"吕祥"。原文之误，或因形近所致。原校勘记宜改写。

与酉阳冉御龙相雠杀（卷二一六列传第一〇四，页五六九七行五）

按：冉御龙，万斯同《明史》卷三〇五《瞿景淳传》、王鸿绪《明史稿》列传卷六三《瞿景淳传》、陈建《皇明通纪集要》卷三八"万历二十八年正月五日"条、沈国元《皇明从信录》卷三八"万历二十八年正月五日"条、茅瑞征《万历三大征考·播州》、吴亮《万历疏钞》卷四四李化龙撰《播界累岁相持微臣义不容默疏》、诸葛元声《两朝平攘录》卷五《播上》、钱谦益《牧斋初学集》卷七二《瞿元立传》、庄廷鑨《明史钞略·显皇帝本纪三》、傅维鳞《明书》卷一六四《乱贼传四》、谷应泰《明史纪事本末》卷六四《平杨应龙》、陈鹤《明纪》卷四五《神宗纪七》、田雯《古欢堂集》卷三八《黔书》、冯桂芬《（同治）苏州府志》卷九九《人物二六·瞿景淳》同。然本书卷三一二《酉阳宣抚司传》，王鸿绪《明史稿》列传一八六《酉阳宣抚司传》第一一一一页上，《明神宗实录》卷四〇四第七五四八页"万历三十二年十二月己未"条、卷五五六第一〇四八七页"万历四十五年四月丙午"条、卷五八八第一一二五六页"万历四十七年十一月戊子"条、《明熹宗实录》卷一二第六〇一页"天启元年七月庚戌"条、卷一六第七八九页"天启元年十一月辛丑"条、卷四二第二三六一页"天启四年五月辛酉"条，谈迁《国榷》卷八三"万历四十七年十一月戊子"条，程开祜《筹辽硕画》卷三〇，陈鼎《东林列传》卷末上《熹宗本纪》皆作"冉跃龙"。疑作"冉跃龙"是。

而是时郭正域刘曰宁及图并有相望（卷二一六列传第一〇四，页五七〇六行七）

按：刘曰宁，原作"刘日宁"。本书本卷有《刘曰宁传》，事迹与此合。另，徐乾学《明史列传》卷七五《王图传》，万斯同《明史》卷三一七《刘曰宁传》、卷三三六《王图传》，王鸿绪《明史稿》列传卷九八《王图传》，《明神宗实录》卷四九九第九四一二页"万历四十年九月癸巳"条，徐开任《明名臣言行录》卷七四《尚书王文肃公图》，过庭训《本朝分省人物考》卷五八《刘曰宁传》，沈国元《皇明从信录》卷三六"万历十七年三月"条，谈迁《国榷》卷八一"万历四十年九月壬辰"条，黄景昉《国史唯疑》卷十一《万历泰昌天启》，陈鼎《东林列传》卷一六《王图传》，李邦华《李忠肃先生集》卷一《分别邪正疏》皆作"刘曰宁"。下同。

魏忠贤党刘弘先劾图（卷二一六列传第一〇四，页五七〇七行六）

按："刘弘先"，徐乾学《明史列传》卷七五《王图传》、万斯同《明史》卷三三六《王图传》、《明熹宗实录》卷六〇第二八四七页"天启五年六月戊戌"条、谷应泰《明史纪事本末》卷七一《魏忠贤乱政》、陈鼎《东林列传》卷末下《附熹宗本纪》、吴应箕《启祯两朝剥复录》卷二"天启五年乙丑六月"条、徐肇台《记政录》"天启五年六月二十三日"条皆作"刘弘光",疑是。

吉王翊銮请封支子常源为郡王(卷二一六列传第一〇四,页五七〇八行五)

按:翊銮,然王世贞《弇山堂别集》卷三三《亲王》、何乔远《名山藏》卷二九《典谟记》、焦竑《国朝献征录》卷二《宗室二》、谈迁《国榷》卷七七"万历二十四年 正月甲午"条、嵇璜《续文献通考》卷二〇五《帝系考》、鲁曾煜《(乾隆)福州府志》卷五〇《人物二》同。然徐乾学《明史列传》卷七五《翁正春传》、万斯同《明史》卷三三六《翁正春传》作"翌銮"。"翊",古同"翌"。下同。

时主事蔡时鼎南京御史章守诚亦疏论时行(卷二一六列传第一〇四,页五七一〇行二)

按:章守诚,原作"张守诚"。徐乾学《明史列传》卷七五《刘应秋传》,万斯同《明史》卷三二六《刘应秋传》,王鸿绪《明史稿》列传卷九八《刘应秋传》,《明神宗实录》卷二二八第四二二八页"万历十八年十月甲申"条、卷二三八第四四一九页"万历十九年七月丁亥"条、陈建《皇明通纪集要》卷三六"万历十九年十月"条,吴亮《万历疏钞》卷一八《发奸类》,王锡爵《王文肃公文集》卷三六《请发留中章奏公疏》,许重熙《嘉靖以来注略·万历注略》卷九"万历十九年七月"条,谈迁《国榷》卷七五"万历十九年七月丁亥"条,查继佐《罪惟录·帝纪》卷一四《神宗显皇帝》,谢旻《(雍正)江西通志》卷七九《人物十四》皆作"章守诚",是。原校勘记宜改写。

同年生给事中李沂劾张鲸被廷杖(卷二一六列传第一〇四,页五七一二行四)

按:李沂,原作"李沂"。本书卷二三四有《李沂传》,事迹与此合。徐乾学《明史列传》卷七五《唐文献传》,万斯同《明史》卷一九《神宗本纪上》、三一七《唐文献传》,万邦荣《明史列传分纂》卷一〇《李沂传》,《明神宗实录》卷二〇六第三八四一页"万历十六年十二月己卯"条,王锡爵《王文肃公文集》卷五五《王文肃公传二》,叶向高《苍霞续草》卷一三《特进光禄大夫左柱国少师兼太子太师吏部尚书中极殿大学士赠太师谥文定申公墓志铭》，王世贞《弇州山人四部续稿》卷一四三文部《为申饬部规傍及时务少有献纳以効裨补疏》，焦竑《国朝献征录》卷一七《光禄大夫少保兼太子太保吏部尚书建极殿大学士赠太保谥文肃荆石王先生锡爵行状》，沈德符《万历野获编》卷一八《廷杖》，吴亮《万历疏钞》卷二〇李沂撰《恶党就擒元凶未殄亟赐重处以绝祸本疏》，刘若愚《酌中志》卷五《三朝典礼之臣纪略》，谈迁《国榷》卷七五"万历十六年十二月己卯"条，查继佐《罪惟录·列传》卷一四《唐文献传》，傅维鳞《明书》卷一三四列传四《王锡爵传》，张岱《石匮书》卷一三《神宗本纪》，黄景昉《国史唯疑》卷九《万历》，钱谦益《牧斋初学集》卷六二《嘉议大夫吏部左侍郎兼翰林院侍读学士赠资德大夫太子少保礼部尚书兼翰林院学士谥文毅赵公神道碑铭》，徐开任《明名臣言行录》卷七三《侍郎赵文毅公用贤》，陈鹤《明纪》卷四二《神宗纪四》，《明进士题名碑录》万历丙戌科皆作"李沂"，是。原校勘记宜改写。

荆州推官华钰忤税监逮下诏狱（卷二一六列传第一〇四，页五七一二行五）

按：华钰，原作"华珏"。本书卷二三七有《华钰传》，事迹与此合。徐乾学《明史列传》卷七五《唐文献传》、万斯同《明史》卷三一七《唐文献传》、万邦荣《明史列传分纂》卷一三《华钰传》、《明神宗实录》卷三三八第六二五七页"万历二十七年八月丁丑"条、卷三四三第六三五八页"万历二十八年正月庚戌"条、沈一贯《敬事草》卷六《救华钰等揭帖》、陈建《皇明通纪集要》卷三八"万历二十七年十月"条、温纯《温恭毅集》卷六《仰体圣明宥过至意恳乞恩怜被逮微臣以光圣德疏》、朱吾弼《皇明留台奏议》卷一四萧如松万历二十七年九月上《乞洞察利害曲体臣工疏》、刘宗周《刘蕺山集》卷一《请神庙罪废诸臣疏》、许重熙《嘉靖以来注略·万历注略》卷九"万历二十七年十月"条、谈迁《国榷》卷七八"万历二十七年八月丁丑"条、查继佐《罪惟录·列传》卷一三中《朱赓传》、庄廷鑨《明史钞略·显皇帝本纪三》、谷应泰《明史纪事本末》卷六五《矿税之弊》、陈鹤《明纪》卷四五《神宗纪七》皆作"华钰"，是。

原校勘记宜改写。

神祖遂不动声色而戍保于南京（卷二一六列传第一〇四，页五七一五行六至七）

按："神祖"，徐乾学《明史列传》卷七五《蔡毅中传》作"神光"。万斯同《明史》卷三五〇《蔡毅中传》、王鸿绪《明史稿》列传卷九八《蔡毅中传》、夏燮《明通鉴》卷七九《熹宗哲皇帝》作"神宗"。沈国元《两朝从信录》卷二三"八月"条作"神祖"。神宗为熹宗祖父，据此，作"神祖""神宗"是。

给事中章正宸熊汝霖劾之（卷二一六列传第一〇四，页五七二三行三）

按：章正宸，原作"章正震"。本书卷二五八有《章正宸传》，事迹与此合。另，万斯同《明史》卷三五九《顾锡畴传》、王鸿绪《明史稿》列传卷九八《顾锡畴传》第四七〇页上、查继佐《罪惟录·列传》卷二一《章正宸传》、陈鼎《东林列传》卷二四《章正宸传》、陈鹤《明纪》卷五八《福王始末》、温睿临《南疆逸史》卷二八《章正宸传》、徐鼒《小腆纪传》卷一四《章正宸传》、翁洲老民《海东逸史》卷一八《章正宸传》、《明季烈臣传·章正宸传》皆作"章正宸"。王颂蔚《明史考证捃逸》已论及，原校勘记宜改写。

评事雒于仁进四箴（卷二一七列传第一〇五，页五七二八行四）

按：雒于仁，原作"雒於仁"。本书卷二三四有《雒于仁传》，且卷二一八《申时行传》、卷二三一《钱一本传》、卷三〇六《张鲸传》及万斯同《明史》卷三一一《王家屏传》、王鸿绪《明史稿》列传卷九五《王家屏传》、万邦荣《明史列传分纂》卷一〇《雒于仁传》、陈建《皇明通纪集要》卷三六、刘若愚《酌中志》卷一《忧危竑议前纪第一》、黄景昉《国史唯疑》卷九《万历》、沈德符《万历野获编》卷二《贞观政要》、过庭训《本朝分省人物考》卷一〇四《雒于仁传》、查继佐《罪惟录·帝纪》卷十四《神宗显皇帝》、张岱《石匮书》卷一七九《雒于仁传》、吴亮《万历疏钞》卷四《政本类》、谈迁《国榷》卷七五"万历十七年十二月甲午"条、高廷珍《东林书院志》卷八《钱启新先生传》、吕毖《明朝小史》卷一四《万历纪·四篆》皆作"雒于仁",据改。

郑贵妃父承宪为父请恤（卷二一七列传第一〇五，页五七三四行八）

按：承宪，中华书局点校本校勘记据本书《外戚传》改作"成宪"。
按，本书卷二三〇《姜士昌传》及卷二三三《陈登云传》，万斯同《明
史》卷三一〇《沈鲤传》，王鸿绪《明史稿》列传卷九五《沈鲤传》，《明
神宗实录》卷一四〇第二六一〇页"万历十一年八月戊午"条、卷一七四
第三二〇八页"万历十四年五月庚申"条、卷二一〇第三九三七页"万历
十七年四月戊子"条，查继佐《罪惟录·列传》卷二《王皇后传·附郑贵
妃传》，谷应泰《明史纪事本末》卷六七《争国本》，沈鲤《亦玉堂稿》卷
二《论戚畹郑承宪乞恤典第二疏》，葛昕《集玉山房稿》卷一《请慎戚畹
恤典疏》，徐开任《明名臣言行录》卷七二《大学士沈文端公鲤》，陈鹤
《明纪》卷四二《神宗纪四》，俞樾《茶香室丛钞·茶香室四钞》卷五《郑
贵妃售履》皆作"承宪"。殿本是，当回改。

**给事中曹于汴宋一韩御史陈宗契不可（卷二一七列传第一〇五，页五
七四〇倒一行）**

按：曹于汴，原作"曹于忭"。本书卷二五四、陆奎勋《陆堂文集》
卷一四《明史》拟传、万斯同《明史》卷三五八皆有《曹于汴传》。另，
王鸿绪《明史稿》列传卷九七《李廷机传》第四五一页上、《景印文渊阁
四库全书》本《明史》卷二一七《李廷机传》、《明神宗实录》卷四三三第
八一九一页"万历三十五年五月己卯"条、谷应泰《明史纪事本末》卷六
六《东林党议》、黄宗羲《明儒学案》卷五四《台长曹贞予先生于汴》、沈
佳《明儒言行录续编》卷二、《明季烈臣传·杨时乔传》、陈鹤《明纪》卷
四六《神宗纪八》、蒋平阶《东林始末》不分卷"三十五年五月"条亦作
"曹于汴"，据改。

**用给事中冯景隆御史孙维城荐（卷二一九列传第一〇七，页五七七七
行七）**

按：孙维城，原作"孙维成"。本书卷二二七《孙维城传》，万斯同
《明史》卷三一〇《张位传》、卷三三四《孙维城传》，王鸿绪《明史稿》
列传卷九六《张位传》第四四五页下，《明神宗实录》卷一三三第二四七

一页"万历十一年二月丙戌"条,《明进士题名碑录》隆庆辛未科皆作"孙维城",据改。

谥文庄(卷二一九列传第一〇七,页五七七九倒六行)

按:文庄,原作"文端"。万斯同《明史》卷三一〇《张位传》,王鸿绪《明史稿》列传卷九六《张位传》第四四六页下,朱彝尊《静居志诗话》卷一五《张位》、《明诗综》卷五六《张位》作"文端"。陈田《明诗纪事·庚签》卷九《张位》作"文庄"。作"文端"是,据改。

广东大埔民蓝松山余大眷倡乱(卷二二〇列传第一〇八,页五七八六行五)

按:余大眷,原作"余大春"。徐乾学《明史列传》卷七六《吴百朋传》、万斯同《明史》卷三一五《吴百朋传》、《明世宗实录》卷五三六第八六九四页"嘉靖四十三年七月丙申"条、傅维鳞《明书》卷一六三《叶槐》、俞大猷《正气堂集》卷一五《论山寇多宜抚剿并用》、张萱《西园闻见录》卷七五《兵部二十四》、焦竑《国朝献征录》卷一〇七赵恒志撰《后军都督府都督同知赠左都督俞公大猷行状》、谈迁《国榷》卷六四"嘉靖四十三年七月丙午"条、夏燮《明通鉴》卷六三"嘉靖四十三年七月丙午"条、周硕勋《(乾隆)潮州府志》卷三八《征抚》皆作"余大春",据改。原校勘记宜改写。

时尚宝丞徐贞明御史徐待开京东水田(卷二二〇列传第一〇八,页五七九一行二)

按:徐待,徐乾学《明史列传》卷七六《王遴传》、万斯同《明史》卷三〇七《王遴传》作"徐待"。然本书卷二二三《徐贞明传》、二二〇《王遴传》及王鸿绪《明史稿》列传卷九九《王遴传》第四七三页下、《明神宗实录》卷一五四第二八四六页"万历十二年十月丁未"条、谈迁《国榷》卷七二"万历十二年十月丁未"条皆作"徐待",疑本书此处不误。

给事中冯景隆劾李成梁被谪(卷二二〇列传第一〇八,页五七九七倒三至二行)

按:冯景隆,原脱"隆"字。据本书卷二二二《张学颜传》、卷二二九《冯景隆传》及万斯同《明史》卷三三一《曾同亨传·附曾乾亨传》、

《明神宗实录》卷一四一第二六三三页"万历十一年九月己亥"条、谈迁《国榷》卷七二"万历十一年九月己亥"条补。

已而御史张鸣冈等拾遗（卷二二〇列传第一〇八，页五七九九倒六行）

按：张鸣冈，徐乾学《明史列传》卷七六《辛自修传》，万斯同《明史》卷三三一《辛自修传》，《明神宗实录》卷一八四第三四二九页"万历十五年三月辛卯"条、第三四三二页"己亥"条，谈迁《国榷》卷七三"万历十四年十月辛巳"条、卷七四"万历十五年三月辛卯"条皆作"张鸣岗"。王鸿绪《明史稿》列传卷九九《辛自修传》第四七七页上、《明神宗实录》卷一七九第三三四〇页"万历十四年十月辛巳"条、卷一九九第三七三七页"万历十六年六月丁巳"条，谈迁《国榷》卷七四"万历十六年六月丁巳"条，徐开任《明名臣言行录》卷六九《左都御史辛肃敏公自修》，陈鹤《明纪》卷四二《神宗纪四》作"张鸣冈"。

御史顾龙祯巡按广东（卷二二〇列传第一〇八，页五八〇一倒一行）

按：顾龙祯，原作"顾龙桢"。徐乾学《明史列传》卷七六《温纯传》、万斯同《明史》卷三三一《温纯传》、王鸿绪《明史稿》列传卷九九《温纯传》第四七八页上、《明神宗实录》卷三五二第六五九三页"万历二十八年十月戊寅"条、温纯《温恭毅集》卷六《恳乞圣明亟定国是以一众志以保治安疏》、冯琦《宗伯集》卷五〇《为剖良心采公论恳乞圣明急斥中外大贪以儆官邪疏》、盛枫《嘉禾征献录》卷三〇《按察司》、黄景昉《国史唯疑》卷一〇《万历》皆作"顾龙祯"，据改。下同。

从提督吴桂芳平李亚元（卷二二一列传第一〇九，页五八一三倒一行）

按：提督，原作"总督"。据本书卷七三《职官志》，正德、嘉靖、隆庆间，两广"总督"已改称"提督"，万历三年才复称"总督"。又按卷二二三《吴桂芳传》称"部议罢总督，改桂芳兵部右侍郎兼右佥都御史提督两广军务兼理巡抚"；《明世宗实录》卷五二五第八五六九页"嘉靖四十二年九月乙巳"条、谈迁《国榷》卷六四"嘉靖四十二年九月乙巳"条载同。另，徐乾学《明史列传》卷七七《郭应聘传》、万斯同《明史》卷三一五《郭应聘传》、王鸿绪《明史稿》列传卷一〇二《郭应聘传》第五〇五页上、杨博《本兵疏议》卷一三《覆两广提督侍郎吴桂芳征剿倭寇报捷疏》、方孔炤《全边略记》卷八《两广略》、穆彰阿《（嘉庆）大清一统志》卷四四〇《名宦》亦皆作"提督"。据改。又，李亚元，原作"李亚元"。按本书卷二二〇《吴百朋传》、卷二二二《李佑传》、卷二二三《吴桂芳传》，万斯同《明史》卷三一五《吴百朋传》，《明世宗实录》卷五六一第八九九九页"嘉靖四十五年八月甲申"条，谈迁《国榷》卷六四"嘉靖四十五年八月甲申"条，何乔远《名山藏》卷七九《臣林记》，焦竑《国朝献征录》卷一〇七《征蛮将军都督俞公大猷功行纪》，傅维鳞《明书》卷一六三《叶槐传》，查继佐《罪惟录·列传》卷一九《俞大猷》，陈鹤《明纪》卷三六《世宗纪九》，《明季烈臣传·谭纶》，顾炎武《天下郡国利病书·广东上》，赵翼《廿二史札记》卷三四《明边省攻剿兵数最多》皆作"李亚元"。徐乾学《明史列传》卷七七《郭应聘传》、万斯同《明史》卷三一五《郭应聘传》、王鸿绪《明史稿》列传卷一〇二《郭应聘传》第五〇五页上作"李亚元"。似作"李亚元"是，据改。王颂蔚《明史考证捃逸》已论及，原校勘记宜改写。

劫知州杨惟执指挥胡翰（卷二二一列传第一〇九，页五八一四行五）

按：胡翰，原作"胡潮"。本书卷三一七《平乐传》、卷三一七《广西土司一》，万斯同《明史》卷四一二《土司传》，王鸿绪《明史稿》列传卷一〇二《郭应聘传》第五〇五页上、卷一九一《平乐传》第一七九页下，瞿九思《万历武功录》卷四《府江右江诸獞列传》，夏燮《明通鉴》卷六六"万历元年正月甲戌"条作"胡翰"。徐乾学《明史列传》卷七七《郭应聘传》、万斯同《明史》卷三一五《郭应聘传》、郭应聘《郭襄靖公遗集》卷二三《与刘仁山宪副》、郭应聘《西南纪事》卷二《讨平府江》、金鉷《（雍正）广西通志》卷六八《名宦》作"胡潮"。毛奇龄《蛮司合志》卷一四《两广三》作"胡瀚"。综上，似作"胡翰"是。原校勘记宜改写。

吏部侍郎陆光祖为御史赵之翰所劾（卷二二一列传第一〇九，页五八一六行七）

按：赵之翰，本书卷二二四《陆光祖传》、王鸿绪《明史稿》列传卷一〇三《陆光祖传》第五一六页上，《明神宗实录》卷一五五第二八六一页"万历十二年十一月甲申"条、第二八六九页甲午条、卷二一二第三九八五页"万历十七年六月癸卯"条，许弘纲《群玉山房疏草》卷上《纠劾大臣疏》作"周之翰"。徐乾学《明史列传》卷七七《耿定向传》、天一阁本万斯同《明史列传》第二册《耿定向传》、万斯同《明史》卷三二八《耿定向传》、王鸿绪《明史稿》列传卷一〇二《耿定向传》第五〇六页上作"赵之翰"。另据本书卷二一六《刘应秋传》、卷二一九《张位传》、谷应泰《明史纪事本末》卷六七《争国本》、吴亮《万历疏钞》卷二八《屯马类·条陈屯马事宜疏》、沈德符《万历野获编》卷一八《忧危竑议》所载，万历间任御史者有赵之翰，而无周之翰。似作"赵之翰"是。原校勘记宜改写。

劾罢严嵩党祭酒王材（卷二二一列传第一〇九，页五八二一行五）

按：王材，原作"王才"。徐乾学《明史列传》卷七七《魏时亮传·附陈瓒传》、万斯同《明史》卷三一六《陈瓒传》、王鸿绪《明史稿》列传卷一〇二《魏时亮传·附陈瓒传》第五〇八页上、《明世宗实录》卷五一三第八四二二页"嘉靖四十一年九月戊戌"条、谈迁《国榷》卷六三"嘉靖四十一年九月丁酉"条、谷应泰《明史纪事本末》卷五四《严嵩用事》、徐学聚《国朝典汇》卷四二《吏部·论劾》皆作"王材"，据改。

长娶大成比妓不相得把汉自聘我儿都司女（卷二二二列传第一一〇，页五八三九倒六行）

按：大成比妓、我儿都司，本书卷三二七《鞑靼传》、方象瑛《明史分稿残编》卷下《少保兵部尚书赠太保谥襄毅王崇古》皆作"大成比吉""祆儿都司"。《景印文渊阁四库全书》本《明史》卷二二二《王崇古传》、卷三二七《鞑靼传》分别作"岱青必济""鄂尔多斯"。何乔远《名山藏》卷一〇八《王享记四》、茅元仪《武备志》卷二二六《四夷四·北虏考三》、叶向高《苍霞草》卷二〇《北虏考》、王士琦《三云筹俎考》卷二

《封贡》、张岱《石匮书》卷二一九《北卤》、陈鹤《明纪》卷三八《穆宗纪二》作"大成比妓""袄儿都司"。上述差异，皆因音译不同所致。原校勘记宜改写。

银豹及朝猛劫杀参政黎民衷（卷二二二列传第一一〇，页五八五九行四）

按：参政黎民衷，本书卷二一二《俞大猷传》作"参政黎民表"。查继佐《罪惟录·帝纪》卷一二《世宗肃皇帝》作"参政黎民表"。然本书卷三一七《广西土司》、万斯同《明史》卷三一五《殷正茂传》、王鸿绪《明史稿》列传卷一〇〇《殷正茂传》第四九〇页上、《明世宗实录》卷五四一第八七五八页"嘉靖四十三年十二月壬辰"条、谈迁《国榷》卷六四"嘉靖四十三年十二月壬辰"条、俞大猷《正气堂集》卷一六《讨古田贼呈》、张瀚《台省疏稿》卷五《会议军饷征剿古田疏》、陈子龙《明经世文编》卷三〇〇《会议军饷征剿古田疏》、何乔远《名山藏》卷二八《典谟记·世宗肃皇帝》、郭应聘《郭襄靖公遗集》卷一七《征复古田》皆作"参政黎民衷"。另，据本书卷二八七《黄佐传·附欧大任传黎民表传》、焦竑《国朝献征录》卷四十七欧大任《梁比部传》、过庭训《本朝分省人物考》卷一一一《黎民表传》、朱彝尊《静志居诗话》卷一四《黎民表》载："黎民表，字维敬，广东从化人，民衷弟，嘉靖举人，选授内阁中书舍人，出为南京兵部员外，终布政司参议。"疑本书此处不误。原校勘记宜改写。

武定知府凤英死（卷二二三列传第一一一，页五八六三倒二行）

按：凤英，原作"凤应"。本书卷三一四《云南土司二》，徐乾学《明史列传》卷七一《盛应期传》，万斯同《明史》卷二九一《盛应期传》，《明武宗实录》卷一六第四八四页"正德元年八月壬子"条，焦竑《国朝献征录》卷五九袁袠撰《都察院右都御史吴江盛公应期传》，王振《识大录·盛应期传》，陆粲《陆子余集》卷四《明故资善大夫都察院右都御史盛公行状》，谈迁《国榷》卷四六"正德元年八月戊申"条、卷六四"嘉靖四十二年三月丁亥"条皆作"凤英"，据改。

与给事中王元春御史黄襄交章请罢衡（卷二二三列传第一一一，页五八六六行三）

按：黄襄，原作"王襄"。本书卷八五《河渠志三》、万斯同《明史》卷三一四《朱衡传》、王鸿绪《明史稿》列传卷一〇一《朱衡传》第四九四页下、徐乾学《明史列传》卷七八《朱衡传》、傅泽洪《行水金鉴》卷一一七《运河水》、陈鹤《明纪》卷三六《世宗纪九》皆作"黄襄"。夏燮《明通鉴》卷六三"嘉靖四十五年九月庚戌"条、《明季烈臣传·朱衡传》作"王襄"。另，《明世宗实录》卷五六二第九〇一二页"嘉靖四十五年九月庚戌"条作"黄衮"。"衮"当是"襄"之误。疑作"黄襄"，据改。原校勘记宜改写。

降贼王西桥（卷二二三列传第一一一，页五八七四行八）

按：王西桥，本书卷二一二《俞大猷传》、万斯同《明史》卷三一九《俞大猷》作"王世桥"。然徐乾学《明史列传》卷七八《吴桂芳传》、万斯同《明史》卷三一五《吴桂芳传》、王鸿绪《明史稿》列传一〇一《吴桂芳传》第四九八页上、《明世宗实录》卷五五五第八九三〇页"嘉靖四十五年二月甲戌"条、何乔远《名山藏》卷二九《典谟记·穆宗庄皇帝》、郭应聘《郭襄靖公遗集》卷二三《与王参戎》、焦竑《国朝献征录》卷五九王宗沐撰《赠太子少保工部尚书兼都察院右副都御史吴公桂芳行状》、张瀚《台省疏稿》卷五《擒获贼首疏》、顾炎武《肇域志》卷四八、傅维鳞《明书》卷一六三《叶槐传》、陈鹤《明纪》卷三六《世宗纪九》皆作"王西桥"，疑本书此处不误。下同。原校勘记宜改写。

佐涂宗浚封顺义王（卷二二三列传第一一一，页五八七八行八至九）

按：涂宗浚，原作"余宗浚"。本书卷三二七《鞑靼》、方象瑛《明史分稿残编》卷下《太子太保兵部尚书赠少保谥恭襄涂宗浚》、徐乾学《明史列传》卷七八《王宗沐传·附王士琦传》、万斯同《明史》卷三一四《王宗沐传·附王士琦传》、《明神宗实录》卷五一八第九七六八页"万历四十二年三月庚申"条、谈迁《国榷》卷八二"万历四十二年三月庚申"条、徐开任《明名臣言行录》卷七五《涂宗浚传》、方孔炤《全边略记》卷二《大同略》、谷应泰《明史纪事本末》卷六〇《谙达封贡》、陈子龙

《明经世文编》卷四四九《涂司马北虏封贡始末疏》皆作"涂宗浚"，据改。

主事顾允成张纳陛贾岩（卷二二四列传第一一二，页五八九五行五）

按：张纳陛，原作"张纳升"。本书卷二一八《王锡爵传》、卷二四三《高攀龙传》、徐乾学《明史列传》卷八〇《孙鑛传》、万斯同《明史》卷三三〇《孙鑛传》、王鸿绪《明史稿》列传卷一〇三《孙鑛传》第五一七页上、《明神宗实录》卷二五八第四八〇一页"万历二十一年三月癸未"条、高汝杙《皇明续纪三朝法传全录》卷四"万历二十一年正月"条、谷应泰《明史纪事本末》卷六六《东林党议》、陈鼎《东林列传》卷一四《孙鑛传》、黄汝亨《寓林集》卷一六《明吏部尚书赠太子太保光禄大夫清简孙公神道碑》、刘宗周《刘蕺山集》卷一奏疏一《请恤神庙罪废诸臣疏》、谈迁《国榷》卷七六"万历二十一年三月己未"条、庄廷鑛《明史钞略》、孙承泽《春明梦余录》卷一三《国本》、张岱《石匮书》卷一八四《门户列传总论》、陈鹤《明纪》卷四三《神宗纪五》皆作"张纳陛"，据改。原校勘记宜改写。

于是思孝及员外郎岳元声连章讦丕扬（卷二二四列传第一一二，页五九〇二行二至三）

按：岳元声，《明神宗实录》卷二九一第五三八九页"万历二十三年十一月丁丑"条、谈迁《国榷》卷七七"万历二十三年十一月丁丑"条作"乐元声"。然本书卷二二九《沈思孝传》、徐乾学《明史列传》卷八〇《孙丕扬传》、万斯同《明史》卷三三〇《孙丕扬传》、王鸿绪《明史稿》列传卷一〇三《孙丕扬传》第五二〇页下、查继佐《罪惟录·列传》卷一三下《岳元声传》、吴应箕《东林事略·东林事略本末中》、谷应泰《明史纪事本末》卷六六《东林党议》、傅维鳞《明书》卷一三四《孙鑛传》、盛枫《嘉禾征献录》卷一二《沈思孝》、陈鹤《明纪》卷四三《神宗纪五》、《明季烈臣传·孙丕扬》皆作"岳元声"。疑本书不误。原校勘记宜改写。

给事中乔胤等三十三人（卷二二四列传第一一二，页五九〇六行一至二）

按：乔胤，原作"乔允"。徐乾学《明史列传》卷八〇《蔡国珍传》、万斯同《明史》卷三三〇《蔡国珍传》、王鸿绪《明史稿》列传卷一〇三《蔡国珍传》第五二二页下、《明神宗实录》卷三一一第五八一五页"万历二十五年六月壬午"条、沈德符《万历野获编》卷九《太宰推内阁》、谈迁《国榷》卷七六"万历二十二年十月乙丑"条、吴亮《万历疏钞》卷一六《起废类》皆作"乔胤",据改。

惟给事中曹于汴宋一韩御史陈宗契持不可(卷二二四列传第一一二,页五九〇八倒四至三行)

按:曹于汴,原作"曾于汴"。本书卷二四五《曹于汴传》、徐乾学《明史列传》卷八〇《杨时乔传》、万斯同《明史》卷三三〇《杨时乔传》、王鸿绪《明史稿》列传卷一〇三《杨时乔传》第五二三页下、《明神宗实录》卷四三三第八一八四页"万历三十五年五月乙丑"条、蒋平阶《东林始末·三十五年五月》、谈迁《国榷》卷八〇"万历三十五年五月乙丑"条、谷应泰《明史纪事本末》卷六六《东林党议》、沈佳《明儒言行录》续编卷二《曹于汴传》、陈鹤《明纪》卷四六《神宗纪八》、《明季烈臣传·曹于汴》、谢旻《(雍正)江西通志》卷八六《人物二十一》皆作"曹于汴",据改。原校勘记宜改写。

其秋以年例出御史宋盘(卷二二五列传第一一三,页五九二四行四)

按:宋盘,原作"李盘"。本书卷二五四《孙居相传》、万斯同《明史》卷三三〇《郑之继传》、王鸿绪《明史稿》列传卷一〇四《郑继之传》第五三〇页上及一三四《孙居相》第三〇七页上皆作"宋盘",据改。

出兵科都给事中张国儒御史马孟祯徐良彦于外(卷二二五列传第一一三,页五九二四倒四行)

按:马孟祯,原作"马孟桢"。按,本书卷二三〇《马孟祯传》、万斯同《明史》卷三四一《马孟祯传》、王鸿绪《明史稿》列传卷一一四《马孟祯传》第九四页上,事迹与此合。另,本书卷二三六《王元翰传》、方象瑛《明史分稿残编》卷下《太仆少卿马孟祯》、王鸿绪《明史稿》列传卷一〇四《郑继之传》第五二九页下、万邦荣《明史列传分纂》卷一《郑之继传》、陈鼎《东林列传》卷二〇《马孟祯传》、夏燮《明通鉴》卷七五

"万历四十三年二月己卯"条、陈鹤《明纪》卷四八《神宗纪十》皆作"马孟祯",据改。

张烨驻通州（卷二二七列传第一一五，页五九六二行八）

按：张烨，原作"张晔"。徐乾学《明史列传》卷八一《李颐传》，万斯同《明史》卷三三四《李颐传》、卷三四一《汤兆京传》，《明神宗实录》卷三三二第六一三七页"万历二十七年三月庚辰"条，谈迁《国榷》卷八二"万历四十四年四月丙午"条，庄廷鑨《明史钞略·贞皇帝本纪》，查继佐《罪惟录·列传》卷一三下《王纪传》，陈子龙《明经世文编》卷四七三王纪撰《纠劾税珰抗诏罔利疏》皆作"张烨",据改。

吉囊卜庄等乞款（卷二二七列传第一一五，页五九六六倒五行）

按：卜庄，《明神宗实录》卷三六二第六七五九页"万历二十九年八月辛卯"条、谈迁《国榷》卷七七"万历二十九年八月辛卯"条作"庄卜"。然徐乾学《明史列传》卷八一《孙维城传》、万斯同《明史》卷三三四《孙维城传》、王鸿绪《明史稿》列传卷一○六《孙维城传》第一八页下、万邦荣《明史列传分纂》卷三《孙维城传》、焦竑《国朝献征录》卷六三于慎行撰《都察院右金都御史孙公维城墓志铭》、过庭训《本朝分省人物考》卷九六《孙维城》、陈鹤《明纪》卷四五《神宗纪七》皆作"卜庄"。原校勘记误改"《明神宗实录》卷三六二"万历二十九年八月辛卯"条为"《明神宗实录》卷三六二嘉靖二十九年八月辛卯条"，兹回改。

论罢御史赵燿（卷二二七列传第一一五，页五九六八倒五行）

按：赵燿，原作"赵耀"。本书卷二二五《赵焕传》、徐乾学《明史列传》卷八一《郭惟贤传》、万斯同《明史》卷三三四《郭惟贤传》、万邦荣《明史列传分纂》卷三《郭惟贤传》、《明神宗实录》卷一三九第二五八三页"万历十一年七月癸未"条、谈迁《国榷》卷八一"万历三十七年四月丁卯"条、陈鹤《明纪》卷四一《神宗纪三》皆作"赵燿",据改。原校勘记宜改写。

时诏许后父永年伯王伟乘肩舆（卷二二七列传第一一五，页五九七〇行六至七）

按：王伟，徐乾学《明史列传》卷八一《万象春传》、万斯同《明史》卷三三四《万象春传》、谷应泰《明史纪事本末》卷六七《争国本》作"王祎"。王鸿绪《明史稿》列传卷一〇六《万象春传》第二一页上、万邦荣《明史列传分纂》卷三《万象春传》、《明神宗实录》卷一五二第二八二三页"万历十二年八月庚午"条、《弇山堂别集》卷三九《恩泽公侯伯表》、葛昕《集玉山房稿》卷一《请慎戚畹恤典疏》、谈迁《国榷》卷七二"万历十二年八月庚午"条、嵇璜《续文献通考》卷二〇九《封建考》皆作"王伟"。似作"王伟"是。

与同官何倬王慎德交章请建储（卷二二七列传第一一五，页五九七一行四）

按：何倬，原作"何卓"。徐乾学《明史列传》卷八一《钟化民传》、万斯同《明史》卷三三四《钟化民传》、《明神宗实录》卷一八二第三三九七页"万历十五年正月壬子"条、谈迁《国榷》卷七四"万历十五年正月壬子"条、谷应泰《明史纪事本末》卷六七《争国本》、黄叔璥《南台旧闻》卷九《谠论》皆作"何倬"，据改。

税使马堂张烨议加盐税（卷二二七列传第一一五，页五九七二倒四行）

按：张烨，原作"张日华"。徐乾学《明史列传》卷八一《李颐传》，万斯同《明史》卷三三四《李颐传》、卷三四一《汤兆京传》，《明神宗实录》卷三三二第六一三七页"万历二十七年三月庚辰"条，谈迁《国榷》卷八二"万历四十四年四月丙午"条，庄廷鑨《明史钞略·贞皇帝本纪》，查继佐《罪惟录·列传》卷一三下《王纪传》，陈子龙《明经世文编》卷四七三王纪撰《纠劾税珰抗诏罔利疏》皆作"张烨"，据改。另，万斯同《明史》卷三三九《吴达可传》作"曅"，亦误。

家丁高益等乘胜入北门（卷二二八列传第一一六，页五九七七倒一行至五九七八行一）

按：高益，徐乾学《明史列传》卷八五《魏学曾传》、王鸿绪《明史稿》列传卷一〇七《魏学曾传》第二三页上作"高孟"。然万斯同《明史》卷三三三《魏学曾传》、万邦荣《明史列传分纂》卷四《魏学曾传》、谷应泰《明史纪事本末》卷六三《平巴拜》、夏燮《明通鉴》卷六九"万历二十年四月甲寅"条、胡林翼《读史兵略续编》卷一〇《祁彪佳》、毛霦《平叛记》卷下、陈鹤《明纪》卷四三《神宗纪五》作"高益"。疑作"高益"是。

监军御史梅国桢（卷二二八列传第一一六，页五九七八行九）

按：梅国桢，原作"梅国祯"。本书本卷有《梅国桢传》，事迹与此合。另，本书卷二三八《李成梁传》、万斯同《明史》卷三三三《魏学曾传及梅国桢传》、王鸿绪《明史稿》列传卷一一五《李成梁传》第一〇七页上、万邦荣《明史列传分纂》卷四《魏学曾传·附梅国桢传》、《明神宗实录》卷二四七第四五〇六页"万历二十年四月戊申"条、焦竑《国朝献征录》卷一七朱赓撰《光禄大夫柱国少傅兼太子太傅吏部尚书太极殿大学士赠太傅谥文懿赵公志皋墓志铭》、陈子龙《明经世文编》卷五〇二《西师记略》、谷应泰《明史纪事本末》卷六三《平巴拜》、钱谦益《牧斋初学集》卷六四《梅公神道碑》、查继佐《罪惟录·列传》卷三一《哱拜》、徐开任《明名臣言行录》卷七五《侍郎梅公国桢》、《明进士题名碑录》万历癸未科皆作"梅国桢"，据改。下同。原校勘记宜改写。

而以都御史李汶代（卷二二八列传第一一六，页五九八一倒三行）

按：李汶，本书卷三〇五《陈矩传》、卷三二七《鞑靼传》、王鸿绪《明史稿》列传卷二〇一《鞑靼传》第三〇五页上、《景印文渊阁四库全书》本《明史》卷二二八《魏学曾传·附叶梦熊传》皆作"李旼"。然徐乾学《明史列传》卷八五《魏学曾传·附叶梦熊传》、万斯同《明史》卷三三三《叶梦熊传》、王鸿绪《明史稿》列传卷一〇七《魏学曾传·附叶梦熊传》第二五页上、万邦荣《明史列传分纂》卷四《魏学曾传·附叶梦熊传》、《明神宗实录》卷二九四第五四六七页"万历二十四年二月癸丑"条、谈迁《国榷》卷七七"万历二十四年二月癸丑"条皆作"李汶"。似作"李汶"是。王颂蔚《明史考证攟逸》已论及，并改"李汶"为"李旼"。原校勘记宜改写。

应龙之先曰杨铿（卷二二八列传第一一六，页五九八四行六至七）

按：杨铿，原作"杨鉴"。本书卷三一二《播州宣慰司传》、王鸿绪《明史稿》列传卷一八六《播州宣慰司传》第一〇二页上、《明太祖实录》

卷七一第一三一九页"洪武五年正月乙丑"条、方孝孺《逊志斋集》卷一四《奉教送宣慰使杨铿还播州诗序》、王世贞《弇山堂别集》卷七七《赏赉考下》、何乔新《椒邱文集》卷三二《奏议集略》、瞿九思《万历武功录》卷五《播酋杨应龙列传》、王圻《续文献通考》卷二二八《舆地考·杨应龙始末》、鄂尔泰《（乾隆）贵州通志》卷二一《秩官·播州杨氏本末》皆作"杨铿"，据改。原校勘记宜改写。

都御史李世达侍郎李祯疏直用贤（卷二二九列传第一一七，页六〇〇二行一）

按：李祯，原作"李桢"。本书卷二二一《李祯传》、卷二三一《安希范传》、卷二四三《高攀龙传》，万斯同《明史》卷三二五《赵用贤传》、卷三三一《李祯传》，王鸿绪《明史稿》列传卷一〇二《李祯传》第五一〇页上，广方言馆本与抱经楼本《明神宗实录》卷二六七第四九七二页"万历二十一年闰十一月甲午"条，徐开任《明名臣言行录》卷六八《大理寺丞傅公应祯》，陈鼎《东林列传》卷一三《吴弘济传》皆作"李祯"，据改。原校勘记宜改写。

户部主事姜士昌疏斥政府私人（卷二三〇列传第一一八，页六〇一一倒三行）

按：姜士昌，原作"张士昌"。按本书本卷有《姜士昌传》，事迹与此合。又本书卷二三一《史孟麟传》、徐乾学《明史列传》卷八四《万国钦传》、万斯同《明史》三二七《万国钦传》、王鸿绪《明史稿》列传卷一一二《万国钦传》第七五页下、万邦荣《明史列传分纂》卷六《万国钦传》、《明神宗实录》卷二一八第四〇七三页"万历十七年十二月癸未"条、赵用贤《松石斋集·文集》卷四《申定国是疏》、吴亮《万历疏钞》卷六《国是类·职居言责指摘非人乞赐罢斥以解党锢以杜谗谄疏》、邹钟泉《道南渊源录》卷六万斯同撰《史玉池先生传》皆作"姜士昌"，据改。原校勘记宜改写。

孟祯及南京给事中段然并上疏极论（卷二三〇列传第一一八，页六〇二四行三）

按：段然，本书卷二三二《李三才传》、万斯同《明史》卷三三五

《李三才传》、王锡爵《王文肃公文集》卷五三《辨论密揭疏》、王以宁《王以宁奏疏》卷一《请终养以尽子情以息危机疏》、谈迁《国榷》卷八〇"万历三十六年九月乙酉"条、吴应箕《东林本末》卷中、谷应泰《明史纪事本末》卷六六《东林党议》、《明季烈臣传·李三才传》同。然徐乾学《明史列传》卷九〇《马孟祯传》、万斯同《明史》卷三四一《马孟祯传》、王鸿绪《明史稿》列传卷一一四《马孟祯传》第九四页上、万邦荣《明史列传分纂》卷六《马孟祯传》、《明神宗实录》卷四六七第八八一〇页"万历三十八年二月庚申"条、王锡爵《王文肃公文集》卷五三《八辞召命疏》作"叚然"。下同。

中书舍人张光房（卷二三〇列传第一一八，页六〇二四倒二行）

按：张光房，原作"张先房"。本书卷二二五《郑继之传》及卷二五四《孙居相传》、徐乾学《明史列传》卷九〇《马孟祯传》、万斯同《明史》卷三四一《马孟祯传》、王鸿绪《明史稿》列传卷一〇四《郑继之传》第五三一页上、万邦荣《明史列传分纂》卷六《马孟祯传》、《明神宗实录》卷五二八第九九一九页"万历四十三年正月甲子"条、周念祖《万历辛亥京察记事始末》卷七、周起元《周忠愍奏疏》卷上《西台奏疏·题为摘陈漕河吃紧要务以裨国计事疏》、陈鹤《明纪》卷四八《神宗纪九》、《明进士题名碑录》万历辛丑科皆作"张光房"，据改。原校勘记宜改写。

诏从巡抚陈用宾言（卷二三〇列传第一一八，页六〇二五行七）

按：陈用宾，原作"赵用宾"。本书卷二一《神宗本纪》及卷三〇五《梁永传》，徐乾学《明史列传》卷九〇《汪若霖传》，万斯同《明史》卷三四〇《汪若霖传》，万邦荣《明史列传分纂》卷六《汪若霖传》，《明神宗实录》卷四一四第七七五四页"万历三十三年十月戊申"条、卷四一七第七八七七页"万历三十四年正月癸巳"条、卷四一九第七九二九页"万历三十四年三月己卯"条，谈迁《国榷》卷八〇"万历三十四年三月己卯"条，陈鹤《明纪》卷四六《神宗纪八》皆作"陈用宾"，据改。黄云眉《明史考证》已论及。原校勘记宜改写。

命四川丘乘云兼领（卷二三〇列传第一一八，页六〇二五行七）

按：丘乘云，原作"丘承云"。本书卷三〇五《梁永传》、徐乾学《明史列传》卷九〇《汪若霖传》、万斯同《明史》卷三四〇《汪若霖传》、《明神宗实录》卷四一九第七九二九页"万历三十四年三月己卯"条及第七九三二页"万历三十四年三月丁亥"条、吴亮《万历疏钞》卷二九《矿税类》、陈子龙《明经世文编》卷四四四《四川异常困苦乞赐特恩以救倒悬疏》、谷应泰《明史纪事本末》卷六五《矿税之弊》、谈迁《国榷》卷八〇第七九三二页"万历三十四年三月己卯"条、查继佐《罪惟录·列传》卷一一中《周嘉谟》、张岱《石匮书》卷一八八《周嘉谟列传》、徐开任《明名臣言行录》卷七九《尚书周公嘉谟》、邹漪《启祯野乘》卷二《周尚书传》、陈鼎《东林列传》卷一八《周嘉谟传》、陈鹤《明纪》卷四六《神宗纪八》皆作"丘乘云",据改。原校勘记宜改写。

御史唐世济者敬邑人也（卷二三一列传第一一九，页六〇五二行六）

按：唐世济，原作"汤世济"。本书卷二三六《夏嘉遇传》、万斯同《明史》卷三四一《叶茂才传》、徐乾学《明史列传》卷八五《叶茂才传》、谷应泰《明史纪事本末》卷六六《东林党议》皆作"唐世济"，据改。陈鼎《东林列传》卷二二《叶茂才传》作"汤世济"，亦误。

牛惟炳（卷二三二列传第一二〇，页六〇五九行四）

按：牛惟炳，原作"牛惟柄"。徐乾学《明史列传》卷八一《王国传》、万斯同《明史》卷三三四《王国传》、王鸿绪《明史稿》列传卷一〇六《王国传》第一九页下、《明神宗实录》卷一二五第二三三七页"万历十年六月庚戌"条、戚祚国《戚少保年谱耆编》卷一二、沈德符《万历野获编》卷二三《假昙阳》、谈迁《国榷》卷七一"万历十年六月庚戌"条、陈鹤《明纪》卷四〇《神宗纪二》皆作"牛惟炳"，据改。原校勘记宜改写。

论救给事中魏呈润御史李曰辅王绩灿（卷二三三列传第一二一，页六〇七一行三至四）

按：王绩灿，原作"王绩粲"。本书卷二五八《吴执御传·附有王绩灿传》，事迹与此合。另万斯同《明史》卷三七〇《吴执御传·附王绩灿传》、王鸿绪《明史稿》列传卷一一〇《姜应麟传·附姜思睿传》第五四页下、王鸿绪《明史稿》列传卷一四二《吴执御传·附王绩灿传》第四〇四页下、万邦荣《明史列传分纂》卷九《姜应麟传·附姜思睿传》、孙承泽《春明梦余录》卷四五《刑部二》、陈鼎《东林列传》卷七《卫景瑗传》皆作"王绩灿",据改。徐乾学《明史列传》卷八四《姜应麟传·附姜思睿传》作"王绩粲",亦误。原校勘记宜改写。

劾妃父郑承宪（卷二三三列传第一二一，页六○七二行三）

按：郑承宪，本书卷三○○及王鸿绪《明史稿》列传卷一七七《外戚传》第三三四页上作"郑成宪"。然本书卷二一七《沈鲤传》、徐乾学《明史列传》卷八四《陈登云传》、万斯同《明史》卷三三九《陈登云传》、王鸿绪《明史稿》列传卷九五《沈鲤传》第四三○页上、天一阁藏本万斯同《明史稿》第五册《陈登云传》、万邦荣《明史列传分纂》卷九《陈登云传》、《明神宗实录》卷一九九第三七三八页"万历十六年六月庚申"条、沈鲤《亦玉堂稿》卷二《明论戚畹郑承宪乞恤典第二疏》、葛昕《集玉山房稿》卷一《请慎戚畹恤典疏》、叶向高《苍霞续草》卷一四《光禄大夫柱国少保兼太子太保礼部尚书赠太保谥龙江沈公神道碑》、张萱《西园闻见录》卷九五《顾公九思》、陈子龙《明经世文编》卷四一八沈鲤撰《参戚畹郑承宪乞恤典第二疏》、王士禛《居易录》卷一二、谷应泰《明史纪事本末》卷六七《争国本》、徐开任《明名臣言行录》卷七二《大学士沈文端公鲤》皆作"郑承宪"，疑本书此处不误。原校勘记宜改写。

副使崔应麟见民啖泽中雁矢（卷二三三列传第一二一，页六○七三行一）

按：崔应麟，万斯同《明史》卷三三九《陈登云传》、天一阁藏本万斯同《明史稿》第五册《陈登云传》、万斯同《明史》卷三三九《陈登云传》作"崔应麒"。然徐乾学《明史列传》卷八四《陈登云传》、万邦荣《明史列传分纂》卷九《陈登云传》、《明神宗实录》卷二八五第五二八一页"万历二十三年五月乙酉"条、陈鹤《明纪》卷四三《神宗纪五》作"崔应麟"。待考。

并夺尚书萧大亨侍郎谢杰董裕俸一岁（卷二三三列传第一二一，页六○八六倒四行）

按：谢杰，原作"邵杰"。本书卷二二七及万斯同《明史》卷三三一有《谢杰传》，事迹与此合。另徐乾学《明史列传》卷八四《谢廷讚传》、万斯同《明史》卷三二六《谢廷讚传》、万邦荣《明史列传分纂》卷九《谢廷讚传》、《明神宗实录》卷三三一第六一三二页"万历二十七年二月丙子"条皆作"谢杰"。据改。

出耀邦杰于外（卷二三四列传第一二二，页六〇九九行四）

按：邦杰，原作"世杰"。本书此处上文有"周邦杰"，徐乾学《明史列传》卷八三《李沂传·附周弘禴传》、万斯同《明史》卷三二六《周弘禴传》、万邦荣《明史列传分纂》卷一〇《李沂传·附周弘禴传》亦作"邦杰"，据改。王鸿绪《明史稿》列传卷一〇九《李沂传·附周弘禴传》第四七页下作"世杰"，盖本书此处袭此而误。

祖文怕（卷二三四列传第一二二，页六一〇七行一）

按：文怕，万斯同《明史》卷三二六《刘纲传》作"文恻"。似作"文怕"是。

锦衣千户郑一麟奏开昌平银矿（卷二三四列传第一二二，页六一〇九行一）

按：郑一麟，本书卷二三五《张养蒙传》、徐乾学《明史列传》卷八四《戴士衡传》、王鸿绪《明史稿》列传卷一一二《戴士衡传》第八〇页上、万邦荣《明史列传分纂》卷一〇《戴士衡传》、吴亮《万历疏钞》卷一二《台宪类·纪纲轻重渐乖疏》、王圻《续文献通考》卷二七《征榷考》，朱国祯《涌幢小品》卷三《攻上官》、傅维鳞《明书》卷八二《食货志二》、查继佐《罪惟录·列传》卷一三下《张养蒙》、《明季烈臣傅·戴士衡传》同。然万斯同《明史》卷三三七《戴士衡传》，《明神宗实录》卷三〇三第五六八三页"万历二十四年十月丁丑"条、第五六八七页"戊寅"条，沈一贯《敬事草》卷四《言京口仪真税事揭帖》，谈迁《国榷》卷七八"万历二十七年正月丁酉"条皆作"郑一麒"。本书此处当不误。

劾左都督王之桢久掌锦衣（卷二三五列传第一二三，页六一二七倒二至一行）

按：王之桢，原作"王之祯"。本书卷二二五《李戴传》、卷二三四《翁宪祥传》、万斯同《明史》卷三四九《何士晋传》，王鸿绪《明史稿》

列传卷一一四《翁宪祥传》第九八页下、卷一二四《何士晋传》,《明神宗实录》卷四五一第八五三二页"万历三十六年十月丙寅"条,叶向高《纶扉奏草》卷一七《请处分时事揭》,高汝栻《皇明续纪三朝法传全录》卷七"万历四十年五月"条,刘若愚《酌中志》卷二《忧危竑议后纪第二》,文秉《先拨志始》卷上《万历起至天启四年止》,谈迁《国榷》卷八〇"万历三十六年十月丙寅"条皆作"王之桢",据改。下同。原校勘记宜改写。

王曰乾逆徒也（卷二三五列传第一二三,页六一二九行一）

按:王曰乾,本书卷二一《光宗本纪》、卷一一四《郑贵妃传》、卷二四〇《叶向高传》,万斯同《明史》卷三四九《何士晋传》,谷应泰《明史纪事本末》卷六七《争国本》,查继佐《罪惟录·列传》卷二《王皇后》,徐开任《明名臣言行录》卷七二《少师叶文忠公向高》,张岱《石匮书》卷一八五《叶向高列传》,孙承泽《春明梦余录》卷一三《光宗实录》,《明内廷规制考》卷二《国史》作"王日乾"。王鸿绪《明史稿》列传卷一二四《何士晋传》第二〇〇页下、《明神宗实录》卷五〇九第九六三五页"万历四十一年六月己丑"条、《明光宗实录》卷一、沈德符《万历野获编》卷二八《食人》、叶向高《纶扉奏草》卷二〇《为王曰乾事情揭》、陆梦龙《挺击始末》、沈国元《皇明从信录》卷四〇"万历四十一年六月"条、傅维鳞《明书》卷一七《光宗贞皇帝本纪》、谈迁《国榷》卷八一"万历四十一年六月己丑"条、陈鼎《东林列传》卷一七《叶向高传》皆作"王曰乾"。似作"王曰乾"是。王颂蔚《明史考证捃逸》已论及。原校勘记宜改写。

杨镐李如桢丧师论死（卷二三五列传第一二三,页六一三三倒二行）

按:李如桢,原作"李如祯"。本书卷二三八《李成梁传》、万斯同《明史》卷三三七《王德完传》、王鸿绪《明史稿》列传卷一一〇《王德完传》第六二页下、万邦荣《明史列传分纂》卷一一《王德完传》、《明熹宗实录》卷一〇第五二三页"天启元年五月乙卯"条、沈国元《两朝从信录》卷五"天启元年二月"条、陈子龙《明经世文编》卷四五二梅国祯撰《为叛丁悖乱异常时事万分可虑疏》、程开祜《筹辽硕画》卷四五、谈迁

《国榷》卷八四"天启元年五月戊申"条、庄廷鑨《明史钞略·哲皇帝本纪上》、查继佐《罪惟录·帝纪》卷一六《熹宗哲皇帝》、张岱《石匮书》卷一五《熹宗本纪》皆作"李如桢",据改。按,如桢兄弟名如松、如柏、如樟、如梅,皆从木不从示,见本书《李成梁传》。王颂蔚《明史考证捃逸》已论及。原校勘记宜改写。

丁巳主察者郑继之李志也(卷二三五列传第一二三,页六一三五倒六行)

按:李鋕,原作"李志"。本书卷一一二《七卿年表》、卷二二五《郑继之传》、万斯同《明史》卷三五四《刘廷元传》及《明熹宗实录》卷六一第二八九四页"天启五年七月甲戌"条、吴应箕《东林事略·门户始末》、陈鼎《东林列传》卷末下《附熹宗原本本纪下》皆作"李鋕",据改。王颂蔚《明史考证捃逸》已论及。原校勘记宜改写。

奏驸马都尉侯拱宸从父豪夺民田(卷二三六列传第一二四,页六一四六行七)

按:侯拱宸,本书卷一二一《寿阳公主传》、谈迁《国榷》卷七二"万历十一年四月己未"条作"侯拱辰"。本书卷二二〇《李世达传》、徐乾学《明史列传》卷八二《江东之传》、万斯同《明史》卷三二五《江东之传》、王鸿绪《明史稿》列传卷一〇八《江东之传》第四三页下、万邦荣《明史列传分纂》卷一二《江东之传》、《明神宗实录》卷一三六第二五三一页"万历十一年四月戊午"条、沈德符《万历野获编》补遗卷一《主婿遭辱》、叶向高《纶扉奏草》卷二八《请加恩侯驸马揭》皆作"侯拱宸"。似作"侯拱宸"是。王颂蔚《明史考证捃逸》已论及。原校勘记宜改写。

东厂太监卢受纵其下横都市(卷二三六列传第一二四,页六一四七倒三行)

按:卢受,原作"卢爱"。本书卷二三四《徐大相传》、卷二三五《王德完传》、卷二四四《周朝瑞传》、卷二五四《曹珖传》,徐乾学《明史列传》卷九〇《汤兆京传》,万斯同《明史》卷三四一《汤兆京传》,王鸿绪《明史稿》列传一一四《汤兆京传》第九三页上,沈德符《万历野获编》

卷二〇《张寰应工部》，刘若愚《酌中志》卷五《三朝典礼之臣纪略》，陆梦龙《挺击始末》，倪元璐《倪文贞集》卷九《巡抚应天都察院右佥都御史立宇王公墓志铭》，谷应泰《明史纪事本末》卷六八《三案》，张岱《石匮书》卷一八八《王之寀列传》，陈鼎《东林列传》卷末上《附熹宗原本本纪上》皆作"卢受"，据改。王颂蔚《明史考证捃逸》已论及。原校勘记宜改写。

金士衡字秉中（卷二三六列传第一二四，页六一四八行七）

按：秉中，徐乾学《明史列传》卷九〇《金士衡传》、万斯同《明史》卷三四一《金士衡传》作"秉忠"。王鸿绪《明史稿》列传卷一一四《金士衡传》第九三页下、万邦荣《明史列传分纂》卷一二《金士衡传》、陈鼎《东林列传》卷二〇《金士衡传》、《明季烈臣传·金士衡传》、赵宏恩《（乾隆）江南通志》卷一四〇《人物志》皆作"秉中"，疑本书此处不误。

给事中钱梦皋御史张似渠等考察被黜（卷二三六列传第一二四，页六一四九行二至三）

按：张似渠，原作"张以渠"。本书卷二二四《杨时乔传》、徐乾学《明史列传》卷九〇《金士衡传》、万斯同《明史》卷三四一《金士衡传》、万邦荣《明史列传分纂》卷一二《金士衡传》、《明神宗实录》卷四〇七第七六〇三页"万历三十三年三月癸卯"条、伍袁萃《林居漫录》卷四《前集》、周念祖《万历辛亥京察记事始末》卷四、沈德符《万历野获编》卷一二《乙巳两察之异》、《明季烈臣传·孙丕扬传》、黄宗羲《明儒学案》卷四二《端洁杨止庵先生时乔》、陈鹤《明纪》卷四六《神宗纪八》、谢旻《（雍正）江西通志》卷八六《人物二十一》皆作"张似渠"，据改。

陈于廷（卷二三六列传第一二四，页六一五二行六）

按：陈于廷，徐乾学《明史列传》卷九〇《王元翰传》，万斯同《明史》卷三四〇《王元翰传》，《明神宗实录》卷四四九第八五〇三页"万历三十六年八月戊寅"条、卷五三九第一〇二四六页"万历四十三年十一月乙酉"条及谷应泰《明史纪事本末》卷六六《东林党议》、卷七一《魏忠贤乱政》皆作"陈于庭"。王鸿绪《明史稿》列传卷一一四《王元翰传》第九六页下、万邦荣《明史列传分纂》卷一二《王元翰传》、广方言馆本《明神宗实录》卷四四九"万历三十六年八月戊寅"条及卷五三九"万历四十三年十一月乙酉"条、陈鼎《东林列传》卷一六《陈于廷传》、陈鹤《明纪》卷四六《神宗纪八》皆作"陈于廷"。待考。

徐绍吉（卷二三六列传第一二四，页六一六一行四至五）

按：徐绍吉，原作"徐绍言"。本书卷二二四《孙丕扬传》、卷二二五《蒋允仪传》、卷二三二《李三才传》，万斯同《明史》卷三三四《夏嘉遇传》，《景印文渊阁四库全书》本《明史》卷二三六《夏嘉遇传》，万邦荣《明史列传分纂》卷一二《夏嘉遇传》，《明神宗实录》卷五五一第一〇四二三页"万历四十四年十一月戊子"条，谷应泰《明史纪事本末》卷六六《东林党议》，查继佐《罪惟录·列传》卷二《王皇后附王太后郑贵妃魏慎嫔》，陈鼎《东林列传》卷一六《陈于廷传》皆作"徐绍吉"，据改。王颂蔚《明史考证捃逸》已论及。原校勘记宜改写。

千户朱仁请税湖口商舟（卷二三七列传第一二五，页六一六九倒一行）

按：朱仁，原作"李仁"。万斯同《明史》卷三四九《包见捷传》、《明神宗实录》卷三二四第六〇一四页"万历二十六年七月丙戌"条、谷应泰《明史纪事本末》卷六五《矿税之弊》、谈迁《国榷》卷七八"万历二十六年七月甲申"条、夏燮《明通鉴》卷七一"万历二十六年七月丙戌"条皆作"朱仁"，据改。

奉又疑经历车重任教之（卷二三七列传第一二五，页六一七九行六至七）

按：车重任，本书卷三〇五《陈增传·附陈奉传》、王鸿绪《明史稿》列传卷一七九《陈奉传》第五页下、《明熹宗实录》卷三〇第一五〇八页"天启三年正月壬寅"条、沈一贯《敬事草》卷六《救华钰等揭帖》、温纯《温恭毅集》卷六《遵奉圣谕详陈弭变切务恳祈圣明速停矿税逮楚使释被逮诸臣以遏乱萌疏》、吴亮《万历疏钞》卷二九温纯撰《庆典在即恳乞宽逮系并停矿税疏》、高汝栻《皇明续纪三朝法传全录》卷五

"万历二十七年七月"条、谈迁《国榷》卷七八"万历二十七年八月丁丑"条、谷应泰《明史纪事本末》卷六五《矿税之弊》作"车任重"。徐乾学《明史列传》卷八六《华钰传》、王鸿绪《明史稿》列传一一三《华钰传》第八七页上、万邦荣《明史列传分纂》卷一三《华钰传》、《明季烈臣传·吴宗尧传》、陈鹤《明纪》卷四四《神宗纪六》作"车重任"。似作"车任重"是，下同。王颂蔚《明史考证捃逸》已论及。原校勘记宜改写。

黄州知府赵文焕（卷二三七列传第一二五，页六一七九行七至八）

按：赵文焕，本书卷三○五《陈增传·附陈奉传》、王鸿绪《明史稿》列传卷一七九《陈奉传》第五页下、朱吾弼《皇明留台奏议》卷一四萧如松撰《乞洞察利害曲体臣工疏》、谈迁《国榷》卷七八"万历二十七年八月丁丑"条、傅维鳞《明书》卷一五九《陈奉传》、谷应泰《明史纪事本末》卷六五《矿税之弊》作"赵文炜"。《明神宗实录》卷三三八第六二五七页"万历二十七年八月丁丑"条作"赵文炳"。徐乾学《明史列传》卷八六《华钰传》、王鸿绪《明史稿》列传卷一一三《华钰传》第八七页上、万邦荣《明史列传分纂》卷一三《华钰传》、夏燮《明通鉴》卷七二"万历二十七年八月丁酉"条、《明季烈臣传·吴宗尧传》、陈鹤《明纪》卷四四《神宗纪六》作"赵文焕"。待考。原校勘记宜改写。

三十四年则陕西咸阳知县宋时际（卷二三七列传第一二五，页六一八○倒一行至六一八一行一）

按：宋时际，原作"宗时际"。本书卷三○五《梁永传》，徐乾学《明史列传》卷八六《华钰传·附王正志传》，王鸿绪《明史稿》列传卷一一三《华钰传·附王正志传》第八七页下，《明神宗实录》卷四一七第七八七六页"万历三十四年正月癸巳"条及第七八八一页丙申条、卷四一八第七九一三页"万历三十四年二月丁巳"条，沈鲤《亦玉堂稿》卷五《乞免逮咸阳知县宋时际第三疏》，吴亮《万历疏钞》卷二○周懋相撰《税使饰词庇盗有司因事蒙谴疏》，朱吾弼《皇明留台奏议》卷一四李云鹄《劾恶珰请宽逮臣疏》，胡忻《欲焚草》卷二《参税使救逮降两县疏》，过庭训《本朝分省人物考》卷五二《朱赓传》，庄廷鑨《明史钞略·显皇帝本纪三》皆作"宋时际"，据改。另谈迁《国榷》卷八○"万历三十四年正月癸巳"条、谷应泰《明史纪事本末》卷六五《矿税之弊》作"宋时隆"，误。王颂蔚《明史考证捃逸》已论及。原校勘记宜改写。

成梁献议移建孤山堡于张其哈刺佃（卷二三八列传第一二六，页六一九一行七）

按：张其哈刺佃，本书卷二二二《张学颜传》作"张其哈佃"。《景印文渊阁四库全书》本《明史》卷二二二《张学颜传》、卷二三八《李成梁传》作"章嘉哈喇甸"。傅维鳞《明书》卷七五《边防志》作"张其哈喇钿子"。徐昌治《昭代芳摹》卷三一，顾炎武《天下郡国利病书·北直隶上》，谈迁《国榷》卷八一"万历三十七年五月丁未"条、卷九四"崇祯八年六月己丑"条，查继佐《罪惟录·帝纪》卷一四《神宗显皇帝》，张岱《石匮书》卷一三《神宗本纪》，顾祖禹《读史方舆纪要》卷三七《山东八·辽东都指挥使司》，谷应泰《明史纪事本末》补遗卷一《辽左兵端》皆作"张其哈喇佃子"。以上皆因音译不同而异。原校勘记宜改写。

固原总兵李昫攻其西（卷二三八列传第一二六，页六一九九倒三行）

按：李昫，原作"李煦"，据本书卷二二八《魏学曾传》、徐乾学《明史列传》卷八九《麻贵传》、万斯同《明史》卷三二三《马贵传》、王鸿绪《明史稿》列传卷一一六《麻贵传》第一一一页上、《明神宗实录》卷二四九第四六三四页"万历二十六年六月丁酉"条、范景文《昭代武功编》卷九《万历》、方孔炤《全边略记》卷六《宁夏略》、瞿九思《万历武功录》卷一《两京北直隶》、茅瑞征《万历三大征考·哱氏》、沈国元《皇明从信录》卷三六、诸葛元声《两朝平攘路》卷三《宁夏》、谷应泰《明史纪事本末》卷六三《平巴拜》、许重熙《嘉靖以来注略·万历注略》卷九改。

参将苑宗儒追至十八盘山（卷二三九列传第一二七，页六二〇六行六）

按：苑宗儒，原作"范宗儒"。本书卷二一二《俞大猷传》、徐乾学《明史列传》卷一八九《张臣传》、万斯同《明史》卷三二三《张臣传》、王鸿绪《明史稿》列传卷一一六《张臣传》第一一三页上、《景印文渊阁四库全书》本《明史》卷二三九《张臣传》、《明神宗实录》卷五一第一一九〇页"万历四年六月壬午"条、焦竑《国朝献征录》卷一二四《俺答后志》、瞿九思《万历武功录》卷一三《大嬖只炒蛮列传》、方孔炤《全边略记》卷一《蓟门略》、陈子龙《明经世文编》卷四三五冯时可撰《俺答后志》皆作"苑宗儒",据改。谈迁《国榷》卷六九"万历四年六月壬午"条作"施宗儒",误。

大嬖只者顺义王乞庆哈弃妾也（卷二三九列传第一二七，页六二〇六倒二至一行）

按：乞庆哈，徐乾学《明史列传》卷一八九《张臣传》、万斯同《明史》卷三二三《张臣传》、王鸿绪《明史稿》列传卷一一六《张臣传》第一一三页上、《明神宗实录》卷一三八第二五七六页"万历十一年六月丁卯"条、瞿九思《万历武功录》卷一三《大嬖只炒蛮列传》作"乞庆恰"。《景印文渊阁四库全书》本《明史》卷二三九《张臣传》、谷应泰《明史纪事本末》卷六〇《谙达封贡》作"彻辰汗"。瞿九思《万历武功录》卷八《黄台吉列传》、陈子龙《明经世文编》卷三四二《题北虏把汉那吉邮典疏》、谈迁《国榷》卷七一"万历十年六月壬子"条作"乞庆哈"。以上皆音译不同而异，夏燮《明通鉴》卷六八"万历十一年闰二月甲子"条载："闰月甲子，诏封谙達子彻辰汗为顺义王（彻辰汗旧作乞庆哈），彻辰汗者，鸿台吉更名也。"

子承荫（卷二三九列传第一二七，页六二〇七倒三行）

按：承荫，徐乾学《明史列传》卷一八九《张臣传·附张承荫传》、万斯同《明史》卷三二三《张臣传·附张承荫传》、王鸿绪《明史稿》列传卷一一六《张臣传·附张承荫传》第一一三页下同。然《明神宗实录》卷四六四第八七六二页"万历三十七年十一月丁酉"条、卷四六六第八七九三页"万历三十八年正月戊戌"条及李维桢《大泌山房集》卷八一《左军都督府都督同知张公墓志铭》、陈子龙《明经世文编》卷四四八涂宗浚撰《修复边垣扒除积沙疏》、卷四九七魏大中撰《合词恭恳圣断立诛辽左失事诸臣以自为社稷计疏》、谈迁《国榷》卷八二"万历四十二年十二月乙未"条皆作"承胤"，当是。本书此处改"承胤"作"承荫"，盖因避清世宗胤禛之名讳。下同。

敖克等犯中后所（卷二三九列传第一二七，页六二〇八行四）

按：敖克，徐乾学《明史列传》卷一八九《张臣传·附张承荫传》、万斯同《明史》卷三二三《张臣传·附张承荫传》、王鸿绪《明史稿》列传卷一一六《张臣传·附张承荫传》第一一四页上同。《景印文渊阁四库全书》本《明史》卷二三九《张臣传·附张承荫传》作"乌克"。《明神宗实录》卷五二九第九九四一页"万历四十三年二月己卯"条作"克敖"。

为守备徐光启副将李芳春戴延春所却（卷二三九列传第一二七，页六二一五倒一行至六二一六行一）

按：李芳春，本书卷二三八《麻贵传》、卷二五九《杨镐传》、《明神宗实录》卷三〇〇第五六二七页"万历二十四年八月己酉"条同。徐乾学《明史列传》卷一八九《董一元传·附王保传》、万斯同《明史》卷三二三《王保传》、王鸿绪《明史稿》列传卷一一六《董一元传·附王保传》第一一七页下作"李若春"。

尝诱杀副将李魁（卷二三九列传第一二七，页六二二三行五）

按：李魁，本书卷三三《西域卫传》作"李奎"。然徐乾学《明史列传》卷一八九《达云传》、万斯同《明史》卷三二三《达云传》、王鸿绪《明史稿》列传卷一一六《达云传》第一二〇页下、《明神宗实录》卷二〇五第三八二七页"万历十六年十一月庚申"条、瞿九思《万历武功录》卷九《永邵卜大成台吉列传》、陈子龙《明经世文编》卷三八二《杂记》、顾炎武《天下郡国利病书·陕西下四川》、谈迁《国榷》卷七四"万历十六年十一月庚申"条、夏燮《明通鉴》卷七〇"万历二十三年九月戊寅"条、韩善征《蒙古纪事本末·后蒙古纪事本末》卷上《诸部与明和战》皆作"李魁"。似作"李魁"是。下同。

所馘把都尔哈即前杀李魁者（卷二三九列传第一二七，页六二二三行八至九）

按：把都尔哈，徐乾学《明史列传》卷一八九《达云传》、万斯同《明史》卷三二三《达云传》、王鸿绪《明史稿》列传卷一一六《达云传》第一二〇页下、瞿九思《万历武功录》卷九《永邵卜大成台吉列传》皆作"把都尔恰"。因音译不同而异。

与孔学赵宗舜赵思圣等相讦告（卷二四〇列传第一二八，页六二三三行一至二）

按：赵思圣，原作"赵圣"。万斯同《明史》卷三四二《叶向高传》、王鸿绪《明史稿》列传卷九五《叶向高传》第四三三页上、张岱《石匮书》卷一八一《叶向高传》、谷应泰《明史纪事本末》卷六七《争国本》、查继佐《罪惟录》卷二四《锦衣卫》、张岱《石匮书》卷一三《神宗本纪》、许重熙《嘉靖以来注略·万历注略》卷一、文秉《先拨志始》卷上《万历起至天启四年止》皆作"赵思圣"，据改。

明日周嘉谟及左光斗疏请移宫（卷二四〇列传第一二八，页六二四〇行二）

按：周嘉谟，原脱"周"字，据本书卷二二《熹宗纪》、卷二四一《周嘉谟传》、陈鼎《东林列传》卷一八《刘一燝传》，《明熹宗实录》卷一第一〇页"泰昌元年九月丁丑"条，黄景昉《国史唯疑》卷一一，吴应箕《启祯两朝剥复录》卷三，查继佐《罪惟录·列传》卷一一中《周嘉谟传》，谈迁《国榷》卷八四"泰昌元年九月乙亥"条，谷应泰《明史纪事本末》卷六八《三案》，陈鼎《东林列传》卷一八《刘一燝传》、《周嘉谟传》补。

谥文恭（卷二四〇列传第一二八，页六二五四倒一行）

按：文恭，《明熹宗实录》卷五六第二五八七页"天启五年二月壬寅"条、陈鼎《东林列传》卷末下《附熹宗原本本纪下》作"文端"，疑是。

提马三舅李外父辈（卷二四一列传第一二九，页六二六三倒一行至六二六四行一）

按：三舅，原作"三爷"，据本书卷二四四《王之宷传》、徐乾学《明史列传》卷九一《张问达传·附陆梦龙传》、王鸿绪《明史稿》列传卷一二一《张问达传·附陆梦龙传》第一六七页下、《明神宗实录》卷五三二第一〇〇二一页"万历四十三年五月丁巳"条、第一〇〇二九页"乙丑"条、陆梦龙《挺击始末》、文秉《先拨志始》卷上《万历起至天启四年止》、尤侗《西堂诗集·拟明史乐府·妄男子》、谷应泰《明史纪事本末》

卷六八《三案》、张岱《石匮书》卷一八八《王之寀列传》、赵翼《廿二史札记》卷三五《三案》、《明季烈臣传·王之寀传》改。

上林土官黄德勋弟德隆及子祚胤叛德勋投田州土酋岑懋仁（卷二四二列传第一三〇，页六二七七倒二行）

按：黄德勋，原作"黄德勋"；岑懋仁，原作"岑茂仁"。"勋"与"勋"，"懋"与"茂"，皆互为异体字，而在本书有关各篇互为歧异。今从本书卷三一八《田州传》、《明熹宗实录》卷一第五八页"泰昌元年九月甲午"条改作"黄德勋""岑懋仁"。下同。王颂蔚《明史考证捃逸》已论及。原校勘记宜改写。

太仆少卿刘洪谟（卷二四二列传第一三〇，页六二八〇倒一行）

按：刘洪谟，原作"刘弘谟"。万斯同《明史》卷三五二《黄尊素传》、王鸿绪《明史稿》列传卷一二四《萧近高传》第一九七页下、《明熹宗实录》卷四二第二二一三页"天启三年十二月己酉"条、黄虞稷《千顷堂书目》卷二、《明清进士题名碑录索引》皆作"刘洪谟"。作"刘洪谟"是，据改。

又劾文选郎梅守峻（卷二四二列传第一三〇，页六二八二倒六行）

按：梅守峻，原作"杨守峻"。本书卷二三三《杨天民传》，万斯同《明史》卷三四九《程绍传》、卷三三七《杨天民传》，《明神宗实录》卷三三六第六二三三页"万历二十七年六月戊戌"条、卷三三七第六二四三页至第六二四四页"万历二十七年七月乙卯"条，杨天民《杨全甫谏草》卷二皆作"梅守峻"，据改。

陈伯友字仲怡（卷二四二列传第一三〇，页六二八七倒六行）

按：仲怡，原作"仲恬"。王鸿绪《明史稿》列传卷一二四陈伯友传第二〇二页下作"仲怡"，据改。另，《四库全书总目》卷一二五《尽心编》提要、《清修续文献通考》卷一七六《经籍考》作"中怡"，当误。

吏部推顾养谦总理河道（卷二四二列传第一三〇，页六二九一行二）

按：顾养谦，原作"顾养谨"。本书卷八八《河渠志六》、万斯同《明史》卷三四九《林材传》、《明神宗实录》卷二七七第五一三〇页"万历二十二年九月壬辰"条、谈迁《国榷》卷七六"万历二十二年九月壬午"

条、傅泽洪《行水金鉴》卷三六《河水》皆作"顾养谦"。另，徐乾学《明史列传》卷八五、万斯同《明史》卷三三二、林之盛《皇明应谥名臣备考录》卷七、过庭训《本朝分省人物考》卷三一有《顾养谦传》，事迹与此合。据改。

词臣黄洪宪辈每阴诮之（卷二四三列传第一三一，页六二九七倒三行）

按：黄洪宪，徐乾学《明史列传》卷九二《赵南星传》、万斯同《明史》卷三四三《赵南星传》作"黄弘宪"。本书卷二三〇《姜士昌传》、万斯同《明史》卷三百四〇《姜士昌传》、王鸿绪《明史稿》列传卷一二二《赵南星传》第一七七页上、《明神宗实录》卷二一七第四〇四六页"万历十七年十一月戊辰"条、吴亮《万历疏钞》卷六史孟麟撰《职居言责指摘非人乞赐罢斥以解党锢以杜谗谄疏》、谈迁《国榷》卷七五"万历十七年十一月戊辰"条、缪敬持《东林同难录》卷中《赵南星传》、陈鼎《东林列传》卷一三《赵南星传》、《明季烈臣传·赵南星传》、夏燮《明通鉴》卷六九"万历十八年三月庚申"条皆作"黄洪宪"。似作"黄洪宪"是。下同。

首黜所亲都给事中王三余及鹿甥文选员外郎吕胤昌（卷二四三列传第一三一，页六二九八行七至八）

按：吕胤昌，原作"吕荫昌"。万斯同《明史》卷三四三《赵南星传》、《明神宗实录》卷二五八第四八〇〇五页"万历二十一年三月癸未"条、谈迁《国榷》卷七六"万历二十一年三月甲子"条、过庭训《本朝分省人物考》卷五一《孙鑨传》、丁元荐《西山日记》卷下《持正》、沈德符《万历野获编》卷一一《大计不私至亲》、黄景昉《国史唯疑》九《万历》、吴亮《万历疏钞》卷六张纳陛撰《邪官巧迎当路阴中受事铨臣疏》、徐开任《明名臣言行录》卷七九《尚书赵忠毅公南星》、傅维鳞《明书》卷一三四《孙鑨传》、查继佐《罪惟录·列传》卷一五下《孙鑨传》、张岱《石匮书》卷一七九《孙鑨传》、钱谦益《列朝诗集》丁集卷一五《虞稽勋淳熙》、邹漪《启祯野乘》卷一《赵南星》、陈鼎《东林列传》卷一四《孙鑨传》作"吕胤昌"，据改。

笞其子清衡及外孙王钟庞系之狱（卷二四三列传第一三一，页六三〇一行四至五）

按：王钟庞，《明熹宗实录》卷四九第二四八四页"天启四年十二月壬寅"条、谈迁《国榷》卷八八"天启七年十月庚戌"条、张岱《石匮书》卷一九一《赵南星传》皆作"王中庞"。徐乾学《明史列传》卷九二《赵南星传》、万斯同《明史》卷三四三《赵南星传》、王鸿绪《明史稿》列传卷一二二《赵南星传》第一七八页下、姚希孟《棘门集》卷三《荣禄大夫太子太保吏部尚书赵忠毅公墓志铭》、黄尊素《黄忠端公集》说略卷六、瞿式耜《瞿忠宣公集》卷二《掖垣疏草·端用人之源疏》、茅元仪《石民四十集》卷三四《吏部尚书赠太子太保侪鹤赵公行状》、傅维鳞《明书》卷一三五《赵南星传》、缪敬持《东林同难录》卷中《赵南星传》、邹漪《启祯野乘》卷一《赵南星》、吴应箕《启祯两朝剥复录》卷一及《熹朝忠节死臣列传·赵南星》作"王钟庞"。又，外孙，《明熹宗实录》卷四九第二四八四页"天启四年十二月壬寅"条、谈迁《国榷》卷八八"天启七年十月庚戌"条、黄尊素《黄忠端公集》说略卷六、瞿式耜《瞿忠宣公集》卷二《掖垣疏草·端用人之源疏》、茅元仪《石民四十集》卷三四《吏部尚书赠太子太保侪鹤赵公行状》、张岱《石匮书》卷一九一《赵南星传》、傅维鳞《明书》卷一三五《赵南星传》、吴应箕《启祯两朝剥复录》卷一及《熹朝忠节死臣列传·赵南星》、陈鼎《东林列传》卷一三《赵南星传》作"外甥"。徐乾学《明史列传》卷九二《赵南星传》、万斯同《明史》卷三四三《赵南星传》、王鸿绪《明史稿》列传卷一二二《赵南星传》第一七八页下、姚希孟《棘门集》卷三《荣禄大夫太子太保吏部尚书赵忠毅公墓志铭》、缪敬持《东林同难录》卷中《赵南星传》、邹漪《启祯野乘》卷一《赵南星》、严遂成《明史杂咏》卷三《赵忠毅南星》、《明季烈臣传·赵南星传》、夏燮《明通鉴》卷七九"天启五年十二月戊子"条作"外孙"。

尚书宋纁请用元标（卷二四三列传第一三一，页六三〇三倒四行）

按：宋纁，原作"宗纁"。本书卷一一二《七卿年表》、徐乾学《明史列传》卷九二《邹元标传》、万斯同《明史》卷三四四《邹元标传》、王鸿绪《明史稿》列传卷一二二《邹元标传》第一七九页下、谷应泰《明史纪事本末》卷六七《争国本》皆作“宋纁”。按本书卷二四二有《宋纁传》，事迹与此合。据改。王颂蔚《明史考证捃逸》已论及。原校勘记宜改写。

赵会祯（卷二四四列传第一三二，页六三四四行八）

按：本书本传上文、王鸿绪《明史稿》列传卷一二六《王之寀传》第二二三页上、《景印文渊阁四库全书》本《明史》卷二四四《王之寀传》、缪敬持《东林同难录》卷中《王之寀传》、谷应泰《明史纪事本末》卷六八《三案》、《明季烈臣传·王之寀传》皆作“赵会桢”。《明神宗实录》卷五三二第一〇〇三〇页“万历四十三年五月癸丑”条、文秉《先拨志始》卷上《万历起至天启四年止》、陆梦龙《挺击始末》、谈迁《国榷》卷八二“万历四十三年五月癸酉”条、张岱《石匮书》卷一八四《王之寀传》作“赵会祯”。

王圣宋娥陆令萱之覆辙（卷二四五列传第一三三，页六三五六倒五行）

按：宋娥，原作“朱娥”。万斯同《明史》卷三五二《周宗建传》、王鸿绪《明史稿》列传卷一二七《周宗建传》第二二九页上、《明熹宗实录》卷一五第七三五页至第七三六页“天启元年十月戊辰”条、张岱《石匮书》卷一九四《周宗建传》、徐开任《明名臣言行录》卷八二《御史周忠毅公宗建》、张岱《石匮书》卷一九八《周宗建传》、邹漪《启祯野乘》卷五《周忠毅传》、缪敬持《东林同难录》卷中《周宗建传》皆作“宋娥”。按宋娥是东汉顺帝的乳母，见《后汉书》卷六〇《杨厚传》。据改。原校勘记宜改写。

刘洪谟（卷二四五列传第一三三，页六三六〇倒三行）

按：原作“周洪谟”。万斯同《明史》卷三五二《黄尊素传》、《明熹宗实录》卷四二第二二一三页“天启三年十二月己酉”条作“刘洪谟”。王鸿绪《明史稿》列传卷一二七《黄尊素传》第二三〇页下、缪敬持《东林同难录》卷中《黄尊素传》、陈鼎《东林列传》卷四《黄尊素列传》作“周洪谟”。作“刘洪谟”是，据改。黄云眉《明史考证》已论及。

并不能为李东阳（卷二四五列传第一三三，页六三六六行四）

按：原脱"李"字，据万斯同《明史》卷三五二《李应升传》、王鸿绪《明史稿》列传卷一二七《李应升传》第二三三页上、张岱《石匮书》卷一九四《李应升传》、徐开任《明名臣言行录》卷八二《御史李忠毅公应升》、陈子龙《明经世文编》卷四九八李应升撰《罪珰巧于护身明主不宜分过谨直发其欲君之罪以仰祈圣断疏》、缪敬持《东林同难录》卷中《李应升传》、邹漪《启祯野乘》卷五《李忠毅传》补。

自归于巡抚邓渼（卷二四五列传第一三三，页六三六八行八）

按：邓渼，《明熹宗实录》卷四三第二四〇七页"天启四年六月壬寅"条、谈迁《国榷》卷八六"天启四年六月壬寅"条作"邓汉"。然本书卷二四四《魏大中传》、卷二七七《林汝翥传》，万斯同《明史》卷三五二《万燝传》，王鸿绪《明史稿》列传卷一二七《万燝传》第二三四页上，《明熹宗实录》卷五五第二五一二页"天启五年正月辛未"条，陈鼎《东林列传》卷末下附《熹宗原本本纪》，夏燮《明通鉴》卷七九"天启四年六月丙申"条皆作"邓渼"。似作"邓渼"是。

同官傅应星者（卷二四五列传第一三三，页六三六九倒四行）

按：傅应星，原作"傅应升"。本书卷二四四《杨涟传》、卷三〇五《魏忠贤传》，万斯同《明史》卷三五二《万燝传·附吴怀贤传》，王鸿绪《明史稿》列传卷一二七《万燝传·附吴怀贤传》第二三四页下，《明熹宗实录》卷四三第二三八五页"天启四年六月癸未"条，杨涟《杨大洪先生文集》卷上《劾魏忠贤疏》，刘若愚《酌中志》卷一五《逆贤羽翼纪略》，金日升《颂天胪笔》卷一二下《赠工部屯田清吏司主事吴》，沈国元《两朝从信录》卷二八"十月"，文秉《先拨志始》卷上，高汝栻《皇明续纪三朝法传全录》卷一四"天启五年十月二十四日"条，查继佐《罪惟录·列传》卷九下《姜曰广传》，傅维鳞《明书》卷一八《熹宗哲皇帝本纪》，张岱《石匮书》卷二〇五《吴怀贤传》，谷应泰《明史纪事本末》卷七一《魏忠贤乱政》，缪敬持《东林同难录》卷下《吴怀贤传》皆作"傅应星"，据改。下同。

赵娆宠而构曹节王甫之变（卷二四六列传第一三四，页六三七八倒三行）

按：王甫，原作"皇甫"。万斯同《明史》卷三五三《侯震旸传》、王鸿绪《明史稿》列传卷一二五《侯震旸传》第二〇七页上、庄廷鑨《明史钞略·哲皇帝本纪上》、张岱《石匮书》卷一九六《左光斗传》、谷应泰《明史纪事本末》卷七一《魏忠贤乱政》、邹漪《启祯野乘·一集》卷四《胡御史传·附魏呈润等疏》、夏燮《明通鉴》卷八〇"天启六年十一月甲子"条、《御选明臣奏议》卷三六侯震旸撰《谏令客氏再入疏》皆作"王甫"。按：王甫是东汉宦官，见《后汉书》卷一〇八《曹节传》。据改。

诬天津废将陈天爵交通李永芳（卷二四六列传第一三四，页六三八六倒三至二行）

按：李永芳，原作"李承芳"。王鸿绪《明史稿》列传卷一二五《王允成传·附毛士龙》第二一一页下传、《明熹宗实录》卷一五第七六九页"天启元年十月辛卯"条、《明季烈臣传·王允成传》皆作"李永芳"，据改。

与监军副使傅宠姜忻督参将胡大宾等分道进击（卷二四七列传第一三五，页六三九〇行六至七）

按：姜忻，原作"江忻"。本书本卷《邓子龙传》、陆奎勋《陆堂文集》卷一六《明史拟传·刘綎传》、徐乾学《明史列传》卷八八《刘綎传》、万斯同《明史》卷三二一《刘綎传》、王鸿绪《明史稿》列传卷一一七《刘綎传》第一二四页下、《明神宗实录》卷一四六第二七一七页"万历十二年二月己酉"条、瞿九思《万历武功录》卷六《缅甸列传上》皆作"姜忻"，据改。

守备陈大纲（卷二四七列传第一三五，页六三九四行七）

按：陈大纲，原作"陈大刚"。陆奎勋《陆堂文集》卷一六《明史拟传·刘綎传》、徐乾学《明史列传》卷八八《刘綎传》、万斯同《明史》卷三二一《刘綎传》、王鸿绪《明史稿》列传卷一一七《刘綎传》第一二六页下、《明神宗实录》卷三四八第六四九五页"万历二十八年六月戊寅"条、李化龙《平播全书》卷三《赠录战将王芬等疏》及卷五《叙功疏》、诸葛元声《两朝平攘录》卷五《播上》、谈迁《国榷》卷七八"万历二十八年六月己卯"条、陈鹤《明纪》卷四五《神宗纪七》皆作"陈大纲"，据改。原校勘记宜改写。

副使康应乾监之（卷二四七列传第一三五，页六三九五行六）

按：康应乾，原脱"应"字，据本传下文及陆奎勋《陆堂文集》卷一六《明史拟传·刘綎传》、徐乾学《明史列传》卷八八《刘綎传》、万斯同《明史》卷三二一《刘綎传》、王鸿绪《明史稿》列传卷一一七《刘綎传》第一二七页上、《景印文渊阁四库全书》本《明史》卷二四七《刘綎传》、《明神宗实录》卷五七九第一〇九六四页"万历四十七年二月乙亥"条、谈迁《国榷》卷八三"万历四十七年二月乙丑"条、魏源《圣武记》卷一《开国龙兴记二》补。王颂蔚《明史考证捃逸》已论及。原校勘记宜改写。

朝鲜都元帅姜弘立副元帅全景瑞惧（卷二四七列传第一三五，页六三九六行一）

按：全景瑞，《明神宗实录》卷五八〇第一〇九八〇页"万历四十七年三月甲午"条、程开祜《筹辽硕画》卷一九、茅元仪《石民四十集》卷九八《朝鲜近事考》及《武备志》卷二三九《朝鲜考》、王在晋《三朝辽事实录》卷一《皇明神宗显皇帝》、张萱《西园闻见录》卷六十八《兵部十七·朝鲜》、谈迁《国榷》卷八三"万历四十七年三月庚申"条、《朝鲜李朝实录·光海君日记》卷一三六、许重熙《嘉靖以来注略·万历注略》卷一一皆作"金景瑞"。陆奎勋《陆堂文集》卷一六《明史拟传·刘綎传》、徐乾学《明史列传》卷八八《刘綎传》、万斯同《明史》卷三二一《刘綎传》、王鸿绪《明史稿》列传卷一一七《刘綎传》第一二七页下作"全景瑞"。

元泰乃令都指挥李献忠等分剿（卷二四七列传第一三五，页六三九九倒一行）

按：李献忠，徐乾学《明史列传》卷八八《李应祥传》、王鸿绪《明史稿》列传卷一一七《李应祥传》第一二九页上作"李猷忠"。然万斯同《明史》卷三二一《李应祥传》、《明神宗实录》卷一九八第三七三〇页

"万历十六年五月癸巳"条、焦竑《国朝献征录》卷八八叶向高撰《湖广布政司左布政使武公尚耕墓志铭》、毛奇龄《蛮司合志》卷六《四川三》皆作"李献忠"。疑作"李献忠"是。下同。

副将李成立战败（卷二四七列传第一三五，页六四〇四倒五行）

按：李成立，本书卷二一二《张元勋传》、万斯同《明史》卷三二一《陈璘传》、《明神宗实录》卷一二第三九九页"万历元年四月乙丑"条、瞿九思《万历武功录》卷三《诸良宝传》、《明季烈臣传·张元勋传》皆作"李诚立"。徐乾学《明史列传》卷八八《陈璘传》作"李城立"。似作"李诚立"是。

贼党自杀其魁罗进恩（卷二四七列传第一三五，页六四〇九行六）

按：罗进恩，万斯同《明史》卷三二一《吴广传》、李化龙《平播全书》卷四《攻克娄山崖门等关四报捷音疏》、诸葛元声《两朝平攘录》卷五《播上》作"罗世恩"。徐乾学《明史列传》卷八八《陈璘传》、王鸿绪《明史稿》列传卷一一七《陈璘传》第一三三页下作"罗进恩"。

翼明及总兵官渠家桢不能御（卷二四八列传第一三六，页六四二五倒三行）

按：渠家桢，本书卷二七一《满桂蒙传》、王鸿绪《明史稿》列传卷一三七《颜继祖传·附张翼明传》第三四六页上、文秉《烈皇小识》卷二、吴应箕《启祯两朝剥复录》卷六、刘鸿训《四素山房集》卷五《辩诬第四疏》、谈迁《国榷》卷九〇"崇祯元年十二月癸丑"条作"渠家祯"，疑是。

字征尹（卷二四八列传第一三六，页六四二六行六）

按：字征尹，尤侗《明史拟稿》卷三《李继贞传》、万斯同《明史》卷三六二《李继贞传》、金日升《颂天胪笔》卷二三《附纪》、朱彝尊《明诗综》卷六五《李继贞》、汪学金《娄东诗派》卷八《李继贞》作"字散尹"。徐开任《明名臣言行录》卷八八《侍郎李公继贞》、邹漪《启祯野乘》卷六《侍郎李公》作"字平槎，号散尹"。王鸿绪《明史稿》列传卷一三六《李继贞传》第三三八页上、张廷玉《通鉴纲目三编》卷三五"崇祯四年正月"条、陈鼎《东林列传》卷一九《李继贞传》皆作"字征尹"。疑本书误以"号散尹"为"字征尹"。

遣人言贼将罗乾象欲反正（卷二四九列传第一三七，页六四四一行一）

按：罗乾象，原作"罗象乾"。本书卷二二《熹宗纪》、卷三一二《四川土司二》、陆奎勋《陆堂文集》卷一五《明史拟传·朱燮元传》，天一阁本万斯同《明史列传》第八册《朱燮元传》，王鸿绪《明史稿》列传卷一二八《朱燮元传》第二三六页下，《明熹宗实录》卷一八第九四五页"天启二年正月乙丑"条，徐开任《明名臣言行录》卷八四《少师朱公燮元》，刘宗周《刘蕺山集》卷一三《特进左柱国少师兵部尚书都察院右都御史总督贵湖川云广五省军务兼巡抚贵州等处地方恒岳朱公墓志铭》，张岱《石匮书后集》卷七《朱燮元列传》，谈迁《国榷》卷八五"天启二年正月丁酉"条，谷应泰《明史纪事本末》卷六九《平奢安》，毛奇龄《西河集》卷七五《明特进左柱国少师兵部尚书都察院右都御史总督贵湖川云广五省军务兼巡抚贵州朱公传》，邵念鲁《思复堂文集》卷二《少师恒岳朱公传》皆作"罗乾象"，据改。下同。王颂蔚《明史考证捃逸》、黄云眉《明史考证》已论及。原校勘记宜改写。

而急遣总兵官张彦芳（卷二四九列传第一三七，页六四五一行四）

按：张彦芳，原作"张彦方"。本书本卷《王三善传》、卷三一六《贵州土司》、《明神宗实录》卷五六一第一〇五七六页"万历四十五年九月甲子"条、方孔炤《全边略记》卷七《蜀滇黔略》、沈国元《两朝从信录》卷一八《五月》、谈迁《国榷》卷八三"万历四十五年九月甲子"条、谷应泰《明史纪事本末》卷六九《平奢安》作"张彦芳"。天一阁本万斯同《明史列传》第八册《李橒传》、万斯同《明史》卷三四六《李橒传》、王鸿绪《明史稿》列传卷一二八《李橒传》第二四一页上、查继佐《罪惟录·列传》卷三四《霭安氏》、汪有典《明忠义别传》卷四《王太保传》、汪有典《史外》卷四《王太保传》作"张彦方"。似作"张彦芳"是，下同。王颂蔚《明史考证捃逸》、黄云眉《明史考证》已论及。原校勘记宜改写。

提学佥事刘锡玄等援四川（卷二四九列传第一三七，页六四五一行五）

按：刘锡玄，原作"刘锡元"。天一阁本万斯同《明史列传》第八册《李橒传》，万斯同《明史》卷三四六《李橒传》，《明熹宗实录》卷四第一八八页"泰昌元年十二月壬子"条、卷一九第九七二页"天启二年二月辛巳"条作"刘锡玄"；且本书本卷有《刘锡元传》，事迹与此合。本书此处因避清圣祖玄烨之名讳而改"玄"作"元"，兹回改本字。本卷下文遇此类情形，径改。下同。

副总兵徐时逢参将范仲仁赴援（卷二四九列传第一三七，页六四五二行七至八）

按：范仲仁，天一阁本万斯同《明史列传》第八册《李橒传》、万斯同《明史》卷三四六《李橒传》、王鸿绪《明史稿》列传卷一二八《李橒传》第二四二页上作"万仲仁"。《明熹宗实录》卷二四第一一二〇页"天启二年七月庚申"条、方孔炤《全边略记》卷七《蜀滇黔略》、沈国元《两朝从信录》卷一五《八月》、谷应泰《明史纪事本末》卷六九《平奢安》作"范仲仁"。

元谟明楷连败贼（卷二四九列传第一三七，页六四五五行九）

按：元谟，原作"元模"，据本传前文、天一阁本万斯同《明史列传》第八册《王三善传》、万斯同《明史》卷三四六《王三善传》、王鸿绪《明史稿》列传卷一二八《王三善传》第二四三页上、方孔炤《全边略记》卷七《蜀滇黔略》、沈国元《两朝从信录》卷一六《十二月》，"元谟"指"孙元谟"，据改。

彦芳部将秦明屏亦破贼五大寨（卷二四九列传第一三七，页六四五五倒二至一行）

按：秦明屏，原作"秦民屏"。天一阁本万斯同《明史列传》第八册《王三善传》，万斯同《明史》卷三四六《王三善传》，《明熹宗实录》卷三一第一五八二页"天启三年二月乙亥"条、第一六〇二页"己丑"条，高汝栻《皇明续纪三朝法传全录》卷一二"天启四年二月"条，庄廷鑨《明史钞略·哲皇帝本纪下》，查继佐《罪惟录·帝纪》卷一六《熹宗哲皇帝》皆作"秦明屏"，据改。下同。

神宗末诏增岁贡黄金二千徽炌疏争会熹宗立如其请（卷二四九列传第一三七，页六四六一行六至七）

按：熹宗，原作"光宗"。天一阁本万斯同《明史列传》第八册《沈徽炌传》、万斯同《明史》卷三四六《沈徽炌传》载："神宗诏增二千，商民甚困。及光宗新政，徽炌请如故额。疏至，而熹宗已继统，即可其奏。"按《明熹宗实录》卷二第九三页"泰昌元年十月甲子"条、顾炎武《天下郡国利病书》卷一〇七：蠲云南贡金二千两，则在熹宗即位之后。王鸿绪《明史稿》列传卷一二八《蔡复一传·附沈徽炌传》第二四六页上载同本传，殆本传之误源自此。黄云眉《明史考证》已论及。原校勘记宜改写。

云龙州土舍段进忠掠永昌大理（卷二四九列传第一三七，页六四六一行八）

按：段进忠，原作"段进志"。天一阁本万斯同《明史列传》第八册《沈徽炌传》，万斯同《明史》卷三四六《沈徽炌传》、卷四一一《土司三》，王鸿绪《明史稿》列传卷一二八《蔡复一传·附沈徽炌传》第二四六页上，谈迁《国榷》卷八四"泰昌元年十二月戊午"条，谢肇淛《滇略》卷七《事略》，毛奇龄《蛮司合志》卷八《云南一》，冯甦《滇考》卷下《武寻诸府改设流官始末》，谢旻《（雍正）江西通志》卷七十二《人物七》皆作"段进忠"，据改。

副将孙谏助赵率教于前屯（卷二五〇列传第一三八，页六四六八倒二行）

按：孙谏，原作"陈谏"。本传下文有"孙谏"，本书卷二五〇《孙承宗传》、卷二七一《满桂传》及《赵率教传》，《明熹宗实录》卷四〇第二〇四八页"天启三年闰十月丁亥"条亦作"孙谏"。陆奎勋《陆堂文集》卷一三《孙承宗传》、万斯同《明史》卷三六四《孙承宗传》、王鸿绪《明史稿》列传卷一三一《孙承宗传》第二七六页下、王在晋《三朝辽事实录》卷九、钱谦益《牧斋初学集》卷四七《特进光禄大夫左柱国少师兼太子太师兵部尚书中极殿大学士孙公行状》、《明季烈臣传·赵率教传》皆作

"陈谏"。似作"孙谏"是，据改。

副将李承先练骑卒（卷二五〇列传第一三八，页六四六八倒一行）

按：李承先，万斯同《明史》卷三六四《孙承宗传》、王鸿绪《明史稿》列传卷一三一《孙承宗传》第二七六页下皆作"李先"。然本书卷二七〇《马世龙传》、卷二七一《满桂传》，《明熹宗实录》卷二一第一〇六一页"天启二年四月庚辰"条、卷六三第二九五一页"天启五年九月壬子"条，孙承宗《车营叩答合编》卷四《明高阳孙文正公传》，钱谦益《牧斋初学集》卷四七《特进光禄大夫左柱国少师兼太子太师兵部尚书中极殿大学士孙公行状》，查继佐《罪惟录·列传》卷九《孙承宗传》，陈鼎《东林列传》卷六《孙承宗传》，《明季烈臣传·孙承宗传》皆作"李承先"。似作"李承先"是，本书此处不误。

字默承（卷二五一列传第一三九，页六四八一倒四行）

按：默承，万斯同《明史》卷三五六《刘鸿训传》、王鸿绪《明史稿》列传卷一三〇《刘鸿训传》第二六一页下作"默成"。倪元璐《倪文贞集》卷一〇《资政大夫礼部尚书兼东阁大学士青岳刘公墓志铭》、谈迁《国榷》卷九三"崇祯七年二月戊午"条、吴世杰《甓湖草堂集·文集》卷五《周道登》、陈鼎《东林列传》卷一八《刘鸿训传》作"默承"。

御史水佳允连劾兵部尚书梁廷栋（卷二五一列传第一三九，页六四九三行一）

按：水佳允，万斯同《明史》卷三五六《成基命传·附钱象坤传》作"水佳引"。王鸿绪《明史稿》列传卷一三〇《成基命传·附钱象坤传》第二六七页下作"水佳胤"。殆本书及万书因避清世宗胤禛之名讳而改"胤"作"允"或"引"。下同。

会总督洪承畴王家祯分驻陕西河南（卷二五二列传第一四〇，页六五一〇行八）

按：王家祯，原作"王家桢"。本书卷二五八《汤开远传》、卷二六〇《熊文灿传》，万斯同《明史》卷三六五《杨嗣昌传》、王鸿绪《明史稿》列传卷一三八《杨嗣昌传》第三五五页下、吴伟业《绥寇纪略》卷四《朱阳溃》及卷五《黑水擒》、戴笠《怀陵流寇始终录》卷一〇、胡林翼《读史兵略续编》卷一〇、谷应泰《明史纪事本末》卷七二《崇祯治乱》皆作"王家祯"。本书卷二六四、万斯同《明史》卷三六五、王鸿绪《明史稿》列传卷一四六都有《王家祯传》，事迹与此合。据改。下同。王颂蔚《明史考证捃逸》已论及。原校勘记宜改写。

檄巡抚方孔炤遣杨世恩罗安邦剿汝才登相（卷二五二列传第一四〇，页六五一六行八至九）

按：罗安邦，原作"罗万邦"，据本书卷二六〇《郑崇俭传》、卷二六九《汤九州岛传》、万斯同《明史》卷三六五《杨嗣昌传》、王鸿绪《明史稿》列传卷一三八《杨嗣昌传》第三六〇页上、杨嗣昌《杨文弱先生集》卷三八《楚兵大挫具实上闻疏》、储大文《存研楼文集》卷四《夷陵》、徐鼐《小腆纪传》卷五六列传第四九《方孔炤传》、徐芳《悬榻编》卷三《都御史贞述方先生传》、戴笠《怀陵流寇始终录》卷一二、《钦定胜朝殉节诸臣录》卷七《通谥节愍诸臣中》、方以智《浮山集·文集前编》卷四《请代父罪疏》改。王颂蔚《明史考证捃逸》已论及。原校勘记宜改写。

并劾四川巡抚马乾纵兵淫掠（卷二五三列传第一四一，页六五三二行四）

按：马乾，万斯同《明史》卷三五七《王应熊传》、王鸿绪《明史稿》列传卷一三三《王应熊传》第二九六页上、徐鼐《小腆纪传》卷三〇《王应熊传》、吴伟业《绥寇纪略》卷一〇《盐亭诛》"马体乾"。本书卷二七九《樊一蘅传》、卷二九五《耿廷箓传》作"马乾"。按徐鼐《小腆纪传》卷三四《马乾传》载："马乾，一名马体乾"。下同。王颂蔚《明史考证捃逸》已论及。原校勘记宜改写。

其部将曾英最有功（卷二五三列传第一四一，页六五三二行五至六）

按：曾英，本书卷二七九《樊一蘅传》、卷三〇九《张献忠传》作"曹英"。然本书卷二六三《陈士奇传》、万斯同《明史》卷三五七《王应熊传》、王鸿绪《明史稿》列传卷一三三《王应熊传》第二九六页下、谈迁《国榷》卷一〇三"崇祯十七年十二月甲戌"条、王夫之《永历实录》卷一二《王杨皮列传》、王士禛《池北偶谈》卷六《王应熊》、徐鼐《小腆纪传》卷三〇《王应熊传》及《小腆纪年附考》卷六、温睿临《南疆逸史》卷二六《马乾》、吴伟业《绥寇纪略》卷一〇《盐亭诛》、《明季烈臣传·陈士奇传》皆作"曾英"。本书此处当不误。

忠贤遗党有欲用王化贞宽近高（卷二五三列传第一四一，页六五三八行四）

按：近高，原作"高"。按本传上文称薛国观劾萧近高，本书卷二四二《萧近高传》，所述与本书传文相合。殆本书此处袭万斯同《明史》卷三五七《薛国观传》、王鸿绪《明史稿》列传卷一三三《薛国观传》第二九八页下而脱"近"字，兹据补。

东厂太监王德化在侧（卷二五三列传第一四一，页六五三九行八至九）

按：王德化，谈迁《国榷》卷九七"崇祯十三年七月乙未"条、谷应泰《明史纪事本末》卷六六《东林党议》卷七四《宦侍误国》、张岱《石匮书后集》卷一《烈帝本纪》、计六奇《明季北略》卷一六《薛国观免》、文秉《烈皇小识》卷六、蒋平阶《东林始末》、曹溶《崇祯五十宰相传·薛国观传》作"王化民"。万斯同《明史》卷三五七《薛国观传》、王鸿绪《明史稿》列传卷一三三《薛国观传》第二九九页上、夏燮《明通鉴》卷八七"崇祯十三年六月乙未"条作"王德化"。王颂蔚《明史考证捃逸》、黄云眉《明史考证》已论及。原校勘记宜改写。

给事中张焜芳复劾堑侵盗有据（卷二五三列传第一四一，页六五三九倒一行至六五四〇行一）

按：张焜芳，原作"刘焜芳"。《景印文渊阁四库全书》本《明史》卷二五三《薛国观传》、《崇祯实录》卷一一第三四一页"崇祯十一年九月丁丑"条、谈迁《国榷》卷九六"崇祯十一年六月乙未"条、谷应泰《明史纪事本末》卷六六《东林党议》、张岱《石匮书后集》卷一《烈帝本纪》、孙承泽《山书》卷一一《盐弊割没》、文秉《烈皇小识》卷六、蒋平阶《东林始末》、李逊之《三朝野纪》卷六《崇祯朝》、《钦定胜朝殉节诸臣录》卷三《通谥忠节诸臣》、夏燮《明通鉴》卷八七"崇祯十三年六月乙未"条皆作"张焜芳"。按本书卷二九一有《张焜芳传》，事迹与此合。据改。王颂蔚《明史考证捃逸》、黄云眉《明史考证》已论及。原校勘记宜改写。

御史杨仁愿徐殿臣刘之勃相继论劾（卷二五三列传第一四一，页六五四六倒二至一行）

按：刘之勃，原作"刘之渤"，据本书卷二六三《刘之勃传》及万斯同《明史》卷三五七《程国祥传·附魏照乘传》、王鸿绪《明史稿》列传卷一三三《程国祥传·附魏照乘传》第三〇二页上、《景印文渊阁四库全书》本《明史》卷二五三《程国祥传·附魏照乘传》、谈迁《国榷》卷九八"崇祯十五年三月丁丑"条改。王颂蔚《明史考证捃逸》已论及。原校勘记宜改写。

荐进士石崃联络延宁甘固义士（卷二五三列传第一四一，页六五五〇行一至二）

按：石崃，原作"石崧"，据《景印文渊阁四库全书》本《明史》卷二五三《魏藻德传·附李建泰传》、《崇祯实录》卷一七第五一五页"崇祯十七年正月戊戌"条、谈迁《国榷》卷一〇〇"崇祯七年正月庚子"条、全祖望《鲒埼亭集外编》卷一二《石崃传》、谷应泰《明史纪事本末》卷七九《甲申之变》、计六奇《明季北略》卷二〇《李建泰督师》、钱士馨《甲申传信录》卷一、张岱《石匮书后集》卷一《烈帝本纪》、孙承泽《山书》卷一八《告庙遣将》、《钦定胜朝殉节诸臣录》卷一〇《入祠士民上》、《明进士题名碑录》崇祯癸未科改。王颂蔚《明史考证捃逸》已论及。原校勘记宜改写。

中书沈自植乘间撼劾允升他罪（卷二五四列传第一四二，页六五五四倒五行）

按：沈自植，万斯同《明史》卷三五八《乔允升传》作"沈旬植"。王鸿绪《明史稿》列传卷一三四《乔允升传》第三〇五页下、《明季烈臣传·乔允升传》、陈鹤《明纪》卷五二《庄烈纪一》作"沈自植"。

徐石麒坐议狱落职闲住（卷二五四列传第一四二，页六五五五倒二行）

按：徐石麒，原作"徐石麟"。本书卷一一二《七卿年表》、卷二五四《郑三俊传》、《李日宣传》、卷二五六《刘之凤传》及王鸿绪《明史稿》列传卷一三四《乔允升传·附易应昌传》第三〇六页上、《景印文渊阁四库全书》本《明史》卷二五四《乔允升传·附易应昌传》、陈鼎《东林列传》卷一一《徐石麒传》皆作"徐石麒"。本书卷二七五有《徐石麒传》，事迹与此合。据改。王颂蔚《明史考证捃逸》已论及。原校勘记宜改写。

复以私意出宋盘潘之祥于外（卷二五四列传第一四二，页六五五八倒五行）

按：宋盘，本书卷二二五《郑继之传》作"李盘"。陆奎勋《陆堂文集》卷一四《孙居相传》、万斯同《明史》卷三五八《孙居相传》、王鸿绪《明史稿》列传卷一三四《孙居相传》第三〇七页上、吴应箕《东林本末》卷上《门户始末》皆作"宋盘"。作"宋盘"是。王颂蔚《明史考证捃逸》已论及。

中书张光房等五人以持议不合时贵（卷二五四列传第一四二，页六五五八倒四行）

按：张光房，本书卷二三〇《马孟祯传》作"张先房"。本书卷二二五《郑继之传》、卷二四五《周起元传》，陆奎勋《陆堂文集》卷一四《孙居相传》，万斯同《明史》卷三五八《孙居相传》，王鸿绪《明史稿》列传卷一三四《孙居相传》第三〇七页上，周念祖《万历辛亥京察记事始末》卷七，庄廷鑨《明史钞略·哲皇帝本纪下》，周起元《周忠愍奏疏》卷上《题为铨部职在知人官评要于核实事疏》皆作"张光房"。作"张光房"是。王颂蔚《明史考证捃逸》已论及。

过庭训（卷二五四列传第一四二，页六五五八倒一行）

按：原作"过廷训"。本书卷二三六《夏嘉遇传》、卷二四二《翟凤翀传》及万斯同《明史》卷三五八《孙居相传》、王鸿绪《明史稿》列传卷一三四《孙居相传》第三〇七页上、《景印文渊阁四库全书》本《明史》卷二五四《孙居相传》皆作"过庭训"，据改。王颂蔚《明史考证捃逸》已论及。原校勘记宜改写。

珫初名珍避仁宗讳始改名（卷二五四列传第一四二，页六五六〇倒七至六行）

按：按仁宗名朱高炽，英宗名朱祁镇。此当因避英宗讳而改名。黄云眉《明史考证》已论及。

文选郎张光前（卷二五四列传第一四二，页六五六一倒一行至六五六二行一）

按：张光前，原作"张可前"。按本书卷二四二有《张光前传》，事迹与此合。另，万斯同《明史》卷三五八《陈于廷传》、《景印文渊阁四库全书》本《明史》卷二五四《陈于廷传》、蒋平阶《东林始末》、谷应泰《明史纪事本末》卷六六《东林党议》、查继佐《罪惟录·帝纪》卷一六《熹宗哲皇帝》皆作"张光前"。据改。王颂蔚《明史考证捃逸》已论及。原校勘记宜改写。

河南道御史张煊（卷二五四列传第一四二，页六五六七行六）

按：张煊，本书卷二七五《徐石麒传》作"张瑄"。然本书卷二五三《陈演传》、万斯同《明史》卷三五九《李日宣传》、王鸿绪《明史稿》列传卷一三四《郑三俊附李日宣传》第三一〇页下、谷应泰《明史纪事本末》卷七二《崇祯治乱》、查继佐《罪惟录·帝纪》卷一七《熹宗哲皇帝》、孙承泽《春明梦余录》卷二四《内阁》、计六奇《明季北略》卷一八《蒋德璟入相》、曹溶《崇祯五十宰相传·陈演传》、陈鼎《东林列传》卷一九《张三谟传》皆作"张煊"。似作"张煊"是。王颂蔚《明史考证捃逸》已论及。原校勘记宜改写。

仍分遣中官卢维宁等总监通津临德等处兵马粮饷（卷二五四列传第一四二，页六五六九行八）

按：卢维宁，本书卷二五七《张凤翼传》作"罗维宁"。《崇祯实录》卷一七第五二四页"崇祯十七年二月丁丑"条、文秉《烈皇小识》卷四、谈迁《国榷》卷一〇〇"崇祯十七年二月庚辰"条、戴笠《怀陵流寇始终录》卷一七、谷应泰《明史纪事本末》卷七四《宦侍误国》、张岱《石匮书后集》卷一《烈帝本纪》、陈鼎《东林列传》卷二一《潘永图传》作"卢维宁"。似作"卢维宁"是。王颂蔚《明史考证捃逸》已论及。

武清伯苍头殴诸生（卷二五五列传第一四三，页六五七八行三至四）

按：武清伯，本书卷一〇八《外戚恩泽侯表》作"武清侯"。万斯同《明史》卷三六〇《刘宗周传》、王鸿绪《明史稿》列传卷一四一《刘宗周传》第三八九页上、邵念鲁《思复堂文集碑传》卷一《明儒刘子蕺山先生传）、高廷珍《东林书院志》卷九《刘念台先生传》、方浚颐《二知轩文存》卷八《书刘宗周传后》、刘汋《先君子蕺山先生年谱》卷上、《明季烈臣传·刘宗周传》作"武清伯"。似作"武清伯"是。王颂蔚《明史考证捃逸》已论及。原校勘记宜改写。

字幼平（卷二五五列传第一四三，页六五九二行六）

按：幼平，尤侗《明史拟稿》卷四《黄道周传》、庄起俦《黄忠端公年谱》卷一、徐开任《明名臣言行录》卷九五《少保黄忠烈公道周》、查继佐《国寿录》卷四《阁部黄道周传》及《罪惟录·列传》卷一二《黄道周传》、张夏《雒闽源流录》卷一七《黄道周》、朱彝尊《明诗综》卷七七《黄道周》、陈田《明诗纪事·辛签》卷四《黄道周》、洪思《黄子年谱》、邹漪《启祯野乘》二集卷七《黄学士传》、黄虞稷《千顷堂书目》卷二七作"幼玄"。万斯同《明史》卷三六〇《黄道周传》、庄起俦《漳浦黄先生年谱》、黄宗羲《明儒学案》卷五六《忠烈黄石斋先生道周》、朱彝尊《静志居诗话》卷二一《黄道周》、邵廷采《东南纪事》卷三《黄道周》、李清馥《闽中理学渊源考》卷八三《黄石斋先生道周学派》、《四库全书总目》卷五《易象正》提要作"幼元"。王鸿绪《明史稿》列传卷一四一《黄道周传》第三九六页上、蔡世远《二希堂文集》卷六《黄道周传》、陈鼎《东林列传》卷一二《黄道周列传》、温睿临《南疆逸史》卷八《黄道周》、蔡世远《二希堂文集》卷六《黄道周传》、汪有典《史外》卷二四《黄相国传》及《明忠义别传》卷二四《黄相国传》、徐鼒《小腆纪传》卷二三《黄道周》、邹钟泉《道南渊源录》卷八万斯同《黄幼平先生传》皆作"幼平"。疑作"幼玄"是。"幼元"，疑因避清圣祖玄烨之名讳而改"幼玄"作"幼元"。

有刑部主事张若麒谋改兵部（卷二五五列传第一四三，页六五九九行三至四）

按：张若麒，本书卷二六七《宋玫传》、卷二七八卷《杨廷麟传》、卷二九五《米寿图传》作"张若骐"。本书卷二五二《杨嗣昌传》、万斯同《明史》卷三六〇《黄道周传》、王鸿绪《明史稿》列传卷一四一《黄道周传》第三九九页上、文秉《烈皇小识》卷六、谈迁《国榷》卷九六"崇祯十一年七月癸未"条、孙承泽《春明梦余录》卷二五《六科》、邹钟泉《道南渊源录》卷八万斯同《黄幼平先生传》、高廷珍《东林书院志》卷一〇《黄石斋先生传》、陈鹤《明纪》卷五五《庄烈纪四》皆作"张若麒"。似作"张若麒"是。下同。

姜昇郑稳山刘尚理不持一物（卷二五六列传第一四四，六六〇七行四）

按：郑稳山，徐乾学《明史列传》卷九三《黄克缵传》、万斯同《明史》卷三四八《黄克缵传》、《明熹宗实录》卷三第一三一页"泰昌元年十一月戊寅条"、沈国元《两朝从信录》卷三、谈迁《国榷》卷八四"泰昌元年十一月壬午"条、谷应泰《明史纪事本末》卷六八《三案》、张岱《石匮书》卷一八八《周嘉谟列传》、查继佐《罪惟录·列传》卷二《郭皇后附王皇后刘太后李庄妃李选侍赵选侍》、徐昌治《昭代芳摹》卷三二《光宗贞皇帝》、陈鼎《东林列传》卷末上附《熹宗原本本纪上》同。王鸿绪《明史稿》列传卷一二三《黄克缵传》第一九三页下作"郑隐山"。谈迁《国榷》卷八四"泰昌元年九月己卯"条作"郑德山"。似作"郑稳山"是。又，刘尚理，徐乾学《明史列传》卷九三《黄克缵传》、万斯同《明史》卷三四八《黄克缵传》同。然王鸿绪《明史稿》列传卷一二三《黄克缵传》第一九三页下，《明熹宗实录》卷一第四〇页"泰昌元年九月乙酉"条、卷三第一三一页"泰昌元年十一月戊寅"条，刘若愚《酌中志》卷九《正监蒙难纪略》，沈国元《两朝从信录》卷三，谈迁《国榷》卷八四"泰昌元年九月己卯"条、"泰昌元年十一月壬午"条及谷应泰《明史纪事本末》卷六八《三案》，张岱《石匮书》卷一八八《周嘉谟列传》，徐昌治《昭代芳摹》卷三二《光宗贞皇帝》，陈鼎《东林列传》卷末上附《熹宗原本本纪》作"刘尚礼"，疑是。原校勘记宜改写。

字西卿（卷二五六列传第一四四，页六六一二行二）

按：酉卿，万斯同《明史》卷三五九《李长庚传》作"西卿"。陈伯陶《胜朝粤东遗民录》卷三《李长庚传》作"西白"。陆奎勋《陆堂文集》卷一四《李长庚传》、王鸿绪《明史稿》列传卷一三五《毕自严传·附李长庚传》第三一六页下、徐鼒《小腆纪传》卷五六《李长庚传》

皆作"酉卿"。似作"酉卿"是。

巡抚解经传郭之琮（卷二五七列传第一四五，页六六二五行六至七）

按：郭之琮，万斯同《明史》卷三六三《王洽传》作"郭之琛"。万斯同《明史》卷三八一《忠义传·侯世禄传》、王鸿绪《明史稿》列传卷一三五《王洽传》第三一八页上、谈迁《枣林杂俎·郭之琮》、《御选明臣奏议》卷三六高推撰《新饷苦累难支疏》皆作"郭之琮"。作"郭之琮"是。

有睿燨者（卷二五七列传第一四五，页六六三〇行六）

按：睿燨，万斯同《明史》卷三六三《熊明遇传》、王鸿绪《明史稿》列传卷一三五《熊明遇传》第三二〇页下作"睿鉴"。

于是总督巡抚及三镇总兵睦自强曹文诏张全昌俱遣戍（卷二五七列传第一四五，页六六三三行六至七）

按：睦自强，万斯同《明史》卷三六三《张凤翼传》、王鸿绪《明史稿》列传卷一三五《张凤翼传》第三二二页上、《明熹宗实录》卷六三第二九九〇页"天启五年九月壬申"条、吴甡《柴庵疏集》卷一一《抚晋·宁武三晋熏镇大将急宜得人疏》、谈迁《国榷》卷九三"崇祯七年十月己亥"条皆作"睦自强"，疑是。原校勘记宜改写。

监视中官刘允中刘文忠王坤亦充净军（卷二五七列传第一四五，页六六三三行七）

按：刘文忠，原作"刘文中"，据本书卷二五八《魏呈润传·附李曰辅传》、卷三〇五《张彝宪传》，《崇祯实录》卷四第一三五页"崇祯四年九月乙未"条，谈迁《国榷》卷九一"崇祯四年九月乙未"条，谷应泰《明史纪事本末》卷七四《宦侍误国》，张岱《石匮书后集》卷一《烈帝本纪》改。另，万斯同《明史》卷三六三《张凤翼传》、王鸿绪《明史稿》列传卷一三五《张凤翼传》第三二二页上作"刘文中"，亦误。原校勘记宜改写。

命中官卢维宁监督通津临德军务（卷二五七列传第一四五，页六六三五倒六至五行）

按：卢维宁，原作"罗维宁"。本书卷二五四《张玮传·附金光辰传》，万斯同《明史》卷三六三《张凤翼传》，王鸿绪《明史稿》列传卷一三五《张凤翼传》第三二三页上，《崇祯实录》卷一七第五二四页"崇祯十七年二月丁丑"条，文秉《烈皇小识》卷四，谈迁《国榷》卷九五"崇祯九年八月壬午"条、卷一〇〇"崇祯十七年二月庚辰"条，戴笠《怀陵流寇始终录》卷一七，谷应泰《明史纪事本末》卷七四《宦侍误国》、张岱《石匮书后集》卷一《烈帝本纪》、陈鼎《东林列传》卷二一《潘永图传》皆作"卢维宁"，据改。原校勘记宜改写。

又命王应朝监军关宁（卷二五八列传第一四六，页六六五二倒四至三行）

按：王应朝，原作"王应期"。本书卷二三《庄烈帝纪》、卷三〇五《张彝宪传》、《崇祯实录》卷四第一三六页"崇祯四年十月辛丑"条、谈迁《国榷》卷九一"崇祯四年十月丁未"条、谷应泰《明史纪事本末》卷七四《宦侍误国》、张岱《石匮书后集》卷一《烈帝本纪》、孙宝瑄《忘山庐日记》、张玉书《张文贞集》卷八《吕明德先生传》皆作"王应朝"，据改。王颂蔚《明史考证捃逸》已论及。原校勘记宜改写。

又命吴直监饷登岛（卷二五八列传第一四六，页六六五二倒三行）

按：吴直，本书卷二三《庄烈帝纪》作"吕直"。谷应泰《明史纪事本末》卷七四《宦侍误国》皆作"吴直"。王颂蔚《明史考证捃逸》已论及。

李奇茂监茶马陕西（卷二五八列传第一四六，页六六五二倒二行）

按：李奇茂，原作"李茂奇"，据本书卷二三《庄烈帝纪》、《崇祯实录》卷四第一三七页"崇祯四年十一月丁亥"条、谈迁《国榷》卷九一"崇祯四年十一月丁亥"条、谷应泰《明史纪事本末》卷七四《宦侍误国》、《钦定续文献通考》卷三〇《国用考》改。王颂蔚《明史考证捃逸》已论及。原校勘记宜改写。

岷王禋洪为校尉侍圣及善化王长子企钃等所弑（卷二五八列传第一四六，页六六五五倒四行）

按：侍圣，王鸿绪《明史稿》列传卷一四二《毛羽健传·附黄宗昌传》第四〇三页下、张岱《石匮书后集》卷一四《流寇死事诸臣列传》、黄宗昌《疏草》卷下《会审彭侍圣等招案疏》、陈鼎《东林列传》卷二四《黄宗昌传》、李焕章《织水斋集·黄侍御公传》作"彭侍圣"，本传此处脱"彭"字。原校勘记宜改写。

毕懋康（卷二五八列传第一四六，页六六五八行二）

按：毕懋康，原作"毕茂康"。万斯同《明史》卷三七〇《吴执御传》、王鸿绪《明史稿》列传卷一四二《吴执御传》第四〇四页下、谈迁《国榷》卷九二"崇祯五年二月辛未"条、赵吉士《寄园寄所寄》卷一一《黔兵始末》作"毕懋康"。按本书卷二四二有《毕懋康传》，曾以兵部右侍郎罢归。据改。王颂蔚《明史考证捃逸》已论及。原校勘记宜改写。

时御史王绩灿方以荐李邦华刘宗周等下狱（卷二五八列传第一四六，页六六五八行四）

按：王绩灿，本书卷二三三《姜应鳞传·附姜思睿传》作"王绩粲"。然本书本卷《熊开元传·附方士亮传》、万斯同《明史》卷三七〇《吴执御传》、王鸿绪《明史稿》列传卷一四二《吴执御传》第四〇四页下、徐开任《明名臣言行录》卷八八《少詹姚文毅公希孟》、孙承泽《春明梦余录》卷四五《刑部二》、邹漪《启祯野乘·一集》卷一《姚文毅传》、陈鼎《东林列传》卷七《卫景瑗传》皆作"王绩灿"，本书此处当不误。又，万斯同《明史》卷三七〇《吴执御传》、王鸿绪《明史稿》列传卷一四二《吴执御传》第四〇四页下"刘宗周"下无"等"字。原校勘记宜改写。

按臣曾周当旧抚艰去（卷二五八列传第一四六，页六六七八倒二行）

按：曾周，万斯同《明史》卷三六一《汤开远传》、《明季烈臣传·汤开远传》同。然谈迁《国榷》卷九二"崇祯六年五月己未"条、徐开任《明名臣言行录》卷八八《副使汤公开远传》、孙承泽《山书》卷八《司理建言》、戴笠《怀陵流寇始终录》卷九、吴伟业《绥寇纪略》卷五《黑水擒》作"曾偁"。似作"曾偁"是。（出校，不改。黄云眉《明史考证》已论及）

总理王家祯复荐之（卷二五八列传第一四六，页六六七九倒二行）

按：王家祯，万斯同《明史》卷三六一《汤开远传》作"王家桢"。

本书卷二六〇《熊文灿传》、张国维《抚吴疏草·五请安庆援兵疏》、吴伟业《绥寇纪略》卷五《黑水擒》、戴笠《怀陵流寇始终录》卷一〇、谷应泰《明史纪事本末》卷七二《崇祯治乱》皆作"王家祯"，且本书卷二六四有《王家祯传》，事迹与此合。疑本书此处不误。

御史徐景濂极誉化贞（卷二五九列传第一四七，页六七〇〇行二至三）

按：徐景濂，王鸿绪《明史稿》列传卷一一八《熊廷弼传》第一四二页下作"杨景濂"。然陆奎勋《陆堂文集》卷一五《熊廷弼传》、万斯同《明史》卷三四七《熊廷弼传》、《明熹宗实录》卷一五第七五三页"天启元年十月辛巳"条、谈迁《国榷》卷八四"天启元年十月甲申"条皆作"徐景濂"。作"徐景濂"是。原校勘记宜改写。

御史苏琰则言廷弼宜驻广宁（卷二五九列传第一四七，页六七〇〇行三）

按：苏琰，万斯同《明史》卷三四七《熊廷弼传》、王鸿绪《明史稿》列传卷一一八《熊廷弼传》第一四二页下作"苏述"。陆奎勋《陆堂文集》卷一五《熊廷弼传》，《明熹宗实录》卷一五第七五四页"天启元年十月辛巳"条、卷六三第二九七一页"天启五年九月丁巳"条，谈迁《国榷》卷八七"天启五年九月戊午"条作"苏琰"。似作"苏琰"是。原校勘记宜改写。

又令罗一贯以三千人守西平（卷二五九列传第一四七，页六七〇〇倒一行至六七〇一行一）

按：罗一贯，本书卷二七一有《罗一贯传》，事迹与此合。另，本书卷二二《熹宗纪》、卷二四八《方震孺传》及陆奎勋《陆堂文集》卷一五《熊廷弼传》、卷一六《罗一贯传》，天都山臣《女直考》，徐昌治《昭代芳摹》卷三三《熹宗哲皇帝》，赵翼《廿二史札记》卷三六《明季辽左阵亡诸将之多》，《钦定胜朝殉节诸臣录》卷二《通谥忠烈诸臣》，张岱《石匮书》卷一五《熹宗本纪》，《清开国方略》卷七，黄鸿寿《清史纪事本末》卷二《辽沈建国》亦作"罗一贯"。万斯同《明史》卷三四七《熊廷弼传》、王鸿绪《明史稿》列传卷一一八《熊廷弼传》第一四三页上、《明熹宗实录》卷一八第九二六页"天启二年正月丁巳"条、鹿善继《鹿忠节公集》卷四《覆忧恤死事道将疏》、谈迁《国榷》卷八五"天启二年正月丁巳"条、查继佐《罪惟录·列传》卷九上《张铨传》、计六奇《明季北略》卷二《广宁溃》作"罗一贵"。原校勘记宜改写。

副将左辅朱梅（卷二五九列传第一四七，页六七〇九行七）

按：朱梅，原作"朱海"。本书卷二七一《赵率教传》、王鸿绪《明史稿》列传卷一三一《袁崇焕传》第二八三页上、《明熹宗实录》卷六八第三二一八页"天启六年二月丙子"条、天都山臣《女直考》、王在晋《三朝辽事实录》卷一七、谈迁《国榷》卷八七"天启六年正月己巳"条、谷应泰《明史纪事本末补遗》卷五《锦宁战守》皆作"朱梅"。按本传下文"朱梅"之名屡见，与此误作"朱海"者实是一人，据改。原校勘记宜改写。

宥首恶杨正朝张思顺（卷二五九列传第一四七，页六七一四行六）

按：杨正朝，原作"张正朝"。万斯同《明史》卷三六四《袁崇焕传》、王鸿绪《明史稿》列传卷一三一《袁崇焕传》第二八五页下、《崇祯实录》卷一第三三页"崇祯元年七月甲申"条、谈迁《国榷》卷八九"崇祯元年七月甲申"条皆作"杨正朝"，据改。原校勘记宜改写。

加中军副将何可纲都督金事（卷二五九列传第一四七，页六七一四倒六行）

按：何可纲，原作"何可刚"。本书卷二七一有《何可纲传》，事迹与此合。另，万斯同《明史》卷三六四《袁崇焕传》、王鸿绪《明史稿》列传卷一三一《袁崇焕传》第二八五页下、《明熹宗实录》卷七〇第三三六九页"天启六年四月辛卯"条、《钦定胜朝殉节诸臣录》卷三《通谥忠节诸臣》、陈鼎《东林传》卷六《孙承宗传》、孙承泽《春明梦余录》卷四〇《礼部二》亦作"何可纲"。据改。原校勘记宜改写。

文龙子承祚（卷二五九列传第一四七，页六七一七倒六行）

按：承祚，本书卷二四八《徐从治传·附孔有德传》、卷二七一《黄龙传》及《明熹宗实录》卷四八第二四六七页"天启四年十一月乙卯"条、谈迁《国榷》卷九〇"崇祯二年六月戊午"条、柏起宗《东江始末》

卷一皆作"承禄"。万斯同《明史》卷三六四"袁崇焕传·附毛文龙传"、王鸿绪《明史稿》列传卷一三一《袁崇焕传·附毛文龙传》第二八七页上、张廷玉《通鉴纲目三编》卷三四"崇祯二年六年"条、《明季烈臣传·袁崇焕传》作"承祚"。似作"承禄"是。下同。黄云眉《明史考证》已论及。原校勘记宜改写。

杀知县张耀采（卷二六〇列传第一四八，页六七二七行一）

按：张耀采，本书卷二二《熹宗纪》、《明熹宗实录》卷八二第四〇〇一页"天启七年三月戊子"条、谈迁《国榷》卷八八"天启七年三月戊子"条、庄廷鑨《明史钞略·哲皇帝本纪下》作"张斗耀"。万斯同《明史》卷三六五《杨鹤传》、王鸿绪《明史稿》列传卷一三八《杨鹤传》第三五四页上、文秉《烈皇小识》卷二、夏燮《明通鉴》卷八〇"天启七年三月戊子"条、胡林翼《读史兵略续编》卷一〇、《明季烈臣传·杨鹤传》作"张耀采"。原校勘记宜改写。

而给降贼王虎（卷二六〇列传第一四八，页六七二七倒五行）

按：王虎，万斯同《明史》卷三六五《杨鹤传》、王鸿绪《明史稿》列传卷一三八《杨鹤传》第三五四页上同。然《崇祯实录》卷三第九三页"崇祯三年六月辛酉"条、谈迁《国榷》卷九一"崇祯三年六月丙子"条、吴伟业《绥寇纪略》卷一《渑池渡》、谷应泰《明史纪事本末》卷七五《中原群盗》、戴笠《怀陵流寇始终录》卷三皆作"黄虎"。似作"黄虎"是。原校勘记宜改写。

周任凤（卷二六〇列传第一四八，页六七三一行五）

按：万斯同《明史》卷三六五《陈奇瑜传》、王鸿绪《明史稿》列传卷一三七《陈奇瑜传》第三四四页下、戴笠《怀陵流寇始终录》卷七作"周仕凤"，疑是。原校勘记宜改写。

海寇钟凌秀卽降复叛（卷二六〇列传第一四八，页六七三四行五至六）

按：钟凌秀，原作"钟灵秀"。万斯同《明史》卷三六五《熊文灿传》、王鸿绪《明史稿》列传卷一三七《熊文灿传》第三四六页下、倪元璐《倪文贞集》卷一一《光禄寺寺丞先兄三兰府君行状》、万时华《溉园集·二集》卷一《大中丞解公寿序》、邓显鹤《沅湘耆旧集》卷二二《洪按察云蒸》、周硕勋《（乾隆）潮州府志》卷四〇熊文灿《建镇平县疏》、陈鼎《东林列传》卷一六《倪元珙传》皆作"钟凌秀"。又本传下文亦作"钟凌秀"。据改。王颂蔚《明史考证捃逸》已论及。原校勘记宜改写。

参将夏之本（卷二六〇列传第一四八，页六七三四行九）

按：夏之本，万斯同《明史》卷三六五《熊文灿传》、王鸿绪《明史稿》列传卷一三七《熊文灿传》第三四七页上、张岱《石匮书后集》卷一《烈帝本纪》、周硕勋《（乾隆）潮州府志》卷三八《征抚》同。《崇祯实录》卷七第二三六页"崇祯七年十二月丙申"条、谈迁《国榷》卷九三"崇祯七年十二月壬寅"条、谷应泰《明史纪事本末》卷七六《郑芝龙受抚》、查继佐《罪惟录·帝纪》卷一七《毅宗烈皇帝》、计六奇《明季北略》卷一〇《熊文灿戴罪》、沈云《台湾郑氏始末》卷一作"夏之木"。查继佐《罪惟录·列传》卷二五《熊文灿传》、汪有典《史外》卷二《袁忠愍传·附夏之令》皆作"夏之令"。原校勘记宜改写。

处登相及王国宁常国安杨友贤王光恩五营于均州（卷二六〇列传第一四八，页六七三七行一至二）

按：常国安，原作"常德安"。本书卷二五二《杨嗣昌传》、万斯同《明史》卷三六五《熊文灿传》、王鸿绪《明史稿》列传卷一三七《熊文灿传》第三四八页上、文秉《烈皇小识》卷六、杨嗣昌《杨文弱先生集》卷四〇《察奏捷功疏》、谷应泰《明史纪事本末》卷七五《中原群盗》、张岱《石匮书后集》卷六二《中原群盗传》、毛奇龄《后鉴录》卷六《张献忠》、冯甦《见闻随笔》卷一《张献忠传》、查继佐《罪惟录·列传》卷三一《王嘉胤高迎祥诸部贼》、徐鼒《小腆纪传》卷六四列传五七《左良玉传》、屈大均《明四朝成仁录》卷三《叶县死事传》、吴伟业《绥寇纪略》卷六《谷房变》、戴笠《怀陵流寇始终录》卷一一皆作"常国安"，据改。原校勘记宜改写。

惟革左及马光玉三部尚稽天诛（卷二六〇列传第一四八，页六七三七行八至九）

按：马光玉，原作"马光裕"。本书卷二七三《左良玉传》、卷二六九《孙应元传》及《刘国能传》、万斯同《明史》卷三六五《熊文灿传》、王鸿绪《明史稿》列传卷一三七《熊文灿传》第三四八页下、徐开任《明名臣言行录》卷八九《尚书孙公传庭》、吴伟业《绥寇纪略》卷六《谷房变》、冯甦《见闻随笔》卷一《张献忠传》皆作"马光玉",据改。王颂蔚《明史考证捃逸》、黄云眉《明史考证》已论及。原校勘记宜改写。

杨麟（卷二六〇列传第一四八，页六七三九行三）

按：本书卷二五〇《孙承宗传》、卷二五九《袁崇焕传》、卷二七〇《马世龙传》及万斯同《明史》卷三五九《练国事传》、王鸿绪《明史稿》一三七《练国事传》第三四三页上、谈迁《国榷》卷九二"崇祯五年七月癸丑"条、吴伟业《绥寇纪略》卷一《渑池渡》、夏燮《明通鉴》卷八三"崇祯五年八月乙酉"条、许鸣盘《方舆考证》卷三六《山川》皆作"杨麒"，疑是。原校勘记宜改写。

汝才乃与小秦王混世王东奔（卷二六〇列传第一四八，页六七四七倒六行）

按：混世王，万斯同《明史》卷三六一《邵捷春传》作"混天王"。然本书卷二五二《杨嗣昌传》、卷二九二《张克俭传》、卷三〇九《李自成传》及王鸿绪《明史稿》列传卷一三七《邵捷春传》第三四九页下、文秉《烈皇小识》卷六、戴笠《怀陵流寇始终录》卷一一、张岱《石匮书后集》卷六二《中原群盗传》、冯甦《见闻随笔》卷一《张献忠传》、吴伟业《绥寇纪略》卷七《开县败》、谷应泰《明史纪事本末》卷七五《中原群盗》皆作"混世王"，可知本书此处不误。下同。

复令张奏凯屯净壁（卷二六〇列传第一四八，页六七四八行二）

按：张奏凯，万斯同《明史》卷三六一《邵捷春传》作"张秦凯"。然王鸿绪《明史稿》列传卷一三七《邵捷春传》第三四九页下、朱燮元《督蜀疏草》卷一一《叙录从征文武功次疏》、刘景伯《蜀龟鉴》卷一、张岱《石匮书后集》卷一《烈帝本纪》、徐鼒《小腆纪年附考》卷二、彭孙贻《流寇志》卷四、吴伟业《绥寇纪略》卷七《开县败》、谷应泰《明史纪事本末》卷七七《张献忠之乱》、戴笠《怀陵流寇始终录》卷一三、《钦定胜朝殉节诸臣录》卷五《通谥烈愍诸臣下》皆作"张奏凯"。可知本书此处不误。原校勘记宜改写。

降将张一川（卷二六〇列传第一四八，页六七四八行七至八）

按：张一川，原作"张一州"。万斯同《明史》卷三六一《邵捷春传》、王鸿绪《明史稿》列传卷一三七《邵捷春传》第三四九页下、文秉《烈皇小识》卷三、谈迁《国榷》卷九七"崇祯十三年十月丙子"条、查继佐《罪惟录·列传》卷三一《罗汝才传》、彭遵泗《蜀碧》卷一、冯甦《见闻随笔》卷一《张献忠传》、吴伟业《绥寇纪略》卷七《开县败》、徐鼒《小腆纪年附考》卷二、谷应泰《明史纪事本末》卷七五《中原群盗》、戴笠《怀陵流寇始终录》卷一三皆作"张一川"，据改。原校勘记宜改写。

顺德知府于颖上状（卷二六一列传第一四九，页六七六五行七）

按：于颖，原作"于颍"。万斯同《明史》卷三六六《卢象昇传》、王鸿绪《明史稿》列传卷一三九《卢象昇传》第三六六页下、《崇祯实录》卷一一第三五四页"崇祯十一年十二月丁未"条、张岱《石匮书后集·列传》卷一五《卢象昇传》、谈迁《国榷》卷九六"崇祯十一年十二月乙卯"条、邵廷采《东南纪事》卷九《附录逸事》、温睿临《南疆逸史》卷四五《朱兆殷传》皆作"于颖"，据改。徐鼒《小腆纪传》卷四一《于颖传》、戴笠《怀陵流寇始终录》卷一二、任启运《清芬楼遗稿》卷四《明大司马卢公传》、谷应泰《明史纪事本末补遗》卷六《东兵入口》、卢安节《明大司马卢公年谱》作"于颍"；赵吉士《续表忠记》卷四《卢忠烈公传》作"于颍"，皆误。原校勘记宜改写。

祖大寿（卷二六一列传第一四九，页六七七一行八）

按：祖大寿，万斯同《明史》卷三六四《孙承宗传·附丘禾嘉传》、王鸿绪《明史稿》列传卷一三一《孙承宗传·附丘禾嘉传》第二八一页下、《清开国方略》卷一四作"祖大乐"。然据本书本传及万书、王书下文皆有"祖大寿"，此处作"祖大寿"是。

襄城人张永祺等迎乔年（卷二六二列传第一五〇，页六七八一倒一行至六七八二行一）

按：张永祺，万斯同《明史》卷三六六《汪乔年传》、王鸿绪《明史稿》列传卷一三九《汪乔年传》第三七一页上、赵吉士《续表忠记》卷五《秦督汪公传》、吴伟业《绥寇纪略》卷九《通城击》、徐鼒《小腆纪年附考》卷一、计六奇《明季北略》卷一七《李自成陷襄城》作"李永祺"。《崇祯实录》卷一五第四二六页"崇祯十五年二月壬子"条、文秉《烈皇小识》卷七、谈迁《国榷》卷九八"崇祯十五年二月壬子"条、谷应泰《明史纪事本末》卷七八《李自成之乱》、张岱《石匮书后集》卷一《烈帝本纪》、彭孙贻《平寇志》卷四、胡林翼《读史兵略续编》卷一〇《祁彪佳》、郑廉《豫变纪略》卷五作"张永祺"。

米脂令边大受（卷二六二列传第一五〇，页六七八二倒三行）

按：边大受，汪有典《史外》卷三《汪中丞传》、汪有典《前明忠义别传》卷九《汪中丞传》、王士禛《池北偶谈》卷一〇《边大绶》、余廷灿《存吾文稿·书米脂令边大绶事》、谭吉璁《（康熙）延绥镇志》卷五《纪事志》、刘于义《（雍正）陕西通志》卷八二《纪事第七》作"边大绶"。本书卷三〇九《李自成传》、赵吉士《续表忠记》卷五《秦督汪公传》、查继佐《罪惟录·志》卷三二中《外志》、吴伟业《绥寇纪略》卷九《通城击》、彭孙贻《平寇志》卷四、屈大均《明四朝成仁录》卷三《襄城死事传》、冯甦《见闻随笔》卷一、戴笠《怀陵流寇始终录》卷一五、王世德《崇祯遗录》、徐鼒《小腆纪年附考》卷一、谭吉璁《（康熙）延绥镇志》卷五《纪事志》作"边大受"。王颂蔚《明史考证捃逸》已论及。

字仲发（卷二六二列传第一五〇，页六七八五行六）

按：字仲发，黄道周《黄漳浦文选》卷五《王仲弢传》云"字天瑞"，则"仲弢"其别字也，此作"仲发"，疑"发"为"弢"之形讹。黄云眉《明史考证》已论及。

字伯雅（卷二六二列传第一五〇，页六七八五倒四行）

按：字伯雅，原作"字百雅"。万斯同《明史》卷三六六《孙传庭传》、王鸿绪《明史稿》列传卷一三九《孙传庭传》第三七一页下、邵念鲁《思复堂文集碑传》卷二《督师白谷孙公传》、王弘《砥斋集》卷五《孙督师传》、汪有典《史外》卷三《孙尚书传》及《前明忠义别传》卷九《孙尚书传》作"字伯雅",据改。另,赵吉士《续表忠记》卷六《总督孙公传》作"字白谷",误。

斩圣世王瓦背一翅飞（卷二六二列传第一五〇,页六七八六倒六行）

按:瓦背,戴笠《怀陵流寇始终录》卷九"崇祯九年八月壬申"条、吴伟业《绥寇纪略》卷四《朱阳溃》、冯甦《见闻随笔》卷一《李自成传》、彭孙贻《平寇志》卷二作"瓦背王"。然万斯同《明史》卷三六六《孙传庭传》、王鸿绪《明史稿》列传卷一三九《孙传庭传》第三七二页上、卢象昇《卢公奏议》卷四《剿荡愆期听候处分并陈贼势兵情疏》、吴伟业《绥寇纪略》卷五《黑水擒》皆作"瓦背"。原校勘记宜改写。

黄綗等（卷二六三列传第一五一,页六七九五行三）

按:黄綗,本书卷二四《庄烈帝纪》、查继佐《国寿录》卷一作"黄炯"。万斯同《明史》卷三六九《冯师孔传·附黄綗传》、王鸿绪《明史稿》列传卷一四〇《冯师孔传·附黄綗传》第三八〇页上、查继佐《罪惟录·列传》卷一二中《黄綗传》、张岱《石匮书后集·列传》卷一四《黄綗传》、邹漪《启祯野乘》卷一〇《廉使黄公綗》、徐鼐《小腆纪年》卷一及《小腆纪年附考》卷一、陈鼎《东林列传》卷七《焦源溥传》、《甲申传信录》卷二皆作"黄綗"。似作"黄綗"是。下同。原有校勘记,改"黄綗"作"黄炯",兹回改。

督粮通判朱敏泰诸生姚时中副将宁龙（卷二六三列传第一五一,页六八〇八倒五行）

按:宁龙,万斯同《明史》卷三六九《朱之冯传》第三八五页上作"宁宠"。王鸿绪《明史稿》列传卷一四〇《朱之冯传》、《钦定胜朝殉节诸臣录》卷八《通谥节愍诸臣下》、彭孙贻《流寇志》卷九、徐鼐《小腆纪年附考》卷三、《明季烈臣传·卫景瑗传》皆作"宁龙"。似作"宁龙"是。

谥忠壮（卷二六三列传第一五一,页六八〇八倒四行）

按:忠壮,万斯同《明史》卷三六九《朱之冯传》、王鸿绪《明史稿》列传卷一四〇《朱之冯传》第三八五页上作"忠毅"。徐开任《明名臣言行录》卷九〇《巡抚朱忠庄公之冯》、王士禛《池北偶谈》卷九《朱忠庄公遗疏》、邹漪《启祯野乘》卷一一《朱忠庄公之冯》作"忠庄"。查继佐《罪惟录·列传》卷一二《朱之冯传》、赵吉士《续表忠记》卷六《朱之冯》、张岱《石匮书后集》卷一七《朱之冯传》、徐鼒《小腆纪年附考》卷七作"忠壮"。据同上邹漪《启祯野乘》载，时谥忠毅者为卫景瑗，疑万书、王书误抄。似作"忠庄"是。

都御史唐世济荐霍维华（卷二六四列传第一五二，页六八二五倒二至一行）

按：唐世济，原作"唐济世"。本传下文、本书卷一一二《七卿表一》、卷三〇六《霍维华传》及万斯同《明史》卷三五五《霍维华传》、王鸿绪《明史稿》列传卷一四六《李梦辰传》第二二页下、《景印文渊阁四库全书》本《明史》卷二六四《李梦辰传》、谷应泰《明史纪事本末》卷六六《东林党议》、孙承泽《春明梦余录》卷三四《吏部》、倪元璐《倪文贞集》卷二《兵部右侍郎唐世济》、查继佐《罪惟录·帝纪》卷一七《毅宗烈皇帝》、文秉《烈皇小识》卷五、计六奇《明季北略》卷一三《朱国弼劾温体仁》、蒋平阶《东林始末》皆作"唐世济"，据改。王颂蔚《明史考证捃逸》已论及。原校勘记宜改写。

改用张承荫（卷二六四列传第一五二，页六八二八行五）

按：张承荫，原作"张承荫"。本书卷二三八《李成梁传·附李如柏传》、卷二三九《张臣传·附张承荫传》、王鸿绪《明史稿》列传卷一一六《张臣传·附张承荫传》第一一三页上、《钦定胜朝殉节诸臣录》卷四《通谥烈愍诸臣上》、《明季烈臣传·麻僖》、《清开国方略》卷五皆作"张承荫"，据改。下同。原校勘记宜改写。

赠太傅谥文贞（卷二六五列传第一五三，页六八三五行七）

按：文贞，万斯同《明史》卷三八二《范景文传》、王鸿绪《明史稿》列传卷一四七《范景文传》第二六页下皆作"文忠"。顾炎武《明季实录》卷二《文武臣死节纪》、黄宗羲《弘光实录钞》卷二、谈迁《国榷》卷一〇〇"崇祯十七年三月丁未"条、钱谦益《列朝诗集》丁集卷一一《范阁学景文》、孙奇逢《夏峰先生集》卷八《范文贞公传》、徐开任《明名臣言行录》卷九一《大学士范文贞公景文》、张岱《石匮书后集》卷二〇《范景文传》、查继佐《罪惟录·志》卷一九《直阁志》、计六奇《明季南略》卷五《北京殉难诸臣》、邹漪《启祯野乘》卷一一《范文贞公景文》、陈鼎《东林列传》卷八《范景文传》、朱彝尊《明诗综》卷七五《范景文》、陈田《明诗纪事·辛签》卷三《范景文》作"文贞"。据李清《三垣笔记》卷中《崇祯》载："范公景文，吴桥人。后殉闯难，谥文贞。国朝改谥文忠。"汪有典《史外》卷一二《明忠义别传·范文忠传》亦载："赠太傅，谥文贞，定谥文忠。"可知范景文崇祯殉难后谥文贞，清初改谥文忠。

真定游击谢加福杀巡抚徐标迎贼（卷二六六列传第一五四，页六八六一行八）

按：谢加福，万斯同《明史》卷三八二《汪伟传》、王鸿绪《明史稿》列传卷一四八《汪伟传》第三九页上、戴名世《南山集·补遗》卷中《崇祯甲申保定城守纪略》、徐鼒《小腆纪年》卷三及《小腆纪年附考》引戴田有《保定城守纪略》、陈僖《燕山草堂集》卷三《明崇祯十七年保定府纪事》、陈僖《甲申上谷纪事》、张岱《石匮书后集》卷一六《流寇死战诸臣列传》、陈鼎《东林列传》卷七《徐标传》、《钦定胜朝殉节诸臣录》卷二《通谥忠烈诸臣》、王源《居业堂文集》卷二《保定张氏兄弟合传》、赵吉士《寄园寄所寄》卷九《裂眦寄》皆作"谢嘉福"，疑是。

襄城伯李国桢发营卒五万营城外（卷二六六列传第一五四，页六八六四倒四行）

按：李国桢，原作"李国祯"。本传下文及本书卷一〇六《功臣表》、万斯同《明史》卷三八二《王章传》、《崇祯实录》卷一七第五二六页"崇祯十七年二月丙戌"条、谈迁《国榷》卷一〇〇"崇祯十七年二月丙戌"条、文秉《烈皇小识》卷八、冯梦龙《甲申纪事》卷一《甲申纪闻》、谈迁《枣林杂俎》仁集《逸典·金陵对泣录》、邹漪《明季遗闻》卷一《北都》、杨陆荣《三藩纪事本末》卷一《三藩僭号》、汪有典《史外》卷一三《马文肃传》、全祖望《鲒埼亭集外编》卷三四《题崇祯遗诏事实后》、查继佐《罪惟录·列传》卷一二《李国桢》、谷应泰《明史纪事本末》卷七九《甲申之变》、查慎行《人海记》卷上《甲申京师之变》、李清《南渡纪事》卷下、彭孙贻《平寇志》卷八、戴笠《怀陵流寇始终录》卷一七、计六奇《明季南略》卷五《北京殉难诸臣》、孙承泽《春明梦余录》卷三一《戎政府》、陈僖《燕山草堂集》卷三《哭椒山先生文》、王世德《崇祯遗录》改。王颂蔚《明史考证攟逸》已论及。原校勘记宜改写。

员外郎宁承烈（卷二六六列传第一五四，页六八七二倒三行）

按：宁承烈，万斯同《明史》卷三八二《金铉传》、王鸿绪《明史稿》列传卷一四八《金铉传》第四四页上作"宁丞烈"。汪有典《史外》卷一四《许忠愍陈恭节合传》、《钦定胜朝殉节诸臣录》卷六《通谥烈愍诸臣上》、徐鼒《小腆纪年附考》卷四、陈鼎《东林列传》卷九《申佳胤传》作"宁承烈"。下同。

与胶州张若麒同年友善（卷二六七列传第一五五，页六八八〇倒一行）

按：张若麒，原作"张若骐"。本传下文、本书卷二五二《杨嗣昌传》、卷二七八《杨廷麟传》，万斯同《明史》卷三六七《杨廷麟传》，王鸿绪《明史稿》列传卷一四六《宋枚传·附沈迅传》第一九页上，顾炎武《明季实录》卷二《从闯贼破京城伪官考》，姜采《敬亭集》卷八《沈兵科传》，孙承泽《春明梦余录》卷三五《户部一》，徐鼒《小腆纪年附考》卷四，《明进士题名碑录》崇祯辛未科皆作"张若麒"。另，据计六奇《明季北略》卷二二《张若麒》载："张若麒，字天石，山东莱州府胶州人。崇祯辛未进士，以兵部郎中出监军，督战失机，下狱。督兵守关。"据改。下同。原校勘记宜改写。

山西监视中官刘中允言文诏剿贼徐沟盂定襄（卷二六八列传第一五六，页六八九六行三至四）

按：刘中允，本书卷二三九《张臣传》、卷二五七《张凤翼传》、卷三〇五《张彝宪传》，万斯同《明史》卷三七四《曹文诏传》，文秉《烈皇小识》卷三，吴甡《忆记》卷三、谈迁《国榷》卷九一"崇祯四年九月乙未"条，张岱《石匮书后集》卷一《烈帝本纪》，孙承泽《山书》卷四

《谏遣内臣》，谷应泰《明史纪事本末》卷七四《宦侍误国》作"刘允中"。王鸿绪《明史稿》列传卷一四五《曹文诏传》第二页上、夏燮《明通鉴》卷八三"崇祯六年五月乙巳"条作"刘中允"。疑作"刘允中"是。

莫是骅唐世龙及千户王定远皆力战死（卷二六九列传第一五七，页六九一二倒六至五行）

按：唐世龙，原作"詹世龙"。王鸿绪《明史稿》列传卷一四五《陈于王传》第五页上、《景印文渊阁四库全书》本卷二六九《陈于王传》、杨嗣昌《杨文弱先生集》卷一九《覆应抚续报阵亡诸将疏》、张国维《张忠敏公遗集》卷二《请优恤阵亡疏》、计六奇《明季北略》卷一三《诸将死难》、赵吉士《续表忠记》卷四《援皖诸忠合传》、彭孙贻《平寇志》卷三、吴伟业《绥寇纪略》卷五《黑水擒》、徐鼒《小腆纪年附考》卷二皆作"唐世龙"。《钦定胜朝殉节诸臣录》卷五《通谥烈愍诸臣下》、夏燮《明通鉴》卷八五"崇祯九年三月甲子"条、《清通志》卷五四《谥略》、《明季烈臣传·陈于王传》作"詹世龙"。似作"唐世龙"是，据改。王颂蔚《明史考证捃逸》已论及。原校勘记宜改写。

与大威国威斩剧贼高加计（卷二六九列传第一五七，页六九一六行八至九）

按：高加计，万斯同《明史》卷三七四《猛如虎传》、王鸿绪《明史稿》列传卷一四五《猛如虎传》第七页下、彭孙贻《平寇志》卷一、戴震《（乾隆）汾州府志》卷一一《宦绩下》、谷应泰《明史纪事本末》卷七五《中原群盗》、张岱《石匮书后集》卷六二《中原群盗传》同。《景印文渊阁四库全书》本《明史》卷二九六《猛如虎传》、吴甡《柴庵疏集》卷一一《抚晋·防河之役未终讨贼之举更急疏》、赵吉士《寄园寄所寄》卷九《裂眦寄》、戴笠《怀陵流寇始终录》卷八、吴世杰《甓湖草堂集·文集》卷五《吴甡传》、吴伟业《绥寇纪略》卷一《渑池渡》及卷二《车箱困》皆作"高加讨"。王颂蔚《明史考证捃逸》已论及。

西洋红毛番长韦麻郎驾三大艘至彭湖（卷二七〇列传第一五八，页六九三九行一）

　　按：韦麻郎，本书卷三二五《和兰传》，张燮《东西洋考》卷六《红毛番》、卷八《税珰考》及茅瑞征《皇明象胥录》卷五《和兰》、陈仁锡《皇明世法录》卷八二《南蛮》、查继佐《罪惟录·列传》卷三三《台湾附舟山及海上诸屯》、查继佐《东山国语·台湾前语》、梁廷柟《粤海关志》卷二二《贡舶二·荷兰国》、《钦定续文献通考》卷二三八《四裔考》作"麻韦郎"。王鸿绪《明史稿》列传卷一四四《马世龙传》第四二五页下、沈国元《两朝从信录》卷二三、董应举《崇相集》卷一二《与南二太公祖书》、吴肃公《街南续集》卷五《沈大将军传》、熊明遇《文直行书诗文·文选》卷一三《红毛番》、《明季烈臣传·沈有容传》作"韦麻郎"。似作"麻韦郎"是。黄云眉《明史考证》已论及。

郎而承宗令裨将陈练以川湖土兵来助（卷二七一列传第一五九，页六九六二行一至二）

　　按：陈练，本书卷二五〇《孙承宗传》、万斯同《明史》卷三七三《赵率教传》、王鸿绪《明史稿》列传卷一二九《赵率教传》第二五二页下、陈鹤《明纪》卷五〇《熹宗纪一》、《明季烈臣传·孙承宗传》皆作"陈谏"，疑是。下同。原校勘记宜改写。

并执理饷经历刘应鹤等十一人（卷二七一列传第一五九，页六九六七行二）

　　按：刘应鹤，原作"杨应鹤"。万斯同《明史》卷三八一《黄龙传》、王鸿绪《明史稿》列传卷一二九《黄龙传》第二五五页上作"刘一鹤"。《崇祯实录》卷三第八八页"崇祯三年四月乙卯"条、毕自肃《辽东疏稿》卷二《恳辞粮务重任疏》、周文郁《边事小纪》卷二《抚变纪事》、谈迁《国榷》卷九一"崇祯三年四月乙卯"条、谷应泰《明史纪事本末补遗》卷四《毛帅东江》皆作"刘应鹤"。似作"刘应鹤"是，据改。原校勘记宜改写。

杀参将沈世魁家众（卷二七一列传第一五九，页六九六七行七）

　　按：沈世魁，本书卷二五九《赵光抃传》、《钦定胜朝殉节诸臣录》卷四《通谥烈愍诸臣上》同。《崇祯实录》卷六第一九七页"崇祯六年九月壬寅"条，谈迁《国榷》卷九二"崇祯六年九月壬寅"条、《清太宗实录》卷三四"崇德二年四月"条，蒋良骐《东华录》卷三"崇德二年四月"条，《盛京通志》卷七三《国朝人物九》、谷应泰《明史纪事本末补遗》卷四《毛帅东江》、赵尔巽《清史稿》列传二〇《叶臣传》、郑虎文《吞松阁集》卷二二《原封和硕英亲王阿济格传》作"沈世奎"。本书卷二三《庄烈帝纪》、《崇祯实录》卷一〇第三〇二页"崇祯十年四月戊寅"条、谈迁《国榷》卷九六"崇祯十年四月癸酉"条作"沈冬魁"。本书卷二七一《黄龙传》、万斯同《明史》卷三八一《黄龙传》、杨嗣昌《杨文弱先生集》卷一四《覆山永巡抚海岛情形疏》、周文郁《边事小纪》卷三《协剿纪事》、天都山臣《女直考》、《八旗通志》卷一七五《人物志五十五》、赵翼《廿二史札记》卷三六《明季辽左阵亡诸将之多》作"沈世魁"。下同。原校勘记宜改写。

语部将谭应华曰（卷二七一列传第一五九，页六九六八行八）

按：谭应华，万斯同《明史》卷三八一《黄龙传》作"谈应华"。王鸿绪《明史稿》列传卷一二九《黄龙传》第二五五页下、屈大均《明四朝成仁录》卷一《旅顺死事传》、《明季烈臣传·黄龙传》、陈鹤《明纪》卷五三《庄烈纪二》作"谭应华"。

兵备道张斗姚恭王之桢（卷二七二列传第一六〇，页六九七九行六至七）

按：王之桢，万斯同《明史》卷三七四《曹变蛟传》、王先谦《东华录·崇德六》作"王之祯"。陆奎勋《陆堂文集》卷一六《曹变蛟传》、王鸿绪《明史稿》列传卷一二九《曹变蛟传》第二五九页上、蒋良骐《东华录》卷三"崇德六年八月"条、彭绍观《皇清开国方略》卷二九《太宗文皇帝》、《钦定胜朝殉节诸臣录》卷六《通谥节愍诸臣上》作"王之桢"。似作"王之桢"是。

以中官杨应朝卢九德监其军（卷二七三列传第一六一，页六九八八倒四行）

按：杨应朝，本书卷三〇九《李自成传》、文秉《烈皇小识》卷三、戴笠《怀陵流寇始终录》卷六、谷应泰《明史纪事本末》卷七五《中原群盗》、张岱《石匮书后集》卷六二《中原群盗传》、《御批历代通鉴辑览》卷一一四《庄烈帝》、谭吉璁《（康熙）延绥镇志》卷五《纪事志》作"杨进朝"。万斯同《明史》卷三七五《左良玉传》、王鸿绪《明史稿》列传卷一五一《左良玉传》第六六页下、谈迁《国榷》卷九二"崇祯六年五月丙午"条、吴伟业《绥寇纪略》卷一《渑池渡》皆作"杨应朝"。《崇祯实录》卷六第一七三页"崇祯六年五月丙午"条作"张应朝"。下同。原校勘记宜改写。

嗣昌谋以陕西总督郑崇俭率贺人龙李国奇从西乡入蜀（卷二七三列传第一六一，页六九九二行八）

按：李国奇，原作"李国安"。本书卷二五二《杨嗣昌传》、卷二六〇《郑崇俭传》、卷二六二《傅宗龙传》、卷三〇九《张献忠传》，文秉《烈皇小识》卷六，杨嗣昌《杨文弱先生集》卷四〇《察奏捷功疏》，谈迁《国榷》卷九七"崇祯十三年三月庚寅"条，戴笠《怀陵流寇始终录》卷一三，谷应泰《明史纪事本末》卷七五《中原群盗》、卷七七《张献忠之乱》，查继佐《罪惟录·列传》卷三一《王嘉胤高迎祥诸部贼》，彭孙贻《平寇志》卷三，吴伟业《绥寇纪略》卷七《开县败》、《钦定胜朝殉节诸臣录》卷五《通谥烈愍诸臣下》、屈大均《明四朝成仁录》卷二《开县绵州死事传》、汪有典《明忠义别传》卷九《汪中丞传·附傅宗龙》、徐鼒《小腆纪年附考》卷二、李馥荣《滟滪囊》卷一《李自成张献忠寇巴蜀》皆作"李国奇"。万斯同《明史》卷三七五《左良玉传》、王鸿绪《明史稿》列传卷一五一《左良玉传》第六八页上作"李国安"。似作"李国奇"是，据改。原校勘记宜改写。

因荐都及钱塘进士姚奇胤（卷二七四列传第一六二，页七〇二五行九）

按：姚奇胤，原作"姚奇允"。本书卷二七八《郭维经传》、李卫《（乾隆）浙江通志》卷一六三《人物二》、《钦定胜朝殉节诸臣录》卷七《通谥节愍诸臣中》作"姚奇允"。万斯同《明史》卷三六八《史可法传·附何刚传》作"姚奇引"。徐鼒《小腆纪传》卷二七《姚奇胤传》、卷四九《何刚传》、屈大均《明四朝成仁录》卷九《姚奇胤传》、查继佐《罪惟录·列传》卷一二下《崇祯甲申死节》、查继佐《东山国语·处南语》、张岱《石匮书后集》卷四六《杨廷麟传》、朱彝尊《明诗综》卷七七《黄道周》、东村八十一老人《明季甲乙汇编》卷一、全祖望《鲒埼亭集外编》卷二九《跋明崇祯十七年进士录》、彭孙贻《平寇志》卷八、朱彝尊《曝书亭集》卷七四《徐先生墓志铭》作"姚奇胤"。按，本书及万书因避清世宗胤禛之名讳而改"胤"作"允"或"引"，兹回改本字。

劾罪田诏刘志选梁梦环（卷二七四列传第一六二，页七〇二七倒六行）

按：田诏，本书卷三〇六《崔成秀传》、《刘诏传》及谷应泰《明史纪事本末》卷七一《魏忠贤乱政》作"刘诏"。万斯同《明史》卷三六八《高弘图传》、王鸿绪《明史稿》列传卷一四九《高弘图传》第五一页上、《明季烈臣传·高弘图传》皆作"田诏"。似作"刘诏"是。黄云眉《明史考证》已论及。

诬蔑忠臣李国祯为言（卷二七四列传第一六二，页七〇三〇倒六行）

按：李国祯，原作"李国桢"。本书卷二六六《王章传》、《崇祯实录》卷一七第五三〇页"崇祯十七年三月庚寅"条、谈迁《国榷》卷一〇〇"崇祯十七年三月戊申"条、谷应泰《明史纪事本末》卷八〇《甲申殉难》、孙承泽《春明梦余录》卷三一《戎政府》、徐鼒《小腆纪传》卷一一《姜曰广传》作"李国桢"。本传上文及本书卷八九《兵志一》、卷一四六《李浚传》、卷二六五《王家彦传》，万斯同《明史》卷三六八《姜曰广传》，王鸿绪《明史稿》列传卷一四九《姜曰广传》第五三页上，谷应泰《明史纪事本末》卷七九《甲申之变》，徐开任《明名臣言行录》卷九四《大学士姜公曰广》，汪有典《前明忠义别传》卷二六《姜相国传》，倪元璐《倪文贞奏疏》卷五皆作"李国祯"。似作"李国祯"是，据改。王颂蔚《明史考证捃逸》已论及。原校勘记宜改写。

河南道御史张煊（卷二七五列传第一六三，页七〇四〇倒七至六行）

按：张煊，原作"张瑄"。本书卷二五四《李日宣传》、卷二五三《陈演传》，《崇祯实录》卷一五第四三五页"崇祯十五年六月辛酉"条，谈迁

《国榷》卷九八"崇祯十五年六月辛酉"条,谷应泰《明史纪事本末》卷七二《崇祯治乱》,查继佐《罪惟录·帝纪》卷一七《毅宗烈皇帝》,孙承泽《春明梦余录》卷二四《内阁》,计六奇《明季北略》卷一八《蒋德璟入相》,曹溶《崇祯五十宰相传·陈演传》、陈鼎《东林列传》卷一九《张三谟传》,《明进士题名碑录》崇祯戊辰科皆作"张煊",据改。原校勘记宜改写。

与左都督陈弘范（卷二七五列传第一六三,页七○五○倒六行）

按:陈弘范,顾炎武《圣安记事》卷上、谈迁《国榷》卷一○二"崇祯十七年七月庚寅"条、《明通鉴·附编》卷一下《附记一下》、张岱《石匮书后集》卷二九《左懋第传》、温睿临《南疆逸史》卷九《左懋第传》、徐鼒《小腆纪传》卷一五《左懋第传》及《小腆纪年附考》卷七、计六奇《明季南略》卷八《南都甲乙纪》、邹漪《启祯野乘·一集》卷一一《周忠武传》、邹漪《明季遗闻》卷二《南都》、汪有典《前明忠义别传》卷一七《左中丞传》皆作"陈洪范"。本书卷二三《庄烈帝纪一》、卷二七六《朱大典传》,谷应泰《明史纪事本末》卷七五《中原群盗》,徐开任《明名臣言行录》卷九四《高弘图传》,吴伟业《绥寇纪略》卷六《谷房变》,屈大均《明四朝成仁录》卷七《使臣死事传》,汪有典《史外》卷一七《左中丞传》,汪有典《明忠义别传》卷一七《左中丞传》有陈洪范者,崇祯时为昌平总兵官,疑即此人,故"陈弘范"当作"陈洪范"。

定西侯参谋顺天顾明楫（卷二七六列传第一六四,页七○六七倒六至五行）

按:顾明楫,原作"顾民楫"。本传下文及王鸿绪《明史稿》列传卷一五二《张肯堂传》第八三页下、查继佐《罪惟录·列传》卷一二下《张名振传》、邵廷采《东南纪事》卷二《鲁王以海》、顾复《平生壮观》卷六《南中死节诸贤遗墨》、徐鼒《小腆纪传》卷七《监国鲁王》及《小腆纪年附考》卷一七、杨陆荣《三藩纪事本末》卷二《鲁藩据浙东》、《钦定胜朝殉节诸臣录》卷一○《入祠士民上》、翁洲老民《海东逸史》卷二《监国纪下》皆作"顾明楫",据改。王颂蔚《明史考证捃逸》已论及。原校勘记宜改写。

继祚及参政汤芬给事中林眉知县都廷谏并死之（卷二七六列传第一六四，页七〇七一行五至六）

按：都廷谏，温睿临《南疆逸史》卷三一《朱继祚传》作"郁廷谏"。然王鸿绪《明史稿》列传卷一五二《朱继祚传》第八八页下、黄宗羲《行朝录》卷四《鲁王监国》、杨陆荣《三藩纪事本末》卷二《鲁藩据浙东》、《明末纪事补遗》卷七《本末》、徐鼒《小腆纪传》卷二四《朱继祚传》、邵廷采《东南纪事》卷二《鲁王以海》、翁洲老民《海东逸史》卷一五《朱继祚传》、《钦定胜朝殉节诸臣录》卷七《通谥节愍诸臣中》、《御批历代通鉴辑览》卷一一九附《明唐桂二王本末》作"都廷谏"。似作"都廷谏"是。黄云眉《明史考证》已论及。

王瑞栴字圣木（卷二七六列传第一六四，页七〇七三行二）

按：王瑞栴，原作"王瑞柟"。按本书卷三〇九《张献忠传》、王鸿绪《明史稿》列传卷一五二《王瑞栴传》第八七页下、卷一八三《张献忠传》第七一页下，温睿临《南疆逸史》卷一一《王瑞栴传》，《明进士题名碑录》天启乙丑科皆作"王瑞栴"。栴是紫檀香木，与"字圣木"相应，作"栴"是。据改。下同。另，《崇祯忠节录》卷一三《王瑞栴传》、《钦定胜朝殉节诸臣录》卷三《通谥忠节诸臣》、徐鼒《小腆纪传》卷一七《王瑞栴传》同本传，亦误。原校勘记宜改写。

监纪主事余爵也（卷二七六列传第一六四，页七〇七八倒三行）

按：余爵，原作"俞爵"。本书卷二九三《李乘云传·附余爵传》、万斯同《明史》卷三七一《熊汝霖传》、杨嗣昌《杨文弱先生集》卷四一《备陈调度机宜疏》、和珅《大清一统志》卷一五三《开封府五》、《钦定胜朝殉节诸臣录》卷五《通谥烈愍诸臣下》、计六奇《明季北略》卷一七《自成陷河南州县》、李清《南渡录》卷三、管绍宁《赐诚堂文集》卷七《补恤徇难卫景瑗等谥祭葬荫疏》作"余爵"，据改。原校勘记宜改写。

邱祖德（卷二七七列传第一六五，页七〇九二行六）

按：邱祖德，原作"丘祖德"。王鸿绪《明史稿》列传卷一五三《丘祖德传》第九一页上、东村八十一老人《明季甲乙汇编》卷二作"丘祖德"。冯梦龙《甲申纪事》卷三《孤臣纪哭》、黄宗羲《弘光实录钞》卷

四、谈迁《国榷》卷一〇二"崇祯十七年五月乙卯"条、汪有典《史外》卷二〇《金文毅传》、杨陆荣《三藩纪事本末》卷二《王师平南浙》、计六奇《明季南略》卷一《南都甲乙纪》、计六奇《明季北略》卷二〇《程源移书邱祖德》、温睿临《南疆逸史》卷一五《邱祖德传》、徐鼒《小腆纪传》卷四六《邱祖德传》、戴笠《怀陵流寇始终录》卷一八、黄鸿寿《清史纪事本末》卷一〇《明起义军之失败》作"邱祖德"。"邱"字本书此处及王书因避孔子名讳而改作"丘",据改。以下凡遇此类情形,径改不出校。

祖德与宁国举人钱文龙（卷二七七列传第一六五，页七〇九二倒二行）

按：钱文龙，王鸿绪《明史稿》列传卷一五三《丘祖德传》第九一页上、徐鼒《小腆纪传》卷四六《邱祖德传》、《小腆纪年附考》卷一〇《邱祖德传》、《小腆纪传》卷三纪第三《隆武附绍武》，黄鸿寿《清史纪事本末》卷一〇《明起义军之失败》皆作"钱龙文"。《钦定胜朝殉节诸臣录》卷一〇《入祠士民上》、夏燮《明通鉴·附编》卷二下、《明季烈臣传·邱祖德传》作"钱文龙"。似作"钱文龙"是。原校勘记宜改写。

华亭教谕眭明永题诗明伦堂（卷二七七列传第一六五，页七〇九六行七）

按：眭明永，王鸿绪《明史稿》列传卷一五三《沈犹龙传》第九四页下、谈迁《枣林杂俎》仁集《群忠备遗》、徐鼒《小腆纪传》卷四六《沈犹龙传·附睦明永传》、温睿临《南疆逸史》卷三六《睦明永传》、孙奇逢《夏峰先生集》卷三《论余》作"睦明永"。黄宗羲《弘光实录钞》卷四、张岱《石匮书后集》卷三二《睦明永传》、《钦定胜朝殉节诸臣录》卷九《入祠职官》、计六奇《明季南略》卷九《眭明永不屈死》、屈大均《明四朝成仁录》卷二《应城死事传》、杨陆荣《三藩纪事本末》卷二《王师平南浙》、何焯《晴江阁集》卷二四《徐节妇传》、朱彝尊《明诗综》卷七六《王养正》、陈田《明诗纪事·辛签》卷五《眭明永》、黄鸿寿《清史纪事本末》卷一〇《明起义军之失败》作"眭明永"。原校勘记宜改写。

董用圆（卷二七七列传第一六五，页七一〇〇行二）

按：董用圆，王鸿绪《明史稿》列传卷一五三《侯峒曾传》第九三页上、黄宗羲《弘光实录钞》卷四、温睿临《南疆逸史》卷三六《龚用圆传》、温睿临《南疆逸史》卷二五《龚用圆传》、徐鼒《小腆纪传》卷四六《黄淳耀传》、《崇祯忠节录》卷一〇《龚用圆传》、计六奇《明季南略》卷九《侯峒曾守嘉定城》、钱大昕《潜研堂集·文集》卷二二《记侯黄两忠节公事》、屈大均《明四朝成仁录》卷七《黄淳耀传》、邹漪《明季遗闻》卷三《南都》、朱彝尊《明诗综》卷七六《王养正》、朱彝尊《静志居诗话》卷二〇《龚用圆》、《明末纪事补遗》卷二《本末》、朱子素《东塘日札》卷二、顾师轼《吴梅村先生年谱》卷二、李兆洛《养一斋集·文集》卷七《跋龚用圆遗札》皆作"龚用圆"，疑是。原校勘记宜改写。

维经与御史姚奇胤沿途募兵（卷二七八列传第一六六，页七一二〇行七）

按：姚奇胤，原作"姚奇允"。万斯同《明史》卷三六七《万元吉传》作"姚奇引"。《明末忠烈纪实》卷一三《万元吉传》同本传。然王鸿绪《明史稿》列传卷一五四《万元吉传》第一〇一页下、张岱《石匮书后集》卷四九《姚奇胤传》、温睿临《南疆逸史》卷一九《姚奇胤传》、徐鼒《小腆纪传》卷二七《姚奇胤传》及卷四九《何刚传》、东村八十一老人《明季甲乙汇编》卷一、屈大均《明四朝成仁录》卷九《姚奇胤传》、查继佐《罪惟录·列传》卷一二下《崇祯甲申死节》、全祖望《鲒埼亭集外编》卷二九《跋明崇祯十七年进士录》、彭孙贻《平寇志》卷八、朱彝尊《曝书亭集》卷第七四《徐先生墓志铭》、朱彝尊《明诗综》卷七七《黄道周》皆作"姚奇胤"。按，本书及万书因避清世宗胤禛之名讳而改"胤"作"允"或"引"，兹回改本字。

字维衡（卷二七八列传第一六六，页七一二九倒三行）

按：维衡，原作"维新"。万斯同《明史》卷三六七《曾樱传·附傅鼎铨传》、王鸿绪《明史稿》列传卷一五四《曾樱传·附傅鼎铨传》第八五页下、温睿临《南疆逸史》卷一六《傅鼎铨传》、徐鼒《小腆纪传》卷一八《傅鼎铨传》、屈大均《明四朝成仁录》卷八《抚州前后起义传》皆作"维衡"。谢旻《(雍正)江西通志》卷八二《人物一七》作"维源"。作"维衡"是,据改。

家玉与举人韩如琰结乡兵攻东莞城(卷二七八列传第一六六,页七一三三行二)

按:韩如琰,原作"韩如璜"。万斯同《明史》卷三七二《张家玉传》、王鸿绪《明史稿》列传卷一五四《张家玉传》第一〇七页上同。然《皇明四朝成仁录》卷一〇《张家玉传》、查继佐《罪惟录·列传》卷九下《张家玉传·附韩如琰传》、温睿临《南疆逸史》卷二五《韩如琰传》、《明末忠烈纪实》卷一五《张家玉传》皆作"韩如琰",疑是,据改。黄云眉《明史考证》已论及。

其子以铜臭为都督(卷二七九列传第一六七,页七一四三行一至二)

按:铜臭,万斯同《明史》卷三七二《吕大器传》、李清《南渡录》卷一作"童臭"。王鸿绪《明史稿》列传卷一五六《吕大器传》第一二五页上、徐鼒《小腆纪传》卷三〇《吕大器传》作"铜臭"。温睿临《南疆逸史》卷七《吕大器传》作"童稺"。似作"童稺"是。黄云眉《明史考证》已论及。原校勘记宜改写。

副将曾英与参政刘麟长自遵义至(卷二七九列传第一六七,页七一四六倒五至四行)

按:刘麟长,王鸿绪《明史稿》列传卷一五六《樊一蘅传》第一二三页上、吴伟业《绥寇纪略》卷一〇《盐亭诛》、刘景伯《蜀龟鉴》卷三、冯苏《见闻随笔》卷一《张献忠传》作"刘鳞长"。温睿临《南疆逸史》卷二六《马乾传》、徐鼒《小腆纪传》卷二《弘光下》、杨陆荣《三藩纪事本末》卷四《蜀乱》、毛奇龄《后鉴录》卷六《张献忠》、《明末纪事补遗》卷六《本末》、李馥荣《滟滪囊》卷二《摇天动黄龙三寇巴蜀》、彭孙贻《平寇志》卷一一、戴笠《怀陵流寇始终录》卷一八作"刘麟长"。疑作"刘鳞长"是。又,曾英,原作"曹英"。王鸿绪《明史稿》列传卷一五六《樊一蘅传》第一二三页上同。然本书卷二五三《王应熊传》、卷二九五《耿廷箓传》、卷三〇九《张献忠传》及徐鼒《小腆纪年》卷一二、吴伟业《绥寇纪略》卷一〇《盐亭诛》、戴笠《怀陵流寇始终录》卷一

八、徐鼒《小腆纪传》卷二《弘光下》、刘景伯《蜀龟鉴》卷三、杨陆荣《三藩纪事本末》卷四《蜀乱》、毛奇龄《后鉴录》卷六《张献忠》、夏燮《明通鉴·附编》卷一上《附记一上》皆作"曾英",据改。原校勘记宜改写。

二、地名误

体乾请俟湖州贡（卷二一四列传第一〇二，页五六六三倒六行）

按：湖州，万斯同《明史》卷三〇四《刘体乾传》作"湖广"。王鸿绪《明史稿》列传卷九三《刘体乾传》第四一四页下、《明穆宗实录》卷四三第一〇九七页"隆庆四年三月乙未条"皆作"湖州"。疑本书此处不误。

周丰镐汉南都（卷二一四列传第一〇二，页五六六九行三）

按：南都，原作"西都"。方象瑛《明史分稿残编》下卷《吏部侍郎靳学颜》、万斯同《明史》卷三〇五《靳学颜传》、陈子龙《明经世文编》卷二九九《靳学颜讲求财用疏》、黄宗羲《明文海》卷五四《靳学颜讲求财用疏》皆作"南都",据改。徐开任《明名臣言行录》卷五八《侍郎靳公学颜》作"两都",亦误。

慈宁宫后延烧连房（卷二一五列传第一〇三，页五六八六行三）

按：慈宁宫，原作"慈庆宫"。按本书卷二九《五行志二》、卷二一五《陈吾德传》，王鸿绪《明史稿》志五《五行志二》第一九五页上，《景印文渊阁四库全书》本《明史》卷二一五《胡涍传》称："万历元年十一月己亥，慈宁宫后舍火。"《明神宗实录》卷一九第五三八页"万历元年十一年己亥"条、谈迁《国榷》卷六八"万历元年十一月丁酉"条亦作"慈宁宫"。据改。王颂蔚《明史考证攟逸》已论及。原校勘记宜改写。

西宁钟自鸣（卷二一六列传第一〇四，页五七〇一倒六行）

按：焦竑《国朝献征录》卷三四于慎行撰《资政大夫礼部尚书兼翰林院学士赠太子少保谥文恪云衢余公继登墓志铭》、徐开任《明名臣言行录》卷七四《尚书余文恪公继登》、过庭训《本朝分省人物考》卷六《余继登》同。然本书卷三〇《五行志》、万斯同《明史》卷四一《五行志》

载："万历二十六年五月庚寅，古浪城楼大钟自鸣者三。"《明神宗实录》卷三二三第六〇〇三页"万历二十六年六月戊"条载："五月初六日，古浪城楼大钟连响十余声。"谈迁《国榷》卷七八载："万历二十六年五月庚寅，甘肃古浪城楼大钟自鸣。"按本书卷四二《地理志三》，西宁卫与古浪守御千户所不相属，似作"古浪"是。王颂蔚《明史考证捃逸》已论及。原校勘记宜改写。

会长陵明楼灾（卷二一七列传第一〇五，页五七三六行六）

按：长陵，原作"孝陵"。本书卷二一《神宗本纪》载："（三十二年）五月癸酉，雷火焚长陵明楼。"另，《明神宗实录》卷三九六第七四五三页"万历三十二年五月癸酉"条、孙承宗《高阳集》卷一四《灾变陈言疏》、温纯《温恭毅公集》卷六《天心仁爱有加圣谕虔诚特至恳祈乾独断亟图急务以保泰运疏》、许重熙《嘉靖以来注略·万历注略》卷一〇、谈迁《国榷》卷七九"万历三十二年五月癸酉"条亦作"长陵"。据改。原校勘记宜改写。

与香寮盗苏阿普范继祖连兵犯德化（卷二二〇列传第一〇八，页五七八六行六）

按：德化，原作"德安"。徐乾学《明史列传》卷七六《吴百朋传》、万斯同《明史》卷三一五《吴百朋传》、王鸿绪《明史稿》列传卷九九《吴百朋传》第四七二页上作"德安"。《明世宗实录》卷五三六第八六九四页"嘉靖四十三年七月丙申"条、傅维鳞《明书》卷一六三《叶槐传》作"德化"。按本书卷四四《地理志五》、卷四五《地理志六》载，德化邻永春，同属福建泉州府，德安则隶属湖广。作"德化"是，据改。原校勘记宜改写。

和平李文彪据岑冈（卷二二〇列传第一〇八，页五七八六行七）

按：岑冈，本书卷二二一《郭应聘传》、徐乾学《明史列传》卷七六《吴百朋传》、万斯同《明史》卷三一五《吴百朋传》作"岑岗"。王鸿绪《明史稿》列传卷九九《吴百朋传》第四七二页上、《明世宗实录》卷四九五第八二〇九页"嘉靖四十年四月庚子"条、王世贞《弇州四部稿续稿》卷一三五《御史大夫吴公平岑冈猺蛮碑》、焦竑《国朝献征录》卷四五马自强撰《刑部尚书吴公百朋墓志铭》、瞿九思《万历武功录》卷三《岑冈江月照列传》、徐象梅《两浙名贤录》卷一九《刑部尚书吴惟锡百朋》、张岱《石匮书》卷一七五《吴百朋传》、傅维鳞《明书》卷一六三《叶槐传》、过庭训《本朝分省人物考》卷五三《吴百朋》、谈迁《国榷》卷六三"嘉靖四十年四月庚子"条、杨宗甫《（嘉靖）惠州府志》卷一《郡事纪》作"岑冈"。似作"岑冈"是。

帝御午门楼受俘（卷二二〇列传第一〇八，页五七九四行一至二）

按：午门楼，徐乾学《明史列传》卷七六《舒化传》、方象瑛《明史分稿残编》卷下《刑部尚书赠太子少保谥庄僖舒化》、万斯同《明史》卷三三一《舒化传》、王鸿绪《明史稿》列传卷九九《舒化传》第四七四页下、焦竑《国朝献征录》卷四五邹德溥撰《舒庄僖公化传》、过庭训《本朝分省人物考》卷六一《舒化》皆作"五凤楼"。《明神宗实录》卷一五三第二八二六页"万历十二年九月乙亥"条、谈迁《国榷》卷七二"万历十二年九月乙亥"条作"午门楼"。王世贞《弇州四部稿》卷一五八有"午门之五凤楼"语；孙承泽《春明梦余录》卷六亦称："午门，即俗所谓五凤楼也"。可见在明清文献中，二者常互指通用。

迁威茂兵备副使（卷二二一列传第一〇九，页五八一三倒一行）

按：威茂，原作"威远"。据本书卷七五《职官志四》载，明代整饬兵备道有"威茂道"，无"威远道"。另，徐乾学《明史列传》卷七七《郭应聘传》、万斯同《明史》卷三一五《郭应聘传》、王鸿绪《明史稿》列传卷一〇二《郭应聘传》第五〇五页上、焦竑《国朝献征录》卷四三陈经邦撰《南京兵部尚书郭襄靖公应聘墓志铭》和海瑞撰《郭应聘传》、过庭训《本朝分省人物考》卷七四《郭应聘》、徐开任《明名臣言行录》卷六七《尚书郭襄靖公应聘》、和珅《大清一统志》卷三二七《郭应聘》皆作"威茂"。据改。王颂蔚《明史考证捃逸》已论及。原校勘记宜改写。

还督南畿学政（卷二二一列传第一〇九，页五八一六行三至四）

按：南畿，原作"南京"。徐乾学《明史列传》卷七七《耿定向传》、天一阁本万斯同《明史列传》第二册《耿定向传》、万斯同《明史》卷三二八《耿定向传》、王鸿绪《明史稿》列传卷一〇二《耿定向传》第五〇六页上、焦竑《国朝献征录》卷二九《户部尚书谥恭简耿公定向传》、焦竑《焦氏澹园集》卷三三《资德大夫正治上卿总督仓场户部尚书赠太子少保谥恭简天台耿先生行状》、查继佐《罪惟录·列传》卷一〇《耿定向》、尹守衡《明史窃》卷七七《耿定向》、何出光《兰台法鉴录》卷一七《耿定向》、过庭训《本朝分省人物考》卷七八《耿定向》皆作"南畿",据改。

北进汪家口（卷二二三列传第一一一，页五八六四倒三行）

按：汪家口，原作"江家口"。万斯同《明史》卷二九一《盛应期传》、《明世宗实录》卷八四第一八九六页"嘉靖七年正月乙酉"条、万历《明会典》卷一九六《河渠一》、焦竑《国朝献征录》卷五九袁袠撰《都察院右都御史吴江盛公应期传》、张萱《西园闻见录》卷八八《工部二》、陆粲《陆子余集》卷四《明故资善大夫都察院右都御史盛公行状》、沈国元《皇明从信录》卷二八《世宗肃皇帝》、黄凤翔《嘉靖大政类编·河道》、刘麟《清惠集》卷五《陈言以献愚忠疏》、傅泽《洪行水金鉴》卷二三《河水》皆作"汪家口"，据改。

决方信二坝出海（卷二二三列传第一一一，页五八六八倒六至五行）

按：方信，本书卷八五《河渠志》三作"礼信"。然徐乾学《明史列传》卷七八《朱衡传·附翁大立传》、万斯同《明史》卷三一二《翁大立传》、王鸿绪《明史稿》列传卷一〇一《朱衡传·附翁大立传》第四九四页下、《明穆宗实录》卷三七第九三六页"隆庆三年九月丙子"条、谷应泰《明史纪事本末》卷三四《河决之患》、傅泽洪《行水金鉴》卷二六《河水》、赵宏恩《（乾隆）江南通志》卷五四《河渠志》、康基田《河渠纪闻》卷一〇、许鸣盘《方舆考证》卷四《大川》皆作"方信"，疑本书此处不误。原校勘记宜改写。

故登州有海市（卷二二三列传第一一一，页五八七七倒六行）

按：登州，原作"登舟"。徐乾学《明史列传》卷七八《王宗沐传》，万斯同《明史》卷九二《河渠八》、卷三一四《王宗沐传》，王鸿绪《明史稿》列传卷一〇一《王宗沐传》第四九九页上，陈子龙《明经世文编》卷三四三王宗沐撰《乞广饷道以备不虞疏》，孙旬《皇明疏钞》卷四三王宗沐撰《乞广饷道以备不虞疏》，梁梦龙《海运新考》卷下《议复成法》，孙承泽《春明梦余录》卷三七《户部三》，章潢《图书编》卷五六《海运》皆作"登州"，据改。王颂蔚《明史考证捃逸》已论及。原校勘记宜改写。

畿辅为患之水莫如芦沟滹沱二河（卷二二三列传第一一一，页五八八四行七至八）

按：芦沟，王鸿绪《明史稿》列传卷一〇一《徐贞明传》第五〇二页下、《景印文渊阁四库全书》本《明史》二二三《徐贞明传》、傅泽洪《行水金鉴》卷一二四《运河水》作"卢沟"。徐乾学《明史列传》卷七八《徐贞明传》，万斯同《明史》卷三二九《徐贞明传》，《明神宗实录》卷一五九第二九二五页"万历十三年三月壬辰"条、卷一七二第三一三三页"万历十四年三月癸卯"条，顾炎武《天下郡国利病书·北直隶上》、谈迁《国榷》卷七三"万历十四年三月癸卯"条皆作"芦沟"。似作"芦沟"是。王颂蔚《明史考证捃逸》、中华书局点校本改作"卢沟"。

滹沱发源于泰戏（卷二二三列传第一一一，页五八八四行八）

按：泰戏，原作"太戏"。徐乾学《明史列传》卷七八《徐贞明传》、万斯同《明史》卷三二九《徐贞明传》、王鸿绪《明史稿》列传卷一〇一《徐贞明传》第五〇二页下、《景印文渊阁四库全书》本《明史》二二三《徐贞明传》、《明神宗实录》卷一五九第二九二五页"万历十三年三月壬辰"条、陈子龙《明经世文编》卷一二九《石珤滹沱河记》、顾炎武《肇域志》卷二四、傅泽洪《行水金鉴》卷一三三《运河水》、陈仪《直隶河渠志》皆作"泰戏"。万历《大明会典》卷一九九《工部十九》载："滹沱河，源出山西繁峙县泰戏山，历代、崞等州县，东流经真定府城南至武邑县，合漳水又东北至岔河口入运河。"王圻《续文献通考》卷一一《田赋考》载："滹沱河，源出繁峙县泰戏山。"吴道南《吴文恪公文集》卷五《滹沱河》亦载："滹沱河，出山西繁峙县泰戏山。"据改。中华书局点校本已改，但无校勘记。王颂蔚《明史考证捃逸》已论及。

贬南京言官三十余人（卷二二四列传第一一二，页五九〇二行三至四）

按：南京，本书卷二一七《陈于陛传》、万斯同《明史》卷三一〇

《陈于陛传》、王鸿绪《明史稿》列传卷九五《陈于陛传》第四二九页上、《明神宗实录》卷二九二第五四一三页"万历二十三年十二月庚申"条作"两都"或"两京"。然徐乾学《明史列传》卷八〇《孙丕扬传》、万斯同《明史》卷三三〇《孙丕扬传》、王鸿绪《明史稿》列传卷一〇三《孙丕扬传》第五二〇页下作"南京"。疑作"两京"是。黄云眉《明史考证》已论及。原校勘记宜改写。

前后奏永奠堡（卷二二五列传第一一三，页五九一六行六）

按：永奠堡，原作"永莫堡"。万斯同《明史》卷三一二《梁梦龙传》、王鸿绪《明史稿》列传卷一〇四《梁梦龙传》第五二七页上、《明神宗实录》卷九八第一九六五页"万历八年四月甲申"条、万历《明会典》卷一三三《辽东边图》、谈迁《国榷》卷七一"万历八年四月甲申"条作"永奠堡"。万邦荣《明史列传分纂》卷一《梁梦龙传》作"永奠堡"。王颂蔚《明史考证捃逸》卷二一载："按《方舆纪要》，永奠堡在宽奠东北五十里，无所谓永莫堡也。"作"永奠堡"是，据改。原校勘记宜改写。

自太平直逼南京（卷二二六列传第一一四，页五九三三行七）

按：太平，徐乾学《明史列传》卷七九《丘橒传》、万斯同《明史》卷三〇七《丘橒传》、王鸿绪《明史稿》列传卷一〇五《丘橒传》作"太原"。万邦荣《明史列传分纂》卷二《丘橒传》、《明世宗实录》卷四二四"嘉靖三十四年七月丙辰"条、《明世宗实录》卷四二五"嘉靖三十四年八月壬辰"条、谈迁《国榷》卷六一"嘉靖三十四年七月丙辰"条、何乔远《名山藏》卷二六《典谟记二十六·世宗肃皇帝五》皆作"太平"。据本书卷四〇《地理志一》载，太平，即太平府，东距南京百三十五里，而太原远在山西，并非倭寇劫掠且逼近南京之处。可知作"太平"是。

都匀答千岩苗叛（卷二二七列传第一一五，页五九六四倒二行）

按：答千岩，本书三一六《贵州土司传》、《明神宗实录》卷二〇一第三七六九页"万历十六年七月己巳"条、鄂尔泰《（雍正）贵州通志》卷二三《武备》作"答干寨"。徐乾学《明史列传》卷八一《萧彦传》、万斯同《明史》卷三一六《萧彦传》、和珅《大清一统志》卷三九四《都匀府》作"答干砦"。"砦"同"寨"。疑本书及王鸿绪《明史稿》列传卷一〇六《萧彦传》第一七页上作"答千岩"误。

凿泰和妩姥山石膏（卷二二七列传第一一五，页五九七三行四）

按：妩姥山，原作"斌姥山"。徐乾学《明史列传》卷八一《吴达可传》、万斯同《明史》卷三三四《吴达可传》、《明神宗实录》卷三七九第七一三五页"万历三十年十二月辛卯"条皆作"妩姥山"，据改。

分趋下马关及鸣沙洲（卷二二八列传第一一六，页五九七九倒四行）

按：鸣沙洲，本书本传及王鸿绪《明史稿》列传卷一〇七《魏学曾传》页二三上有"别遣游击赵武趋鸣沙州"一语。又焦竑《国朝献征录》卷五七郭正域撰《大司马总督陕西三边魏确庵学曾墓志铭》、范景文《昭代武功编》卷九《万历》、茅瑞征《万历三大征考·哱氏》、沈国元《皇明从信录》卷三六《壬辰》、谈迁《国榷》卷七六"万历二十年三月己巳"条、谷应泰《明史纪事本末》卷六三《平巴拜》皆作"鸣沙州"。王鸿绪《明史稿》列传卷一〇七《魏学曾传》第二三页上、方孔炤《全边略记》卷六《宁夏略》、林之盛《皇明应谥名臣备考录》卷七《魏学》曾作"鸣沙洲"。似作"鸣沙州"是。

并湖贵四十八屯以畀之（卷二二八列传第一一六，页五九八四倒五至四行）

按：湖贵，本书卷三一二《播州宣慰司传》、王鸿绪《明史稿》列传卷一八六《播州宣慰司传》第一〇六页上、瞿九思《万历武功录》卷五《播酋杨应龙列传》、范景文《昭代武功编》卷一〇《万历》、方孔炤《全边略记》卷七《蜀滇黔略》、茅瑞征《万历三大征考·播州》、沈国元《皇明从信录》卷三八、徐昌治《昭代芳摹》卷三〇、诸葛元声《两朝平攘录》卷五《播上》、《罪惟录·列传》卷三四《播州杨氏》、傅维鳞《明书》卷一百六十四《乱贼传四》、谷应泰《明史纪事本末》卷六四《平杨应龙》、嵇璜《续文献通考》卷二四一《四夷考》、张岱《石匮书》卷一三《神宗本纪》作"湖广"。徐乾学《明史列传》卷八五《李化龙传》、万斯同《明史》卷三三三《李化龙传》、王鸿绪《明史稿》列传卷一〇七《李化龙传》第三〇页上、万邦荣《明史列传分纂》卷四《李化龙传》、李化龙《平播全书》卷四《攻克娄山崖门等关四报捷音疏》、陈子龙《明经世文编》卷四二三《四报捷音疏》作"湖贵"。原校勘记宜改写。

与淮扬巡抚李三才奏开迦河（卷二二八列传第一一六，页五九八六行四）

按：迦河，原作"淤河"。本书卷八四《河渠志二》、卷八五《河渠志三》、卷八七《河渠志五》，徐乾学《明史列传》卷八五《李化龙传》，万斯同《明史》卷三三三《李化龙传》，《明神宗实录》卷三九一第七三八六页"万历三十一年十二月乙巳"条、卷三九二第七三九八页"万历三十二年正月乙丑"条，李维桢《大泌山房集》卷七七《少傅兵部尚书赠太师谥襄毅李公墓志铭》，张鼐《宝日堂初集》卷一五《少傅长垣李公神道碑》，叶向高《苍霞续草》卷一四《少傅兼太子太保兵部尚书赠太师谥长垣李公神道碑》，徐开任《明名臣言行录》卷七五《尚书李襄毅公化龙》，傅维鳞《明书》卷一三五《李化龙传》，谷应泰《明史纪事本末》卷三四《河决之患》，孙承泽《春明梦余录》卷四六《工部一》，傅泽洪《行水金鉴》卷一二八《运河水》皆作"迦河"，据改。又"迦河"为河名，补标专名号。

从平虏堡南掠（卷二三八列传第一二六，页六一八五行一）

按：平虏堡，徐乾学《明史列传》卷八七《李成梁传》、万斯同《明史》卷三二二《李成梁传》、王鸿绪《明史稿》列传卷一一五《李成梁传》第一〇三页下作"平卤堡"。万邦荣《明史列传分纂》卷一四《李成梁传》、《明神宗实录》卷四五第一〇〇七页"万历三年十二月庚午"条、瞿九思《万历武功录》卷七中《三边》、茅瑞征《万历三大征考·哱氏》、沈国元《皇明从信录》卷三六、谈迁《国榷》卷六九"万历三年十二月庚午"条、夏燮《明通鉴》卷六六"万历三年十二月辛未"条作"平虏堡"。"虏"通"卤"。下同。

沿江新安四堡于长佃长岭诸处（卷二三八列传第一二六，页六一九一行八）

按：长佃，徐乾学《明史列传》卷八七《李成梁传》、万斯同《明史》卷三二二《李成梁传》、王鸿绪《明史稿》列传卷一一五《李成梁传》第一〇六页下作"长奠"。明清文献中，"长佃""长奠"互用。

辛爱犯京东（卷二三八列传第一二六，页六一九九行二）

按：京东，万斯同《明史》卷三二三《麻贵传》作"东京"。徐乾学《明史列传》卷八九《麻贵传》、王鸿绪《明史稿》列传卷一一六《麻贵传》第一一一页上、茅元仪《武备志》卷二三〇《占度载度》、叶向高《苍霞草》卷一九《朵颜三卫考》、傅维鳞《明书》卷一六八《四国传四·鞑靼》作"京东"。似作"京东"是。

固原总兵李昫攻其西（卷二三八列传第一二六，页六一九九倒三行）

按：固原，徐乾学《明史列传》卷八九《麻贵传》、《明神宗实录》卷二四九第四六三四页"万历二十六年六月丁酉"条作"宁夏"。

复陈兵赤木口（卷二三九列传第一二七，页六二〇六行九）

按：赤木口，原作"赤水口"。徐乾学《明史列传》卷一八九《张臣传》、万斯同《明史》卷三二三《张臣传》、王鸿绪《明史稿》列传卷一一六《张臣传》第一一三页上、《明世宗实录》卷四五二第七六六七页"嘉靖三十六年十月丁亥"条、李维桢《大泌山房集》卷八一《平羌将军左军都督府都督同知张公墓志铭》、陈子龙《明经世文编》卷六九《平贺兰山后报捷疏》、瞿九思《万历武功录》卷八中《三边》、茅元仪《武备志》卷二〇七《占度载度》、魏焕《皇明九边考》卷八《宁夏镇·边夷考》、庄廷鑨《明史钞略·哲皇帝本纪下》、顾祖禹《读史方舆纪要》卷六二皆作"赤木口"，据改。原校勘记宜改写。

小阿卜户犯黑谷关（卷二三九列传第一二七，页六二〇六倒五行）

按：黑谷关，原作"黑峪关"。徐乾学《明史列传》卷一八九《张臣传》、万斯同《明史》卷三二三《张臣传》、王鸿绪《明史稿》列传卷一一六《张臣传》第一一三页上、《明神宗实录》卷一三九第二五九二页"万历十一年七月乙未"条、方孔炤《全边略记》卷一《全边略记》、瞿九思《万历武功录》卷一三《东三边》、陈子龙《明经世文编》卷三三九张佳胤撰《与张大司马书》、谈迁《国榷》卷七二"万历十一年七月乙未"条皆作"黑谷关"，据改。下同。

闰八月四日克万全左卫（卷二三九列传第一二七，页六二一一行六至七）

按：万全左卫，原作"万全右卫"。本书卷二三《庄烈帝纪一》、万斯同《明史》卷二四《庄烈皇帝二》、谈迁《国榷》卷九三"崇祯七年闰八月丁亥"条、《清开国方略》卷一九《太宗文皇帝》、夏燮《明通鉴》卷八四"崇祯七年闰八月丁亥"条、王先谦《东华录·天聪九》"闰八月乙酉"条皆作"万全左卫"，据改。原校勘记宜改写。

复连寇石门路木马峪花場谷（卷二三九列传第一二七，页六二一五行六）

按：花場谷，徐乾学《明史列传》卷一八九《董一元传·附王保传》、万斯同《明史》卷三二三《王保传》、王鸿绪《明史稿》列传卷一一六《董一元传·附王保传》第一一七页上、范景文《昭代武功编》卷八《万历》、瞿九思《万历武功录》卷一〇《东三边》作"花場谷"。似作"花場谷"是。原校勘记宜改写。

分营开连口及横河儿（卷二三九列传第一二七，页六二一六行一至二）

按：开连口，徐乾学《明史列传》卷一八九《董一元传·附王保传》、万斯同《明史》卷三二三《王保传》、王鸿绪《明史稿》列传卷一一六《董一元传·附王保传》第一一七页下、瞿九思《万历武功录》卷一三《东三边》作"井连口"。《景印文渊阁四库全书》本《明史》卷二三九《董一元传·附王保传》作"升连口"。王履泰《畿辅安澜志·白河》卷一、许鸣盘《方舆考证》卷九作"开连口"。据顾祖禹《读史方舆纪要》卷一一载："开连口关，在县（按：怀柔县）北黄花镇东，第十一关口也。其东北二十八里有三角城，本名三角村，徐达败元于此。"似作"开连口"是。

如蕙宁夏总兵官都督同知（卷二三九列传第一二七，页六二二二倒一行）

按：宁夏，徐乾学《明史列传》卷一八九《萧如薰传》、万斯同《明史》卷三二三《萧如薰传》、王鸿绪《明史稿》列传卷一一六《萧如薰传》第一二〇页下作"延绥"。《明神宗实录》卷五八二第一一〇七七页"万历四十七年五月辛丑"条、《明熹宗实录》卷五六第二五九〇页"天启五年二月乙巳"条皆作"宁夏"。原校勘记宜改写。

套寇犯保宁秉忠督参将杜文焕等败之白土涧（卷二三九列传第一二七，页六二二六行七至八）

按：白土涧，徐乾学《明史列传》卷一八九《官秉忠传》、万斯同《明史》卷三二三《官秉忠传》、王鸿绪《明史稿》列传卷一一六《官秉忠传》第一二二页上作"白玉涧"。《明神宗实录》卷四九八第九三八三页"万历四十年八月壬戌"条、谈迁《国榷》卷八一"万历四十年八月癸亥"条、庄廷鑨《明史钞略·显皇帝纪四》作"白土涧"。原校勘记宜改写。

选侍不得已移仁寿殿（卷二四〇列传第一二八，页六二四〇行四）

按：仁寿殿，原作"哕鸾宫"。按，本书卷二二《熹宗纪》、卷二四四《杨涟传》及《明熹宗实录》卷一第一九页"泰昌元年九月己卯"条、陈鼎《东林列传》卷一八《周嘉谟传》、徐开任《明名臣言行录》卷八一《金都左忠毅公光斗》、汪有典《前明忠义别传》卷五《左忠毅传》、谷应泰《明史纪事本末》卷六八《三案》载，选侍于九月初五日己卯移居仁寿殿，据改。又，据徐乾学《明史列传》卷九一《周嘉谟传》、天一阁本万斯同《明史列传》第九册《周嘉谟传》、万斯同《明史》卷三四三《周嘉谟传》、王鸿绪《明史稿》列传卷一二一《周嘉谟传》第一六五页下、《明熹宗实录》卷一第六七页"泰昌元年九月己亥"条、谈迁《国榷》卷八四"泰昌元年九月辛丑"条、张岱《石匮书》卷一八四《周嘉谟传》、徐开任《明名臣言行录》卷七九《尚书周公嘉谟》，选侍于二十七日辛丑移居哕鸾宫。王颂蔚《明史考证捃逸》、黄云眉《明史考证》已论及。原校勘记宜改写。

遂围静宁州（卷二四一列传第一二九，页六二六五行四）

按：静宁州，原作"静海州"。徐乾学《明史列传》卷九一《张问达传·附陆梦龙传》、王鸿绪《明史稿》列传卷一二一《张问达传·附陆梦龙传》第一六八页下、《崇祯实录》卷六第一七八页"崇祯六年八月丁亥"条、谈迁《国榷》卷九三"崇祯七年八月丁巳"条、戴笠《怀陵流寇始终录》卷七、吴伟业《绥寇纪略》卷二《车箱困》、杨毓秀《平回志》卷三《志甘肃一第三》、赵吉士《寄园寄所寄》卷九《裂眦寄》、《钦定石峰堡纪略》卷八、吴伟业《虞渊沉》皆作"静宁州"。据本书卷四二《地理志三》、《明一统志》卷三五《平凉府》，明代无"静海州"；静宁州与隆德县相邻，与固原州皆属陕西平凉府，与本传记事情况合，据改。原校勘记宜改写。

陕西河州黄河竭（卷二四二列传第一三〇，页六二八一行六）

按：河州，原作"河南"。按本书卷二一《神宗纪》、卷二八《五行志一》，万斯同《明史》卷二〇《神宗下》、卷三四九《白瑜传》，王鸿绪《明史稿》列传卷一二四《白瑜传》第一九六页上，嵇璜《续文献通考》卷二一六《物异考》，涂鸿仪《（道光）兰州府志》卷一二《杂纪》皆作"河州"。谈迁《国榷》卷七九"万历三十年闰二月戊午"条载："陕西河州莲花寨等处黄河涸。"康基田《河渠纪闻》卷一一载："是年二月（二月，当作'闰二月'）河州黄河竭。按：是时……陕督李汶疏称本年河州莲花厅（莲花厅，当作'莲花寨'）等处黄河涸竭。"据本书卷四二《地理志三》、《明一统志》卷三六《临洮府》，河州，属陕西临洮府，在黄河上游。据改。原校勘记宜改写。

两京刑部因志皋故（卷二四二列传第一三〇，页六二九一倒五行）

按：两京，原作"南京"。万斯同《明史》卷三四〇《朱吾弼传》、王鸿绪《明史稿》列传卷一二四《朱吾弼传》第二〇三页下作"两京"，据改。原校勘记宜改写。

以全罗水兵布釜山海口（卷二四七列传第一三五，页六三九二行三至四）

按：全罗，原作"金罗"。本书本传下文及卷二五九《杨镐传》、卷三二〇《朝鲜传》，陆奎勋《陆堂文集》卷一六《明史拟传·刘綖传》，徐乾学《明史列传》卷八八《刘綖传》，万斯同《明史》卷三二一《刘綖传》，王鸿绪《明史稿》列传卷一一七《刘綖传》第一二五页下，《明神宗实录》卷二七二第五〇五三页"万历二十二年四月癸酉"条，范景文《昭代武功编》卷九《万历》，茅瑞征《万历三大征考·倭上》，沈国元《皇明从信录》卷三七《甲午万历二十二年》，庄廷鑨《明史钞略》，谷应泰《明史纪事本末》卷六二《援朝鲜》皆作"全罗"，据改。下同。原校勘记宜改写。

縱夜半攻夺粟林曳桥（卷二四七列传第一三五，页六三九三行四至五）

按：粟林，原作"栗林"。本书卷三二〇《朝鲜传》、万斯同《明史》卷三二一《刘綎传》、王鸿绪《明史稿》列传卷一九四《朝鲜传》第二二〇页下、谷应泰《明史纪事本末》卷六二《援朝鲜》、顾祖禹《读史方舆纪要》卷三八《山东九外国附考》作"粟林"。陆奎勋《陆堂文集》卷一六《明史拟传·刘綎传》、徐乾学《明史列传》卷八八《刘綎传》作"栗林"。当作"粟林"，据改。原校勘记宜改写。

待松坎贼（卷二四七列传第一三五，页六三九三倒三行）

按：松坎，原作"松坡"。本传上文及本书卷三一二《四川土司二》、陆奎勋《陆堂文集》卷一六《明史拟传·刘綎传》、徐乾学《明史列传》卷八八《刘綎传》、万斯同《明史》卷三二一《刘綎传》、王鸿绪《明史稿》列传卷一一七《刘綎传》第一二六页上、《明神宗实录》卷三四四第六三九六页"万历二十八年二月辛巳"条、瞿九思《万历武功录》卷五《播酋杨应龙列传中》、茅瑞征《万历三大征考·播州》、沈国元《皇明从信录》卷三八《乙未万历二十三年》、查继佐《罪惟录·列传》卷三四《播州杨氏》、谈迁《国榷》卷七七"万历二十三年九月乙未"条、傅维鳞《明书》卷一六四《乱贼传四》、谷应泰《明史纪事本末》卷六四《平杨应龙》、毛奇龄《蛮司合志》卷七《四川四》皆作"松坎"，

会所征盐井马剌兵三千至（卷二四七列传第一三五，页六三九九行一）

按：马剌，原作"剌马"。徐乾学《明史列传》卷八八《李应祥传》、万斯同《明史》卷三二一《李应祥传》、王鸿绪《明史稿》列传卷一一七《李应祥传》第一二八页下作"剌马"。按马剌是长官司，设于永乐五年二月，属盐井卫军民指挥使司，见本书卷四三《地理志》、卷三一一《四川

土司》,《明宪宗实录》卷四一第八三三页"成化三年四月壬寅"条,谈迁《国榷》卷一四"永乐五年二月辛酉"条。据此,改"刺马"为"马刺"。下同。原校勘记宜改写。

居建昌城中（卷二四七列传第一三五,页六三九九行八）

按:建昌,原作"连昌",据本传上下文及徐乾学《明史列传》卷八八《李应祥传》、万斯同《明史》卷三二一《李应祥传》改。

洪州司特峒寨苗也（卷二四七列传第一三五,页六四〇七行八）

按:特峒寨,徐乾学《明史列传》卷八八《陈璘传》、万斯同《明史》卷三二一《陈璘传》、王鸿绪《明史稿》列传卷一一七《陈璘传》第一三二页下、《明神宗实录》卷三六六第六八四四页"万历二十九年十二月丁卯"条、徐象梅《两浙名贤録》卷二十《经济·江铎传》、谈迁《国榷》卷七八"万历二十八年二月己亥"条、嵇曾筠《(雍正)浙江通志》卷一七一《人物四·武功一·江铎传》皆作"特洞寨",据特洞寨顾祖禹《读史方舆纪要》卷一二一《贵州二》载:"特洞寨,在特洞山上,高数十仞,四面壁立,惟一径仅尺许,曲折而入,上有天池,虽旱不竭,其中平田数百亩,皆腴壤也。"可见作"特洞寨"是,据改,下同。

子龙急战攀枝树下（卷二四七列传第一三五,页六四一〇倒四行）

按:攀枝树,本书卷三一五《云南土司二》、毛奇龄《蛮司合志》卷一〇《云南三》、顾祖禹《读史方舆纪要》卷一一九《云南七》皆作"攀枝花"。陆奎勋《陆堂文集》卷一六《明史拟传·邓子龙传》、徐乾学《明史列传》卷八八《邓子龙传》、万斯同《明史》卷三二一《邓子龙传》、王鸿绪《明史稿》列传卷一一七《邓子龙传》第一三四页上、瞿九思《万历武功录》卷六《缅甸列传上》、谢旻《(雍正)江西通志》卷六十九《邓子龙传》、陈鹤《明纪》卷四一《神宗纪三》皆作"攀枝树"。似作"攀枝花"是。原校勘记宜改写。

孔英乃留王之翰兵守白玉台（卷二四七列传第一三五,页六四一三行五至六）

按:白玉台,万斯同《明史》卷三二一《马孔英传》、李化龙《平播全书》卷五《奏议·叙功疏》、诸葛元声《两朝平攘録》卷五《播上·川东南川路功》作"白土台"。徐乾学《明史列传》卷八八《邓子龙传》、王鸿绪《明史稿》列传卷一一七《马孔英传》第一三五页上、鄂尔泰《(乾隆)贵州通志》卷二三《武备·师旅考》、陈鹤《明纪》卷四十五《神宗纪七》作"白玉台"。似作"白玉台"是。

白塘葛沽数十里间（卷二四八列传第一三六，页六四二七倒三行）

按：葛沽，原作"葛姑"。本书卷八八《河渠志六》、万斯同《明史》卷三六二《李继贞传》、王鸿绪《明史稿》列传卷一三六《李继贞传》皆作"葛沽"。陈子龙《明经世文编》卷四三七余继登撰《新建天津葛沽镇兵营记》载："所谓葛沽者，东去海西、去津门大约各五十里地。"作"葛沽"是，据改。原校勘记宜改写。

黄泥洼张叉站冲浅之处（卷二四八列传第一三六，页六四二八倒一行）

按：张叉，《明熹宗实录》卷一二"天启元年七月庚子"条、卷一五"天启元年十月丁丑"条，《明季烈臣传·方震孺传》皆作"张义"。

震孺请驻兵镇武（卷二四八列传第一三六，页六四二九行四）

按：镇武，原作"振武"。万斯同《明史》卷三六一《方震孺传》、王鸿绪《明史稿》列传卷一三六《方震孺传》第三三六页下、《明熹宗实录》卷一五第七六二页《天启元年十月丁亥》条、徐开任《明名臣言行录》卷八三《巡抚方公震孺》、傅维鳞《明书》卷一一〇《方震孺传》作"镇武"。徐鼒《小腆纪传》卷五六《方震孺传》作"振武"。按"振武"系一卫名，属山西都指挥使司，去辽东广宁甚远。"镇武"系一堡名，在广宁，见万历《明会典》卷一二六《兵部九·镇戍一》。作"镇武"是，据改。下同。原校勘记宜改写。

追至老君营（卷二四九列传第一三七，页六四四二行五）

按：老君营，原作"老军营"。陆奎勋《陆堂文集》卷一五《明史拟传·朱燮元传》、天一阁本万斯同《明史列传》第八册《朱燮元传》、万斯同《明史》卷三四六《朱燮元传》、王鸿绪《明史稿》列传卷一二八《朱燮元传》第二三七页上、朱燮元《督蜀疏草》卷六《飞报取永大捷疏》、高汝栻《皇明续纪三朝法传全录》卷一二"天启四年二月"条、谷应泰

《明史纪事本末》卷六九《平奢安》皆作"老君营"，据改。

广东岭南道右参议（卷二四九列传第一三七，页六四四八行一至二）

按：岭南道，王鸿绪《明史稿》列传卷一二八《朱燮元传·附徐如珂传》第二三九页下作"岭东道"。据本书卷七五《职官志四》、正德《明会典》卷一六五《都察院二》、万历《大明会典》卷二二〇《都察院二》、王圻《续文献通考》卷九九《职官考》、谭大初《（嘉靖）南雄府志》下卷《志二·营缮》，广东岭东道驻潮州，岭南道驻南雄。原校勘记宜改写。

贼退保宅溪（卷二四九列传第一三七，页六四五二行六）

按：宅溪，原作"泽溪"。天一阁本万斯同《明史列传》第八册《李橒传》、万斯同《明史》卷三四六《李橒传》、王鸿绪《明史稿》列传卷一二八《李橒传》第二四一页下、《明熹宗实录》卷三〇第一五三一页"天启三年正月壬子"条、谷应泰《明史纪事本末》卷六九《平奢安》、嵇曾筠《（雍正）浙江通志》卷一七二《李橒传》皆作"宅溪"。洪亮吉《卷施阁集·文甲集》卷五《贵州水道考中》载："泽溪，《明史·地理志》作'宅溪'……《明史·李橒传》'贼退保泽溪'，《王三善传》'破贼泽溪'即此。"据此，作"宅溪"是，下同。原校勘记宜改写。

承宗方西巡蓟辽（卷二五〇列传第一三八，页六四七一倒三行）

按：蓟辽，原作"蓟昌"。万斯同《明史》卷三六四《孙承宗传》、王鸿绪《明史稿》列传卷一三一《孙承宗传》第二七八页上、钱谦益《牧斋初学集》卷四七《特进光禄大夫左柱国少师兼太子太师兵部尚书中极殿大学士孙公行状》、徐开任《明名臣言行录》卷七八《少师孙文忠公》皆作"蓟昌"，据改。

又有中都大宁山东河南班军十六万（卷二五一列传第一三九，页六五〇一倒四行）

按：中都，原作"中部"。陆奎勋《陆堂文集》卷一二《蒋德璟传》、万斯同《明史》卷三五六《蒋德璟传》、王鸿绪《明史稿》列传卷一三〇《蒋德璟传》第二七二页上、正德《明会典》卷一一一《兵部六》、申时行《大明会典》卷一三四《兵部十七》、孙承泽《春明梦余录》卷三一《戎政府》皆作"中都"。另，何乔远《名山藏》卷五二《兵制记》、张萱《西园闻见录》卷六三《兵部十二》、陶望龄《歇庵集》卷二〇《议处京操班军疏》、黄凤翔《嘉靖大政类编·京营》、陈子壮《昭代经济言》卷九《修举团营事宜疏全》、孙旬《皇明疏钞》卷三〇《时政一》、万表《皇明经济文录》卷一三《兵部》皆载中都、大宁、山东、河南诸军事宜。按"中都"指"中都留守司"，见本书卷七六《职官志五》。今据改。原校勘记宜改写。

罗猴山败书闻（卷二五二列传第一四〇，页六五一五倒四行）

按：罗猴山，本书卷二四《庄烈帝纪》及卷二七三《左良玉传》皆作"罗猴山"。本书卷二六〇《熊文灿传》、卷三〇九《张献忠传》及万斯同《明史》卷三六五《杨嗣昌传》、王鸿绪《明史稿》列传卷一三八《杨嗣昌传》第三五九页上、吴伟业《绥寇纪略》卷六《谷房变》、戴笠《怀陵流寇始终录》卷一二作"罗猴山"。夏燮《明通鉴》卷八六《庄烈帝纪考异》引《三编质实》云："罗猴山，一名罗猴山"。谷应泰《明史纪事本末》卷七七《张献忠之乱》作"罗睺山"。"罗猴山"，似作"罗睺山"是，为九曜之一。王颂蔚《明史考证捃逸》已论及。原校勘记宜改写。

全军覆于香油坪（卷二五二列传第一四〇，页六五一六倒七行）

按：香油坪，本书卷二六九《汤九州岛传》、万斯同《明史》卷三六五《杨嗣昌传》、王鸿绪《明史稿》列传卷一三八《杨嗣昌传》第三六〇页上、《明季烈臣传·汤九州传》、陈鹤《明纪》卷五五《庄烈纪四》作"黄连坪"。据储大文《存研楼文集》卷四《夷陵》载："汝才、登相围之香油坪，嗣昌连发数道兵往援，皆以道远不能进。世恩等被困久，突围走黄连坪，绝地无水，士饥渴甚，贼至，两军尽覆。"可知全军覆灭地当在黄连坪。

而湖广将张应元汪之凤败贼水石坝（卷二五二列传第一四〇，页六五一七行一至二）

按：水石坝，本书卷三〇九《张献忠传》、王鸿绪《明史稿》列传卷一八三《张献忠传》第七二页上及吴伟业《绥寇纪略》卷七《开县败》、戴笠《怀陵流寇始终录》卷一三、毛奇龄《后鉴录》卷六《张献忠》、陈鹤《明纪》卷五五《庄烈纪四》、徐鼒《小腆纪年附考》卷二作"水右坝”。万斯同《明史》卷三六五《杨嗣昌传》、王鸿绪《明史稿》列传卷一三八《杨嗣昌传》第三六〇页下、《明季烈臣传·杨嗣昌传》作“水石坝”。王颂蔚《明史考证捃逸》已论及。原校勘记宜改写。

捐赀改建淄城（卷二五三列传第一四一，页六五三五行三）

按：淄城，万斯同《明史》卷三五七《张至发传》、王鸿绪《明史稿》列传卷一三三《张至发传》第二九七页下作“石城”。张廷玉《通鉴纲目三编》卷三七“崇祯十一年四月”条、《明季烈臣传·杨嗣昌传》、成瓘《（道光）济南府志》卷五〇《人物六·张至发传》作“淄城”。

稍迁河南参政（卷二五四列传第一四二，页六五六〇行三）

按：河南，原作“河东”。陆奎勋《陆堂文集》卷一四《曹珖传》、万斯同《明史》卷三五八《曹珖传》、王鸿绪《明史稿》列传卷一三四《曹珖传》第三〇八页下皆作“河南”，据改。原校勘记宜改写。

会山永巡抚刘宇烈请料价万五千两铅五万斤（卷二五四列传第一四二，页六五六〇倒二行）

按：山永，万斯同《明史》卷三五八《曹珖传》作“山东”。陆奎勋《陆堂文集》卷一四《曹珖传》、王鸿绪《明史稿》列传卷一三四《曹珖传》第三〇八页下、《明季烈臣传·曹珖传》作“山永”。

乃永戍广西（卷二五五列传第一四三，页六六〇〇行二至三）

按：广西，本书卷三〇八及王鸿绪《明史稿》列传卷一三二《周延儒传》作“辰州”。万斯同《明史》卷三六〇《黄道周传》、王鸿绪《明史稿》列传卷一四一《黄道周传》第三九九页下、蔡世远《二希堂文集》卷六《黄道周传》皆作“广西”。谈迁《国榷》卷九七“崇祯十四年十二月甲子”条、黄宗羲《明儒学案》卷五六《忠烈黄石斋先生道周》作“辰州卫”。庄起俦《漳浦黄先生年谱》、查继佐《罪惟录·列传》卷一二《黄道周传》作“辰阳”。据《明一统志》卷六五，辰州、辰州卫皆在湖广。由上，本书此处似当作“广西”。王颂蔚《明史考证捃逸》已论及。原校勘记宜改写。

起宣府大同总督（卷二五六列传第一四四，页六六〇六行一至二）

按：宣府，徐乾学《明史列传》卷九三《崔景荣传》、万斯同《明史》卷三四八《崔景荣传》、王鸿绪《明史稿》列传卷一二三《崔景荣传》第一八九页下作"宣抚"。似作"宣府"是。

追剿猱坪（卷二五七列传第一四五，页六六一七倒一行）

按：猱坪，原作"柔坪"。徐乾学《明史列传》卷九三《张鹤鸣传》、万斯同《明史》卷三四八《张鹤鸣传》、王鸿绪《明史稿》列传卷一二三《张鹤鸣传》第一九〇页上、《景印文渊阁四库全书》本《明史》卷二五七《张鹤鸣传》、《明神宗实录》卷五五九第一〇五五三页"万历四十五年七月壬午"条、庄廷鑨《明史钞略·显皇帝纪四》、谈迁《国榷》卷八三"万历四十五年三月已酉"条、《明季烈臣传·张鹤鸣传》、夏燮《明通鉴》卷七五《神宗显皇帝纪》、何绍基《（光绪）重修安徽通志》卷二一四《张鹤鸣传》皆作"猱坪"，据改。

今辽东永平天津登莱沿海荒地（卷二五七列传第一四五，页六六二四倒二至一行）

按：辽东，万斯同《明史》卷三六三《王洽传》、王鸿绪《明史稿》列传卷一三五《王洽传》第三一七页下、张萱《西园闻见录》卷九一《工部五》、陈鹤《明纪》卷五二《庄烈纪一》作"辽左"。龙文彬《明会要》卷五三《食货一·屯田》、《明季烈臣传·王洽传》、胡林翼《读史兵略续编》卷一〇作"辽东"。辽东，亦即辽左，泛指辽河以东地区。

安乐人（卷二五八列传第一四六，页六六八〇行五）

按：万斯同《明史》卷三七〇《成勇传》、《景印文渊阁四库全书》本《明史》卷二五八《成勇传》、徐开任《明名臣言行录》卷八八《御史成公勇传》皆作"乐安人"，当是。邹钟泉《道南渊源录》卷八万斯同《成仁有先生传》、徐鼒《小腆纪传》卷五六《成勇传》作"安乐人"，亦误。王颂蔚《明史考证攟逸》已论及。

袁崇焕字元素东莞人（卷二五九列传第一四七，页六七〇七行一）

按：东莞人，万斯同《明史》卷三六四《袁崇焕传》、王鸿绪《明史稿》列传卷一三一《袁崇焕传》第二八二页上、《明诗纪事·庚签》卷二三《袁崇焕》同。然《崇祯实录》卷三第九八页"崇祯三年八月癸亥"条、谈迁《国榷》卷九一"崇祯三年八月癸亥"条、《明清进士题名碑录索引》万历己未科皆作"藤县人"。按张岱《石匮书后集》卷一一《袁崇焕传》，袁崇焕是"广东藤县籍东莞人"。黄云眉《明史考证》已论及。原校勘记宜改写。

文龙子承祚（卷二五九列传第一四七，页六七一七倒六行）

按：承祚，本书卷二四八《徐从治传·附孔有德传》、卷二七一《黄龙传》及《明熹宗实录》卷四八第二四六七页"天启四年十一月乙卯"条、谈迁《国榷》卷九〇"崇祯二年六月戊午"条、柏起宗《东江始末》卷一皆作"承禄"。万斯同《明史》卷三六四《袁崇焕传·附毛文龙传》、王鸿绪《明史稿》列传卷一三一《袁崇焕传·附毛文龙传》第二八七页上、夏燮《明通鉴》卷八一《庄烈皇帝纪》、《明季烈臣传·袁崇焕传》、陈鹤《明纪》卷五二《庄烈纪一》作"承祚"。似作"承禄"是。下同。黄云眉《明史考证》已论及。原校勘记宜改写。

寻出督两淮盐法（卷二六〇列传第一四八，页六七二五倒一行）

按：两淮，万斯同《明史》卷三六五《杨鹤传》、王鸿绪《明史稿》列传卷一三八《杨鹤传》第三五三页上、《明神宗实录》卷五四〇第一〇二六七页"万历四十三年十二月辛亥"条皆作"两浙"。原校勘记宜改写。

授黄州推官（卷二六〇列传第一四八，页六七三三倒四行）

按：黄州，原作"贵州"。万斯同《明史》卷三六五《熊文灿传》、王鸿绪《明史稿》列传卷一三七《熊文灿传》第三四六页下作"黄州"，据改。原校勘记宜改写。

乡宁人（卷二六〇列传第一四八，页六七四三行一）

按：乡宁，原作"宁乡"。王鸿绪《明史稿》列传卷一三七《郑崇俭传》第三五〇页上、《明清进士题名碑录索引》万历丙辰科皆作"乡宁"，据改。原校勘记宜改写。

国奇至略阳卒大噪剽瑞王租（卷二六〇列传第一四八，页六七四三行七）

按：略阳，原作"洛阳"。戴笠《怀陵流寇始终录》卷一二作"略阳"。王鸿绪《明史稿》列传卷一三七《郑崇俭传》第三五〇页上作"洛阳"。据本书卷一二〇有《瑞王常浩传》，瑞王封国在汉中府，略阳其属县，亦李国奇应援入蜀道经之地，据改。原校勘记宜改写。

至香油坪而败（卷二六〇列传第一四八，页六七四五行四）

按：香油坪，万斯同《明史》卷三六一《方孔炤传》、卷三六五《杨嗣昌传》作"黄连坪"。本书卷二五二《杨嗣昌传》、谷应泰《明史纪事本末》卷七五《中原群盗》皆作"香油坪"。按本书卷二六九《汤九州传·附杨世恩传》、储大文《存研楼文集》卷四《夷陵》载，时杨世恩、罗安邦两将被围于香油坪，后突围，败于黄连坪。可知本书此处作"香油坪"，疑误。

复令张奏凯屯净壁（卷二六〇列传第一四八，页六七四八行二）

按：净壁，本书卷二五二《杨嗣昌传》、万斯同《明史》卷三六一《邵捷春传》、吴伟业《绥寇纪略》卷七《开县败》、谈迁《国榷》卷九七"崇祯十三年九月甲申"条、戴笠《怀陵流寇始终录》卷一三、徐鼒《小腆纪年附考》卷二、李馥荣《滟滪囊》卷一《张献忠再寇巴蜀》、夏燮《明通鉴》卷八七《庄烈皇帝纪》、毛奇龄《后鉴录》卷六《张献忠》、彭遵泗《蜀碧》卷一同。王鸿绪《明史稿》列传卷一三七《邵捷春传》第三四九页下、刘景伯《蜀龟鉴》卷一作"净壁"。似作"净壁"是，本书此处不误。原校勘记宜改写。

麻安又不效（卷二六〇列传第一四八，页六七五〇行六）

按：麻安，原作"麻城"。万斯同《明史》卷三六一《余应桂传》、王鸿绪《明史稿》列传卷一三六《余应桂传》第三三九页下皆作"麻安"。据本传上文，"麻"即麻城，"安"即黄安，当为两地，可知此处作"麻城"不妥。据改，并于"麻""安"旁分别标专名号，两字之间标顿号。

安岳人（卷二六〇列传第一四八，页六七五三倒一行）

按：安岳，万斯同《明史》卷三七三《张任学传》作"安丘"。王鸿绪《明史稿》列传卷一四四《张任学传》第四二四页下、黄虞稷《千顷堂书目》卷二七、黄廷桂《（乾隆）四川通志》卷九上《人物》、《明季烈臣传·张任学传》皆作"安岳"。似作"安岳"是。

康家坪（卷二六一列传第一四九，页六七六〇行五）

按：原作"康宁坪"。本书卷二六九《汤九州岛传》、万斯同《明史》卷三六六《卢象昇传》、卢象昇《卢象昇疏牍》卷一《请设主兵疏》、邵长蘅《青门簏稿》卷一五《卢象昇传》、查继佐《罪惟录·列传》卷九《卢象昇传》、张岱《石匮书后集》列传第一五《卢象昇传》、吴伟业《绥寇纪略》卷二《车箱困》、汪有典《史外》卷四《卢忠烈传》、汪有典《明忠义别传》卷一一《卢忠烈传》、陈鼎《东林列传》卷五《卢象昇传》、储大文《存研楼文集》卷四《夷陵》皆作"康家坪"。王鸿绪《明史稿》列传卷一三九《卢象昇传》第三六四页下作"康宁坪"。作"康家坪"是，据改。黄云眉《明史考证》已论及。

师至蒿水桥（卷二六一列传第一四九，页六七六五行二）

按：蒿水桥，万斯同《明史》卷三六六《卢象昇传》、王鸿绪《明史稿》列传卷一三九《卢象昇传》第三六六页下、储大文《存研楼文集》卷一一《明大司马卢公传记序》、严遂成《明史杂咏》卷三《卢少师象昇》、王先谦《东华录》崇德四"崇德四年三月戊午"条、天都山臣《女直考》作"蒿水桥"。张岱《石匮书后集》列传第一五《卢象昇传》、卢象昇《卢公奏议》卷一〇《宣云奏议》、杨廷麟《兼山集》卷四《悲巨鹿》、《钦定胜朝殉节诸臣录》卷一《专谥诸臣》、顾师轼《吴梅村先生年谱》卷二、吴伟业《吴诗集览》卷一上《五言古诗一之上》作"蒿水桥"。

而移蜀抚驻永宁（卷二六二列传第一五〇，页六七七六倒五行）

按：永宁，万斯同《明史》卷三六六《傅宗龙传》作"安宁"。王鸿绪《明史稿》列传卷一三九《傅宗龙传》第三六七页下、《明熹宗实录》卷三九第二二七六页"天启四年二月丙午"条、谈迁《国榷》卷八六"天启四年四月壬辰"条、《明季烈臣传·傅宗龙传》皆作"永宁"。似作"永宁"是。

河间静海举人（卷二六二列传第一五〇，页六七八二倒三行）

按：静海，《景印文渊阁四库全书》本《明史》卷二六二《汪乔年传》、石麟《（雍正）山西通志》卷八八《名宦六》、刘统《（乾隆）任丘县志》卷九《人物》、王士祯《池北偶谈》卷一〇《边大绶》、陈僖《燕山草堂集》卷三《边大绶传》、李清《三垣笔记·附识》卷中、史梦兰《止园笔谈》卷八、余廷灿《存吾文稿·书米脂令边大绶事》皆作"任丘",又作"任邱"。赵吉士《续表忠记》卷五《秦督汪公传》、胡林翼《读史兵略续编》卷一〇作"静海"。似作"任丘"或"任邱"是,据改。王颂蔚《明史考证捃逸》已论及。

又设伏于潼关原(卷二六二列传第一五〇,页六七八八八行三)

按:潼关原,本书卷三〇九《李自成传》作"梓潼原"。然本书卷二六三《冯师孔传》、万斯同《明史》卷三六六《孙传庭传》、王鸿绪《明史稿》列传卷一三九《孙传庭传》第三七二页下、徐开任《明名臣言行录》卷八九《尚书孙公传庭》、查继佐《罪惟录·列传》卷三一《李自成》、戴笠《怀陵流寇始终录》卷一一、赵吉士《续表忠记》卷六《总督孙公传》、吴伟业《绥寇纪略》卷六《谷房变》、毛奇龄《后鉴录》卷五《李自成》、冯苏《见闻随笔》卷一《李自成传》、汪有典《史外》卷三《孙尚书传》及《前明忠义别传》卷九《孙尚书传》皆作"潼关原"。疑本书此处不误。黄云眉《明史考证》已论及。

分守湖东属县铅山界闽(卷二六三列传第一五一,页六八〇〇行七)

按:湖东,原作"湖广"。万斯同《明史》卷三六九《林日瑞传》、王鸿绪《明史稿》列传卷一四〇《林日瑞传》第三八一页上、谈迁《国榷》卷九六"崇祯十一年正月壬申"条、谢旻《(雍正)江西通志》卷五八《名宦二》作"湖东"。按本书卷七五《职官志》有湖东道,为江西诸道之一,铅山县隶湖东道。据改。原校勘记宜改写。

大兴人(卷二六三列传第一五一,页六八〇七行四)

按:大兴人,《甲申传信录》卷二《宣府》、黄宗羲《弘光实录钞》卷二作"徐州人"。徐开任《明名臣言行录》卷九〇《巡抚朱忠庄公之冯》、汪有典《史外》卷三《朱忠壮传》、赵吉士《续表忠记》卷六《朱之冯》作"大兴人"。李长祥《天问阁文集》卷一《四巡抚传》、顾炎武《明季实录》卷一《燕邸实录》、傅维鳞《明书》卷一一〇《朱之冯传》、查继佐《罪惟录·列传》卷一二中《朱之冯》、计六奇《明季北略》卷二〇《朱之冯传》、孙承泽《畿辅人物志》卷一六《朱中丞之冯》、吴世杰《罴湖草堂集·文集》卷四《朱之冯传》、陈鼎《东林列传》卷七《朱之冯传》作"顺天府大兴县人"。据王岩《巡抚朱公传》，则朱之冯本徐州人，而入顺天大兴籍。黄云眉《明史考证》已论及。

洛阳大饥（卷二六四列传第一五二，页六八二一倒四行）

按：洛阳，万斯同《明史》卷三八一《吕维祺传》、王鸿绪《明史稿》列传卷一四六《吕维祺传》第一七页上作"河洛"。汪有典《史外》卷一一《吕忠节传·附吕维祮》及《明忠义别传》卷一一《吕忠节传·附吕维祮》、屈大均《翁山文外》卷三《河南死节大臣传》及《明四朝成仁录》卷二《河南死节大臣传》作"洛阳"。河洛，亦即洛阳，古代指同一地区，时有混用。

邦华用便宜发九江库银十五万饷之（卷二六五列传第一五三，页六八四六行二）

按：九江，万斯同《明史》卷三八二《李邦华传》、王鸿绪《明史稿》列传卷一四七《李邦华传》第三二页上、陈鼎《东林列传》卷九《李邦华传》皆作"安庆"。万斯同《明史》卷三七五《左良玉传》、钱谦益《牧斋有学集》卷三四《都察院左都御史赠特进光禄大夫柱国太保吏部尚书谥忠文李公神道碑》、徐鼒《小腆纪传》卷六四《左良玉传》、张夏《雒闽源流录》卷一九《李邦华传》、黄叔璥《南台旧闻》卷三《提纲二》、夏燮《明通鉴》卷八九《庄烈皇帝纪》、《明季烈臣传·李邦华传》、李成谋《石钟山志》卷一〇《武功》作"九江"。

山西泽州人也（卷二六五列传第一五三，页六八四九倒一行）

按：泽州人，万斯同《明史》卷三八二《孟兆祥传》、王鸿绪《明史稿》列传卷一四七《孟兆祥传》第三三页下、朱彝尊《明诗综》卷七五《孟兆祥》、作"交河人"。按查继佐《罪惟录·列传》卷一二《孟兆祥传》、徐开任《明名臣言行录》卷九一《侍郎孟忠贞公兆祥》、冯梦龙《甲申纪事》卷二《绅志略》、张岱《石匮书后集》卷二〇《孟兆祥传》、邹漪《启祯野乘》卷一一《孟忠贞节愍公兆祥》、顾炎武《明季实录》卷一、傅维鳞《明书》卷一一〇《范景文等死国难诸臣传》、计六奇《明季北略》卷二一《孟兆祥》、《甲申传信录》卷三《大行骖乘》、陈鼎《东林列传》

卷九《孟兆祥传》、东村八十一老人《明季甲乙汇编》卷四、陆应阳《广舆记》卷五《山西》、李卫《(雍正)畿辅通志》卷六二《选举》，孟兆祥为交河籍泽州人。

黄麻人（卷二六六列传第一五四，页六八七三倒五行）

按：黄麻人，万斯同《明史》卷三八二《金铉传》、邹漪《启祯野乘》卷一二《吴忠节公甘来》、《钦定胜朝殉节诸臣录》卷四《通谥烈愍诸臣上》、迈柱《(雍正)湖广通志》卷三二《选举志》作“麻城人”。王鸿绪《明史稿》列传卷一四八《金铉传》第四四页上作“黄麻人”。按本书卷四四《地理志五》、《明一统志》卷六一，明代有麻城，隶黄州府，而无黄麻。作“麻城”是。

苏常相继下（卷二六七列传第一五五，页六八八八行八）

按：苏常，万斯同《明史》卷三七一《徐汧传》、王鸿绪《明史稿》列传卷一四六《徐汧传》第二四页上、徐鼒《小腆纪传》卷一七《徐汧传》皆作“苏州”。查继佐《国寿录》卷二《词林徐汧传》作“吴”，亦即苏州。

诱抵南原（卷二六八列传第一五六，页六八九四倒一行）

按：南原，万斯同《明史》卷三七四《曹文诏传》作“南京”。王鸿绪《明史稿》列传卷一四五《曹文诏传》第一页下、徐开任《明名臣言行录》卷八六《总兵曹公文诏》、吴伟业《绥寇纪略》卷一《渑池渡》、谷应泰《明史纪事本末》卷七五《中原群盗》、赵吉士《续表忠记》卷四《曹氏三忠合传》、胡林翼《读史兵略续编》卷一〇《祁彪佳》、夏燮《明通鉴》卷八三《庄烈皇帝纪》作“南原”。可知本书此处不误。

遇吉复以嗣昌令至石花街草店扼其要害（卷二六八列传第一五六，页六八九九行八）

按：石花街，原作“化石街”。王鸿绪《明史稿》列传卷一四五《周遇吉传》第一二页上作“石花街”。顾祖禹《读史方舆纪要》卷七九《湖广五》、和珅《大清一统志》卷二七一《襄阳府二》，谷城县有石花街镇。据改。原校勘记宜改写。

复临县及虒亭驿（卷二六九列传第一五七，页六九〇六倒六行）

按：虒亭驿，原作"踶亭驿"。万斯同《明史》卷三七四《艾万年传》、王鸿绪《明史稿》列传卷一四五《艾万年传》第三页下同。《景印文渊阁四库全书》本《明史》卷二六九《艾万年传》、陈循《寰宇通志》卷八二、《明一统志》卷二一、正德《明会典》卷一二〇《驿传二》、和珅《大清一统志》卷一三〇《兖州府》、齐召南《水道提纲》卷三《京畿诸水》作"虒亭驿"。万历《明会典》卷一四五《驿传一》作"褫亭驿"。据顾祖禹《读史方舆纪要》卷四二："虒亭……宋为虒亭镇，今为虒亭驿，西北去沁州六十里。"穆彰阿《（嘉庆）大清一统志》卷一百四十二："虒亭驿，在襄垣县西北六十里，虒亭镇与屯留县接界，北达沁州。"似作"虒亭驿"是，据改。王颂蔚《明史考证捃逸》已论及。原校勘记宜改写。

叙桃红坝功（卷二六九列传第一五七，页六九一〇行一）

按：桃红坝，本书卷二四九《朱燮元传》、卷二四八《李继贞传》、卷三一二《四川土司二》，王鸿绪《明史稿》列传卷一四五《侯良柱传》第六页上，李长祥《天问阁文集》卷二《陈氏诰敕亭碑》，王铎《拟山园选集》卷六九《通议大夫巡抚四川葆一张公墓志铭》，吴伟业《梅村集》卷三一《通议大夫兵部右侍郎永宁玉调张公神道碑铭》同。王鸿绪《明史稿》列传卷一四五《汤九州传·附杨正芳传》第四页下作"姚江坝"。《崇祯实录》卷二第五七页"崇祯二年八月戊午"条、万斯同《明史》卷二三《庄烈皇帝一》、谈迁《国榷》卷九〇"崇祯二年八月戊午"条作"桃江坝"。似作"桃红坝"是。

正芳偕成名邓玘从竹山竹谿白河分道进（卷二六九列传第一五七，页六九一〇行四至五）

按：竹谿，原作"竹溪"。本书卷二五二《杨嗣昌传》、卷二七三《左良玉传·附邓玘传》，吴伟业《绥寇纪略》卷九《通城击》、卢象昇《卢公奏议》卷一《郧楚贼氛渐靖疏》、谷应泰《明史纪事本末》卷七五《中原群盗》、查继佐《罪惟录·列传》卷三一《王嘉胤高迎祥诸部贼》、张岱《石匮书后集》卷六二《中原群盗传》皆作"竹谿"，又本书卷四四

《地理志五》、迈柱《（雍正）湖广通志》卷三《沿革志》也载有"竹谿"，属郧阳府。据改。

追贼石河口（卷二六九列传第一五七，页六九一〇行八）

按：石河口，本书卷二三《庄烈帝纪》同。本书卷二六一《卢象升列传》、王鸿绪《明史稿》列传卷一四五《汤九州岛传·附杨世恩传》第四页下、谈迁《国榷》卷九三"崇祯七年七月癸丑"条、卢象昇《庐公奏议》卷一《请设主兵疏》、吴伟业《绥寇纪略》卷二《车箱困》、张岱《石匮书后集》卷一五《卢象昇列传》、储大文《存研楼文集》卷四《夷陵》、戴笠《怀陵流寇始终录》卷七、陈鼎《东林列传》卷五《卢象昇传》、汪有典《史外》卷一一《卢象昇列传》皆作"石泉坝"。似作"石泉坝"是。

后实授建武游击（卷二六九列传第一五七，页六九一四倒三行）

按：建武，王鸿绪《明史稿》列传卷一四五《张令传》第六页下同。万斯同《明史》卷三七四《张令传》作"建宁"。

从曹文诏追贼西偎碧霞村斩混世王（卷二六九列传第一五七，页六九一六行二至三）

按：西偎，万斯同《明史》卷三七四《猛如虎传》、《景印文渊阁四库全书》本《明史》卷二九六《猛如虎传》、吴伟业《绥寇纪略》卷一《渑池渡》、戴笠《怀陵流寇始终录》卷六、陈鹤《明纪》卷五三《庄烈纪二》作"西堰"。王鸿绪《明史稿》列传卷一四五《猛如虎传》第七页上作"西偎"。似作"西堰"是。又，混世王，戴笠《怀陵流寇始终录》卷六作"混天王"。然本书卷二六八《曹文诏传》、万斯同《明史》卷三七四《猛如虎传》、王鸿绪《明史稿》列传卷一四五《猛如虎传》第七页上、吴伟业《绥寇纪略》卷一《渑池渡》皆作"混世王"，当是。王颂蔚《明史考证捃逸》已论及。原校勘记宜改写。

嗣昌亲统舟师下云阳（卷二六九列传第一五七，页六九一七行六）

按：云阳，万斯同《明史》卷三七四《猛如虎传》作"云南"。然本书卷二五二《杨嗣昌传》、王鸿绪《明史稿》列传卷一四五《猛如虎传》第七页下、谷应泰《明史纪事本末》卷七七《张献忠之乱》、吴伟业《绥寇纪略》卷七《开县败》、陈鹤《明纪》卷五六《庄烈纪五》、杜文澜《古谣谚》卷一四《诸军为左良玉猛如虎谣》、夏燮《明通鉴》卷八七《庄烈皇帝纪》、《明季烈臣传·猛如虎传》、胡林翼《读史兵略续编》卷一〇《祁彪佳》皆作"云阳"。似作"云阳"是。

五年从总督张宗衡剿贼陵川（卷二六九列传第一五七，页六九一九行八）

按：陵川，原作"临川"。万斯同《明史》卷三七四《虎大威传》、王鸿绪《明史稿》列传卷一四五《虎大威传》第八页下、《崇祯实录》卷五第一五九页"崇祯五年九月丁酉"条、谈迁《国榷》卷九二"崇祯五年九月甲子"条、谷应泰《明史纪事本末》卷七五《中原群盗》、吴伟业《绥寇纪略》卷二《车箱困》、文秉《烈皇小识》卷三、戴笠《怀陵流寇始终录》卷五皆作"陵川"，据改。

贼连陷河南邓许（卷二六九列传第一五七，页六九二〇倒四行）

按：河南，万斯同《明史》卷三七四《虎大威传》、《崇祯实录》卷一四第四一五页"崇祯十四年十一月丙子"条、谈迁《国榷》卷九七"崇祯十四年十一月丙子"条、谷应泰《明史纪事本末》卷七八《李自成之乱》、吴伟业《绥寇纪略》卷九《通城击》皆作"南阳"。王鸿绪《明史稿》列传卷一四五《虎大威传》第九页上作"河南"。据本传上下文，似作"南阳"更妥。

复合他将大败之谭家坪北山（卷二七〇列传第一五八，页六九四七行一至二）

按：北山，原作"北平"。谷应泰《明史纪事本末》卷七五《中原群盗》、戴笠《怀陵流寇始终录》卷一三、文秉《烈皇小识》卷六、彭孙贻《平寇志》卷三皆作"北山"。王鸿绪《明史稿》列传卷一四四《秦良玉传》第四二九页上、《明季烈臣传·秦良玉传》作"北平"。张岱《石匮书后集》卷六二《中原群盗传》载："庚子，贼屯谭家坪南北两山，山头张幕，鱼鳞相掩叠，诸军分道并进，南山贼拔寨起先走，北山贼驰而下，逆击官军。诸军薄之，贼不能当，退守山巅，不动。"作"北山"是，据改。原校勘记宜改写。

兼统关外四路及燕河建昌诸军（卷二七一列传第一五九，页六九五九行五）

按：四路，陆奎勋《陆堂文集》卷一六《满桂传》、王鸿绪《明史稿》列传卷一二九《满桂传》第二五一页下同。万斯同《明史》卷三七三《满桂传》作"西路"。《明熹宗实录》卷八三第四〇五七页"天启七年四月癸亥"条、谈迁《国榷》卷八八"天启七年四月癸亥"条、徐开任《明名臣言行录》卷八六《武经满武愍公桂》皆作"四镇"。似作"四镇"为妥。

乘间入犯平川三山堡（卷二七一列传第一五九，页六九六二倒六行）

按：平川，《景印文渊阁四库全书》本《明史》卷二七一《赵率教传》作"平州"。万斯同《明史》卷三七三《赵率教传》、王鸿绪《明史稿》列传卷一二九《赵率教传》第二五三页上、《明熹宗实录》卷六八第三二二二页"天启六年二月丁丑"条皆作"平川"。王颂蔚《明史考证捃逸》、黄云眉《明史考证》已论及。

为甘肃裴家营守备（卷二七一列传第一五九，页六九六四行一）

按：裴家营，原作"斐家营"。王鸿绪《明史稿》列传卷一二九《官惟贤传》第二五三页下、《明熹宗实录》卷一八第九一七页"天启二年正月庚戌"条、和珅《大清一统志》卷一九七《甘肃统部》、许容《（乾隆）甘肃通志》卷一一《凉州府》皆作"裴家营"，据改。原校勘记宜改写。

辽东人（卷二七一列传第一五九，页六九六六行九）

按：屈大均《明四朝成仁录》卷一《黄龙传》作"江西人"。

规取罗文谷关（卷二七一列传第一五九，页六九六九行七）

按：罗文谷关，王鸿绪《明史稿》列传卷一二九《金日观传》第二五六页上作"罗文城"。《景印文渊阁四库全书》本《明史》卷二七一《金日观传》、张廷玉《通鉴纲目三编》卷三四"庚午三年春正月"条、夏燮《明通鉴》卷八二《庄烈皇帝纪》作"罗文峪关"。顾祖禹《读史方舆纪要》卷一一载："罗文峪关，在县西北十里，马兰峪东第十四关口也。"似作"罗文峪关"是。王颂蔚《明史考证捃逸》已论及。

再战太平砦北（卷二七二列传第一六〇，页六九七八行二）

按：太平砦，陆奎勋《陆堂文集》卷一六《曹变蛟传》同。万斯同《明史》卷三七四《曹变蛟传》、王鸿绪《明史稿》列传卷一二九《曹变蛟传》第二五八页下皆作"太平路"。

战松山杏山下（卷二七三列传第一六一，页六九八七行七至八）

按：松山，原作"香山"。万斯同《明史》卷三七五《左良玉传》、王鸿绪《明史稿》列传卷一五一《左良玉传》第六六页上作"香山"。《崇祯实录》卷二第五八页"崇祯二年八月乙丑"条、谈迁《国榷》卷九〇"崇祯二年八月乙丑"条、《清太宗实录》卷四五"崇德四年三月丁卯"条、张岱《石匮书后集》卷二五《左良玉传》、徐鼒《小腆纪传》卷六四《左良玉传》皆作"松山"。松山与杏山均在辽东广宁中屯卫，见本书卷四一《地理志》。作"松山"是，据改。王颂蔚《明史考证捃逸》已论及。原校勘记宜改写。

至柳树口大败之（卷二七三列传第一六一，页六九八八行五）

按：柳树口，原作"柳善口"。万斯同《明史》卷三七五《左良玉传》、王鸿绪《明史稿》列传卷一五一《左良玉传》第六六页上作"柳善口"。《景印文渊阁四库全书》本《明史》卷二七三《左良玉传》、吴伟业《绥寇纪略》卷一《渑池渡》、戴笠《怀陵流寇始终录》卷五作"柳树口"。按，"柳善口"之"善"字疑沿上文"万善驿"之"善"字误，据改。王颂蔚《明史考证捃逸》已论及。原校勘记宜改写。

围良玉于郾城（卷二七三列传第一六一，页六九九四行九）

按：郾城，原作"偃城"。本书卷四二《地理志》、卷二六二《汪乔年传》、卷二六九《虎大威传》、卷三〇九《李自成传》，吴伟业《绥寇纪略》卷一一《九江哀》、谷应泰《明史纪事本末》卷七八《李自成之乱》、《钦定胜朝殉节诸臣录》卷二《通谥忠烈诸臣》皆作"郾城"。万斯同《明史》卷三七五《左良玉传》、王鸿绪《明史稿》列传卷一五一《左良玉传》第六九页上、吴伟业《绥寇纪略》卷九《通城击》作"偃城"。似作"郾城"是，据改。原校勘记宜改写。

射杀王自用于善阳山（卷二七三列传第一六一，页六九九九行四至五）

按：善阳山，原脱"山"字，据万斯同《明史》卷三七五《左良玉传·附邓玘传》、王鸿绪《明史稿》列传卷一五一《左良玉传·附邓玘传》第七一页上、《崇祯实录》卷六第一七四页"崇祯六年五月壬子"条、谈迁《国榷》卷九二"崇祯六年五月丙辰"条、吴伟业《绥寇纪略》卷一《渑池渡》补。王颂蔚《明史考证捃逸》已论及。原校勘记宜改写。

贼逼磁州（卷二七三列传第一六一，页六九九九行五）

按：原作"走贼礁川"。万斯同《明史》卷三七五《左良玉传·附邓玘传》、王鸿绪《明史稿》列传卷一五一《左良玉传·附邓玘传》第七一页上作"走贼礁川"。吴伟业《绥寇纪略》卷一《渑池渡》，崇祯六年五月，"贼十余万逼礁川"。戴笠《怀陵流寇始终录》卷六"一字王、黑蝎子、闯蹋天等九营十余万贼，是日逼磁州"。"礁川""磁州"，盖形近而误，据改。原校勘记宜改写。

玘被困土樵窝（卷二七三列传第一六一，页六九九九行七）

按：土樵窝，原作"上樵窝"。万斯同《明史》卷三七五《左良玉传·附邓玘传》、王鸿绪《明史稿》列传卷一五一《左良玉传·附邓玘传》第七一页上作"上樵窝"。然《景印文渊阁四库全书》本《明史》卷二七三《左良玉传·附邓玘传》、吴伟业《绥寇纪略》卷一《渑池渡》、戴笠《怀陵流寇始终录》卷六作"土樵窝"。似作"土樵窝"是，据改。王颂蔚《明史考证捃逸》已论及。原校勘记宜改写。

已共破贼官村沁河清化万善（卷二七三列传第一六一，页六九九九行七）

按：清化，原作"清池"。本卷上文、吴伟业《绥寇纪略》卷一《渑池渡》、谷应泰《明史纪事本末》卷七五《中原群盗》、戴笠《怀陵流寇始终录》卷六、《钦定胜朝殉节诸臣录》卷五《通谥烈愍诸臣下》作"清化"。万斯同《明史》卷三七五《左良玉传·附邓玘传》、王鸿绪《明史稿》列传卷一五一《左良玉传·附邓玘传》第七一页上作"清池"。和珅《大清一统志》卷一六一载有清化镇、万善镇，皆属怀庆府。可知作"清化"是，据改。王颂蔚《明史考证捃逸》已论及。原校勘记宜改写。

败之鱼桂岭（卷二七三列传第一六一，页六九九九行九）

按：鱼桂岭，万斯同《明史》卷三七五《左良玉传·附邓玘传》、吴伟业《绥寇纪略》卷一《渑池渡》作"鱼柱岭"。王鸿绪《明史稿》列传卷一五一《左良玉传·附邓玘传》第七一页上作"鱼桂岭"。似作"鱼柱岭"是。

封东平伯驻庐州（卷二七三列传第一六一，页七〇〇七行九）

按：庐州，本书卷二七四《史可法传》、《景印文渊阁四库全书》本《明史》卷二七三《高杰传·附刘泽清传》作"淮北"。汪有典《史外》卷一九《黄靖国传》作"淮安"。万斯同《明史》卷三七五《高杰传·附刘泽清传》、杨陆荣《三藩纪事本末》卷一《四镇》作"庐州"。王颂蔚《明史考证捃逸》已论及。

贼从间道突安庆石牌（卷二七四列传第一六二，页七〇一五倒一行）

按：石牌，原作"石碑"。万斯同《明史》卷三六八《史可法传》、王鸿绪《明史稿》列传卷一四九《史可法传》第四五页上作"石碑镇"。《景印文渊阁四库全书》本《明史》二七四《史可法传》、吴伟业《绥寇纪略》卷五《黑水擒》、戴笠《怀陵流寇始终录》卷九、顾祖禹《读史方舆纪要》卷二六作"石牌"。据王新命《（康熙）江南通志》卷二四《舆地志》，安庆府怀宁县有石牌镇。作"石牌"是，据改。王颂蔚《明史考证捃逸》已论及。原校勘记宜改写。

连败贼英山六合（卷二七四列传第一六二，页七〇一六倒三行）

按：六合，万斯同《明史》卷三六八《史可法传》作"六安"。王鸿绪《明史稿》列传卷一四九《史可法传》第四五页下作"六合"。据本书卷四〇《地理志一》，英山、六安毗邻，皆属庐州府，而六合属应天府。此处似作"六安"是。

嘉兴人（卷二七五列传第一六三，页七〇三九倒一行）

按：嘉兴，陈子龙《陈忠裕全集》卷二九《徐石麒行状》、张岱《石匮书后集》卷三二《徐石麒传》、徐开任《明名臣言行录》卷九四《尚书徐忠襄公石麒》、计六奇《明季南略》卷九《南都甲乙纪》、王新命《（康熙）江南通志》卷一一三《职官志》、《（乾隆）浙江通志》卷一四〇《选举》皆作"嘉善"。万斯同《明史》卷三六八《徐石麒传》、王鸿绪《明史稿》列传卷一五〇《徐石麒传》第五六页上、查继佐《罪惟录·列传》卷一二《徐石麒传》、陈鼎《东林列传》卷一一《徐石麒传》、温睿临《南疆逸史》卷七《徐石麒传》、徐鼒《小腆纪传》卷一二《徐石麒传》、查继佐《国寿录》卷二《冢宰徐公传》、《钦定胜朝殉节诸臣录》卷一《专谥诸臣》作"嘉兴"。据本书卷四四《地理志五》，嘉善属嘉兴府，可知本书此处不误。黄云眉《明史考证》已论及。

建昌新城人（卷二七五列传第一六三，页七〇四八行一）

按：新城，黄宗羲《弘光实录》卷四作"新贤"。万斯同《明史》卷三六八《高倬传·附黄端伯传》、王鸿绪《明史稿》列传一五〇《高倬传·附黄端伯传》第五七页下、查继佐《国寿录》卷二《吏部主事黄公传》、温睿临《南疆逸史》卷一〇《黄端伯传》、徐鼒《小腆纪传》卷一六《黄端伯传》、张岱《石匮书后集》卷三二《黄端伯传》、汪有典《史外》卷六《高司寇传·附黄端伯传》、陈田《明诗纪事·辛签》卷六上《黄端伯》、朱彝尊《明诗综》卷七六《王养正》、《钦定胜朝殉节诸臣录》卷四《通谥烈愍诸臣上》、黄虞稷《千顷堂书目》卷二七皆作"新城"。可知本书此处不误。黄云眉《明史考证》已论及。

分守登莱（卷二七六列传第一六四，页七〇七〇行八）

按：登莱，原作"东莱"。按本传下文王永吉主管济、兖、东三府，曾樱主管青、登、莱三府，是"东"当作"登"。据王鸿绪《明史稿》列传卷一五二《曾樱传》第八四页下、徐鼒《小腆纪传》卷二四《曾樱传》、温睿临《南疆逸史》卷一七《曾樱传》改。另，万斯同《明史》卷三六七《曾樱传》作"东莱"，亦误。原校勘记宜改写。

而其将徐登华为守富宁（卷二七六列传第一六四，页七〇八一倒五行）

按：福宁，原作"富宁"。本书本卷《刘中藻传》，万斯同《明史》卷三七一《钱肃乐传》、卷三六七《曾樱传》，王鸿绪《明史稿》列传一五六《钱肃乐传》第一二一页下，徐鼒《小腆纪传》卷四〇《钱肃乐传》、《小脰纪年附考》卷一四，温睿临《南疆逸史》卷三二《钱肃乐传》，《明末忠烈纪实》卷一三《钱肃乐传》，邵廷采《东南纪事》卷二《鲁王以海》，翁洲老民《海东逸史》卷二作"福宁"，据改。另，徐登华，王鸿绪《明史稿》列传卷一五六《钱肃乐传》第一二一页下，徐鼒《小腆纪传》卷四〇《钱肃乐传》、《小腆纪年附考》卷一四，温睿临《南疆逸史》卷三二《钱肃乐传》，全祖望《鲒埼亭集内编》卷七《明故兵部尚书兼东阁大学士赠太保吏部尚书谥忠介钱公神道第二碑铭》，邵廷采《东南纪事》卷二《鲁王以海》，翁洲老民《海东逸史》卷二作"涂登华"，疑是。黄云眉《明史考证》已论及。原校勘记宜改写。

御史沈宸荃劾祖德及河南总督黄希宪轻弃封疆（卷二七七列传第一六五，页七〇九二倒三行）

按：河道，原作"河南"。本书卷八四《河渠志二》、卷二七六《沈宸荃传》，王鸿绪《明史稿》列传卷一五三《丘祖德传》第九一页上，张自烈《芑山诗文集》卷九《复李乾统书》，文秉《甲乙事案》卷下、张廷玉《通鉴纲目三编》卷四〇"顺治元年十一月"条，徐鼒《小腆纪传》卷四〇《沈宸荃传》、《小腆纪年附考》卷八，温睿临《南疆逸史》卷三〇《沈宸荃》，王士俊《（雍正）河南通志》卷三一《职官二》皆作"河道"，据改。

闻吉安复失（卷二七八列传第一六六，页七一二〇行三）

按：吉安，万斯同《明史》卷三六七《万元吉传》、王鸿绪《明史稿》列传卷一五四《万元吉传》第一〇一页上作"抚州"。张岱《石匮书后集》卷四六《万元吉传》、温睿临《南疆逸史》卷一九《万元吉传》、徐鼒《小腆纪传》卷二七《万元吉传》、《明末忠烈纪实》卷一三《万元吉传》作"吉安"。

械至武昌（卷二七八列传第一六六，页七一二六行五）

按：武昌，原作"南昌"。王鸿绪《明史稿》列传卷一五四《王养正传》第一〇四页上、温睿临《南疆逸史》卷三四《王养正传》、徐鼒《小腆纪传》卷五〇《王养正传》、朱彝尊《明诗综》卷七六《王养正》、汪有典《前明忠义别传》卷二四《王副使传》、《钦定胜朝殉节诸臣录》卷四

《通谥烈愍诸臣上》皆作"武昌"，据改。

谪两浙盐运副使（卷二七八列传第一六六，页七一三四行一）

按：两浙，原作"两淮"。万斯同《明史》卷三七二《何腾蛟传·附陈象明传》、王鸿绪《明史稿》列传卷一五五《何腾蛟传·附陈象明传》第一一三页下、徐鼒《小腆纪传》卷五〇《陈象明传》皆作"两浙"，据改。原校勘记宜改写。

劝观生东保潮惠（卷二七八列传第一六六，页七一三四倒五行）

按：潮惠，万斯同《明史》卷三七二《陈邦彦传》、王鸿绪《明史稿》列传卷一五四《陈邦彦传》第一〇七页下、查继佐《罪惟录·列传》卷九下《陈邦彦传》、张岱《石匮书后集》卷四九《陈邦彦传》、陈伯陶《胜朝粤东遗民录》附录《兵科给事中赠资政大夫兵部尚书先府君严野陈公行状》、温睿临《南疆逸史》卷二五《陈邦彦传》、徐鼒《小腆纪传》卷二五《苏观生传》及卷四八《陈邦彦传》作"惠潮"。

聿键死于汀州（卷二七八列传第一六六，页七一三七行五）

按：本书卷一一八《聿键传》作被执于汀州，死于福州。本书卷二八〇《何腾蛟传》、万斯同《明史》卷三七二《陈邦彦传·附苏观生传》、王鸿绪《明史稿》列传卷一五四《陈邦彦传·附苏观生传》第一〇九页上、徐鼒《小腆纪传》卷二五《苏观生传》所载同本书此处。王颂蔚《明史考证捃逸》已论及。

三、时间误

万历十一年进士（卷二一六列传第一〇四，页五七〇六行三）

按：十一年，徐乾学《明史列传》卷七五《王图传》、万斯同《明史》卷三三六《王图传》、王鸿绪《明史稿》列传卷九八《王图传》第四六三页下同。然钱谦益《牧斋初学集》卷四八《太子太保礼部尚书王文肃公行状》、徐开任《明名臣言行录》卷七四《尚书王文肃公图》、陈鼎《东林列传》卷一六《王图传》、《明进士题名碑录》万历丙戌科皆作"十四年"，当是。黄云眉《明史考证》已论。

天启三年召起故官进礼部尚书协理詹事府（卷二一六列传第一〇四，页五七〇七行六）

按：万斯同《明史》卷三三六《王图传》称："天启三年，召为故官。明年，进礼部尚书，协理詹事府。"钱谦益《牧斋初学集》卷四八《太子太保礼部尚书王文肃公行状》、徐开任《明名臣言行录》卷七四《尚书王文肃公图》、陈鼎《东林列传》卷一六《王图传》亦称：天启四年，升礼部尚书兼翰林院学士，协理詹事府事。本书本传将"召起故官"与"进礼部尚书协理詹事府"并系于三年，误。黄云眉《明史考证》已论及。

明年九月进讲尚书（卷二一六列传第一〇四，页五七一八行一）

按：此处将"明年"系于"庄烈帝嗣位"之后，是庄烈帝即位之明年，即崇祯元年。据万斯同《明史》卷三六二《罗喻义传》、王鸿绪《明史稿》列传卷九八《罗喻义传》第四六七页下，在"明年九月进讲尚书"之前，尚有"崇祯三年进左侍郎，直讲如故"一句。如此，"明年"实指崇祯四年。本书删"崇祯三年进左侍郎，直讲如故"，而未改"明年"二字，故有时间误差。王颂蔚《明史考证捃逸》已论及。原校勘记宜改写。

阅八年储位始定（卷二一七列传第一〇五，页五七三〇倒一行）

按：据本书卷一〇九《宰辅年表》、董复亨《繁露园集》卷一四《大学士对南山阴王公墓志铭》、过庭训《本朝分省人物考》卷一〇〇《王家屏》载，王家屏于万历二十年三月致仕；本书卷二一《神宗本纪》同，并载二十九年十月，立皇长子常洛为皇太子。二者相去九年余，本书此处作"八年"有失准确。原校勘记宜改写。

二十四年冬病卒于位（卷二一七列传第一〇五，页五七三二倒二行）

按：二十四年，当移至上文"乾清、坤宁两宫灾"前。按，上文称"二十二年三月"，又依次称"其年夏，""加太子少保"，"乾清、坤宁两宫灾"，"其秋"，是将加太子少保、两宫灾及其秋以下记事均系于二十二年。据本书卷一一〇《宰辅年表》、《明神宗实录》卷二九〇第五三八〇页"万历二十三年十月乙丑条"载，二十三年十月，加太子少保；又据本书卷二〇《神宗本纪》，二十四年三月，乾清、坤宁两宫灾，其秋以下记事亦在二十四年。本书记述殊不明晰，当是将"二十四年"误倒。原校勘记宜改写。

踰一日时行亦罢（卷二一九列传第一〇七，页五七七四倒五行）

按：一日，原作"一月"。本书卷一一〇《宰辅年表》万历十九年载：时行"九月致仕"，国"九月致仕"。两人致仕均在九月。万斯同《明史》卷三一〇《许国传》作"二日"，王鸿绪《明史稿》列传卷九六《许国传》第四四二页上作"一月"。《明神宗实录》卷二四〇第四四六二页至第四四六三页"万历十九年九月"、谈迁《国榷》卷七五"万历十九年九月"条皆作"壬申许国去，甲戌时行去，恰踰一日"。据改。原校勘记宜改写。

虚位三年以待（卷二二一列传第一〇九，页五八一五倒二至一行）

按：此句焦竑《国朝献征录》卷四三叶向高撰《吴公文华行状》作"虚尚书两载而后得请"。疑"三年"当作"两年"。黄云眉《明史考证》已论及。原校勘记宜改写。

隆庆四年官南京兵部右侍郎以左侍郎总督两广（卷二二二列传第一一〇，页五八六〇倒五行）

按：此句万斯同《明史》卷三一五《李迁传》载为："隆庆三年，起南京兵部右侍郎。明年春，以左侍郎兼右佥都御史。"《明穆宗实录》卷三〇第七九九页"隆庆三年三月丁卯"条、卷四二第一〇三八页"隆庆四年二月戊申"条同。可见，本书将"官南京兵部右侍郎"与"以左侍郎总督两广"皆系于隆庆四年，不确。

居二年卒（卷二二四列传第一一二，页五八九六倒二行）

按：二年，原作"三年"。徐乾学《明史列传》卷八〇《孙鑨传》，万斯同《明史》卷三三〇《孙鑨传》，《明神宗实录》卷二六二第四八四七页"万历二十一年七月癸丑"条、卷二八六第五三一〇页"万历二十三年六月丙寅"条，徐开任《明名臣言行录》卷六八《尚书孙清简公鑨》，过庭训《本朝分省人物考》卷五一《孙鑨》，傅维鳞《明书》卷一三四《孙鑨传》，陈鼎《东林列传》卷一四《孙鑨传》皆作"二年"，据改。

明年三月倡廷臣诣文华门请举皇长子册立冠婚（卷二二四列传第一一二，页五九〇六行三）

按：三月，原作"正月"。万斯同《明史》卷三三〇《蔡国珍传》、王鸿绪《明史稿》列传卷一〇三《蔡国珍传》第五二二页下作"正月"。然本书卷二一《神宗纪二》、《景印文渊阁四库全书》本《明史》卷二二四《蔡国珍传》、《明神宗实录》卷三二〇第五九五九页"万历二十六年三月壬子"条、谈迁《国榷》卷七八"万历二十六年三月壬子"条皆作"三月"，据改。王颂蔚《明史考证捃逸》已论及。原校勘记宜改写。

是年嵩败（卷二二六列传第一一四，页五九三三倒三行）

按："是年"所指不明，承上文似指"三十四年"。然据本书卷一一〇《宰辅年表》，嵩败在四十一年。另，上文"已"字处，万斯同《明史》卷三〇七《丘橓传》作"四十一年"，本书袭王鸿绪《明史稿》列传卷一〇五《丘橓传》第三页下改"四十一年"为"已"，转而于下文称"是年"，易生歧义，兹揭明。王颂蔚《明史考证捃逸》已论及。原校勘记宜改写。

二十年二月杀馨及副使石继芳（卷二二八列传第一一六，页五九七七行五至六）

按：二月，本书卷二〇《神宗本纪》、《明神宗实录》卷二四六第四五八〇页"万历二十年三月戊辰"条作"三月"。然徐乾学《明史列传》卷八五《魏学曾传》、万斯同《明史》卷三三三《魏学曾传》、王鸿绪《明史稿》列传卷一〇七《魏学曾传》第二二页下、万邦荣《明史列传分纂》卷四《魏学曾传》、瞿九思《万历武功录》卷一《哱拜哱承恩列传》、谈迁《国榷》卷七六"万历二十年二月己酉"条、徐开任《明名臣言行录》卷七五《侍郎梅公国桢》、谷应泰《明史纪事本末》卷六三《平巴拜》皆作"二月"。原校勘记宜改写。

十一年用御史孙继先言召复官（卷二二九列传第一一七，页五九九五行六）

按：十一年，原作"十一月"。徐乾学《明史列传》卷八二《傅应祯传》、万斯同《明史》卷三二四《傅应祯传》、万邦荣《明史列传分纂》卷五《傅应祯传》、《明神宗实录》卷一三二第二四五一页"万历十一年正月己未"条、徐开任《明名臣言行录》卷六八《傅应祯》、林之盛《皇明应谥名臣备考录》卷四《傅应祯》、徐开任《明名臣言行录》卷六八《大理寺丞傅公应祯》、夏燮《明通鉴》卷六六《考异》皆作"十一年",据改。原校勘记宜改写。

明日进士邹元标疏争亦廷杖（卷二二九列传第一一七，页五九九九行六至七）

按：按《明神宗实录》卷六八第一四五八页、谈迁《国榷》卷七〇，吴中行等四人被杖在万历五年十月乙巳，邹元标被杖则是月丁未。以干支计之，二者相去凡三日。本传称"明日"，不妥，兹揭明之。王颂蔚《明史考证捃逸》已论及。

至十月帝迫廷议始立东宫（卷二三三列传第一二一，页六〇八八行四至五）

按：十月，原作"九月"。本书卷二一《神宗本纪》、《明神宗实录》卷三六四第六七九一页"万历二十九年十月己卯"条、谈迁《国榷》卷七九"万历二十九年十月己卯"条皆作"十月"，据改。原校勘记宜改写。

三十六年则辽东海防同知王邦才参将李获阳（卷二三七列传第一二五，页六一八一行一至二）

按：三十六年，原作"三十七年"。本书卷三〇五《高淮传》，王鸿绪《明史稿》列传卷一七九《高淮传》第七页上，《明神宗实录》卷四四七第八四七一页"万历三十六年六月庚申"条、第八四七一页壬戌条、第八四七八页乙卯条及谈迁《国榷》卷八〇"万历三十六年六月庚申"条、陈鼎《东林列传》卷一七《叶向高传》皆作"三十六年"，据改。原校勘记宜改写。

五年五月士蛮复入（卷二三八列传第一二六，页六一八五行六）

按：原脱"五年"，徐乾学《明史列传》卷八七《李成梁传》、万斯同《明史》卷三二二《李成梁传》、王鸿绪《明史稿》列传卷一一五《李成梁传》第一〇三页下、万邦荣《明史列传分纂》卷一四《李成梁传》皆作"五年"。按《明神宗实录》卷六三第一四〇四页"万历五年六月丁卯"条称"先是五月丙申，土蛮入犯锦州"。谈迁《国榷》卷七〇"万历五年五月丙申"条亦称"土蛮犯辽东锦州"。事在万历五年五月甚明，据补。原校勘记宜改写。

无何复以二万余骑从大镇堡入攻锦州（卷二三八列传第一二六，页六一八六倒四行）

按：传文记此事于九年正月之前，然本书卷二〇《神宗本纪》、《明神宗实录》卷一〇八、谈迁《国榷》卷七一、夏燮《明通鉴》卷六七均系于"万历九年正月癸酉"条。原校勘记宜改写。

九年二月（卷二三八列传第一二六，页六一八六倒一行）

按：二月，原作"正月"。徐乾学《明史列传》卷八七《李成梁传》、万斯同《明史》卷三二二《李成梁传》、王鸿绪《明史稿》列传卷一一五《李成梁传》第一〇四页下、《明神宗实录》卷一〇九第二一〇〇页"万历九年二月乙卯"条、谈迁《国榷》卷七一"万历九年二月丁酉"条皆作"二月"，据改。王颂蔚《明史考证捃逸》已论及。

十九年闰三月（卷二三八列传第一二六，页六一九〇行一）

按：闰三月，原作"闰二月"。徐乾学《明史列传》卷八七《李成梁传》、万斯同《明史》卷三二二《李成梁传》、王鸿绪《明史稿》列传卷一一五《李成梁传》第一〇五页下、万邦荣《明史列传分纂》卷一四《李成梁传》皆作"闰二月"，然是年闰三月，非闰二月，据改。原校勘记宜改写。

二十五年冬辽东总兵董一元罢廷推者三中旨特用如松（卷二三八列传第一二六，页六一九五行六）

按：二十五年，万斯同《明史》卷三二二《李成梁传·附李如松传》、《明神宗实录》卷三一八第五九一四页"万历二十六年正月乙未"条、谈迁《国榷》卷七八"万历二十六年正月乙未"条作"二十六年"。徐乾学《明史列传》卷八七《李成梁传·附李如松传》、王鸿绪《明史稿》列传卷一一五《李成梁传·附李如松传》第一〇八页上、万邦荣《明史列传分纂》卷一四《李成梁传·附李如松传》作"二十五年"。似作"二十六年"是。

三十五年五月擢向高礼部尚书兼东阁大学士（卷二四〇列传第一二八，页六二三一倒一行至六二三二行一）

按：五月，本书卷一一〇《宰辅年表二》、《明神宗实录》卷四三三第八一九七页"万历三十五年五月戊子"条、谈迁《国榷》卷八〇"万历三十五年五月丁亥"条同。万斯同《明史》卷三四二《叶向高传》、王鸿绪《明史稿》列传卷九五《叶向高传》第四三二页下作"六月"。似作"五月"是。

明日九月朔帝崩（卷二四〇列传第一二八，页六二三九行九）

按：明日，原作"明年"。按，召见刘一燝诸大臣事是八月甲戌日，其明日正是九月乙亥朔。据本书卷二一《光宗纪》、万斯同《明史》卷三四二《刘一燝传》、王鸿绪《明史稿》列传卷一一九《刘一燝传》第一四六页上至第一四六页下、张惟贤《明光宗实录》卷八第二一三页"泰昌元年九月乙亥"条、谈迁《国榷》卷八四"泰昌元年九月乙亥"条改。原校勘记宜改写。

二年正月疏十二上（卷二四〇列传第一二八，页六二四二行四）

按：正月，本书卷二二《熹宗纪》及卷一〇九《宰辅年表》、《明熹宗实录》卷二〇第九九六页"天启二年三月丁酉"条、谈迁《国榷》卷八五"天启二年三月丁酉"条皆作"三月"。万斯同《明史》卷三四二《刘一燝传》、王鸿绪《明史稿》列传卷一一九《刘一燝传》第一四七页下作"正月"。似作"三月"是。原校勘记宜改写。

至五月始遣行人召之（卷二四〇列传第一二八，页六二四六倒二行）

按：五月，本书卷一一〇《宰辅年表》、《崇祯长编》卷一第四〇九页"崇祯元年四月庚子"条、谈迁《国榷》卷八九"崇祯元年四月庚戌"条皆作"四月"。王颂蔚《明史考证捃逸》已论及。原校勘记宜改写。

三年进少保太子太保（卷二四〇列传第一二八，页六二五一行一）

按：三年，本书卷一一〇《宰辅年表》、朱彝尊《明诗综》卷五九《朱国祚》作"元年"。万斯同《明史》卷三四二《朱国祚传》、王鸿绪《明史稿》列传卷一一九《朱国祚传》第一五一页下、《明熹宗实录》卷三〇第一五〇二页"天启三年正月庚子"条、谈迁《国榷》卷八五"天启三年正月己亥”条、邹漪《启祯野乘》卷七《朱国祚》皆作“三年”。似作“三年”是。王颂蔚《明史考证捃逸》、黄云眉《明史考证》已论及。原校勘记宜改写。

七年夏贼来犯击却之闰八月贼陷隆德（卷二四一列传第一二九，页六二六五行三至四）

按：本书卷二三《庄烈帝纪一》、徐乾学《明史列传》卷九一《张问达传·附陆梦龙传》、王鸿绪《明史稿》列传卷一二一《张问达传·附陆梦龙传》第一六八页下、吴伟业《绥寇纪略》卷二《车箱困》、《明通鉴目录》卷一九载此事于“七年闰八月”。《崇祯实录》卷六第一七八页“崇祯六年八月丁亥”条、王汝南《续补明纪编年·怀宗端皇帝》、谷应泰《明史纪事本末》卷七五《中原群盗》载于“六年八月”。谈迁《国榷》卷九三“崇祯七年八月丁巳”条、戴笠《怀陵流寇始终录》卷七载于“七年八月”。原校勘记宜改写。

甫两月擢吏部验封主事（卷二四二列传第一三〇，页六二九三行一至二）

按：两月，原作“四月”。徐乾学《明史列传》卷八六《张光前传》、王鸿绪《明史稿》列传卷一一三《张光前传》第八七页下皆作“两月”，据改。原校勘记宜改写。

天启二年四月（卷二四三列传第一三一，页六三〇八行二）

按：二年，原作“元年”。本书卷二一八《方从哲传》及二四〇《韩爌传》、《明熹宗实录》卷二一第一〇六二页“天启二年四月辛巳”条、谈迁《国榷》卷八五“天启二年四月己卯”条、谷应泰《明史纪事本末》卷六八《三案》、陈鼎《东林列传》卷一七《韩爌传》皆系孙慎行论“红丸”疏于天启二年四月。本传下文“五月中，日中月星并见”，《天文志》也载于天启二年五月。传文作“元年”误。兹改正。下文“二年七月谢病去”，“二年”重出，今删。原校勘记宜改写。

疏上越三日丁卯（卷二四四列传第一三二，页六三二〇倒五行）

按：三日，万斯同《明史》卷三五一《杨涟传》作“二日”，即“戊辰”日。王鸿绪《明史稿》列传卷一二六《杨涟传》第二一三页下、傅维鳞《明书》卷一〇九《杨涟传》、缪敬持《东林同难录》卷中《杨涟传》作"三日"。似作"三日"是。王颂蔚《明史考证捃逸》已论及。

五月雨雹（卷二四五列传第一三三，页六三五六倒三行）

按：五月，本书卷二八《五行志》、《明熹宗实录》卷二一第一〇七九页"天启二年四月壬辰"条、谈迁《国榷》卷八五"天启二年四月己丑"条、查继佐《罪惟录·列传》卷一三下《周宗建传》、缪敬持《东林同难录》卷中《周宗建传》皆作"四月"，当是。王颂蔚《明史考证捃逸》已论及。原校勘记宜改写。

时四年七月七日也（卷二四五列传第一三三，页六三六八行三至四）

按：本书卷二二《熹宗纪》作"四年六月丙申"；《明熹宗实录》卷四三第二四〇一页、谈迁《国榷》卷八六作"四年六月戊戌"；李逊之《三朝野记》卷二作"四年六月十七日"。黄云眉《明史考证》已论及。原校勘记宜改写。

二十六年朝鲜用师（卷二四七列传第一三五，页六四一一倒一行）

按：二十六年，徐乾学《明史列传》卷八八《邓子龙传》、万斯同《明史》卷三二一《邓子龙传》、王鸿绪《明史稿》列传卷一一七《邓子龙传》第一三四页下作"二十七年"。陆奎勋《陆堂文集》卷一六《明史拟传·邓子龙传》、谷应泰《明史纪事本末》卷六二《援朝鲜》、《明神宗实录》卷三二一第五九六四页"万历二十六年四月丙辰"条皆作"二十六年"。似作"二十六年"是。

明年遣将丁孟科官维贤击河套松山诸部镇番斩首二百四十余级（卷二四八列传第一三六，页六四二一倒五至四行）

按：传文，"明年"系指四年。然本书卷二七一《官惟贤传》称："五年春，河套、松山诸部入犯，惟贤偕参将丁孟科大败之，斩首二百四十余级。"《明熹宗实录》卷五七第二六〇四页"天启五年三月癸丑"条亦载，甘肃巡抚李若星报镇番之捷，言："套虏拥众西行，松虏乘势大举入犯，镇番将官丁孟科、官惟贤领兵堵御，斩获虏级二百四十一颗。"可知本书此处"明年"当指五年。又，本书本传"套""松"二字之间未标点，不妥，兹补标顿号。黄云眉《明史考证》已论及。原校勘记宜改写。

二年除陕西副使进右参政卒于官（卷二四八列传第一三六，页六四二三倒三行）

按：此句万斯同《明史》卷三五〇《耿如杞传》作"崇祯二年除陕西按察副使，抚治西宁，士容感恩尽心职业。三年进右参政，抚治如故。久之，卒于官。"可知本书此处将"进右参政""卒于官"二事亦系于二年，不妥。

明年忠贤广微兴大狱再募劾方御史者兴治再论震孺河西赃私（卷二四八列传第一三六，页六四二九倒一行至页六四三〇行一）

按：本传上文，仅有"熹宗嗣位""明年正月"两处纪年时间，此处笼统称"明年"，不知所指。据万斯同《明史》卷三六一《方震孺传》、王鸿绪《明史稿》列传卷一三六《方震孺传》第三三七页上、《明熹宗实录》卷六四第三〇三九页"天启五年十月庚子"条，此"明年"当指天启五年，兹予以揭明。

天启二年妖贼徐鸿儒反郓城（卷二四八列传第一三六，页六四三〇倒四行）

按：二年，原作"元年"。本书卷二二《熹宗纪》及卷二四一《陈道亨传》、万斯同《明史》卷三六六《徐从治传》、《明熹宗实录》卷二二第一〇九八页"天启二年五月丙午"条、谈迁《国榷》卷八五"天启二年五月戊午"条、谷应泰《明史纪事本末》卷七〇《平徐鸿儒》皆作"二年"，据改。黄云眉《明史考证》已论及。原校勘记宜改写。

二年二月或传崇明陷成都（卷二四九列传第一三七，页六四五一行六）

按：二月，天一阁本万斯同《明史列传》第八册《李橒传》、万斯同《明史》卷三四六《李橒传》、《明熹宗实录》卷一八第九一六页"天启二年正月庚戌"条作"正月"，据改。

天启元年十月擢右金都御史（卷二四九列传第一三七，页六四五四倒二行）

按：十月，本书卷三一六《贵州土司传》作"八月"。然天一阁本万斯同《明史列传》第八册《王三善传》、万斯同《明史》卷三四六《王三善传》、王鸿绪《明史稿》列传卷一二八《王三善传》第二四三页上、《明熹宗实录》卷一五第七三九页"天启元年十月庚午"条、谈迁《国榷》卷八四"天启元年十月庚午"条皆作"十月",疑本书此处不误。王颂蔚《明史考证捃逸》、黄云眉《明史考证》已论及。原校勘记宜改写。

崇祯元年四月还朝（卷二五一列传第一三九,页六四八二行三至四）

按：四月,王颂蔚《明史考证捃逸》改作"二月",不知所据。万斯同《明史》卷三五六《刘鸿训传》、王鸿绪《明史稿》列传卷一三〇《刘鸿训传》第二六二页上皆作"四月"。疑本书此处不误。

七年五月卒戍所（卷二五一列传第一三九,页六四八四行三）

按：七年五月,谈迁《国榷》卷九二"崇祯五年正月庚戌"条、倪元璐《倪文贞集》卷一〇《资政大夫礼部尚书兼东阁大学士青岳刘公墓志铭》作"五年正月",疑本书此处不误。王颂蔚《明史考证捃逸》、黄云眉《明史考证》已论及。原校勘记宜改写。

十二月逮至下狱（卷二五一列传第一三九,页六四八六倒六行）

按：十二月,本书卷二三《庄烈帝纪》作"九月己卯"。原有校勘记。

泰昌改元官少詹事直讲筵讲毕见中官王安与执政议事即趋出（卷二五一列传第一三九,页六四九二行五至六）

按：泰昌,万斯同《明史》卷三五六《成基命传·附钱象坤传》、王鸿绪《明史稿》列传卷一三〇《成基命传·附钱象坤传》第二六七页下作"天启",当是。黄云眉《明史考证》已论及。原校勘记宜改写。

八年正月（卷二五一列传第一三九,页六四九八行五）

按：正月,万斯同《明史》卷三五六《文震孟传》、王鸿绪《明史稿》列传卷一三〇《文震孟传》第二七〇页上作"三月"。然本书卷二三《庄烈帝纪》、卷二五三《王应熊传》、卷二七三《左良玉传》及陆奎勋《陆堂文集》卷一二《文震孟传》、万斯同《明史》卷三五七《王应熊传》、王鸿绪《明史稿》列传卷一三三《王应熊传》第二九五页下、《崇祯实录》卷八第二四一页"崇祯八年正月丙寅"条皆作"正月"。似作"正月"是。

七月帝特擢震孟礼部左侍郎兼东阁大学士（卷二五一列传第一三九，页六四九八倒四至三行）

按：七月，万斯同《明史》卷三五六《文震孟传》具体作"九月二十六日"。然本书卷二三《庄烈帝纪》、陆奎勋《陆堂文集》卷一二《文震孟传》、《崇祯实录》卷八第二五九页"崇祯八年七月甲戌"条、谈迁《国榷》卷九四"崇祯八年七月甲戌"条、谷应泰《明史纪事本末》卷六六《东林党议》、陈鼎《东林列传》卷二三《文震孟列传》皆作"七月"。疑本书此处不误。又，礼部左侍郎，本书卷二三《庄烈帝纪》、《崇祯实录》卷八第二五九页"崇祯八年七月甲戌"条、谈迁《国榷》卷九四"崇祯八年七月甲戌"条作"刑部右侍郎"。陆奎勋《陆堂文集》卷一二《文震孟传》、万斯同《明史》卷三五六《文震孟传》、王鸿绪《明史稿》列传卷一三〇《文震孟传》第二七〇页下、查继佐《罪惟录》卷一三《文震孟传》、张岱《石匮书后集》卷九《文震孟传》、徐开任《明名臣言行录》卷八七《大学士文文肃公震孟》、邹漪《启祯野乘》卷一《文文肃公》、陈济生《天启崇祯两朝遗诗小传·文文肃公》作"礼部左侍郎"。似作"礼部左侍郎"是。

副将张琮刁明忠率京军踰山行五十里（卷二五二列传第一四〇，页六五一六行四至五）

按：五十里，原作"九十里"，据万斯同《明史》卷三六五《杨嗣昌传》、王鸿绪《明史稿》列传卷一三八《杨嗣昌传》第三六〇页上改。

表良玉平贼将军传文系此事于崇祯十二年十一月。（卷二五二列传第一四〇，页六五一六行六至七）

按：本书卷二四《庄烈帝纪》、万斯同《明史》卷三六五《杨嗣昌传》、王鸿绪《明史稿》列传卷一三八《杨嗣昌传》第三六〇页上、谈迁《国榷》卷九七"崇祯十二年十月丙午"条、谷应泰《明史纪事本末》卷七五《中原群盗》、戴笠《怀陵流寇始终录》卷一二皆系于十二年十月。原校勘记宜改写。

十三年二月七日至夹击献忠于玛瑙山（卷二五二列传第一四〇，页六五一六倒三行）

按：原脱"十三年"，据本书卷二四《庄烈帝纪》、卷二六九《张令传》、卷二七三《左良玉传》，万斯同《明史》卷三六五《杨嗣昌传》，王鸿绪《明史稿》列传卷一三八《杨嗣昌传》第三六〇页上，《崇祯实录》卷一三第三七二页"崇祯十三年二月壬子"条，谈迁《国榷》卷九七"崇祯十三年二月戊午"条，谷应泰《明史纪事本末》卷七七《张献忠之乱》，戴笠《怀陵流寇始终录》卷一三，吴伟业《绥寇纪略》卷七《开县败》补。又"李国奇"，本书卷二七三《左良玉传》、吴伟业《绥寇纪略》卷七《开县败》作"李国安"。然本传下文及本书卷二六〇《郑崇俭传》、《邵捷春传》、卷二六二《傅宗龙传》、卷二七三《高杰传》、卷三〇九《李自成传》及万斯同《明史》卷三六五《杨嗣昌传》，王鸿绪《明史稿》列传卷一三八《杨嗣昌传》第三六〇页下，谷应泰《明史纪事本末》卷七五《中原群盗》、卷七七《张献忠之乱》，吴伟业《绥寇纪略》卷七《开县败》皆作"李国奇"，可知本书此处不误。王颂蔚《明史考证捃逸》已论及。原校勘记宜改写。

崇祯元年擢国子监祭酒寻进少詹仍管监事（卷二五三列传第一四一，页六五三五倒六行）

按：本书将"进少詹，仍管监事"系于崇祯元年，不妥。据万斯同《明史》卷三五七《张至发传·附孔贞运传》、王鸿绪《明史稿》列传卷一三三《张至发传·附孔贞运传》第二九七页下，"进少詹事"当在崇祯二年。

九年冬（卷二五三列传第一四一，页六五四二倒五行）

按：本书卷一一七《七卿年表》、《崇祯实录》卷一〇第二九九页"崇祯十年正月辛丑"条、谈迁《国榷》卷九六"崇祯十年正月己酉"条皆作"十年正月"。原校勘记宜改写。

天启二年进士四年以编修典湖广试（卷二五三列传第一四一，页六五四五行六）

按：天启二年，原作"万历四十四年"；四年，原作"天启四年"。

按，方逢年于天启二年举进士，见《明进士题名碑录》天启壬戌科。另，《景印文渊阁四库全书》本《明史》卷二五三《程国祥传·附方逢年传》、陈鼎《东林列传》卷一二《方逢年传》、朱彝尊《明诗综》卷七一《方逢年》亦称："天启二年进士，改庶吉士，授编修。四年典湖广试。"据改。王颂蔚《明史考证捃逸》已论及。原校勘记宜改写。

明年五月与姚明恭魏照乘俱拜礼部尚书兼东阁大学士（卷二五三列传第一四一，页六五四六行三至四）

按：五月，本书卷二四《庄烈帝纪》、《崇祯实录》卷一二第三六四页"崇祯十二年五月甲子"条、谈迁《国榷》卷九七"崇祯十二年五月甲子"条同。万斯同《明史》卷三五七《程国祥传·附张四知传》、王鸿绪《明史稿》列传卷一三三《程国祥传·附张四知传》第三〇一页下作"六月"。疑作"五月"是。

万历三十五年进士（卷二五四列传第一四二，页六五五五行四）

按：三十五，原作"四十一年"。陈鼎《东林列传》卷二〇《易应昌传》、《明进士题名碑录》万历丁未科皆作"三十五年"，据改。

闰十一月晦日召见廷臣于中左门（卷二五五列传第一四三，页六五八二倒二行）

按：原脱"十一"二字，据万斯同《明史》卷三六〇《刘宗周传》、王鸿绪《明史稿》列传卷一四一《刘宗周传》第三九一页上、黄宗羲《黄宗羲全集》第一册《子刘子行状》卷上、邵念鲁《思复堂文集碑传》卷一《明儒刘子蕺山先生传》、徐开任《明名臣言行录》卷九五《都御史刘忠正公宗周》、孙承泽《山书》卷一六《责躬徼臣》补。黄云眉《明史考证》已论及。

绝食二十三日（卷二五五列传第一四三，页六五九〇行六至七）

按：二十三日，《黄宗羲全集》第一册《子刘子行状》卷上、黄宗羲《明儒学案》卷六二《忠端刘念台先生宗周》、张岱《石匮书后集》卷三六《刘宗周》、徐开任《明名臣言行录》卷九五《都御史刘忠正公宗周》、沈佳《明儒言行录》卷一〇《刘宗周念台先生》作"二十日"。万斯同《明史》卷三六〇《刘宗周传》、王鸿绪《明史稿》列传卷一四一《刘宗周传》第三九五页上、温睿临《南疆逸史》列传第四《刘宗周》作"二十三日"。邵念鲁《思复堂文集碑传》卷一《明儒刘子蕺山先生传》作"二十余日"。似作"二十日"是。

天启元年以尚宝少卿进太仆少卿（卷二五七列传第一四五，页六六三〇行五）

按：据万斯同《明史》卷三六三《熊明遇传》、《明熹宗实录》卷二二第一一一四页"天启二年五月丙辰"条载，熊明遇进太仆少卿在"天启二年"。本书将"进太仆少卿"系于天启元年，不妥。

先帝宾天在八月二十三日（卷二五八列传第一四六，页六六五五行五至六）

按：据本书卷二二《熹宗纪》、《明熹宗实录》卷八七第四二四五页、谈迁《国榷》卷八八载，熹宗死于天启七年八月乙卯。天启七年八月甲午朔，乙卯乃二十二日，李逊之《崇祯朝纪事》、陈鼎《东林列传》卷二四《黄宗昌传》正作"二十二日"。本书此处作"二十三日"，当误。黄云眉《明史考证》已论及。

十年闰四月因旱求言（卷二五八列传第一四六，页六六六五行五）

按：原脱"四"字，据万斯同《明史》卷三七〇《傅朝佑传·附李汝璨传》、王鸿绪《明史稿》列传卷一四三《傅朝佑传·附李汝璨传》第四一八页上、《崇祯实录》卷一〇第三〇四页"崇祯十年闰四月甲子"条、谈迁《国榷》卷九六"崇祯十年闰四月甲子"条补。

十三年迁行人司副（卷二五八列传第一四六，页六六六九行五）

按：十三年，万斯同《明史》卷三七〇《熊开元传》作"十五年"。王鸿绪《明史稿》列传卷一四二《熊开元传》第四〇七页下作"十三年"。

时崇祯二年五月也（卷二五九列传第一四七，页六七一七倒四行）

按：五月，本书卷二三《庄烈帝纪》、《崇祯实录》卷二第五二页"崇祯二年六月戊午"条、谈迁《国榷》卷九〇"崇祯二年六月戊午"条、柏起宗《东江始末》卷一皆作"六月"，疑是。王颂蔚《明史考证捃逸》、黄云眉《明史考证》已论及。原校勘记宜改写。

以十一月斩志完（卷二五九列传第一四七，页六七二二倒四行）

按：十一月，原作"十二月"。本书卷二四《庄烈帝纪》、《崇祯实录》卷一六第五〇四页"崇祯十六年十一月辛亥"条、谈迁《国榷》卷九九"崇祯十六年十一月癸丑"条作"十一月"。万斯同《明史》卷三六四《范志完传》、王鸿绪《明史稿》列传卷一三七《范志完传》第三五二页下作"十二月"。作"十一月"是，据改。黄云眉《明史考证》已论及。原校勘记宜改写。

明年正月（卷二六〇列传第一四八，页六七四一行七）

按：万斯同《明史》卷三六五《杨嗣昌传·附丁启睿传》、王鸿绪《明史稿》列传卷一三八《杨嗣昌传·附丁启睿传》第三六三页上皆作"十六年二月"。按，本传前文有"十三年""明年"，据此，此处"明年"当为"十五年"，与万书、王书相异。似作"十六年二月"是。

十二月逮捷春使者至（卷二六〇列传第一四八，页六七四八行八至九）

按：十二月，原作"十一月"。万斯同《明史》卷三六一《邵捷春传》、王鸿绪《明史稿》列传卷一三七《邵捷春传》第三四九页下皆作"十二月"，据改。

八十日而后殓（卷二六一列传第一四九，页六七六五行八）

按：八十日，杨廷麟《清江杨忠节公遗集卢忠烈公纪实》称："己卯（十二年）二月二十八日，始克殓，距死之日七十五日矣。"汪有典《史外》卷四《卢忠烈传》、《明亡述略》卷一同。储欣《在陆草堂文集》卷三《卢忠烈公传》则言："公家惴惴，公死五十七日不敢殓"，疑"五""七"误倒。黄云眉《明史考证》已论及。

及冬十一月三日大清兵破遵化（卷二六一列传第一四九，页六七六七行六）

按：本书卷二三《庄烈帝纪》是年十一月壬午朔，清兵破遵化在乙酉，是十一月四日。另《景印文渊阁四库全书》本《明史》卷二六〇《刘之纶传》亦作"四日"。《崇祯实录》卷二第六四页"崇祯二年十一月丙戌"条、谈迁《国榷》卷九〇"崇祯二年十一月丙戌"条则称"丙戌，清兵围遵化",丙戌即五日。《满文老档》第一八册"天聪三年十一月初三日"条、文秉《烈皇小识》卷二皆作"三日"。王颂蔚《明史考证捃逸》已论及。

时永平已陷天大雨雪之纶奏军机七上不报明年正月师次蓟（卷二六一列传第一四九,页六七六七倒六至五行）

按:明年,承上文为崇祯三年,则永平之陷为崇祯二年事。然据本书卷二三《庄烈帝纪》及卷二五〇《孙承宗传》、陆奎勋《陆堂文集》卷一三《孙承宗传》、《崇祯实录》卷三第七七页"崇祯三年正月甲申"条、谈迁《国榷》卷九一"崇祯三年正月甲申"条载,永平陷于三年正月甲申日,以干支考之,为正月四日。且万斯同《明史》卷三六六《刘之纶传》、王鸿绪《明史稿》列传卷一三六《刘之纶传》第三二八页上皆系永平之陷于"明年正月"之后。可知本书此处"明年正月"四字应在"永平陷"前。王颂蔚《明史考证捃逸》已论及。原校勘记宜改写。

举万历四十一年乡试（卷二六一列传第一四九,页六七六九倒三行）

按:四十一年,余绍祉《晚闻堂集》卷五《哭丘少鹤先生诗》作"四十三年"。万斯同《明史》卷三六四《孙承宗传·附丘禾嘉传》、王鸿绪《明史稿》列传卷一三一《孙承宗传·附丘禾嘉传》第二八〇页下皆作"四十一年"。黄云眉《明史考证》已论及。

二月十二日（卷二六二列传第一五〇,页六七八二行二）

按:十二日,原作"二日"。万斯同《明史》卷三六六《汪乔年传》、王鸿绪《明史稿》列传卷一三九《汪乔年传》第三七一页上作"十二日"。按《崇祯实录》卷一五第四二六页"崇祯十五年二月壬子"条、谈迁《国榷》卷九八"崇祯十五年二月壬子"条作"壬子"。二月辛丑朔,壬子正是十二日。据改。

十七日城陷（卷二六二列传第一五〇,页六七八二行六）

按:十七日,原作"二十七日"。万斯同《明史》卷三六六《汪乔年传》、王鸿绪《明史稿》列传卷一三九《汪乔年传》第三七一页上作"十七日"。按谈迁《国榷》卷九八"崇祯十五年二月丁巳"条作"丁巳"城陷,二月辛丑朔,丁巳正是十七日。据改。原校勘记宜改写。

九月会陕西总督傅宗龙于新蔡（卷二六二列传第一五〇，页六七八三倒二行）

按：九月，万斯同《明史》卷三六六《杨文岳传》、王鸿绪《明史稿》列传卷一三九《傅宗龙传·附杨文岳传》第三七〇页上作"八月"。然本书卷二四《庄烈帝纪二》、卷二六二《傅宗龙传》、卷二六九《虎大威传》、卷二七三《左良玉传》，《崇祯实录》卷一四第四一三页"崇祯十四年九月戊寅"条，谈迁《国榷》卷九七"崇祯十四年九月戊寅"条，谷应泰《明史纪事本末》卷七八《李自成之乱》皆作"九月"。似作"九月"是。

盖沉之百有七十日面如生（卷二六四列传第一五二，页六八一六倒五行）

按：此句万斯同《明史》卷三八一《贺逢圣传》、王鸿绪《明史稿》列传卷一四六《贺逢圣传》第一四页下、邹漪《启祯野乘》卷一〇《贺文忠公逢圣》作"阅八月，而颜色不变"。张岱《石匮书后集》卷七《贺逢圣传》、汪有典《史外》卷三《贺文忠传》、赵吉士《续表忠记》卷六《贺文忠公传》作"百七十日"。徐开任《明名臣言行录》卷八七《大学士贺文忠公逢圣》作"百余日"。按贺逢圣死在五月，百有七十日之后当在十一月，且本传下文记"以冬十一月壬子殁"。若为"阅八月"，则在次年正月，疑本书此处不误。

万历四十七年进士（卷二六五列传第一五三，页六八五〇倒四行）

按：四十七，原作"四十一年"，《甲申传信录》卷三《大行骖乘》、黄宗羲《弘光实录钞》卷二及其《施公神道碑》、徐开任《明名臣言行录》卷九一《副都御史施忠介公邦曜》、查继佐《罪惟录·列传》卷一二下《施邦曜传》、张岱《石匮书后集》卷二〇《施邦曜传》、邹漪《启祯野乘》卷一一《施忠介公邦曜》、《明进士题名碑录》万历四十七年己未科皆作"四十七年"。万斯同《明史》卷三八二《施邦曜传》、王鸿绪《明史稿》列传卷一四七《施邦曜传》第三四页上作"四十一年"。作"四十七年"是，据改。黄云眉《明史考证》已论及。

十五年四月复至开封（卷二六七列传第一五五，页六八八四行七）

按：原脱"十五年"，据本书卷二四《庄烈帝纪》、《崇祯实录》卷一五第四二九页"崇祯十五年四月丙午"条、谈迁《国榷》卷九八"崇祯一五年四月辛亥"条补。又，四月，王鸿绪《明史稿》列传卷一四六《高名衡传》第二一页上作"三月"，误。黄云眉《明史考证》已论及。原校勘记宜改写。

二月文诏追击之斩混世王于碧霞村（卷二六八列传第一五六，页六八九五倒一行）

按：二月，原作"六月"，置于"正月"与"三月"之间，当讹。据《崇祯实录》卷六第一六六页"崇祯六年二月辛卯"条、谈迁《国榷》卷九二"崇祯六年二月戊辰"条、吴伟业《绥寇纪略》卷一《渑池渡》、赵吉士《续表忠记》卷四《曹氏三忠合传》、戴笠《怀陵流寇始终录》卷六改。又，混世王，张岱《石匮书后集》卷一八《曹文诏传》、戴笠《怀陵流寇始终录》卷六作"混天王"。然本书卷二六九《猛如虎传》、万斯同《明史》卷三七四《曹文诏传》、王鸿绪《明史稿》列传卷一四五《曹文诏传》第二页上、吴伟业《绥寇纪略》卷一《渑池渡》、谷应泰《明史纪事本末》卷七五《中原群盗》、赵吉士《续表忠记》卷四《曹氏三忠合传》皆作"混世王"，疑本书此处不误。原校勘记宜改写。

已击斩庆阳贼渠刘六（卷二七〇列传第一五八，页六九三七行二）

按：本书卷二三《庄烈帝纪》、《崇祯实录》卷四第一二九页"崇祯四年八月癸卯"条、谈迁《国榷》卷九一"崇祯四年八月癸卯"条、吴伟业《绥寇纪略》卷一《渑池渡》、谷应泰《明史纪事本末》卷七五《中原群盗》都系此于崇祯四年八月，当是。原校勘记宜改写。

明年正月（卷二七一列传第一五九，页六九五五倒一行）

按：明年，所指不明，据王鸿绪《明史稿》列传卷一二九《罗一贯传》第二四九页下至第二五〇页上、《明熹宗实录》卷一八第九三四页"天启二年正月壬戌"条、谈迁《国榷》卷八五"天启二年正月戊午"条，当指"天启二年"。王颂蔚《明史考证捃逸》已论及。

七年二月广鹿岛副将尚可喜降于我大清（卷二七一列传第一五九，页六九六八倒四至三行）

按：二月，本书卷二三《庄烈帝纪》、《清太宗实录》卷一七"天聪八年（崇祯七年）正月甲寅"条作"正月"。万斯同《明史》卷三八一《黄龙传》、王鸿绪《明史稿》列传卷一二九《黄龙传》第二五五页下、《清开国方略》卷一八、《八旗通志》卷一三五人《物志一五》、《盛京通志》卷六六《国朝人物二》作"二月"。原校勘记宜改写。

十年二月巡抚孙传庭部卒许忠叛（卷二七二列传第一六〇，页六九七六行九）

按：二月，《景印文渊阁四库全书》本《明史》卷二七二《曹变蛟传》、《绥寇纪略》卷五《黑水擒》皆作"正月"。陆奎勋《陆堂文集》卷一六《曹变蛟传》、万斯同《明史》卷三七四《曹变蛟传》、王鸿绪《明史稿》列传卷一二九《曹变蛟传》第二五七页下作"二月"。王颂蔚《明史考证捃逸》已论及。

八月良玉兵抵开封（卷二七三列传第一六一，页六九九〇倒三至二行）

按：八月，原作"七月"。吴伟业《绥寇纪略》卷四《朱阳溃》、戴笠《怀陵流寇始终录》卷九、谷应泰《明史纪事本末》卷七八《李自成之乱》作"八月"。万斯同《明史》卷三七五《左良玉传》、王鸿绪《明史稿》列传卷一五一《左良玉传》第六七页下作"七月"。王颂蔚《明史考证捃逸》已论及。原校勘记宜改写。

十三年春督师杨嗣昌荐良玉至遂拜平贼将军（卷二七三列传第一六一，页六九九二行五）

按：左良玉拜平贼将军的时间，本书卷二四《庄烈帝纪》、谈迁《国榷》卷九七"崇祯十二年十月丙午"条、谷应泰《明史纪事本末》卷七五《中原群盗》系于十二年十月；本书卷二五二《杨嗣昌传》、《景印文渊阁四库全书》本《明史》卷二七三《左良玉传》、吴伟业《绥寇纪略》卷七《开县败》、戴笠《怀陵流寇始终录》卷一二系于十二年十一月。皆与此处"十三年"互异。王颂蔚《明史考证捃逸》已论及。原校勘记宜改写。

闰正月良玉合诸军击贼于枸坪关（卷二七三列传第一六一，页六九二行七）

按：闰正月，本书卷三〇九张献忠传作"十三年闰正月"。《景印文渊阁四库全书》本《明史》卷二七三《左良玉传》作"明年闰正月"。"明年"指"十三年"，本传此处仅称"闰正月"，所指不明，易生歧义，兹揭明之。王颂蔚《明史考证捃逸》已论及。

十五年四月自成复围开封（卷二七三列传第一六一，页六九九四倒四行）

按：四月，原作"三月"。本书卷二四《庄烈帝纪》、卷二六〇《丁启睿传》，《崇祯实录》卷一五第四二九页"崇祯十五年四月丙午"条、谈迁《国榷》卷九八"崇祯十五年四月癸亥"条皆作"四月"，据改。原校勘记宜改写。

分命副将吴学礼援袁州至会贼陷长沙吉州复陷袁州岳州（卷二七三列传第一六一，页六九九六行四至五）

按：《崇祯实录》卷一六第四八五页"崇祯十六年八月壬戌"条、第四八六页至第四八七页"丙戌"条、第四九五页十月"丙寅"条，谈迁《国榷》卷九九"崇祯十六年八月丙寅"条、"丙戌"条、"十月辛未"条、"丁丑"条，谷应泰《明史纪事本末》卷七七《张献忠之乱》、吴伟业《绥寇纪略》卷一一《九江哀》，农民义军攻陷长沙、岳州在八月，吴学礼援袁州在十月袁州被攻陷以后，与传文所叙时间先后不同。原校勘记宜改写。

十七年三月诏封良玉为宁南伯（卷二七三列传第一六一，页六九九六倒四行）

按：三月，原作"正月"。本书卷二四《庄烈帝纪》及卷一〇七《功臣世表》，《崇祯实录》卷一七第五三一页"崇祯十七年三月壬辰"条、谈迁《国榷》卷一〇〇"崇祯十七年三月癸巳"条皆作"三月"。万斯同《明史》卷三七五《左良玉传》、王鸿绪《明史稿》列传卷一五一《左良玉传》第七〇页上、吴伟业《绥寇纪略》卷一一《九江哀》作"正月"。似作"三月"是，据改。原校勘记宜改写。

至闰月十二日（卷二七五列传第一六三，页七〇五一倒三行）

按：十二日，张岱《石匮书后集》卷二九《左懋第传》、温睿临《南疆逸史》卷九《左懋第传》、徐鼒《小腆纪传》卷一五《左懋第传》、《甲申传信录》卷一〇《萝石先生节略》、计六奇《明季南略》卷八《南都甲乙纪》皆作"二十日"。谈迁《枣林杂俎》作"十八日"。似作"二十日"是。黄云眉《明史考证》已论及。

十五年请召还建言谴谪诸臣（卷二七六列传第一六四，页七〇六六倒五至四行）

按：十五年，全祖望《鲒埼亭集内编》卷一〇《明太傅吏部尚书文渊阁大学士华亭张公肯堂神道碑铭》作"十六年"。然万斯同《明史》卷三六七《张国维传》、王鸿绪《明史稿》列传卷一五二《张国维传》第七八页下、孙承泽《山书》卷一六《责躬儆臣》、李逊之《崇祯朝纪事》卷四皆作"十五年"。可知本书此处不误。黄云眉《明史考证》已论及。

至明年三月（卷二七七列传第一六五，页七〇八九行七至八）

按：三月，万斯同《明史》卷三六七《袁继咸传》、王鸿绪《明史稿》列传一五〇《袁继咸传》第六一页上、陈鼎《东林列传》卷一〇《袁继咸传》同。然黄宗羲《弘光实录钞》卷四、徐开任《明名臣言行录》卷九四《总督袁公继侯》、温睿临《南疆逸史》卷九《袁继咸传》、徐鼒《小腆纪传》卷一五《袁继咸传》、汪有典《前明忠义别传》卷一九《袁总制传》皆作"六月"，疑是。

子壮亦以七月起兵九江村（卷二七八列传第一六六，页七一三一行五至六）

按：七月，原作"八月"。本卷《陈邦彦传》、查继佐《罪惟录·列传》卷九下《陈子壮传》、徐鼒《小腆纪传》卷二九《陈子壮传》及《小腆纪年附考》卷一四作"七月"。万斯同《明史》卷三七二《陈子壮传》、王鸿绪《明史稿》列传卷一五四《陈子壮传》第一〇六页下、《御批历代通鉴辑览》卷一一八附《明唐桂二王本末桂王一》皆作"八月"。似作"七月"是，据改。原校勘记宜改写。

以十月十日监国肇庆（卷二八〇列传第一六八，页七一八一行一至二）

按：十日，钱澄之《所知录》卷中《永历纪年上》云：隆武二年丙午十年初九日，奉上监国于肇庆府，十八日即帝位。称桂王监国较传文早一日。而本书卷一二〇《桂王传》作"十四日"；考《行在阳秋》亦作"十月十四日"。盖即《桂王传》所本，而其即位之日，则系于十一月十八日，非十月十八日。疑《行在阳秋》所载为实。王颂蔚《明史考证捃逸》、黄云眉《明史考证》已论及。

四、史实误

正春言翊銮之封在宗藩要例已定之后（卷二一六列传第一〇四，页五七〇八行五至六）

按：宗藩要例，中华书局点校本改作"宗藩条例"。按，徐乾学《明史列传》卷七五《翁正春传》、万斯同《明史》卷三三六《翁正春传》、王鸿绪《明史稿》列传卷九八《翁正春传》第四六四页上、沈鲤《亦玉堂稿》卷二《议秦王服内乞封疏》、谷应泰《明史纪事本末》卷六一《江陵柄政》、陈鼎《东林列传》卷一七《翁正春传》、黄虞稷《千顷堂书目》卷九皆作"宗藩要例"。且万历《明会典》卷五五王国礼一称："嘉靖末年，定为《宗藩条例》。万历十年，删订画一，钦定名曰《宗藩要例》。今见行。"可知作"宗藩要例"是。王颂蔚《明史考证捃逸》据《诸王表》称宗藩要例定于万历七年，误。

仅减四之一（卷二二〇列传第一〇八，页五八〇七行四）

按：本书卷一二〇《福王传》称"所司皆力争，常洵亦奏辞，得减半"，卷七七《食货一》、卷二二六《吕坤传》亦称"减其半"。《明神宗实录》卷五一八第九七七一页"万历四十二年三月壬申"条载"原给四万顷，卿等屡奏地土难以凑处，王亦具辞，今减去二万顷"。可知本书此处作"仅减四之一"误。原校勘记宜改写。

抚南赣（卷二二一列传第一〇九，页五八一三行五）

按：《明神宗实录》卷九七第一九四一页"万历八年三月壬寅"条称"巡抚南、赣、汀、韶等处"。徐乾学《明史列传》卷七七《王廷瞻传》、万斯同《明史》卷三一八《王廷瞻传》、王鸿绪《明史稿》列传卷一〇二《王廷瞻传》第五〇四页下、雷礼《国朝列卿纪》卷一〇五《王廷瞻》、李维桢《大泌山房集》卷七八《赠太子少保户部尚书王公墓志铭》皆作"抚南赣"。

迁总督两广军务巡抚广东进右都御史（卷二二一列传第一〇九，页五八一五倒四至三行）

按：此句万斯同《明史》卷三一五《吴文华传》作"十一月，进右都御史兼兵部右侍郎，总督两广军务，巡抚广东"。《明神宗实录》卷一四三第二六七五页"万历十一年十一月甲辰"条作"升刑部左侍郎吴文华为右都御史兼兵部右侍郎，总督两广兼巡抚广东"。焦竑《国朝献征录》卷四三叶向高撰《吴公文华行状》、黄凤翔《田亭草》卷一四《资政大夫南京兵部尚书赠太子少保容所吴公墓志铭》、过庭训《本朝分省人物考》卷七〇《吴文华》亦称："晋右都御史，总督两粤。"据此可知，"进右都御史"在先，"总督两广军务巡抚广东"在后。本书将二者颠倒，且在"进右都御史"前标句号，易生歧义。

后历徐阶张居正申时行王锡爵四辅（卷二二一列传第一〇九，页五八一七行五）

按：此句万斯同《明史》卷三二八《耿定向传》作"历严嵩、徐阶、张居正、申时行、王锡爵五辅"，多出"严嵩"。据本书本传前文"严嵩父子窃政"一句，可断定当有"严嵩"。此处殆因袭徐乾学《明史列传》卷七七《耿定向传》、王鸿绪《明史稿》列传卷一〇二《耿定向传》第五〇六页上至第五〇六页下而删"严嵩"。

言学仕乃大学士志皋族父（卷二二一列传第一〇九，页五八二五行二）

按：本书卷二二四《孙丕扬传》称"主事赵学仕者，大学士志皋族弟也"；卷二四二《朱吾弼传》亦称"大学士赵志皋弟学仕"。然《明神宗实录》卷二九九第五六〇八页"万历二十四年七月丙戌"条则载：赵志皋"称主事赵学仕系臣族叔"。徐乾学《明史列传》卷七七《赵参鲁传》、万斯同《明史》卷三三一《赵参鲁传》、王鸿绪《明史稿》列传卷一〇二《赵参鲁传》第五〇九页下作"族父"。疑本书此处不误。原校勘记宜改写。

岁省费什三（卷二二二列传第一一〇，页五八四三行二）

按：什三，原作"什七"。万斯同《明史》卷三一三《王崇古传》、王鸿绪《明史稿》列传卷一〇〇《王崇古传》第四八五页上、《明穆宗实录》卷五五第一三七七页"隆庆五年三月庚寅"条作"什三"，据改。原校勘记宜改写。

万历三年召为南京户部尚书（卷二二二列传第一一〇，页五八六〇行一）

按：万历三年，当移至上文"元勋大破之儒峒"前。按，万斯同《明史》卷三一五《殷正茂传》载，万历三年春正月，"正茂督元勋大破之于儒峒；倭后至者犯电白，正茂追剿，复斩千余级"。六月，"召为南京户部尚书"。方象瑛《明史分稿残编》卷下《南京刑部尚书殷正茂》，《明神宗实录》卷三六第八四七页"万历三年三月己未"条、卷三九第九〇九页"万历三年六月乙酉"条，过庭训《本朝分省人物考》卷三七《殷正茂》所载同。可见，上文"元勋大破之儒峒；犯电白，正茂剿杀千余人。岭表略定"诸事皆应系于万历三年。本书记述殊不明晰，易生歧义。

近诸边年例银增至三百六十一万（卷二二四列传第一一二，页五八八九倒五行）

按：三百六十一，万斯同《明史》卷三三〇《宋纁传》作"三百一十六"。然徐乾学《明史列传》卷八〇《宋纁传》、王鸿绪《明史稿》列传卷一〇三《宋纁传》第五一五页上皆作"三百六十一"，疑本书不误。

天下州县存留夏税秋粮可一千二百万石（卷二二五列传第一一三，页五九一三行七）

按：一千二百万石，万斯同《明史》卷三一二《王国光传》作"一千三百万石"。然王鸿绪《明史稿》列传卷一〇四《王国光传》第五二五页下、万邦荣《明史列传分纂》卷一《王国光传》作"一千二百万石";《明神宗实录》卷二〇第五四四页"万历元年十二月己酉"条亦载"盖天下存留夏税秋粮共一千一百九十一万七千四百五十六石有奇"。可知作"一千二百万石"更准确。

御马象房及二十四马房刍料归广西司（卷二二五列传第一一三，页五九一三倒三至二行）

按：二十四，本书卷二七《职官志》作"二十三"。然万斯同《明史》卷三一二《王国光传》、王鸿绪《明史稿》列传卷一〇四《王国光传》第五二二页下、万邦荣《明史列传分纂》卷一《王国光传》、《明神宗实录》卷四三第九七九页"万历三年十月庚寅"条作"二十四"。疑本书此处不误。原校勘记宜改写。

今行海运兼治海防（卷二二五列传第一一三，页五九一五倒四行）

按：海防，原作"河防"。方象瑛《明史分稿残编》卷下《吏部尚书赠少保谥贞敏梁梦龙》作"河防"。万斯同《明史》卷三一二《梁梦龙传》、王鸿绪《明史稿》列传卷一〇四《梁梦龙传》第五二七页下、万邦荣《明史列传分纂》卷一《梁梦龙传》、倪元璐《倪文贞集》卷一四《大宰梁鸣泉公传》、查继佐《罪惟录·列传》卷一一《梁梦龙传》、傅泽洪《行水金鉴》卷一一八运河水皆作"海防"。《明穆宗实录》卷六一第一四九七页"隆庆五年九月乙酉"条作"防海"。作"海防"是，据改。原校勘记宜改写。

梦龙亲率劲卒二千出山海关为成梁声援（卷二二五列传第一一三，页五九一六行五）

按：二千，原作"三千"。方象瑛《明史分稿残编》卷下《吏部尚书赠少保谥贞敏梁梦龙》、万斯同《明史》卷三一二《梁梦龙传》、王鸿绪《明史稿》列传卷一〇四《梁梦龙传》第五二七页上作"二千"。万邦荣《明史列传分纂》卷一《梁梦龙传》作"三千"。《明神宗实录》卷九二第一八八二页"万历七年十月己卯"条作"两枝"。作"二千"是，据改。

楚宗与名者凡二十九人（卷二二六列传第一一四，页五九四五倒二行）

按：二十九，广方言馆本、抱经楼本《明神宗实录》卷三八五"万历三十一年六月戊戌"条作"三十九"。然徐乾学《明史列传》卷七五《郭正域传》、万斯同《明史》卷三一七《郭正域传》、王鸿绪《明史稿》列传卷九八《郭正域传》第四六一页上、李维桢《大泌山房集》卷一〇九《礼部右侍郎兼翰林院侍读学士郭公神道碑》、张岱《石匮书》卷一七八《郭正域列传》、陈子龙《明经世文编》卷四五四郭正域撰《直陈楚藩行勘始末疏》、谈迁《国榷》卷七九"万历三十一年六月戊戌"条、谷应泰《明史纪事本末》卷六六《东林党议》皆作"二十九"。似作"二十九"是。黄云眉《明史考证》已论及。

按治乡官吕希周严杰茅坤潘仲骖子弟僮奴（卷二二七列传第一一五，页五九五一行九）

按：此句统称吕希周等人原任官职为"乡官"，不妥。据万斯同《明史》卷三一六《庞尚鹏传》载："时通政吕希周、御史严杰、副使茅坤、知府潘仲骖并里居横恣，尚鹏收治其子弟僮奴。"《明世宗实录》卷五五五第八九三〇页"嘉靖四十五年二月乙亥"条亦载："褫原任通政吕希周、御史严杰、副使茅坤、知府潘仲骖冠带，黜为民。希周等皆浙江嘉湖人，罢官家居，横甚，仲骖尤淫纵，乡人苦之。巡按御史庞尚鹏行部至其地，廉得诸人不法状，悉收捕家人子弟置之法。"林之盛《皇明应谥名臣备考录》卷六《庞尚鹏》同。

浙江福建暨其乡广东皆以徭轻故德尚鹏（卷二二七列传第一一五，页五九五二倒一行）

按：徭轻，徐乾学《明史列传》卷八一《庞尚鹏传》、万斯同《明史》卷三一六《庞尚鹏传》、王鸿绪《明史稿》列传卷一〇六《庞尚鹏传》第一〇页下皆作"条鞭"。

偕同官金汝谐牟志夔攻之不已（卷二三一列传第一一九，页六〇五二行七至八）

按：同官，原作"同年"。徐乾学《明史列传》卷八五《叶茂才传》、

万斯同《明史》卷三四一《叶茂才传》、王鸿绪《明史稿》列传卷一一一
《叶茂才传》第七四页下皆作"同官",据改。

帝集内竖三千人（卷二三四列传第一二二,页六〇九三行八）

按:三千,本书卷二二二《张学颜传》、万斯同《明史》卷三一三
《张学颜传》、王鸿绪《明史稿》列传卷一〇〇《张学颜传》第四八八页下
作"二千"。徐乾学《明史列传》卷八三《卢洪春传·附董基传》、万斯同
《明史》卷三二六《董基传》、王鸿绪《明史稿》列传卷一〇九《卢洪春
传·附董基传》第四六页上、万邦荣《明史列传分纂》卷一〇《卢洪春
传·附董基传》作"三千"。似作"三千"是。黄云眉《明史考证》已论
及。原校勘记宜改写。

**五行志曰君不思道厥灾烧宫（卷二三四列传第一二二,页六一〇七
行六）**

按:"君不思道,厥灾烧宫"一句未见于《明史·五行志》,不知此处
《五行志》具体所指。查《汉书》卷二七上《五行志》、《后汉书》卷二四
《五行二》、《晋书》卷二七《五行上》、《宋书》卷三二《五行三》、《南齐
书》卷一九《五行》、《隋书》卷二二《五行二》皆载"易传:曰'君不思
道,厥妖火烧宫'"。可知"君不思道,厥灾烧宫"当出自易传,本书径称
《五行志》,不妥,兹揭明之。另,"君不思道",《景印文渊阁四库全书》
本《明史》卷二三四《刘纲传》作"君不守道",误。

**都给事中刘为楫杨廷兰张正学林应元及士衡俱引罪（卷二三四列传第
一二二,页六一〇九倒四至三行）**

按:此句万斯同《明史》卷三三七《戴士衡传》载为:"都给事中刘
为楫、左给事中杨廷兰、给事中张正学、林应元及士衡俱引罪。"此详列
诸人具体官职,本书统称"都给事中",不妥。

**于是郑一麟以千户而妄劾李盛春（卷二三五列传第一二三,页六一二
三倒六至五行）**

按:此句徐乾学《明史列传》卷八一《张养蒙传》、万斯同《明史》
卷三三五《张养蒙传》、王鸿绪《明史稿》列传卷一〇六《张养蒙传》第
一四页上作:"郑一麟以千户而妄劾孙矿,王虎以中官而妄劾李盛春。"

《明神宗实录》卷三〇三第五六八七页"万历二十四年十月戊寅"条载，都察院左副都御史张养蒙奏云："郑一麟一千户耳，辄奏督抚孙矿等迟玩"；"王虎一中贵耳，辄参巡抚李盛春诬捏"。谷应泰《明史纪事本末》卷六五《矿税之弊》亦载：万历二十四年九月，"太监王虎论保定巡抚李盛春阻挠开采"。可知本书传文各脱半句，并作一事，殊误。王颂蔚《明史考证捃逸》、黄云眉《明史考证》已论及。原校勘记宜改写。

亓诗教赵兴邦等分部要津（卷二三五列传第一二三，页六一三五倒三行）

按：部，王鸿绪《明史稿》列传卷一三六《蒋允仪传》第三三三页下、《明熹宗实录》卷二八第一四一三页"天启二年十一月庚戌"条作"布"。似作"布"是。

岁可获金四十万者（卷二三六列传第一二四，页六一四七行五至六）

按：四十万，原作"四百万"。徐乾学《明史列传》卷九〇《汤兆京传》、万斯同《明史》卷三四一《汤兆京传》、王鸿绪《明史稿》列传卷一一四《汤兆京传》第九三页上作"四十万"。按本书卷二二〇《温纯传》及卷三二三《吕宋传》、王鸿绪《明史稿》列传卷一九七《吕宋传》第二五五页下、《明神宗实录》卷三七四第七〇三六页"万历三十年七月丙戌"条、谈迁《国榷》卷七九"万历三十年七月丙戌"条、张燮《东西洋考》卷一一《吕宋》、陈子龙《明经世文编》卷四一一赵世卿撰《九卿机易山开采疏》皆称"岁可得金十万两，银三十万两"。可知作"四十万"是。王颂蔚《明史考证捃逸》、黄云眉《明史考证》已论及。原校勘记宜改写。

凡十七人（卷二三六列传第一二四，页六一五三倒四行）

按：本书卷七〇《选举志》作"共十八人"。王颂蔚《明史考证捃逸》卷二三谓："按选举志作十八人，合韩敬数之。此即统以凡字，亦应作十八人。下文言十七人，与敬对言故也。"徐乾学《明史列传》卷九〇《孙振基传》、万斯同《明史》卷三四一《孙振基传》、王鸿绪《明史稿》列传卷一一四《孙振基传》第九七页下、万邦荣《明史列传分纂》卷一二《孙振基传》皆作"凡十七人"。王颂蔚《明史考证捃逸》已论及。原校勘记宜改写。

有赐田二万顷（卷二三七列传第一二五，页六一六九行二）

按：二万顷，本传上文、徐乾学《明史列传》卷八六《姜志礼传》、万邦荣《明史列传分纂》卷一三《姜志礼传》皆作"二百万亩"。万斯同《明史》卷三二九《姜志礼传》、王鸿绪《明史稿》列传卷一一三《姜志礼传》第八四页下作"二百顷"。《明神宗实录》卷五三三第一〇〇八九页"万历四十三年六月乙未"条、谈迁《国榷》卷八二"万历四十三年六月庚寅"条作"二万顷"。史载互异，然据本书卷七七《食货一》、卷一二〇《福王传》、卷二二六《吕坤传》及《明神宗实录》卷五一八第九七七一页"万历四十二年三月壬申"条，似作"二万顷"是。王颂蔚《明史考证捃逸》已论及。

应京独抗疏列其九大罪（卷二三七列传第一二五，页六一七五行二）

按：九大罪，本书卷三〇五《陈增传·附陈奉传》、王鸿绪《明史稿》列传卷一七九《陈奉传》第六页上作"十大罪"。然徐乾学《明史列传》卷八六《冯应京传》、万斯同《明史》卷三二九《冯应京传》、王鸿绪《明史稿》列传卷一一三《冯应京传》第八五页上、万邦荣《明史列传分纂》卷一三《冯应京传》、《明神宗实录》卷三五七第六六六七页"万历二十九年三月乙巳"条、刘振《识大录·冯应京传》、曹于汴《仰节堂集》卷五《湖广按察司佥事慕冈冯公墓志铭》、林盛之《皇明应谥名臣备考录》卷四《冯应京》、过庭训《本朝分省人物考》卷一七《冯应京》、黄宗羲《明儒学案》卷二四《金宪冯慕冈先生应京》皆作"九大罪"。似作"九大罪"是。中华书局点校本改作"十大罪"，兹回改。

遂执其爪牙六人（卷二三七列传第一二五，页六一七五行八）

按：六人，本书卷三〇五《陈增传·附陈奉传》、王鸿绪《明史稿》列传卷一七九《陈奉传》第六页上作"十六人"。然徐乾学《明史列传》卷八六《冯应京传》、万斯同《明史》卷三二九《冯应京传》、王鸿绪《明史稿》列传卷一一三《冯应京传》第八五页上、万邦荣《明史列传分纂》卷一三《冯应京传》、《明神宗实录》卷三五七第六六七七页"万历二十九年三月甲子"条、谈迁《国榷》卷七九"万历二十九年三月乙巳"条作

"六人"，疑本书此处不误。王颂蔚《明史考证捃逸》、黄云眉《明史考证》已论及。原校勘记宜改写。

击斩以千计（卷二三八列传第一二六，页六一八五行二至三）

按：《明神宗实录》卷四五第一〇〇七页"万历三年十二月庚午"条载："副总兵曹簠驰援，斩首十一颗，得马四十余匹。总兵李成梁邀其归路，斩获首级一九六颗。"谈迁《国榷》卷六九"万历三年十二月庚午"条同。可知本书称"以千计"，不确。

杀二百八十人（卷二三八列传第一二六，页六一九〇行二）

按：此句本书卷二二一及万斯同《明史》卷三三一、王鸿绪《明史稿》列传卷一〇二《郝杰传》第五〇八页下皆作"获老弱二百八十余级"。原校勘记宜改写。

立祠曰精忠（卷二三九列传第一二七，页六二〇八倒二行）

按：精忠，万斯同《明史》卷三二三《张臣传·附张承荫传》、《明神宗实录》卷五七二第一〇八〇七页"万历四十六年七月丁未"条作"旌忠"。王鸿绪《明史稿》列传卷一一六《张臣传·附张承荫传》第一一四页上、徐乾学《明史列传》卷一八九《张臣传·附张承荫传》、谈迁《国榷》卷八三"万历四十六年六月己卯"条作"精忠"。似作"精忠"是。

寻徙宣府十五年徙蓟州（卷二三九列传第一二七，页六二一二倒一行）

按：此句徐乾学《明史列传》卷一八九《董一元传》、万斯同《明史》卷三二三《董一元传》、王鸿绪《明史稿》列传卷一一六《董一元传》第一一六页上作"寻徙蓟州，又徙宣府"。原校勘记宜改写。

与瓦剌他卜囊岁为西宁患（卷二三九列传第一二七，页六二二三行四至五）

按：此句徐乾学《明史列传》卷一八九《达云传》、万斯同《明史》卷三二三《达云传》、王鸿绪《明史稿》列传卷一一六《达云传》第一二〇页下作"更名瓦剌他卜囊，岁为西宁患"。原校勘记宜改写。

万历中积功为大同副总兵（卷二三九列传第一二七，页六二二五行二）

按：此句万斯同《明史》卷三二三《尤继先传》作"万历初，积功为大同游击将军，再迁本镇副总兵"。另，《明神宗实录》卷五一第一一九一页"万历四年六月壬午"条、卷一八四第三四四三页"万历十五年三月月辛亥"条，亦分别载其历任大同游击将军、大同副总兵。本书删除太过，易生歧义。

留其党可卜列宗塔儿等五百余人牧莽剌川南山（卷二三九列传第一二七，页六二二五行四至五）

按：五百余人，徐乾学《明史列传》卷一八九《达云传·附尤继先传》、王鸿绪《明史稿》列传卷一一六《达云传·附尤继先传》第一二一页下作"四百人"。万斯同《明史》卷三二三《尤继先传》作"四百余人"。《明神宗实录》卷二三五第四三六二页"万历十九年四月壬寅"条作"五百余人"。

斩首百五十有奇生获十二人（卷二三九列传第一二七，页六二二五行七）

按：此句《明神宗实录》卷二三五第四三六二页"万历十九年四月壬寅"条作"斩获首级一百四十三颗，生擒十二名"。斩获人数与本书及徐乾学《明史列传》卷一八九《达云传·附尤继先传》、万斯同《明史》卷三二三《尤继先传》、王鸿绪《明史稿》列传卷一一六《达云传·附尤继先传》第一二一页下互异。

士相永嘉会祯梦龙梅之寀及邹绍先凡七人（卷二四一列传第一二九，页六二六四行三）

按：据本书卷二四四《王之寀传》、徐乾学《明史列传》卷九一《张问达传·附陆梦龙传》、王鸿绪《明史稿》列传卷一二一《张问达传·附陆梦龙传》第一六八页上、《明神宗实录》卷五三二第一〇〇三〇页"万历四十三年五月乙丑"条、谷应泰《明史纪事本末》卷六八《三案》，句中"永嘉"指"劳永嘉"，"会祯"指"赵会祯"。本书前文未提及二人姓名，此处仅提其名而略其姓，易生歧义，兹予以揭明。

与议者百十余人（卷二四一列传第一二九，页六二六二行一）

按：百十余人，万斯同《明史》卷三四三《张问达传》作"百余人"。徐乾学《明史列传》卷九一《张问达传》、王鸿绪《明史稿》列传卷一二一《张问达传》第一六七页上皆作"百十余人"，疑是。

永宁伯王天瑞者显皇后弟也（卷二四二列传第一三〇，页六二八一倒一行）

按：显皇后弟，当作"孝靖王太后父"，见本书卷一〇八《外戚恩泽侯表》、卷一一四《神宗孝靖王太后传》及《景印文渊阁四库全书》本《明史》卷二四二《白瑜传》。按显皇后，是神宗孝端王皇后，与王天瑞无关，见本书卷一一四《神宗孝靖王皇后传》。王颂蔚《明史考证捃逸》已论及。原校勘记宜改写。

山西税使张忠以夏县知县韩熏忤己（卷二四二列传第一三〇，页六二八二倒五行）

按：本书卷三〇五《杨荣传》载"山西税监孙朝劾降夏县知县韩熏"，下文又载"山西矿监张忠劾降夏县知县袁应春"。按本书卷二三二《魏允贞传》作"张忠采矿山西"，《明神宗实录》卷三四五第六四二六页"万历二十八年三月癸丑"条、《明光宗实录》卷五第一二七页"泰昌元年八月丙辰"条亦载："矿监张忠参夏县知县韩熏。"疑此处当作"矿监张忠"。王颂蔚《明史考证捃逸》已论及。原校勘记宜改写。

乃分处辽人万三千余户于顺天永平河间保定（卷二四二列传第一三〇，页六二八九到一行至六二九〇行一）

按：三千，万斯同《明史》卷三五〇《董应举传》作"三千五百"。

大学士赵志皋弟学仕为南京工部主事（卷二四二列传第一三〇，页六二九一倒五行）

按：本书卷二二四《孙丕扬传》亦称"赵学仕者，大学士志皋族弟也"。然本书卷二二一《赵参鲁传》称学仕"乃大学士志皋族父"；《明神宗实录》卷二九九第五六〇八页"万历二十四年七月丙戌"条称学仕"乃志皋族叔"。疑作"族父""叔父"是。原校勘记宜改写。

讦复列上邦华及孙鼎相等十四人（卷二四三列传第一三一，页六三〇〇倒一行至六三〇一行一）

按：十四，本书卷三〇六《曹钦程传》、《景印文渊阁四库全书》本《明史》卷二四三《赵南星传》、《明熹宗实录》卷四九第二四八二页"天启四年十二月丙申"条皆作"十七"。徐乾学《明史列传》卷九二《赵南星传》、王鸿绪《明史稿》列传卷一二二《赵南星传》第一七八页下、缪敬持《东林同难录》卷中《赵南星传》作"十四"。王颂蔚《明史考证捃逸》已论及。原校勘记宜改写。

复陈拔茅阐幽理财振武数事（卷二四三列传第一三一，页六三〇四行八）

按：《明熹宗实录》卷九第四五三页"天启元年四月乙酉"条载，时邹元标条陈末议凡六事：一拔茅，一阐幽，一边饷，一理财，一振武，一保泰。徐开任《明名臣言行录》卷八〇《都御史邹忠介公元标》、邹漪《启祯野乘》卷三《邹忠介传》分别作：一拔茅，一阐幽，一理财，一振武，一驿递，一保泰。据此，中华书局点校本标点不妥，当标为"复陈拔茅、阐幽、理财、振武数事"。

禁蕴钫等二十三人于远地（卷二四三列传第一三一，页六三〇七行七）

按：二十三，徐乾学《明史列传》卷九二《孙慎行传》同。然万斯同《明史》卷三四四《孙慎行传》，《明神宗实录》卷四〇八第七六一〇页"万历三十三年四月辛亥"条、卷五〇六第九六一二页"万历四十一年三月乙酉"条、卷五一二第九六八六页"万历四十一年九月庚辰"条，谈迁《国榷》卷八〇"万历三十三年四月辛亥"条，陈子龙《明经世文编》卷四五八孙慎行撰《题为恭承恩诏谨条铃束楚宗事》，黄宗羲《明儒学案》卷五九《文介孙淇澳先生慎行》皆作"二十二"，疑是。

坐赃三千（卷二四五列传第一三三，页六三六六倒二行）

按：三千，万斯同《明史》卷三五二《李应升传》、邹漪《启祯野乘》卷五《李忠毅传》作"四千"。缪敬持《东林同难录》卷中《李应升传》作"三千"。

工部需才（卷二四五列传第一三三，页六三六七行三）

按：工部，万斯同《明史》卷三五二《万爆传》作"二部"。然据本传下文及王鸿绪《明史稿》列传卷一二七《万爆传》第二三三页下、张岱《石匮书》卷一九三《万爆传》、徐开任《明名臣言行录》卷八二《工部万忠贞公爆传》、傅维鳞《明书》卷一一〇《万爆传》、查继佐《罪惟录·列传》卷一三下《万爆传》、缪敬持《东林同难录》卷中《万爆传》、邹漪《启祯野乘》卷五《万忠贞传》、陈济生《天启崇祯两朝遗诗小传》卷一《黄忠贞公》作"工部"，可知本书此处不误。

铎雅善忠贤子良卿（卷二四五列传第一三三，页六三六九行七）

按：子，据本书卷二二《熹宗本纪》、卷三〇五《魏忠贤传》、卷三〇六《王绍徽传》及《明熹宗实录》卷五九第二七六八页"天启五年九月庚午"条，可知魏良卿是魏忠贤的从子。故本传"子"上当补"从"字。黄云眉《明史考证》已论及。

臣诚不忍见神州陆沈祈陛下终览臣疏与阁部大臣更弦易辙悉轨祖宗旧章臣即从逢干于地下犹生之年（卷二四六列传第一三四，页六三七五倒四至三行）

按：此句万斯同《明史》卷三五三《满朝荐传》、王鸿绪《明史稿》列传卷一二五《满朝荐传》第二〇六页上同。然《明熹宗实录》卷二五第一二四一页"天启二年八月丁卯"条作"诚不忍见神州之陆沉，陵寝之震惊，即从逢、干于地下，犹生之年也，访巢、许于山中，犹初之服也。所祈陛下终览臣疏，嘉与阁部大臣，将种种颠倒，不惮改弦，悉轨于祖宗之掌故"。本传承万书、王书多有删改，且移"即从逢、干于地下，犹生之年也"一句于疏末，意有不同。黄云眉《明史考证》已论及。

十年冬（卷二四七列传第一三五，页六三八九行七）

按：本书卷二〇《神宗纪》、《明神宗实录》卷一三四第二四九八页"万历十一年闰二月甲子"条、谈迁《国榷》卷七二"万历十一年闰二月甲子"条、谢肇淛《滇略》卷七《事略》、冯甦《滇考》卷下《缅甸入寇》皆作"万历十一年闰二月"。陆奎勋《陆堂文集》卷一六《明史拟传·刘綎传》、徐乾学《明史列传》卷八八《刘綎传》、万斯同《明史》卷三二一《刘綎传》、王鸿绪《明史稿》列传卷一一七《刘綎传》第一二四页上载同本书此处。原校勘记宜改写。

为化龙父所叱（卷二四七列传第一三五，页六三九四倒四行）

按：此句《明神宗实录》卷三五八第六六八四页"万历二十九年四月壬午"条作"臣母怒而逐之"，并非其父。本书此处殆承万斯同《明史》卷三二一《刘綎传》、王鸿绪《明史稿》列传卷一一七《刘綎传》第一二六页下而误作"父"。黄云眉《明史考证》已论及。

一琦投崖死（卷二四七列传第一三五，页六三九六行二）

按：投崖死，徐乾学《明史列传》卷八八《刘綎传》、万斯同《明史》卷三二一《刘綎传》、王鸿绪《明史稿》列传卷一一七《刘綎传》第一二七页下作"自缢死"。陆奎勋《陆堂文集》卷一六《明史拟传·刘綎传》、《明神宗实录》卷五八三第一一一○二页"万历四十七年六月己巳"条、《清开国方略》卷六称其"投崖死"。王颂蔚《明史考证捃逸》改"投崖死"为"自缢死"。

凡斩首一千六百九十余俘获七百三十有奇（卷二四七列传第一三五，页六四○○行八）

按：此句徐乾学《明史列传》卷八八《李应祥传》、万斯同《明史》卷三二一《李应祥传》、王鸿绪《明史稿》列传卷一一七《李应祥传》第一二九页下作"凡斩首一千八百，俘获七百五十有奇"。谈迁《国榷》卷七四"万历十六年五月壬寅"条亦称"斩一千八百六十三级，俘七百五十三人"。然《明神宗实录》卷二○二第三七八一页"万历十六年八月丙戌"条称"凡擒斩一千六百九十五名颗，俘获七百三十名"，殆本书源自此。

获其子朝栋（卷二四七列传第一三五，页六四○九倒四行）

按：徐乾学《明史列传》卷八八《陈璘传》、万斯同《明史》卷三二一《吴广传》、王鸿绪《明史稿》列传卷一一七《陈璘传·附吴广传》第一三三页下、《明神宗实录》卷三五九第六七一六页"万历二十九年五月甲子"条皆"栋"下有"及妻田氏"四字。

起故官巡抚甘肃（卷二四八列传第一三六，页六四一八倒五行）

按：万斯同《明史》卷三五○《梅之焕传》、王鸿绪《明史稿》列传卷一三六《梅之焕传》第三二九页上"起"上皆有"崇祯元年"四字，本书删之，致使下文"明年春"、"明年五月"中的"明年"不知所指，兹予以揭明。

帝追叙甘肃前后功（卷二四八列传第一三六，页六四一九行六）

按：万斯同《明史》卷三五〇《梅之焕传》、王鸿绪《明史稿》列传卷一三六《梅之焕传》第三二九页下"帝"上皆有"至十三年"四字，本书删之，致使下文"明年病卒"所指不明，兹予以揭明。

立擢如杞右佥都御史（卷二四八列传第一三六，页六四二三行三至四）

按：此句万斯同《明史》卷三五〇《耿如杞传》作"遂擢太仆寺少卿。崇祯元年三月，再迁右佥都御史"。可知本传此处删除太多，易生歧义，兹予以揭明。

继祖言二人朋邪乱政（卷二四八列传第一三六，页六四二四行三）

按：二人，系指袁弘勋和张道浚。原作"六人"，据王鸿绪《明史稿》列传一三七《颜继祖传》第三四五页下改。原校勘记宜改写。

仅存者千余人（卷二四九列传第一三七，页六四五三行一）

按：本书卷三一六《贵州土司》、天一阁本万斯同《明史列传》第八册《李橒传》、万斯同《明史》卷三四六《李橒传》、王鸿绪《明史稿》列传卷一二八《李橒传》第二四二页上、卷一九〇《贵阳传》第一六三页上皆作"仅余二百人"，疑是。原校勘记宜改写。

诸将姚旺等二十六人歼焉（卷二四九列传第一三七，页六四五六行一）

按：二十六，天一阁本万斯同《明史列传》第八册《王三善传》、万斯同《明史》卷三四六《王三善传》作"三十六"。《明熹宗实录》卷三八第一九七七页"天启三年九月乙巳"条作"二十七"。

斗米值一金（卷二四九列传第一三七，页六四五九倒三行）

按：天一阁本万斯同《明史列传》第八册《蔡复一传》、万斯同《明史》卷三四六《蔡复一传》、王鸿绪《明史稿》列传卷一二八《蔡复一传》第二四五页上作"斗米银八钱"，当是。原校勘记宜改写。

斩首二千二百（卷二四九列传第一三七，页六四〇行二）

按：本书卷二七〇《鲁钦传》称："斩首千五百余级，搜山复斩六百余级。"天一阁本万斯同《明史列传》第八册《蔡复一传》、万斯同《明史》卷三四六《蔡复一传》作"斩首二千一百"。《明熹宗实录》卷五五第二五三三页"天启五年正月戊寅"条称："擒斩一千五百三十二名颗，陆续掺山及远追后到，共斩六百一十七颗。"

北平山陕江北诸处（卷二五一列传第一三九，页六五〇〇行四）

按：此句万斯同《明史》卷三五六《蒋德璟传》作"畿辅、山东、河南、江北土田"。陆奎勋《陆堂文集》卷一二《蒋德璟传》、王鸿绪《明史稿》列传卷一三〇《蒋德璟传》第二七二页上载同本书。

近加辽饷千万（卷二五一列传第一三九，页六五〇〇倒五行）

按：千万，原作"十万"。陆奎勋《陆堂文集》卷一二《蒋德璟传》、万斯同《明史》卷三五六《蒋德璟传》、王鸿绪《明史稿》列传卷一三〇《蒋德璟传》第二七一页下作"千余万"。按本书卷七八《食货志》引御史郝晋言"近加派辽饷至九百万"。"十"字显系"千"字之讹，今改正。原校勘记宜改写。

十七年户部主事蒋臣请行钞法言岁造三千万贯（卷二五一列传第一三九，页六五〇一倒一行）

按："十七年""三千万贯"。孙承泽《春明梦余录》卷三八《户部四》、《钦定续文献通考》卷一〇《钱币考》分别作"十六年""五千万贯"。陆奎勋《陆堂文集》卷一二《蒋德璟传》、万斯同《明史》卷三五六《蒋德璟传》、王鸿绪《明史稿》列传卷一三〇《蒋德璟传》第二七二页上作"十七年""三千万贯"。疑本书此处不误。黄云眉《明史考证》已论及。

召对称旨与蒋德璟吴甡并相明年并加太子少保改户部尚书文渊阁（卷二五一列传第一三九，页六五〇三倒一行）

按：此句万斯同《明史》卷三五六《蒋德璟传·附黄景昉传》作："召对称旨，由詹事拜礼部尚书兼东阁大学士。明年，与德璟并加太子少保，改户部尚书、文渊阁。"王鸿绪《明史稿》列传卷一三〇《蒋德璟传·附黄景昉传》第二七三页上作"召对称旨,与蒋德璟、吴甡并相。明年,加太子少保,改户部尚书、文渊阁"。可知本书本传删"拜礼部尚书兼东阁大学士"一句,不妥。王颂蔚《明史考证捃逸》已论及。

辅相至五十余人(卷二五一列传第一三九,页六五〇六倒四行)

按:五十余,王颂蔚《明史考证捃逸》、黄云眉《明史考证》皆改"五十余人"作"五十人"。清人曹溶撰《崇祯五十宰相传》一卷,据其中的《宰相年表》《宰相列传》统计,亦可知崇祯一七中,任辅相者共五十人,而并非本书此处所谓的"五十余人"。"余"字当删。

福建巡抚熊文灿者(卷二五二列传第一四〇,页六五一〇行六)

按:据本书卷二三五《邹维琏传》、卷二六〇《熊文灿传》载,熊文灿以崇祯元年官福建巡抚,五年为两广总督兼抚广东。本传此处不当追称福建巡抚,据改。王颂蔚《明史考证捃逸》、黄云眉《明史考证》已论及。

凡三十三人(卷二五二列传第一四〇,页六五一四行五)

按:三十三,原作"三十六"。然本书卷二四《庄烈帝纪》作"三十三人";且万斯同《明史》卷二五《庄烈帝纪》、谈迁《国榷》卷九七"崇祯十二年五月丁巳"条详列三十三人姓名为:邓希诏、杨芳、赵光壁、田禄、刘文耀、孙宗、陈祖苞、张其平、李继隆、赵之鼎、颉三省、张昌期、王应元、李芳塘、雷之渤、徐完一、刘铨、翟运晋、胡应瑞、尹亮、陈相望、郭士贞、杨炯、颜继祖、倪宠、祖宽、郭进道、李重镇、刘铨、孙茂霖、陈国威、崔秉德、韩文献。可知作"三十三人"是,据改。万斯同《明史》卷三六五《杨嗣昌传》、王鸿绪《明史稿》列传卷一三八《杨嗣昌传》第三五八页下作"三十六人",亦误。王颂蔚《明史考证捃逸》已论及。原校勘记宜改写。

崇祯初再增百四十万(卷二五二列传第一四〇,页六五一五行九)

按:本书卷七八《食货志》载:崇祯三年,增赋百六十五万四千有奇,不止"百四十万"。志、传所载互异。王颂蔚《明史考证捃逸》、黄云眉《明史考证》已论及。

先后增赋千六百七十万（卷二五二列传第一四〇，页六五一五倒六行）

按：本书卷七八《食货志》引御史郝晋言：加派"辽饷"九百万，"剿饷"三百三十万，"练饷"七百三十多万，共一千九百六十多万。志、传所载互异。王颂蔚《明史考证捃逸》、黄云眉《明史考证》已论及。原校勘记宜改写。

斩馘三千六百二十（卷二五二列传第一四〇，页六五一六倒二行）

按：玛瑙山之战，明兵斩杀义军人数，文献记载互异。本书卷二七三《左良玉传》、卷三〇九《张献忠传》作"斩首千三百余级"。万斯同《明史》卷三六五《杨嗣昌传》、王鸿绪《明史稿》列传卷一三八《杨嗣昌传》第三六〇页下作"斩馘三千五百有奇"。《崇祯实录》卷一三第三七二页"崇祯十三年二月壬子"条作"斩二千八百八十七级"。谈迁《国榷》卷九七"崇祯十三年二月戊午"条作"左兵斩二千二百八十七级"，"秦兵斩首一千三百三十有三"。《绥寇纪略》卷七开县败同《国榷》。戴笠《怀陵流寇始终录》卷一三作"斩首二千三百级"。谷应泰《明史纪事本末》卷七七《张献忠之乱》作"斩首万级"。《国榷》及《绥寇纪略》总数与传文数字合，万书、王书与传文大数合《左良玉传》《张献忠传》与《国榷》所称秦兵斩首数字合。原校勘记宜改写。

发金万两犒师（卷二五二列传第一四〇，页六五一六倒一行）

按：金，原作"银"，据万斯同《明史》卷三六五《杨嗣昌传》、王鸿绪《明史稿》列传卷一三八《杨嗣昌传》第三六〇页下、《崇祯实录》卷一三第三七二页"崇祯十三年二月甲子"条、谈迁《国榷》卷九七"崇祯十三年二月甲子"条改。

其党混世王小秦王率其下降贼魁整十万及登相王光恩亦相继降（卷二五二列传第一四〇，页六五一七倒二至一行）

按：按本书卷二六〇《高斗枢传》称："光恩者，均州降渠小秦王也。"此处分小秦王、王光恩为二人。本书卷二六〇《熊文灿传》、吴伟业《绥寇纪略》卷六《谷房变》、谷应泰《明史纪事本末》卷七五《中原群盗》亦分作二人，当是。黄云眉《明史考证》已论及。原校勘记宜改写。

发其七世祖墓（卷二五二列传第一四〇，页六五二一行二）

按：吴伟业《绥寇纪略》卷七开县败作"发杨氏两世冢"。万斯同《明史》卷三六五《杨嗣昌传》、王鸿绪《明史稿》列传卷一三八《杨嗣昌传》第三六二页上至第三六二页下载同本书，疑是。原校勘记宜改写。

请蠲最残破地十州县租（卷二五二列传第一四〇，页六五二二行四）

按：十州，万斯同《明史》卷三五六《吴甡传》作"二十五州"。

时刘宇亮为首辅傅冠薛国观次之又骤增国祥等五人（卷二五三列传第一四一，页六五四三行四至五）

按：五人，万斯同《明史》卷三五七《程国祥传》、王鸿绪《明史稿》列传卷一三三《程国祥传》第三〇〇页上作"八人"。然据本传上文及《蔡国用传》、《崇祯实录》卷一一第三三四页"崇祯十一年六月乙卯"条、陈鼎《东林列传》卷一二《方逢年传》、孙承泽《春明梦余录》卷二四《御试阁员》载，时骤增阁臣为程国祥、杨嗣昌、方逢年、蔡国用、范复粹五人。谈迁《国榷》卷九六"崇祯十一年六月乙卯"条则列刘宇亮、傅冠、薛国观、程国祥、杨嗣昌、方逢年、蔡国用、范复粹八人。可知万书、王书所谓"八人"，实包括原任刘宇亮、傅冠、薛国观三人在内，本书此处作"五人"不误。

改吏部尚书武英殿（卷二五三列传第一四一，页六五四三倒一行至六五四四行一）

按：本书卷一一〇《宰辅年表》、《崇祯实录》卷一二第三六五页"崇祯十二年六月己丑"条、谈迁《国榷》卷九七"崇祯十二年六月乙丑"条皆作"改户部尚书、文渊阁大学士"。原有校勘记。

正当师之上六（卷二五五列传第一四三，页六五九二倒三行）

按：上六，原作"上九"。按《周易》卷一上《经·乾卦》作"上六"。另，黄道周《黄漳浦文选》卷一《放门陈事疏》、庄起俦《漳浦黄先生年谱》、黄宗羲《明文海》卷六四《黄道周易数疏》亦作"上六"。据改。黄云眉《明史考证》已论及。

即缓急安得半士之用乎（卷二五五列传第一四三，页六五九四行二
至三）

按：半，原作"一"，据万斯同《明史》卷三六〇《黄道周传》、王鸿
绪《明史稿》列传卷一四一《黄道周传》第三九六页下改。

四十一年入为兵部右侍郎总京营戎政（卷二五六列传第一四四，页六
六〇六行一）

按：本书将"总京营戎政"亦系于万历四十一年，不妥。据《明神宗
实录》卷五〇九第九六四一页"万历四十一年六月辛丑"条、卷五三一第
一〇〇〇四页"万历四十三年四月乙亥"条，谈迁《国榷》卷八二"万历
四十三年四月己亥"条载，崔景荣升任兵部右侍郎是在万历四十一年，然
总京营戎政却是在万历四十三年，且此时已改任兵部左侍郎。

因诋言者为一爝鹰犬（卷二五七列传第一四五，页六六一九行二
至三）

按：此句《明熹宗实录》卷二三第一一二五页"天启二年六月丁卯"
条作"因诋周朝瑞等媚奸相权铨，为廷弼厮养鹰犬"。二者文意相异，似
以实录为是。黄云眉《明史考证》已论及。

简精卒三千入卫（卷二五七列传第一四五，页六六二〇行七）

按：三千，原作"二千"。徐乾学《明史列传》卷九三《董汉儒传》、
万斯同《明史》卷三四五《董汉儒传》、王鸿绪《明史稿》列传卷一二三
《董汉儒传》第一九二页下皆作"三千"，据改。

蓟州人王森得妖狐异香（卷二五七列传第一四五，页六六二一倒
二行）

按：蓟州人，查继佐《罪惟录·列传》卷三一《徐鸿儒传》、谷应泰
《明史纪事本末》卷七〇《平徐鸿儒》皆作"深州人"。谈迁《国榷》卷八
五"天启二年五月癸卯"条称："与深州王好贤、景州于弘志通密约。"王
好贤是王森之子。徐乾学《明史列传》卷九三《赵彦传》、天一阁本《明
史列传》第八册《赵彦传》、万斯同《明史》卷三四五《赵彦传》、王鸿绪
《明史稿》列传卷一二三《赵彦传》第一九一页上、《明熹宗实录》卷三六
第二二四一页"天启四年正月丁丑"条皆作"蓟州"。似作"蓟州"是。

王颂蔚《明史考证捃逸》、黄云眉《明史考证》已论及。原校勘记宜改写。

遂佩剑印自缢死（卷二五九列传第一四七，页六六九〇倒一行）

按：李逊之《三朝野记》卷二作"引刀自裁"。陈鼎《东林传》卷六《孙承宗传》、邹漪《启祯野乘》卷八《袁经略传》、陈济生《天启崇祯两朝遗诗小传》卷二《袁经略》、《清史稿》卷一《太祖本纪》作"自焚死"。姚希孟《公槐集》卷六《国史阐幽》、张鼐《宝日堂初集》卷一六《袁经略先生死事述》、《钦定胜朝殉节诸臣录》卷三《通谥忠节诸臣》作"自缢死"。似作"自缢死"是。黄云眉《明史考证》已论及。

伏罪者三十有六人（卷二五九列传第一四七，页六七二二倒三行）

按：三十有六人，本书卷二四《庄烈帝纪》、《崇祯实录》卷一二第三六七页"崇祯十二年八月庚寅"条、谈迁《国榷》卷九七"崇祯十二年八月庚寅"条作"三十二人"。万斯同《明史》卷三六四《范志玩传》、王鸿绪《明史稿》列传卷一三七《范志玩传》第三五二页下作"三十有六人"。原校勘记宜改写。

构兵三十年（卷二六〇列传第一四八，页六七二六行一）

按：本书卷三一一《乌蒙乌撒东川镇雄四军民府传》、《明神宗实录》卷五五六第一〇四八二页"万历四十五年四月己亥"条作"仇杀者二十年"。万斯同《明史》卷三六五《杨鹤传》、王鸿绪《明史稿》列传卷一三八《杨鹤传》第三五三页上作"构兵三十年"。原校勘记宜改写。

鹤上言至时以为名言（卷二六〇列传第一四八，页六七二六倒五至二行）

按：据万斯同《明史》卷三六五《杨鹤传》、王鸿绪《明史稿》列传卷一三八《杨鹤传》第三五三页下载，鹤上言一事，当发生于"拜左佥都御史"之后，"进左副都御史"之前。本书此处置于"进左副都御史"之后，不妥，兹予以揭明。

斩三千余级（卷二六〇列传第一四八，页六七三四行八）

按：千，原作"十"。万斯同《明史》卷三六五《熊文灿传》、王鸿绪《明史稿》列传卷一三七《熊文灿传》第三四七页上皆作"千"。据改。

斩首千二百（卷二六〇列传第一四八，页六七四一行三）

按：千二百，万斯同《明史》卷三六五《杨嗣昌传·附丁启睿传》、王鸿绪《明史稿》列传卷一三八《杨嗣昌传·附丁启睿传》第三六二页下皆作"千余级"。

尚文及安绵副使吴麟征大破贼过天星等（卷二六〇列传第一四八，页六七四六行七至八）

按：安绵副使，原作"安锦副使"。万斯同《明史》卷三六一《邵捷春传》、王鸿绪《明史稿》列传卷一三七《邵捷春传》第三四九页上皆作"安绵副使"。按本书卷七五《职官表》，按察司属整饬兵备道在四川者有"安绵道"，无"安锦道"。据改。又，吴麟征，同上万斯同《明史》、王鸿绪《明史稿》作"吴麟瑞"。按本书卷二六六有《吴麟征传》，事迹与此异。原校勘记宜改写。

明年八月仰药死狱中（卷二六〇列传第一四八，页六七四八倒三行）

按：仰药死，万斯同《明史》卷三六一《邵捷春传》、王鸿绪《明史稿》列传卷一三七《邵捷春传》第三五〇页上皆作"自缢死"，疑是。

疏十上（卷二六一列传第一四九，页六七六二倒四行）

按：万斯同《明史》卷三六六《卢象昇传》、王鸿绪《明史稿》列传卷一三九《卢象昇传》第三六五页下皆作"四疏恳请"。卢象昇《卢象昇疏牍》卷一〇有《乞奔丧第五疏》。徐开任《明名臣言行录》卷八九《尚书卢忠烈公象升》、邹漪《启祯野乘》卷八《卢忠烈公象升》、汪有典《史外》卷四《卢忠烈传》、赵吉士《续表忠记》卷四《卢忠烈公传》作"疏十上"。卢安节《明大司马卢公年谱》、陈鼎《东林列传》卷五《卢象昇传》作"七疏"。黄云眉《明史考证》已论及。

资之金十七万召募（卷二六一列传第一四九，页六七六七行三）

按：十七万，文秉《烈皇小识》卷二作"七十万"。黄云眉《明史考证》已论及。

率步卒千余人入城守（卷二六二列传第一五〇，页六七八二行四）

按：步卒，万斯同《明史》卷三六六《汪乔年传》作"部卒"。王鸿绪《明史稿》列传卷一三九《汪乔年传》第三七一页上作"步卒"。又，千余，万斯同《明史》卷三六六《汪乔年传》、王鸿绪《明史稿》列传卷一三九《汪乔年传》第三七一页上同。《崇祯实录》卷一五第四二六页"崇祯十五年二月壬子"条、谈迁《国榷》卷九八"崇祯十五年二月壬子"条、吴伟业《绥寇纪略》卷九《通城击》皆作"数百人"，查继佐《罪惟录·列传》卷一二中《汪乔年传》作"五百人"。原校勘记宜改写。

火车载火炮甲仗者三万辆（卷二六二列传第一五〇，页六七九〇倒二行）

按：三万，本书卷三〇九《李自成传》、万斯同《明史》卷三六六《孙传庭传》、查继佐《罪惟录·列传》卷一二中《孙传庭传》皆作"二万"，疑是。原校勘记宜改写。

守陵巡按御史李振声总兵官钱中选皆降（卷二六三列传第一五一，页六七九七行二至三）

按：王鸿绪《明史稿》列传卷一四〇《宋一鹤传》第三七九页上、谈迁《国榷》卷九九"崇祯十六年正月丁酉"条称李振声、钱中选皆死。《崇祯实录》卷一六第四六一页"崇祯十六年正月丙申"条、查继佐《罪惟录·列传》卷一二中《宋一鹤传·附钱中选传》、吴伟业《绥寇纪略》卷九《通城击》作钱中选战死。原校勘记宜改写。

当百万狂寇（卷二六三列传第一五一，页六八〇二行八）

按：百万，万斯同《明史》卷三六九《蔡懋德传》、王鸿绪《明史稿》列传卷一四〇《蔡懋德传》第三八二页上作"数十万"。徐开任《明名臣言行录》卷九〇《巡抚蔡忠襄公懋德》、汪有典《史外》卷三《蔡忠襄传》、邹漪《启祯野乘》卷一一《蔡忠襄公懋德》、陈济生《启祯两朝遗诗小传》卷二《蔡忠襄公》、陈鼎《东林列传》卷七《蔡懋德传》、毛奇龄《西河集》卷七八《副都御史忠襄蔡公传》作"五十万"。可知本书此处作"百万"不确。

郊迎三十里之外（卷二六三列传第一五一，页六八〇八行四）

按：三十里，万斯同《明史》卷三六九《朱之冯传》、王鸿绪《明史稿》列传卷一四〇《朱之冯传》第三八四页下作"二十里"。查继佐《罪惟录·列传》卷一二中《朱之冯传》、汪有典《史外》卷三《朱忠壮传》、赵吉士《续表忠记》卷六《朱之冯》作"三十里"。

至数十万（卷二六三列传第一五一，页六八〇九行五）

按：沈云祚《蜀难叙略》作"渐至十余万"。然万斯同《明史》卷三六九《陈士奇传》、王鸿绪《明史稿》列传卷一四〇《陈士奇传》第三八五页上、查继佐《罪惟录·列传》卷一二《陈士奇传》皆作"至数十万"。可知本书此处不误。黄云眉《明史考证》已论及。

贺氏死者妻危氏子觐明（卷二六四列传第一五二，页六八一六倒三至二行）

按：查继佐《罪惟录·列传》卷一二中《贺逢圣传》称觐明在桂王时封锦衣卫指挥使，守贵州。此与本传及万斯同《明史》卷三八一《贺逢圣传》、王鸿绪《明史稿》列传卷一四六《贺逢圣传》第一四页下、徐开任《明名臣言行录》卷八七《大学士贺文忠公逢圣》、邹漪《启祯野乘》卷一〇《贺文忠公逢圣》、赵吉士《续表忠记》卷六《贺文忠公传》、陈济生《启祯两朝遗诗小传》卷二《贺文忠公》互异。原校勘记宜改写。

凡二十余人（卷二六四列传第一五二，页六八一六倒二行）

按：孙承泽《山书》卷一七作"十二人"。徐开任《明名臣言行录》卷八七《大学士贺文忠公逢圣》、邹漪《启祯野乘》卷一〇《贺文忠公逢圣》、赵吉士《续表忠记》卷六《贺文忠公传》皆作"二十余人"。似作"二十余人"是。黄云眉《明史考证》已论及，称此处"二"字盖衍。

企仲年八十三矣遇害（卷二六四列传第一五二，页六八一九行六）

按：年八十三，万斯同《明史》卷三四五《南企仲传》作"年八十七"。王鸿绪《明史稿》列传卷一四六《南居益传·附南企仲传》第一五页下、查继佐《罪惟录》传卷一二中《焦源溥传·附南企仲传》、和珅《大清一统志》卷一八一《西安府人物下》、刘于义《（雍正）陕西通志》卷六一《忠节》作"年八十三"。陈济生《启祯两朝遗诗小传》卷二《南尚书企仲》、《钦定胜朝殉节诸臣录》卷三《通谥忠节诸臣》作"年九十"。

赴双塔寺旁古井死（卷二六五列传第一五三，页六八三五行七）

按：冯梦龙绅志略死难诸臣作"自缢死"。然万斯同《明史》卷三八二《范景文传》、王鸿绪《明史稿》列传卷一四七《范景文传》第二六页下、徐开任《明名臣言行录》卷九一《大学士范文贞公景文》、张岱《石匮书后集》卷二〇《范景文传》、邹漪《启祯野乘》卷一一《范文贞公景文》、查继佐《国寿录》卷一《范景文传》皆作"赴双塔寺旁古井死"。黄宗羲《思旧录》卷一《范景文》作"投龙泉巷古井"。疑本书此处不误。黄云眉《明史考证》已论及。

中允李明睿疏言南迁便（卷二六五列传第一五三，页六八四六行九）

按：中允李明睿，本书卷二五一《蒋德璟传》、万斯同《明史》卷三八二《李邦华传》、王鸿绪《明史稿》列传卷一四七《李邦华传》第三二页上、李清馥《闽中理学渊源考》卷七七《万历以后诸先生学派》作"庶子项煜"。《崇祯实录》卷一七第五二六页"崇祯十七年二月丙戌"条、谈迁《国榷》卷一〇〇"崇祯十七年二月丁亥"条、谷应泰《明史纪事本末》卷七九《甲申之变》则称："都察院左都御史李邦华、少詹事项煜、右庶子李明睿各言南迁。"可知本书此处删文过甚，致生歧义。

右范景文至铉二十有一人（卷二六六列传第一五四，页六八七一倒一行）

按：二十有一人，万斯同《明史》卷三八二《金铉传》、王鸿绪《明史稿》列传卷一四八《金铉传》第四三页下作"二十人"。此不同，盖因万书、王书皆以孟兆祥附子章明，故以"二十一人"为"二十人"。

万历中举武乡试（卷二七一列传第一五九，页六九六〇倒五行）

按：乡试，万斯同《明史》卷三七三《满桂传·附孙祖寿传》作"会试"。王鸿绪《明史稿》列传卷一二九《满桂传·附孙祖寿传》第二五二页上作"乡试"。似作"乡试"是。

变蛟光先并镌五官（卷二七二列传第一六〇，页六九七七行四）

按：五官，陆奎勋《陆堂文集》卷一六《曹变蛟传》作"三官"。然本书卷二五二《杨嗣昌传》作"五秩"；万斯同《明史》卷三七四《曹变蛟传》、王鸿绪《明史稿》列传卷一二九《曹变蛟传》第二五八页上作"五官"；《崇祯实录》卷一一第三二八页"崇祯十一年四月丙申"条、谈迁《国榷》卷九六"崇祯十一年四月丙申"条、谷应泰《明史纪事本末》

卷七五《中原群盗》皆作"五级"。似作"五官""五秩"或"五级"是。原校勘记宜改写。

声闻数里（卷二七三列传第一六一，页六九九七行六）

按：数里，万斯同《明史》卷三七五《左良玉传》作"数十馀里"。王鸿绪《明史稿》列传卷一五一《左良玉传》第七〇页上作"数里"。

京边米一石至民之三（卷二七五列传第一六三，页七〇四三行一）

按：此句《明熹宗实录》卷三八第一九四一页"天启三年九月壬辰"条载解学龙疏作："京边之米一石，其输之自民则非一石也。以民之费，与国之收衷之，不啻二倍，是民之二，国之一矣。"万斯同《明史》卷三五九《解学龙传》、王鸿绪《明史稿》列传卷一三四《解学龙传》第三一二页下、温睿临《南疆逸史》卷七《解学龙传》、徐鼒《小腆纪传》卷一二《解学龙传》作"民之三"。黄云眉《明史考证》已论及。

新榜进士尽污伪命（卷二七五列传第一六三，页七〇四六行一）

按：进士，万斯同《明史》卷三五九《解学龙传》、王鸿绪《明史稿》列传卷一三四《解学龙传》第三一三页下作"庶吉士"，疑是。

倬投缳死（卷二七五列传第一六三，页七〇四七倒二行）

按：投缳死，屈大均《皇明四朝成仁录》卷六作"仰药死"。然万斯同《明史》卷三六八《高倬传》、王鸿绪《明史稿》列传一五〇《高倬传》第五七页下、温睿临《南疆逸史》卷七《高倬传》、徐鼒《小腆纪传》卷一六《高倬传》、汪有典《史外》卷六《高司寇传》、《钦定胜朝殉节诸臣录》卷三《通谥忠节诸臣》皆作"投缳死"。张岱《石匮书后集》卷三二《高倬传》、查继佐《国寿录·便记》作"自缢死"。疑本书此处不误。黄云眉《明史考证》已论及。

疏陈四弊谓民困兵弱臣工委顿国计虚耗也（卷二七五列传第一六三，页七〇四九行一）

按：左懋第《萝石山房文钞》卷一载，崇祯十二年秋，所陈四弊疏分别为民穷之弊、兵懦之弊、推诿之弊、虚耗之弊。本传此处文字多有删改。

抱孔子木主自焚死（卷二七六列传第一六四，页七〇六八行五至六）

按：自焚死，翁州老民《海东遗史》卷一〇《吴钟峦传》、毛奇龄《诗话》卷一、查继佐《国寿录》卷三《吴钟峦传》作"自缢死"。张岱《石匮书后集》卷五〇《吴钟峦传》作"投井死"。然温睿临《南疆逸史》卷三一《吴钟峦传》、徐鼒《小腆纪传》卷四二《吴钟峦传》、汪有典《前明忠义别传》卷二六《吴钟峦传》、《明末忠烈纪实》卷一四《吴钟峦传》皆作"自焚死"，疑是。黄云眉《明史考证》已论及。

投水死（卷二七六列传第一六四，页七〇七三行一）

按：翁州老民《海东逸史》卷五《陈函辉传》、温睿临《南疆逸史》卷三〇《陈函辉传》、《钦定胜朝殉节诸臣录》卷三《通谥忠节诸臣》同。张岱《石匮书后集》卷四五《陈函辉传》、邵廷采《东南纪事》卷五《陈函辉传》、查继佐《国寿录》卷三《陈函辉传》作"投缳死"。屈大均《皇明四朝成仁录》卷八《陈函辉传》作"绝粒数日而死"。黄云眉《明史考证》已论及。

得两淮间劲卒数万（卷二七六列传第一六四，页七〇七五行八至九）

按：数万，万斯同《明史》卷三六七《路振飞传》作"二十余万"。

其邑子沈履祥尝为知县（卷二七六列传第一六四，页七〇八三行二）

按：邑子，翁州老民《海东逸史》卷六《沈宸荃传》、卷一五《沈履祥传》、冯鸿模《雍正慈溪县志》卷八《忠义传》作"从兄"。和珅《大清一统志》卷二二五《宁波府二》作"从弟"。王鸿绪《明史稿》列传卷一五六《沈宸荃传》第一二二页下作"邑子"。似作"从兄"是。黄云眉《明史考证》已论及。

维经入嵯峨寺自焚死（卷二七八列传第一六六，页七一二二行九）

按：自焚死，万斯同《明史》卷三六七《郭维经传》、王鸿绪《明史稿》列传卷一五四《郭维经传》第一〇二页下、张岱《石匮书后集》卷四六《郭维经传》、徐鼒《小腆纪传》卷二五《郭维经传》同。钱田间虔州死节歌云："太宰清忠海内望，投缳仓卒正冠裳。"似维经乃自缢死。又，温睿临《南疆逸史》卷一九《郭维经传》、《明末忠烈纪实》卷一三《郭维经传》作"中矢死"。黄云眉《明史考证》已论及。

复募兵万余人（卷二七八列传第一六六，页七一三三行八）

按：万余人，万斯同《明史》卷三七二《张家玉传》、王鸿绪《明史稿》列传卷一五四《张家玉传》第一〇七页上、查继佐《罪惟录·列传》卷九下《张家玉传》、张岱《石匮书后集》卷四九《张家玉传》、《明末忠烈纪实》卷一五《张家玉传》同。屈大均《皇明四朝成仁录》卷一〇《张家玉传》作"三万人"。陈伯陶《胜朝粤东遗民录》附录《张文烈公行状》作"四万"。温睿临《南疆逸史》卷二五《张家玉传》作"数万"。黄云眉《明史考证》已论及。

两人求救于太后（卷二七九列传第一六七，页七一六三行八至九）

按：太后，王鸿绪《明史稿》列传卷一五六《吴贞毓传》第一二九页下、《御批历代通鉴辑览》卷一二〇《明唐桂二王本末》作"太妃"。徐鼒《小腆纪传》卷三一《吴贞毓传》、《明末忠烈纪实》卷一五《吴贞毓传》作"太后"。下同。

五、职官误

迁刑部右侍郎（卷二一四列传第一〇二，页五六六二倒六行）

按：右侍郎，原作"左侍郎"。万斯同《明史》卷三〇四《刘体乾传》、王鸿绪《明史稿》列传卷九三《刘体乾传》第四一四页上、《景印文渊阁四库全书》本《明史》卷二一四《刘体乾传》、《明神宗实录》卷五〇第一一四六页"万历四年五月丙申"条皆作"右侍郎"，据改。

复改户部右侍郎兼左佥都御史（卷二一四列传第一〇二，页五六六七倒七至六行）

按：左佥都御史，原作"右佥都御史"，据万斯同《明史》卷三〇四《王廷传》、《明世宗实录》卷五一六第八四七一页"嘉靖四十一年十二月壬子"条、何出光《兰台法鉴录》卷一五《王廷》改。

三迁兵科都给事中（卷二一五列传第一〇三，页五六七五行四）

按：原脱"都"字，据万斯同《明史》卷三〇九《欧阳一敬传》，《明世宗实录》卷五六二第九〇一五页"嘉靖四十五年九月丁巳"条、卷五六四第九〇四七页"嘉靖四十五年闰十月癸丑"条，王世贞《弇山堂别集》卷一〇〇《中官考十一》，雷礼《国朝列卿纪》卷一三五《欧阳一敬》传，谭纶《谭襄敏奏议》卷六《分布兵马以饬春防疏》补。

出为宁夏佥事（卷二一五列传第一〇三，页五六八七倒一行）

按：宁夏佥事，万斯同《明史》卷三〇九《汪文辉传》作"陕西宁夏佥事"，《明穆宗实录》卷五四第一三四六页"隆庆五年二月甲辰"条作"陕西按察司佥事"。焦竑《国朝献征录》卷七七潘士藻撰《尚宝司卿汪公文辉行状》作"宁夏佥事"。

沈一贯以妖书事倾尚书郭正域（卷二一六列传第一〇四，页五七一一倒二行）

按：据本书卷二二六《郭正域传》、万斯同《明史》卷三一七《郭正域传》、王鸿绪《明史稿》列传卷九八《郭正域传》第四六二页上、徐开任《明名臣言行录》卷七四《侍郎郭文毅公正域》所载，郭正域官至礼部右侍郎。冯琦卒后，曾署部事。且在"妖书"事起之前，李廷机以左侍郎代正域署部署；而礼部尚书实乃正域死后所赠。故"尚书"当作"侍郎"。王颂蔚《明史考证捃逸》已论及。

再迁侍讲学士（卷二一七列传第一〇五，页五七二七行八）

按：侍讲，万斯同《明史》卷三一一《王家屏传》、王鸿绪《明史稿》列传卷九五《王家屏传》第四二七页上、董复亨《繁露园集》卷一四《大学士对南山阴王公墓志铭》、陈田《明诗纪事·庚签》卷九《王家屏》同。《明神宗实录》卷一二八第二三九八页"万历十年九月戊寅"条、卷一三五第二五〇九页"万历十一年三月乙酉"条、卷一四一第二六三四页"万历十一年九月庚子"条、卷一四五第二七一〇页"万历十二年正月甲辰"条及雷礼《国朝列卿记》卷二〇《翰林院学士讲读学士年表》、王世贞《弇山堂别集》卷四六《讲读学士表》、焦竑《国朝献征录》卷一七于慎行撰《少保王文端公传》、过庭训《本朝分省人物考》卷一〇〇《王家屏》、徐开任《明名臣言行录》卷七二《大学士王文端公家屏》、谈迁《国榷》卷七二"万历十二年正月甲辰"条皆作"侍读"，疑是。

工部主事张有德以册立仪注请（卷二一七列传第一〇五，页五七二九行六）

按：工部主事，万斯同《明史》卷三一一《王家屏传》、王鸿绪《明史稿》列传卷九五《王家屏传》第四二七页下、过庭训《本朝分省人物考》卷一〇〇《王家屏》同。然本书卷二一九《许国传》作"工部郎中"。万斯同《明史》卷三一〇《许国传》、王鸿绪《明史稿》列传卷九六《许国传》第四四二页上、《明神宗实录》卷三九一第七三九二页"万历三十一年十二月庚戌"条、焦竑《国朝献征录》卷一七于慎行撰《少保王文端公传》、董复亨《繁露园集》卷一四《大学士对南山阴王公墓志铭》皆作"工部郎"。

以于陛及南京礼部尚书沈一贯少詹事冯琦为副总裁（卷二一七列传第一〇五，页五七三二行四至五）

按：原脱"南京礼部"，万斯同《明史》卷三一〇《陈于陛传》、王鸿绪《明史稿》列传卷九五《陈于陛传》第四二九页上"尚书"上皆有"南京礼部"四字。《明神宗实录》卷二七一第五〇三三页"万历二十二年三月庚寅"条"尚书"上有"礼部"二字。又据本书卷一一〇《宰辅年表》及前引《明神宗实录》载，时陈于陛以礼部尚书之职任副总裁，本书记沈一贯官职为"尚书"而脱"南京礼部"四字，易生歧义，今据补。

明年秋擢侍读学士（卷二一七列传第一〇五，页五七三三倒六行）

按：侍读，原作"侍讲"。《明神宗实录》卷一二六第二三四五页"万历十年七月甲子"条、卷一三二第二四六四页"万历十一年正月庚辰"条及王世贞《弇山堂别集》卷五《盛事述五》、卷四六《讲读学士表》、俞汝楫《礼部志稿》卷四二《历官表》、徐开任《明名臣言行录》卷七二《大学士沈文端公鲤》皆作"侍读"，据改。

授检讨（卷二一九列传第一〇七，页五七七三行二）

按：检讨，万斯同《明史》卷三一〇《许国传》、《明神宗实录》卷三〇五第五七〇八页"万历二十四年十二月庚午"条、焦竑《国朝献征录》卷一七《光禄大夫柱国少傅兼太子太师吏部尚书建极殿大学士赠太保谥文穆颍阳许公国墓志铭》、吴伯与《国朝内阁名臣事略》卷首《许文穆状略》作"简讨"。过庭训《本朝分省人物考》卷三七《许国》作"检讨"。似作"检讨"是。

四十三年以山西右参政擢右佥都御史（卷二二〇列传第一〇八，页五七八七行八）

按：山西右参政，徐乾学《明史列传》卷七八《刘应节传》、王鸿绪《明史稿》列传卷一〇一《刘应节传》第五〇页上同。万斯同《明史》卷三一四《刘应节传》作"山西左参政"。《明世宗实录》卷五四一第八七五五页"嘉靖四十三年十二月丁丑"条、焦竑《国朝献征录》卷四五冯琦撰《资德大夫正治上卿刑部尚书白川刘公应节行状》作"陕西左参政"。

遂出为楚府左长史（卷二二〇列传第一〇八，页五八〇三倒六行）

按：左长史，原作"右长史"。徐乾学《明史列传》卷七六《赵世卿传》、万斯同《明史》卷三二四《赵世卿传》、王鸿绪《明史稿》列传卷九九《赵世卿传》第四七八页下皆作"左长史"，据改。

历四川右参议（卷二二一列传第一〇九，页五八一五行八）

按：参议，原作"参政"。徐乾学《明史列传》卷七七《郭应聘传·附吴文华传》、万斯同《明史》卷三一五《吴文华传》、《明穆宗实录》卷三〇第七九六页"隆庆三年三月辛酉"条、焦竑《国朝献征录》卷四三叶向高撰《吴公文华行状》、黄凤翔《田亭集》卷一四《资政大夫南京兵部尚书赠太子少保吴公墓志铭》作"参议"。陈田《明诗纪事·己签》卷一二《吴文华》作"参政"。似作"参议"是，据改。

累官左副都御史（卷二二一列传第一〇九，页五八一六行七）

按：左，原作"右"。徐乾学《明史列传》卷七七《耿定向传》、天一阁本万斯同《明史列传》第二册《耿定向传》、万斯同《明史》卷三二八《耿定向传》、《明神宗实录》卷一五五第二八六一页"万历十二年八月甲申"条、焦竑《国朝献征录》卷二九《户部尚书谥恭简耿公定向传》、查继佐《罪惟录·列传》卷一〇《耿定向》、过庭训《本朝分省人物考》卷七八《耿定向》、谈迁《国榷》卷七二"万历十二年八月丁巳"条、黄宗羲《明儒学案》卷三五《恭简耿天台先生定向》皆作"左"，据改。

进户科都给事中（卷二二一列传第一〇九，页五八一九行四）

按：都给事中，原作"给事中"。万斯同《明史》卷三一八《魏时亮传》，《明穆宗实录》卷一一第三〇九页"隆庆元年八月庚子"条、卷一二第三二九页"隆庆元年九月乙丑"条，雷礼《国朝列卿纪》卷一五〇《魏时亮》，林之盛《皇明应谥名臣备考录》卷六《魏时亮》，萧彦《掖垣人鉴》卷一四《魏时亮》皆作"都给事中"，据改。

累迁右副都御史（卷二二一列传第一〇九，页五八二〇倒三行）

按：右，天一阁本万斯同《明史列传》第六册《魏时亮传》，万斯同《明史》卷三一八《魏时亮传》，《明神宗实录》卷一八八第三五一六页"万历十五年七月辛卯"条、《国榷》卷七四"万历十五年九月辛卯"条，雷礼《国朝列卿纪》卷一五〇《魏时亮》皆作"左"。徐乾学《明史列传》卷七七《魏时亮传》、王鸿绪《明史稿》列传卷一〇二《魏时亮传》第五〇七页下作"右"。似作"左"是。

赠太子少保（卷二二一列传第一〇九，页五八二六倒一行）

按：太子少保，原作"太子太保"。徐乾学《明史列传》卷七七《卫承芳传》、万斯同《明史》卷三三六《卫承芳传》、《明神宗实录》卷五四七第一〇三六五页"万历四十四年七月辛巳"条作"太子少保"，据改。

寻兼右副都御史（卷二二二列传第一〇〇，页五八五八倒三行）

按：右副都御史，万斯同《明史》卷三一三《张佳胤传》、《明神宗实录》卷一四一第二六三三页"万历十一年九月庚子"条作"左副都御史"。方象瑛《明史分稿残编》卷下《少保兵部尚书赠太保谥襄毅王崇古》、王世贞《弇州山人续稿》卷一二三《太子太保兵部尚书张佳胤》、林之盛《皇明应谥名臣备考录》卷七《张佳胤》、傅维鳞《明书》卷一三四《张佳胤传》、陈田《明诗纪事·己签》卷三《张佳胤》作"右副都御史"。似作"右副都御史"是。

召为南京刑部尚书（卷二二二列传第一〇〇，页五八六〇倒二行）

按：南京刑部尚书，原作"刑部尚书"。万斯同《明史》卷三一三《李迁传》、《明穆宗实录》卷六〇第一四六一页"隆庆五年八月己亥"条、王世贞《弇州山人续稿》卷一三二《资善大夫南京刑部尚书盘峰李公神道碑》、《明一统志》卷四九《江西布政司》、过庭训《本朝分省人物考》卷五八《李迁》、谈迁《国榷》卷卷六七"隆庆五年八月壬辰"条、傅维鳞《明书》卷一三三《李迁传》皆作"南京刑部尚书",据改。

四迁至陕西左布政使（卷二二三列传第一一一，页五八六四行二）

按：左布政使，原作"右布政使"。徐乾学《明史列传》卷七一《盛应期传》，万斯同《明史》卷二九一《盛应期传》，《明武宗实录》卷一五八第三〇三四页"正德十三年正月壬子"条、卷一七六第三四一二页"正德十四年七月戊戌"条，雷礼《国朝列卿纪》卷六七《盛应期》，焦竑《国朝献征录》卷五九袁褧撰《都察院右都御史吴江盛公应期传》，刘振《识大录·盛应期传》、陆粲《陆子余集》卷四《明故资善大夫都察院右都御史盛公行状》、过庭训《本朝分省人物考》卷二一《盛应期》皆作"左布政使"，据改。

累官礼部侍郎（卷二二四列传第一一二，页五八九三行六至七）

按：礼部侍郎，徐乾学《明史列传》卷八〇《孙鑨传》、王鸿绪《明史稿》列传卷一〇三《孙鑨传》第五一六页下、《明世宗实录》卷四三四第七四七八页"嘉靖三十五年四月甲午"条、焦竑《国朝献征录》卷三六李本撰《资善大夫南京礼部尚书季泉孙公升行状》、俞汝楫《礼部志稿》卷五六《侍郎孙升》皆作"吏部侍郎"。徐开任《明名臣言行录》卷六八《尚书孙清简公鑨》、傅维鳞《明书》卷一三四《孙鑨传》作"礼部尚书"。似作"吏部侍郎"是。

操江佥都御史史褒善已迁大理卿（卷二二五列传第一一三，页五九一六倒一行至五九一七行一）

按：佥都御史，万斯同《明史》卷三一二《杨巍传》、《明世宗实录》卷四四五第七五九六页"嘉靖三十六年三月庚辰"条作"都御史"。王鸿绪《明史稿》列传卷一〇四《杨巍传》第五二七页下、万邦荣《明史列传分纂》卷一《杨巍传》作"佥都御史"。似作"都御史"是。

而饬戒督抚有司务求民瘼（卷二二五列传第一一三，页五九二一行五）

按：督抚，原作"督府"，据万斯同《明史》卷三三〇《赵焕传》、王鸿绪《明史稿》列传卷一〇四《赵焕传》第五二九页下、万邦荣《明史列传分纂》卷一《赵焕传》改。原校勘记宜改写。

征授吏部主事（卷二二六列传第一一四，页五九三七行二至三）

按：吏部，原作"户部"。万斯同《明史》卷三三五《吕坤传》、《明神宗实录》卷一八五第三四六八页"万历十五年四月辛巳"条、沈佳《明儒言行录》卷九《吕坤》、徐开任《明名臣言行录》卷六九《侍郎吕公坤》、黄宗羲《明儒学案》卷五四《侍郎吕心吾先生坤》、孙奇逢《中州人物考》卷一《吕侍郎坤》皆作"吏部"，据改。

御史计坤亨等交荐（卷二二七列传第一一五，页五九五二倒四行）

按：万斯同《明史》卷三一六《庞尚鹏传》"御史"上有"南京"二字。《明神宗实录》卷六第二二一页"隆庆六年十月癸亥"条"御史"作"南道"。

迁南京工部右侍郎（卷二二七列传第一一五，页五九六〇行七）

按：原脱"南京"，据徐乾学《明史列传》卷八一《萧廪传》、万斯同《明史》卷三一六《萧廪传》、《明神宗实录》卷一五〇第二七九一页"万历十二年六月庚午"条、焦竑《国朝献征录》四一陆可教撰《兵部右侍郎赠尚书兑嵎萧公廪墓志铭》、过庭训《本朝分省人物考》卷六八《萧廪》、林之盛《皇明应谥名臣备考录》卷九《萧廪》补。

起兵部尚书兼右副都御史（卷二二八列传第一一六，页五九七六行五至六）

按：原脱"兼右副都御史"，据徐乾学《明史列传》卷八五《魏学曾传》、万斯同《明史》卷三三三《魏学曾传》、王鸿绪《明史稿》列传卷一〇七《魏学曾传》第二二页上、《明神宗实录》卷二三三第四三二六页"万历十九年三月辛酉"条、焦竑《国朝献征录》卷五七郭正域撰《大司马总督陕西三边魏确庵学曾墓志铭》、沈鲤《亦玉堂稿》卷一〇《明太子少保兵部尚书兼都察院右副都御史确庵魏公墓志铭》、过庭训《本朝分省人物考》卷一〇四《魏学曾》、徐开任《明名臣言行录》卷七五《尚书魏恭襄公学曾》、林之盛《皇明应谥名臣备考录》卷七《魏学曾》补。

可行检讨（卷二二九列传第一一七，页五九九八行五）

按：检讨，徐乾学《明史列传》卷八二《吴中行传》、万斯同《明史》卷三二五《吴中行传》、王鸿绪《明史稿》列传卷一〇八《吴中行传》第三六页下作"修撰"。然万邦荣《明史列传分纂》卷五《吴中行传》、《明世宗实录》卷四二七第七三八五页"嘉靖三十四年十月己巳"条、卷五一二第八四一三页"嘉靖四十一年八月乙丑"条、卷五一四第八四三三页"嘉靖四十一年十月甲寅"条、卷五二〇第八五一七页"嘉靖四十二年四月己未"条、卷五六二第九〇〇八页"嘉靖四十五年九月庚子"条，谈迁《国榷》卷六一"嘉靖三十四年十月己巳"条、卷六三"嘉靖四十一年八月乙丑"条，赵南星《赵忠毅公文集》卷一三《明侍读学士复庵吴公传》、徐开任《明名臣言行录》卷七三《少詹吴公中行》皆作"检讨"，当是。原校勘记宜改写。

久之起侍读学士（卷二二九列传第一一七，页五九九九倒二行）

按：侍读，原作"侍讲"。徐乾学《明史列传》卷八二《吴中行传》、万斯同《明史》卷三二五《吴中行传》、《明神宗实录》卷二五五第四七四二页"万历二十年十二月庚子"条、《赵南星赵忠毅公文集》卷一三《明侍读学士复庵吴公传》、过庭训《本朝分省人物考》卷二八《吴中行》、林之盛《皇明应谥名臣备考录》卷四《吴中行》、徐开任《明名臣言行录》卷七三《少詹吴公中行》、朱彝尊《静志居诗话》卷一五《吴中行》作"侍读"，据改。

元江西布政使（卷二二九列传第一一七，页六〇〇〇行一）

按：布政使，徐乾学《明史列传》卷八二《吴中行传》、万斯同《明史》卷三二五《吴中行传》、王鸿绪《明史稿》列传卷一〇八《吴中行传》第三七页上、《明熹宗实录》卷六六第三一三七页"天启五年十二月戊子"条及卷七九第三八〇六页"天启六年十二月壬寅"条、谢旻《（雍正）江西通志》卷四七《秩官》皆作"参政"。似作"参政"是。

宗达少傅建极殿大学士（卷二二九列传第一一七，页六〇〇〇行一至二）

按：少傅建极殿大学士，本书卷一〇九《宰辅年表》载：吴宗达于崇祯六年十二月晋少傅、建极殿大学士；七年十二月晋少师、中极殿大学士。又徐乾学《明史列传》卷八二《吴中行传》、万斯同《明史》卷三二五《吴中行传》、王鸿绪《明史稿》列传卷一〇八《吴中行传》第三七页上皆作"少师，中极殿大学士"。黄云眉《明史考证》已论及。

屡迁南京刑部主事（卷二三一列传第一一九，页六〇三三倒四行）

按：主事，原作"郎中"。徐乾学《明史列传》卷八五《顾宪成传·附欧阳东凤传》、万斯同《明史》卷三二九《欧阳东凤传》、王鸿绪《明史稿》列传卷一一一《顾宪成传·附欧阳东凤传》第六六页上、《明神宗实录》卷三五一第六五七七页"万历二十八年九月庚戌"条皆作"主事"，据改。

给事中张鼎思劾其奸贪（卷二三一列传第一一九，页六〇三五行七至八）

按：给事中，万斯同《明史》卷三三八《顾允成传》，《明神宗实录》卷一九六第三六九页"万历十六年三月辛卯"条、卷二〇二第三七八八页"万历十六年八月丁未"条作"吏科都给事中"。

召拜太仆少卿（卷二三一列传第一一九，页六〇四六行七）

按：太仆少卿，徐乾学《明史列传》卷八五《史孟麟传》、王鸿绪《明史稿》列传卷一一一《史孟麟传》第七一页下、万邦荣《明史列传分纂》卷七《史孟麟传》同。万斯同《明史》卷三四〇《史孟麟传》、谈迁《国榷》卷七八"万历二十八年七月戊辰"条、谷应泰《明史纪事本末》卷六七《争国本》、黄宗羲《明儒学案》卷六〇《太常史玉池先生孟麟》、陈鼎《东林列传》卷二二《史孟麟传》、孙承泽《春明梦余录》卷一三《挺击》作"太常寺卿"。《明神宗实录》卷三四九第六五五一页"万历二十八年七月戊辰"条、黄宗羲《明儒学案》卷六〇《太常史玉池先生孟麟》作"太常少卿"。

赠学曾太仆少卿杰太常少卿（卷二三三列传第一二一，页六〇八三行一）

按：原作"赠学曾光禄少卿，杰太常少卿"，徐乾学《明史列传》卷八四《王学曾传》、万斯同《明史》卷三三七《王学曾传》、万邦荣《明史列传分纂》卷九《王学曾传》同。然王鸿绪《明史稿》列传卷一一〇《王学曾传》第五九页上、《明熹宗实录》卷二三（中华书局点校本校勘记误作"卷一八"）第一一四三页至第一一四四页"天启二年六月甲申"条皆作"赠学曾太仆少卿，杰太常少卿"，据改。原校勘记宜改写。

终南京大理卿（卷二三四列传第一二二，页六〇九四行五）

按：大理卿，徐乾学《明史列传》卷八三《卢洪春传·附董基传》，万斯同《明史》卷三二六《董基传》，《明神宗实录》卷二四一第四四九二页"万历十九年十月乙巳"条、卷二四二第四五一三页"万历十九年十一月甲戌"条、谈迁《国榷》卷七五"万历十九年十月乙巳"条作"大理丞"，疑是。

再迁尚宝少卿（卷二三四列传第一二二，页六一〇〇行四至五）

按：原脱"少"字，据徐乾学《明史列传》卷八三《潘士藻传》、万斯同《明史》卷三二七《潘士藻传》、《明神宗实录》卷三四六第六四六一页至第六四六二页"万历二十八年四月丁酉"条、焦竑《国朝献征录》卷七七《尚宝司少卿潘君士藻墓志铭》、邹元标《愿学集》卷六下《奉直大夫恊正庶尹尚宝司少卿雪松潘公墓表》、过庭训《本朝分省人物考》卷三七《潘士藻》、黄宗羲《明儒学案》卷三五《尚宝潘雪松先生士藻》补。

起刑部检校（卷二三六列传第一二四，页六一五六倒三行）

按：检校，徐乾学《明史列传》卷九〇《丁元荐传》、万斯同《明史》卷三三八《丁元荐传》、徐开任《明名臣言行录》卷七七《尚宝丁公元荐》作"简校"。按本书卷七二《职官志》，明代刑部设检校一人，正九品。另王鸿绪《明史稿》列传卷一一四《丁元荐传》第九九页上、万邦荣《明史列传分纂》卷一二《丁元荐传》、刘宗周《刘蕺山集》卷一四《丁长孺先生墓表》皆作"检校"，疑本书此处不误。

大学士沈一贯给事中赵完璧等先后论救（卷二三七列传第一二五，页六一七〇行九）

按：给事中，万斯同《明史》卷三四九《包见捷传》、《明神宗实录》卷三三二第六一五〇页"万历二十七年三月戊戌"条皆作"都给事中"。

授刑部主事（卷二四一列传第一二九，页六二六三倒六行）

按：刑部主事，徐乾学《明史列传》卷九一《张问达传·附陆梦龙传》、王鸿绪《明史稿》列传卷一二一《张问达传·附陆梦龙传》第一六七页下作"刑部山东司主事"，疑本书脱"山东司"三字。

以右副都御史巡抚广西（卷二四二列传第一三〇，页六二七七倒三行）

按：广西，原作"陕西"。按本传下文有陈邦瞻请讨广西田州土官岑懋仁事。另，万斯同《明史》卷三五〇《陈邦瞻传》、《明神宗实录》卷五八四第一一一六三页"万历四十七年七月己亥"条、《明光宗实录》卷二第三九页"万历四十八年七月辛丑"条、谈迁《国榷》卷八十四"泰昌元年七月戊戌"条皆作"广西"。据改。王颂蔚《明史考证捃逸》已论及。原校勘记宜改写。

而懋良亦起兵部左侍郎（卷二四二列传第一三〇，页六二七九倒三至二行）

按：兵部，万斯同《明史》卷三五〇《毕懋康传》、王鸿绪《明史稿》列传卷一二四《毕懋康传》第一九九页上皆作"工部"，疑是。

崇祯初赠太子太保（卷二四三列传第一三一，页六三〇一行七至八）

按：太子太保，《明熹宗实录》第一八页"天启七年十月庚戌"条、谈迁《国榷》卷八八"天启七年十月庚戌"条、徐开任《明名臣言行录》卷七九《尚书赵忠毅公南星》作"太子少保"。徐乾学《明史列传》卷九二《赵南星传》、万斯同《明史》卷三四三《赵南星传》、王鸿绪《明史稿》列传卷一二二《赵南星传》第一七八页下、姚希孟《棘门集》卷三《荣禄大夫太子太保吏部尚书赵忠毅公墓志铭》、查继佐《罪惟录·列传》卷一〇《赵南星》、缪敬持《东林同难录》卷中《赵南星传》、傅维鳞《明书》卷一三五《赵南星》、邹漪《启祯野乘》卷一《赵南星》、陈鼎《东林列传》卷一三《赵南星传》作"太子太保"。似作"太子太保"是。原校勘记宜改写。

诏加太子少保（卷二四三列传第一三一，页六三〇六行五）

按：本书卷一一二《七卿年表》、《明熹宗实录》卷二七第一三八〇页

"天启二年十月乙酉"条、陈鼎《东林列传》卷一三《邹元标》作"太子太保"。徐乾学《明史列传》卷九二《邹元标传》、万斯同《明史》卷三四四《邹元标传》、王鸿绪《明史稿》列传卷一二二《邹元标传》第一八一页上、谈迁《国榷》卷八五"天启二年十月甲戌"条、张岱《石匮书》卷一九一《邹元标传》皆作"太子少保"。据本传下文"赠太子太保"一句，本书此处似当作"太子少保"。原校勘记宜改写。

府丞刘志选复重劾之（卷二四四列传第一三二，页六三四七倒一行）

按：府丞，原作"府尹"。万斯同《明史》卷三四九《王之寀传》、《明熹宗实录》卷七九第三八一一页"天启六年十二月丙午"条、谈迁《国榷》卷八七"天启六年十二月壬子"条、张岱《石匮书》卷一八四《王之寀传》、谷应泰《明史纪事本末》卷七一《魏忠贤乱政》皆作"府丞"，据改。

给事中郭巩者（卷二四五列传第一三三，页六三五七行八）

按：给事中，本书卷三〇五《魏忠贤传》作"御史"。然本书卷二五九《熊廷弼传》、万斯同《明史》卷三五二《周宗建传》、王鸿绪《明史稿》列传卷一二七《周宗建传》第二二九页上、《明熹宗实录》卷八第三八六页"天启元年三月庚申"条、傅维鳞《明书》卷一一〇《周宗建传》、谈迁《国榷》卷八四"天启元年三月己未"条、缪敬持《东林同难录》卷中《周宗建传》、陈鼎《东林列传》卷四《周宗建列传》皆作"给事中"。疑本书此处不误。原校勘记宜改写。

改南京左府佥事（卷二四七列传第一三五，页六三九六倒三行）

按：左府佥事万斯同《明史》卷三二一李应祥传作"后府佥书"。徐乾学《明史列传》卷八八《李应祥传》、王鸿绪《明史稿》列传卷一一七《李应祥传》第一二七页下作"后府佥事"。《明神宗实录》卷一五七第二八九四页"万历十三年正月丙戌"条、谈迁《国榷》卷七三"万历十三年正月丙戌"条作"左军都督府佥书"。原校勘记宜改写。

赠如杞右佥都御史（卷二四八列传第一三六，页六四二三倒一行）

按：右佥都御史，万斯同《明史》卷三五〇《耿如杞传》、王鸿绪《明史稿》列传卷一三七《耿如杞传》第三四二页上作"右都御史"，且本传上文已称"立擢如杞右金都"。似作"右都御史"是。

即擢燮元右副都御史巡抚四川（卷二四九列传第一三七，页六四四一行六）

按：右副都御史，原作"金都御史"。陆奎勋《陆堂文集》卷一五《明史拟传·朱燮元传》、天一阁本万斯同《明史列传》第八册《朱燮元传》、万斯同《明史》卷三四六《朱燮元传》、王鸿绪《明史稿》列传卷一二八《朱燮元传》第二三六页下、《明熹宗实录》卷一五第七六七页"天启元年十月己丑"条、张岱《石匮书后集》卷七《朱燮元列传》、邵念鲁《思复堂文集》卷二《少师恒岳朱公传》、朱彝尊《静志居诗话》卷一六《朱燮元》作"右副都御史"。徐开任《明名臣言行录》卷八四《少师朱公燮元》、查继佐《罪惟录·列传》卷一一《朱燮元传》、邹漪《启祯野乘》卷六《总督朱公》、陈济生《天启崇祯两朝遗诗小传·朱少师》作"金都御史"。按本传下文言"录功，进燮元右都御史"，似作"右副都御史"是，据改。原校勘记宜改写。

锦衣金事张道浚亦讦攻鸿训（卷二五一列传第一三九，页六四八二行八）

按：指挥，原作"金事"。万斯同《明史》卷三五六《刘鸿训传》、王鸿绪《明史稿》列传卷一三〇《刘鸿训传》第二六二页上、《明熹宗实录》卷三七第一九一八页"天启三年八月丁丑"条、谷应泰《明史纪事本末》卷六六《东林党议》皆作"指挥"，据改。

拜兵部右侍郎兼右金都御史（卷二五二列传第一四〇，页六五〇九倒二行）

按：右金都御史，万斯同《明史》卷三六五《杨嗣昌传》、王鸿绪《明史稿》列传卷一三八《杨嗣昌传》第三五五页上作"左金都御史"。谈迁《国榷》卷九三"崇祯七年九月庚午"条、陈田《明诗纪事·庚签》卷二二《杨嗣昌》作"右金都御史"。

嗣昌先以剿贼功进太子少傅郎死论临蓝平盗功进太子太傅（卷二五二列传第一四〇，页六五二一行一）

按：少傅，本传前文及本书卷一〇九《宰辅年表》、谈迁《国榷》卷九七"崇祯十四年三月丙子"条作"少保"。太傅,《崇祯实录》卷一四第四〇〇页"崇祯十四年三月壬午"条、《国榷》卷九七"崇祯十四年三月丙子"条、戴笠《怀陵流寇始终录》卷一四皆作"太保"。王颂蔚《明史考证捃逸》已论及。

遂擢至发礼部左侍郎兼东阁大学士（卷二五三列传第一四一,页六五三三倒一行）

按:左侍郎,万斯同《明史》卷三五七《张至发传》作"右侍郎"。然王鸿绪《明史稿》列传卷一三三《张至发传》第二九六页下、《崇祯实录》卷八第二五九页"崇祯八年七月甲戌"条、谈迁《国榷》卷九四"崇祯八年七月条甲戌"条皆作"左侍郎"。可知本书此处不误。

明年加少傅兼太子太傅（卷二五三列传第一四一,页六五四五行二）

按:太傅,万斯同《明史》卷三五七《程国祥传·附范复粹传》作"太保"。谈迁《国榷》卷九七"崇祯十四年二月辛酉"条、徐鼒《小腆纪传》卷五六《范复粹传》作"少保"。

加太子太保（卷二五四列传第一四二,页六五六〇倒六行）

按:太保,原作"少保",据陆奎勋《陆堂文集》卷一四《曹珖传》、万斯同《明史》卷三五八《曹珖传》、王鸿绪《明史稿》列传卷一三四《曹珖传》第三〇八页下改。

崇祯三年起故官（卷二五四列传第一四二,页六五六六行九）

按:故官,万斯同《明史》卷三五九《李日宣传》作"福建道御史",与本书及王鸿绪《明史稿》列传卷一三四《郑三俊附李日宣传》第三一〇页下相异。疑本书此处不误。

召入为右佥都御史（卷二五四列传第一四二,页六五六八倒四行）

按:右,万斯同《明史》卷三六二《张玮传》作"左"。王鸿绪《明史稿》列传卷一三六《张玮传》第三三五页下作"右"。原校勘记宜改写。

授南京兵部主事（卷二五七列传第一四五,页六六二六行七）

按:兵部,万斯同《明史》卷三六三《梁廷栋传》作"工部"。王鸿绪《明史稿》列传卷一三五《梁廷栋传》第三一八页下作"兵部"。

加太子太保（卷二五七列传第一四五，页六六三三行四）

按：加太子太保，原作"加太子少保"。万斯同《明史》卷三六三《张凤翼传》、王鸿绪《明史稿》列传卷一三五《张凤翼传》第三二一页下作"加太子太保"。按上文崇祯三年张凤翼已进太子少保，据万书、王书改。原校勘记宜改写。

旧蜀抚张论与子给事鼎延倾赀募士（卷二五八列传第一四六，页六六七九行二至三）

按：给事，本书卷二九三《武大烈传》作"吏部郎"，吴伟业《绥寇纪略》卷九《通城击》作"吏部郎中"。王颂蔚《明史考证捃逸》、黄云眉《明史考证》已论及。

后以御史张玮言（卷二五八列传第一四六，页六六八一行二）

按：御史，本书卷二五四《张玮传》作"副都御史"。又，万斯同《明史》卷三七〇《成勇传》、王鸿绪《明史稿》列传卷一四三《成勇传》第四一八页下"言"上有"刘宗周"三字，疑本书此处脱。原校勘记宜改写。

太仆万元吉奏复其官（卷二五九列传第一四七，页六七二一行二）

按：太仆，万斯同《明史》卷三六四《赵光抃传》、王鸿绪《明史稿》列传卷一三七《赵光抃传》第三五一页下作"太仆少卿"。本书此处作"太仆"不确。

擢兵科给事中（卷二六二列传第一五〇，页六七八三行四）

按：兵科给事中，万斯同《明史》卷三六六《杨文岳传》，《明熹宗实录》卷五八第二六六五页"天启五年四月己卯"条、第二七〇〇页"丁酉"条作"户科给事中"。王鸿绪《明史稿》列传卷一三九《傅宗龙传·附杨文岳传》第三六九页下作"兵科给事中"。似作"户科给事中"是。

授刑部主事（卷二六四列传第一五二，页六八一七倒四行）

按：刑部主事，万斯同《明史》卷三四五《南企仲传》作"兵部主事"。王鸿绪《明史稿》列传卷一四六《南居益传·附南企仲传》第一五页上作"刑部主事"。

历官右佥都御史（卷二六四列传第一五二，页六八二二行七）

按：右佥都御史，原作"左佥都御史"。万斯同《明史》卷三六五《王家桢传》、王鸿绪《明史稿》列传卷一四六《王家桢传》第一七页下作"右佥都御史"，据改。

赠太子太保（卷二六五列传第一五三，页六八四九倒四行）

按：太子太保，万斯同《明史》卷三八二《王家彦传》、查继佐《罪惟录·列传》卷一二下《王家彦传》、徐开任《明名臣言行录》卷九一《侍郎王忠端公家彦》作"太子少保"。王鸿绪《明史稿》列传卷一四七《王家彦传》第三三页下作"太子太保"。似作"太子少保"是。

迁都司佥书（卷二六九列传第一五七，页六九一一行四）

按：都司佥书，王鸿绪《明史稿》列传一四五《陈于王传》第五页上作"都司佥事"。

布政使都任（卷二六九列传第一五七，页六九二五倒二行）

按：布政使，本书卷三〇九《李自成传》、张岱《石匮书后集》卷一六《尤世威传》、谷应泰《明史纪事本末》卷七八《李自成之乱》作"副使"；本书卷二四《庄烈帝纪二》、《崇祯实录》卷一六"崇祯十六年十一月己亥"条、谈迁《国榷》卷九九"崇祯十六年十一月壬寅"条、赵吉士《续表忠记》卷六《陕西三边诸忠合传》、汪有典《前明忠义别传》卷一五第五〇三页至第五〇四页《李总兵传·附尤世威传》、《钦定胜朝殉节诸臣录》卷一《专谥诸臣》作"兵备副使"。据本书卷二九四《都任传》载：都任曾"历右布政使兼副使，饬榆林兵备"。原校勘记宜改写。

丹衷出为长沙知州（卷二七四列传第一六二，页七〇三二行八）

按：知州，万斯同《明史》卷三六八《姜曰广传·附周镳传》、王鸿绪《明史稿》列传卷一四九《姜曰广传·附周镳传》第五四页上作"知府"。疑是。

就改南京吏部尚书（卷二七五列传第一六三，页七〇三八倒五行）

按：原脱"南京"，据万斯同《明史》卷三五八《张慎言传》、王鸿绪

《明史稿》列传卷一三四《张慎言传》第三一一页下、温睿临《南疆逸史》卷七《张慎言传》、徐鼒《小腆纪传》卷一二《张慎言传》、陈田《明诗纪事·庚签》卷二二补。

吏部侍郎熊文举（卷二七五列传第一六三，页七○四五行六）

按：侍郎，万斯同《明史》卷三五九《解学龙传》作"郎中"。

给事中韩源劾礼部侍郎吴士元御史华琪芳及煌皆与修要典（卷二七六列传第一六四，页七○七二行三至四）

按：御史，王鸿绪《明史稿》列传卷一五二《余煌传》第八八页上作"庶吉"。

加太常寺卿（卷二七八列传第一六六，页七一一六行二）

按：太常寺卿，万斯同《明史》卷三六七《杨廷麟传·附彭期生传》、王鸿绪《明史稿》列传卷一五四《杨廷麟传·附彭期生传》第九九页上、温睿临《南疆逸史》卷一九《彭期生传》、徐鼒《小腆纪传》卷二五《彭期生传》、《明末忠烈纪实》卷一三《彭期生传》、《钦定胜朝殉节诸臣录》卷七《通谥节愍诸臣中》同。彭孙贻《湖西遗事》卷一、《虔台节略》卷一及张岱《石匮书后集》卷四九《彭期生传》、陈田《明诗纪事·辛签》卷六上《彭期生》皆作"太仆寺卿"，疑是。黄云眉《明史考证》已论及。

假他事削子壮及其父给事中熙昌籍（卷二七八列传第一六六，页七一三○行七）

按：吏科都给事中，原作"给事中"。万斯同《明史》卷三七二《陈子壮传》、王鸿绪《明史稿》列传卷一五四《陈子壮传》第一○六页上、《明熹宗实录》卷六五第三○六二页"天启五年十一月壬子"条、谈迁《国榷》卷八七"天启五年十一月辛亥"条、徐鼒《小腆纪传》卷二九《陈子壮传》、《明末忠烈纪实》卷一五《陈子壮传》皆作"吏科都给事中"，据改。另，陈伯陶《胜朝粤东遗民录》附录《陈文忠公行状》、张岱《石匮书后集》卷四九《陈子壮传》、温睿临《南疆逸史》卷二五《陈子壮传》作"给事中"，亦误。

六、文字误

接左卫高山站（卷二一四列传第一〇二，页五六五七行八）

按：站，原作"跕"。万斯同《明史》卷二九六《杨博传》、王鸿绪《明史稿》列传卷九三《杨博传》第四一二页上、《明世宗实录》卷四六二第七七九八页"嘉靖三十七年闰七月丁丑"条、魏焕《皇明九边考》卷五《大同镇疆域考》、陈子龙《明经世文编》卷二七三杨博撰《右卫路通乘时以图后效疏》皆作"站"，据改。

非阴阳医学杂职（卷二一四列传第一〇二，页五六六九行七）

按：医学，原作"医药"。万斯同《明史》卷三〇五《靳学颜传》、王鸿绪《明史稿》列传卷九三《靳学颜传》第四一七页上、陈子龙《明经世文编》卷二九八《靳学颜讲求财用疏》皆作"医学"，据改。

宋人宗亲或通名仕版（卷二一四列传第一〇二，页五六六九行四）

按：宋人，原作"唐宋"。方象瑛《明史分稿残编》下卷《吏部侍郎靳学颜》、万斯同《明史》卷三〇五《靳学颜传》、王鸿绪《明史稿》列传卷九三《靳学颜传》第四一七页上、徐开任《明名臣言行录》卷五八《侍郎靳公学颜》、陈子龙《明经世文编》卷二九八《靳学颜讲求财用疏》皆作"宋人"，据改。

不问石数（卷二一四列传第一〇二，页五六六七行六）

按：问，万斯同《明史》卷三〇四《王廷传》、王鸿绪《明史稿》列传卷九三《王廷传》第四一五页上、《明穆宗实录》卷七第二一四页"隆庆元年四月戊申"条皆作"开"。据本传上文"不论仓口"，似作"问"是。

非法弊也（卷二一五列传第一〇三，页五六八七行一）

按：弊，原作"敝"。万斯同《明史》卷三〇九《汪文辉传》、《明穆宗实录》卷五四第一三四一页至第一三四二页"隆庆五年二月辛丑"条作"弊"，据改。

则忠贞直谅之士远（卷二一五列传第一〇三，页五六八七倒四行）

按：忠贞直谅，原作"忠直贞谅"。万斯同《明史》卷三〇九《汪文辉传》、《明穆宗实录》卷五四第一三四三页"隆庆五年二月辛丑"条皆作"忠贞直谅",据改。

再遣存问（卷二一六列传第一〇四,页五六九五倒一行）

按:万斯同《明史》卷三一七《陆树声传》"遣"下有"使"字。然徐乾学《明史列传》卷七五《陆树声传》、王鸿绪《明史稿》列传卷九八《陆树声传》第四五七页下无"使"字。另,焦竑《国朝献征录》卷三四于慎行撰《资政大夫太子少保礼部尚书兼翰林院学士赠太子太保谥文定平泉先生陆公树声墓志铭》详载为"遣中书柴君大履存问",徐开任《明名臣言行录》卷六六《尚书陆文定公树声》、过庭训《本朝分省人物考》卷二六《陆树声》载同。据此,"遣"下当有"使"。

时方校刻十三经注疏（卷二一六列传第一〇四,页五六九九倒二行）

按:校,原作"较"。万斯同《明史》卷三一七《黄凤翔传》、王鸿绪《明史稿》列传卷九八《黄凤翔传》第四五七页下皆作"校",据改。王颂蔚《明史考证捃逸》已论及。

贫者家无储蓄（卷二一六列传第一〇四,页五七〇三行九）

按:蓄,徐乾学《明史列传》卷七五《冯琦传》、万斯同《明史》卷三一七《冯琦传》、陈子龙《明经世文编》卷四四〇冯琦撰《为灾异迭见时事可虞恳乞圣明谨天戒悯人穷以保万世治安疏》、俞汝楫《礼部志稿》卷四七冯琦撰《陈言消变疏》皆作"宿"。王鸿绪《明史稿》列传卷九八《冯琦传》第四五九页上作"蓄",本书此处因之。

教习庶吉士（卷二一六列传第一〇四,页五七一七行八）

按:万斯同《明史》卷三六二《罗喻义传》、王鸿绪《明史稿》列传卷九八《罗喻义传》第四六七页下"士"下有"崇祯三年,进左侍郎,直讲如故"一句,本书此处脱。

家居十年卒（卷二一六列传第一〇四,页五七一八行七至八）

按:万斯同《明史》卷三六二《罗喻义传》"卒"下有"南渡时,赐谥文介";王鸿绪《明史稿》列传卷九八《罗喻义传》第四六八页上"卒"下有"福王时,谥文介"。本书此处脱。

谋先去之（卷二一六列传第一〇四，页五七一九行四）

按：原脱"去"字，文意不通，据万斯同《明史》卷三六二《姚希孟传》补。

川竭河涸（卷二一七列传第一〇五，页五七二八行八）

按：河，《明神宗实录》卷二二三第四一四七页"万历十八年五月癸卯"条、过庭训《本朝分省人物考》卷一〇〇《王家屏》作"湖"，疑是。黄云眉《明史考证》已论及。

降辽东苑马寺卿兼海盖道兵备（卷二二一列传第一〇九，页五八二二倒六行）

按：原脱"盖"字，据天一阁本万斯同《明史列传》第六册《郝杰传》、万斯同《明史》卷三三一《郝杰传》、王世贞《弇山堂别集》卷八《藩臬兼任》、焦竑《国朝献征录》卷四三王家屏撰《资善大夫南京兵部尚书赠太子少保郝公杰神道碑》补。

兵部尚书王一鹗置宁罪不议（卷二二一列传第一〇九，页五八二三行一）

按：原脱"尚书王一鹗"五字，下文又有"一鹗"二字，不确。兹据徐乾学《明史列传》卷七七《郝杰传》、王鸿绪《明史稿》列传卷一〇二《郝杰传》第五〇八页下、《明神宗实录》卷二三八第四四〇九页"万历十九年七月癸"条补。

擢孟男南京太仆少卿（卷二二一列传第一〇九，页五八二五行六至七）

按：原脱"南京"，据万斯同《明史》卷三三一《张孟男传》，《明神宗实录》卷七一第一五一九页"万历六年正月辛酉"条、卷一三一第二四四三页万历十年十二月壬寅条，雷礼《国朝列卿纪》卷一三三《张孟男》、叶向高《苍霞草》卷一六《资德大夫正治上卿太子少保南京户部尚书震峰张公墓志铭》补。

成梁破土蛮于沈阳（卷二二二列传第一一〇，页五八五八倒二行）

按：原脱"于"字，文意不通，兹据万斯同《明史》卷三一三《张佳胤传》补。

高宝诸湖（卷二二三列传第一一一，页五八七三行三）

按：湖，原作"河"。本书卷八五《河渠志三》、徐乾学《明史列传》卷七八《万恭传》、万斯同《明史》卷三〇五《万恭传》、王鸿绪《明史稿》列传卷一〇一《万恭传》第四九七页下、《明神宗实录》卷一三〇第二四一七页"万历十一年十一月戊午"条、陈子龙《明经世文编》卷三五一万恭撰《建瓜洲闸疏》皆作"湖"，据改。

草湾之间（卷二二三列传第一一一，页五八七五行四至五）

按：开，原作"间"。徐乾学《明史列传》卷七八《吴桂芳传》、万斯同《明史》卷三一五《吴桂芳传》、《景印文渊阁四库全书》本《明史》卷二二三《吴桂芳传》、《明神宗实录》卷五六第一二八九页"万历四年十一月丁酉"条、傅泽洪《行水金鉴》卷二八《河水》皆作"开"，据改。点校本已改，但无校勘记。王颂蔚《明史考证攟逸》已论及。

望敕所司明禁（卷二二四列传第一一二，页五九〇九行八）

按：原脱"望"字，据徐乾学《明史列传》卷八〇《杨时乔传》、万斯同《明史》卷三三〇《杨时乔传》、王鸿绪《明史稿》列传卷一〇三《杨时乔传》第五二四页上补。原校勘记宜改写。

戴奏止之（卷二二五列传第一一三，页五九一八倒六行）

按：止，原作"正"。万斯同《明史》卷三三〇《李戴传》作"止"。王鸿绪《明史稿》列传卷一〇四《李戴传》第五二八页下、万邦荣《明史列传分纂》卷一《李戴传》作"正"。据文意及《明神宗实录》卷一二第四〇七页至第四〇八页"万历元年四月丙子"条，作"止"是，据改。

期满戍瘴乡（卷二二五列传第一一三，页五九二一倒五行）

按：原脱"期"，致文意不明，据万斯同《明史》卷三三〇《赵焕传》、王鸿绪《明史稿》列传卷一〇四《赵焕传》第五二九页下补。原校勘记宜改写。

焕屡疏讦辨（卷二二五列传第一一三，页五九二二倒三行）

按：辨，原作"辩"，据万斯同《明史》卷三三〇《赵焕传》、王鸿绪《明史稿》列传卷一〇四《赵焕传》第五三〇页上改。

数行推广事例（卷二二六列传第一一四，页五九二八行九）

按：行，原作"年"。万斯同《明史》卷三〇七《海瑞传》、《明世宗实录》卷五五五第八九二〇页"嘉靖四十五年二月癸亥"条、海瑞《备忘集》卷一《治安疏》、焦竑《国朝献征录》卷六四《南京都察院右都御史海忠介公瑞传》、刘振《识大录·海瑞传》、陈子龙《明经世文编》卷三〇九海瑞撰《治安疏》、查继佐《罪惟录·列传》卷一五《海瑞》、谷应泰《明史纪事本末》卷五二《世宗崇道教》皆作"行"，据改。

未能久世（卷二二六列传第一一四，页五九二九行九）

按：按徐乾学《明史列传》卷七九《海瑞传》、万斯同《明史》卷三〇七《海瑞传》、《明世宗实录》卷五五五第八九二二页"嘉靖四十五年二月癸亥"条、海瑞《备忘集》卷一《治安疏》、刘振《识大录·海瑞传》、陈子龙《明经世文编》卷三〇九海瑞撰《治安疏》、谷应泰《明史纪事本末》卷五二《世宗崇道教》、黄宗羲《明文海》卷五六海瑞撰《治安疏》"世"下皆有"不终"二字，当是。

给事御史劾时彻及守备诸臣罪（卷二二六列传第一一四，页五九三三行七至八）

按：万斯同《明史》卷三〇七《丘橓传》、《明世宗实录》卷四二六第七三七三页"嘉靖三十四年九月甲辰"条"给"上有"南京"二字。

外吏给由（卷二二六列传第一百十四，页五九三四行八）

按：吏，徐乾学《明史列传》卷七九《丘橓传》、万斯同《明史》卷三〇七《丘橓传》作"例"。王鸿绪《明史稿》列传卷一〇五《丘橓传》第四页上、万邦荣《明史列传分纂》卷二《丘橓传》、《御选明臣奏议》卷三〇丘橓撰《陈吏治积弊八事疏》皆作"吏"。似作"吏"是。

而请事之竿牍又满行台（卷二二六列传第一一四，页五九三四倒五至四行）

按：竿，原作"干"。徐乾学《明史列传》卷七九《丘橓传》、万斯同《明史》卷三〇七《丘橓传》、王鸿绪《明史稿》列传卷一〇五《丘橓传》第四页上作"竿"，据改。中华书局点校本已改，但无校勘记。

陛下诚大奋干纲（卷二二六列传第一一四，页五九三六行四）

按：纲，原作"刚"。徐乾学《明史列传》卷七九《丘橓传》、万斯同《明史》卷三○七《丘橓传》、王鸿绪《明史稿》列传卷一○五《丘橓传》第四页下、《御选明臣奏议》卷三○丘橓撰《陈吏治积弊八事疏》皆作"纲"，据改。

今天下之苍生贫富可知矣（卷二二六列传第一一四，页五九三八行一）

按：富，原作"困"。徐乾学《明史列传》卷七九《吕坤传》、万斯同《明史》卷三三五《吕坤传》、王鸿绪《明史稿》列传卷一○五《吕坤传》第五页下、吕坤《去伪斋文集》卷一《忧危疏》皆作"富"，据改。

不折入为倭不止（卷二二六列传第一一四，页五九四一行三）

按：不折，万斯同《明史》卷三三五《吕坤传》作"必折"，疑是。

李成梁孙以都督就婚魏国公徐弘基家（卷二二六列传第一一四，页五九四四行三）

按：原脱"公"字，据徐乾学《明史列传》卷七五《郭正域传》、万斯同《明史》卷三一七《郭正域传》、徐开任《明名臣言行录》卷七四《侍郎郭文毅公正域》、傅维鳞《明史》卷一三五《郭正域》补。

上供之需（卷二二七列传第一一五，页五九六○倒二行）

按：需，徐乾学《明史列传》卷八一《贾三近传》、万斯同《明史》卷三一六《贾三近传》、王鸿绪《明史稿》列传卷一○六《贾三近传》第一六页下、万邦荣《明史列传分纂》卷三《贾三近传》皆作"须"。似作"需"是。

起户科都给事中（卷二二七列传第一一五，页五九六一行七）

按：原脱"都"，据万斯同《明史》卷三一六《贾三近传》，《明穆宗实录》卷六九第一六六六页"隆庆六年四月甲戌"条、《明神宗实录》卷八第三○四页"隆庆六年十二月丁丑"条，萧彦《掖垣人鉴》卷一五《贾三近》，于慎行《谷城山馆文集》卷二○《明故嘉议大夫兵部右侍郎石葵贾公三近墓志铭》，焦竑《国朝献征录》卷四一于慎行撰《嘉议大夫兵部右侍郎石葵贾公三近墓志铭》，过庭训《本朝分省人物考》卷九五《贾三近》，朱彝尊《明诗综》卷五六《贾三近》补。

又请以周敦颐父辅成从祀启圣（卷二二七列传第一一五，页五九六九行八）

按：本书卷五〇《礼志四》、万斯同《明史》卷三三四《郭惟贤传》、《明神宗实录》卷二八七第五三二二页"万历二十三年七月己丑"条、秦蕙田《五礼通考》卷一二〇吉礼"圣"下有"祠"字。

而今敢讼言攻之者（卷二二九列传第一一七，页五九九二行五）

按：讼，徐乾学《明史列传》卷八二《刘台传》、万斯同《明史》卷三二四《刘台传》作"颂"。王鸿绪《明史稿》列传卷一〇八《刘台传》第三三页上、万邦荣《明史列传分纂》卷五《刘台传》作"讼"。据文意，似作"讼"是。

子亮玄从子宗达（卷二二九列传第一一七，页六〇〇〇行一）

按：玄，原作"元"，万斯同《明史》卷三二五《吴中行传》，《明熹宗实录》卷六六第三一三七页"天启五年十二月戊子"条、卷七九第三八〇六页"天启六年十二月壬寅"条作"玄"。盖因避清圣祖玄烨之名讳而改"玄"作"元"，兹回改本字，下同。又，万斯同《明史》卷三二五《吴中行传》"玄"下有"奕"字，且下文有"奕，龙溪知县"一语。赵宏恩《（乾隆）江南通志》卷一四二《吴中行传》亦载："子亮、奕、元（当作'玄'），俱举进士。奕，令龙溪。"可知吴中行有四子，即亮、玄、奕及从子宗达。

入为刑部主事（卷二二九列传第一一七，页六〇〇五行五）

按：入，原作"又"。徐乾学《明史列传》卷八二《沈思孝传》、万斯同《明史》卷三二五《沈思孝传》、王鸿绪《明史稿》列传卷一〇八《沈思孝传》第四〇页上、万邦荣《明史列传分纂》卷五《沈思孝传》皆作"入"，据改。

言之不从是谓不乂（卷二三〇列传第一一八，页六〇二五倒五至四行）

按：不乂，原作"不入"。按万斯同《明史》卷三四〇《汪若霖传》、王鸿绪《明史稿》列传卷一一四《汪若霖传》第九五页上、《明神宗实录》卷四二〇"万历三十四年四月丙辰"条第七九五四页皆作"不义"。另,《汉书》卷二七刘向撰《洪范五行传》亦作"不义",据改。原校勘记宜改写。

今日以建言防人（卷二三一列传第一一九,页六〇三五行二）

按:按万斯同《明史》卷三三八《顾允成传》、陈子龙《明经世文编》卷三七二沈思孝撰《遵祖制开言路以养士气疏》、董斯张《吴兴备志》卷二九《璪征第二十四》"人"下皆有"口"字,疑是。

元子封王祖宗以来未有此礼（卷二三一列传第一一九,页六〇三五倒二行）

按:礼,万斯同《明史》卷三三八《顾允成传》作"理"。然徐乾学《明史列传》卷八五《顾允成传》、王鸿绪《明史稿》列传卷一一一《顾允成传》第六七页上、万邦荣《明史列传分纂》卷七《顾允成传》皆作"礼"。据文意,似作"礼"是。

地逼则嫌生礼殊则分定（卷二三一列传第一一九,页六〇四三行八）

按:逼,徐乾学《明史列传》卷八五《于孔谦传》、王鸿绪《明史稿》列传卷一一一《于孔谦传》第七〇页下、万邦荣《明史列传分纂》卷七《于孔谦传》、俞汝楫《礼部志稿》卷四八《请止并封疏》同。万斯同《明史》卷三三八《于孔谦传》作"别"。据下文"礼殊则分定"一句,似作"别"是。

而天下早已知其肺腑矣（卷二三一列传第一一九,页六〇四八倒一行）

按:腑,徐乾学《明史列传》卷八五《安希范传》、万斯同《明史》卷三三八《安希范传》、王鸿绪《明史稿》列传卷一一一《安希范传》第七三页上皆作"肝"。

故南星以挂弹章而斥（卷二三一列传第一一九,页六〇四九倒四行）

按:以,原作"一"。按本传本句下有"于孔兼、薛敷教、张纳陛等以申救而斥,孟化鲤等以推张栋而斥",两句依对仗皆作"以",据改。

矿税使四出（卷二三二列传第一二〇,页六〇六〇行七至八）

按:原脱"使",本书本卷《李三才传》有"时矿税使四出"语。徐乾学《明史列传》卷九一余懋衡传称"帝以殿工，广设矿税使"。王鸿绪《明史稿》列传卷一二一《余懋衡传》第一七二页下、沈佳《明儒言行录》卷一〇《余懋衡少原先生》亦作"矿税使"。据补。原校勘记宜改写。

其害十倍于加赋（卷二三二列传第一二〇，页六〇六〇行九）

按：十，徐乾学《明史列传》卷九一《余懋衡传》、万斯同《明史》卷三三六《余懋衡传》、王鸿绪《明史稿》列传卷一二一《余懋衡传》第一七二页下皆作"实"。

陛下宁不惕然警悟邪（卷二三二列传第一二〇，页六〇六三倒二行）

按：邪，徐乾学《明史列传》卷九一《李三才传》、万斯同《明史》卷三三五《李三才传》、王鸿绪《明史稿》列传卷一二一《李三才传》第一七四页下作"耶"。似作"耶"是。

御史史学迁史记事马孟祯（卷二三二列传第一二〇，页六〇六五行七）

按：史记事，万斯同《明史》卷三三五《李三才传》作"及记事"。然本书卷二三六《王元翰传》，徐乾学《明史列传》卷九一《李三才传》，王鸿绪《明史稿》列传卷一二一《李三才传》第一七五页上，《明神宗实录》卷四七九第九〇三六页"万历三十九年正月甲子"条、卷四八二第九〇七八页"万历三十九年四月癸巳"条，《明史纪事本末》卷六六《东林党议》皆作"史记事"，可知本书此处不误。另，马孟祯，原作"马孟祚"。按本传下文作"马孟祯"，本书卷三三〇有《马孟祯传》，事迹与此合。另万斯同《明史》卷三三五《李三才传》、王鸿绪《明史稿》列传卷一二一《李三才传》第一七五页上、徐乾学《明史列传》卷九一《李三才传》亦皆作"马孟祯"。据改。原校勘记宜改写。

即上定制书数千言（卷二三三列传第一二一，页六〇七三行五）

按：定制书，徐乾学《明史列传》卷八四《罗大纮传》、万斯同《明史》卷三三七《罗大纮传》作"定志书"。王鸿绪《明史稿》列传卷一一〇《罗大纮传》第五五页上、万邦荣《明史列传分纂》卷九《罗大纮传》皆作"定制书"。

乃内怀二心（卷二三三列传第一二一，页六〇七三倒二行）

按：怀，原作"外"。徐乾学《明史列传》卷八四《罗大纮传》、万斯同《明史》卷三三七《罗大纮传》、王鸿绪《明史稿》列传卷一一〇《罗大纮传》第五五页下皆作"怀"，据改。

即陛下春宫受册时止六龄耳（卷二三三列传第一二一，页六〇八一行五）

按：止，万斯同《明史》卷三三七《王如坚传》作"正"。徐乾学《明史列传》卷八四《王如坚传》、王鸿绪《明史稿》列传卷一一〇《王如坚传》第五八页下、万邦荣《明史列传分纂》卷九《王如坚传》、《明神宗实录》卷二五六第四七六六页"万历二十一年正月壬午"条作"止"。据文意，二字两可。

一旦并封而同号（卷二三三列传第一二一，页六〇八一倒四行）

按：旦，原作"日"。徐乾学《明史列传》卷八四《王如坚传》、万斯同《明史》卷三三七《王如坚传》、王鸿绪《明史稿》列传卷一一〇《王如坚传》第五八页下、万邦荣《明史列传分纂》卷九《王如坚传》、《明神宗实录》卷二五六第四七六七页"万历二十一年正月壬午"条作"旦"，据改。

定分黄道淮之策（卷二三三列传第一二一，页六〇八三行六）

按：道，万斯同《明史》卷三三七《张贞观传》、《明神宗实录》卷二五四第四七一九页"万历二十年十一月庚申"条皆作"导"，疑是。

一旦使执锐衣坚（卷二三四列传第一二二，页六〇九三倒三行）

按：一旦，原作"一日"。徐乾学《明史列传》卷八三《卢洪春传·附董基传》、万斯同《明史》卷三二六《董基传》、王鸿绪《明史稿》列传卷一〇九《卢洪春传·附董基传》第四六页上、万邦荣《明史列传分纂》卷一〇《卢洪春传·附董基传》皆作"一旦"，据改。原校勘记宜改写。

而懋桧疏又有保圣躬节内供御近习开言路议蠲振慎刑罚重举刺限田制八事（卷二三四列传第一二二，页六〇九五行七至八）

按：八，原作"七"，据万斯同《明史》卷三二六《李懋桧传》改。

而请剑引裾杖谪以去者（卷二三四列传第一二二，页六〇九六行二）

按：引裾，《明神宗实录》卷一八八第三五三〇页"万历十五年七月辛亥"条作"折槛"。徐乾学《明史列传》卷八四《李懋桧传》、万斯同《明史》卷三二六《李懋桧传》、王鸿绪《明史稿》列传卷一一二《李懋桧传》第七五页下、万邦荣《明史列传分纂》卷一〇《李懋桧传》皆作"引裾"。两词皆有直言谏诤之意。黄云眉《明史考证》已论及。

大《明会典》及皇祖卧碑亦屡言之（卷二三四列传第一二二，页六〇九六行四至五）

按：徐乾学《明史列传》卷八四《李懋桧传》、万斯同《明史》卷三二六《李懋桧传》"明"下有"令"字。王鸿绪《明史稿》列传卷一一二《李懋桧传》第七五页下、万邦荣《明史列传分纂》卷一〇《李懋桧传》、《明神宗实录》卷一八八第三五三〇页"万历十五年七月辛亥"条皆无"令"字。

为其附权奸而弃直臣（卷二三四列传第一二二，页六〇九八倒二至一行）

按：直臣，原作"直言"。按万斯同《明史》卷三二六《周弘禴传》作"直臣"。《明神宗实录》卷一五七第二九〇〇页"万历十三年正月丁酉"条载为"直言之臣"。作"直臣"是，据改。

皆一诎不申（卷二三四列传第一二二，页六一〇一行八）

按：申，徐乾学《明史列传》卷八三《雒于仁传》、万斯同《明史》卷三二六《雒于仁传》、《明神宗实录》卷二一八第四〇八七页"万历十七年十二月甲午"条、徐开任《明名臣言行录》卷七六《大理寺雒公于仁》作"伸"。似作"伸"是。

其切要而当亟正者一（卷二三四列传第一二二，页六一〇九行四至五）

按：正，万斯同《明史》卷三三七《戴士衡传》作"止"。徐乾学《明史列传》卷八四《戴士衡传》、王鸿绪《明史稿》列传卷一一二《戴士衡传》第八〇页上、万邦荣《明史列传分纂》卷一〇《戴士衡传》作"正"。似作"正"是。

使尽付之无心（卷二三四列传第一二二，页六一一二行八）

按：使，万斯同《明史》卷三三九《翁宪祥传》、《明神宗实录》卷四一八第七九二一页"万历三十四年二月壬戌"条皆作"如"。徐乾学《明史列传》卷九〇《翁宪祥传》、王鸿绪《明史稿》列传卷一一四《翁宪祥传》第九八页下作"使"。

王汝训字古师（卷二三五列传第一二三，页六一一七行五）

按：古师，徐乾学《明史列传》卷八一《王汝训传》、万斯同《明史》卷三三四《王汝训传》、刘应秋《刘大司成集》卷六《赠王师古大理序》、叶向高《苍霞续草》卷一四《工部左侍郎赠工部尚书王公神道碑》、徐开任《明名臣言行录》卷六九《侍郎王恭介公汝训》皆作"师古"。王鸿绪《明史稿》列传卷一〇六《王汝训传》第一一页下、万邦荣《明史列传分纂》卷一一《王汝训传》作"古师"。似作"师古"是。

费益不訾（卷二三五列传第一二三，页六一一九行二）

按：訾，徐乾学《明史列传》卷八一《王汝训传》、万斯同《明史》卷三三四《王汝训传》作"支"。王鸿绪《明史稿》列传卷一〇六《王汝训传》第一二页上、万邦荣《明史列传分纂》卷一一《王汝训传》作"訾"。

累迁南京户部右侍郎总理粮储（卷二三五列传第一二三，页六一二一倒二行）

按：粮，原作"漕"。徐乾学《明史列传》卷八一《余懋学传》、万斯同《明史》卷三二四《余懋学传》、王鸿绪《明史稿》列传卷一〇六《余懋学传》第一三页上、《明神宗实录》卷二四一第四七九九页"万历十九年十月乙卯"条、林之盛《皇明应谥名臣备考录》卷八《余懋学》、谈迁《国榷》卷七五"万历十九年十月乙卯"条、傅维鳞《明书》卷一三四《余懋学传》皆作"粮"，据改。

上下不交（卷二三五列传第一二三，页六一二二倒二行）

按：不交，徐乾学《明史列传》卷八一《张养蒙传》、万斯同《明史》卷三三五《张养蒙传》作"交疑"。王鸿绪《明史稿》列传卷一〇六《张养蒙传》第一三页下、万邦荣《明史列传分纂》卷一一《张养蒙传》

皆作"不交"。

将见媚子宵人投袂竞起（卷二三五列传第一二三，页六一二四行一）

按：子，《明神宗实录》卷三〇三第五六八九页"万历二十四年十月戊寅"条作"于"。

奈何不严禁而速断耶（卷二三五列传第一二三，页六一三〇行八）

按：严禁，万斯同《明史》卷三四一《陆大受传》作"严究"。王鸿绪《明史稿》列传卷一二四《何士晋传·附陆大受传》第二〇一页下作"严竟"。王颂蔚《明史考证攟逸》已论及。原校勘记宜改写。

以清节著闻（卷二三五列传第一二三，页六一三〇倒二行）

按：节，原作"洁"，据万斯同《明史》卷三四一《陆大受传》、王鸿绪《明史稿》列传卷一二四《何士晋传·附陆大受传》第二〇一页下改。

四川妖人韩应龙奏请榷盐采木（卷二三五列传第一二三，页六一三二倒六行）

按：妖人，万斯同《明史》卷三三七《王德完传》作"奸人"。王鸿绪《明史稿》列传一一〇《王德完传》第六二页上、万邦荣《明史列传分纂》卷一一《王德完传》作"妖人"。王颂蔚《明史考证攟逸》已论及。

如为皇长子慎无渎扰（卷二三五列传第一二三，页六一三三倒六行）

按：渎扰，原作"扰渎"。万斯同《明史》卷三三七《王德完传》、王鸿绪《明史稿》列传卷一一〇《王德完传》第六二页下、《明神宗实录》卷三五二第六六〇八页"万历二十八年十月庚子"条皆作"渎扰"，据改。

曩尝举为正人（卷二三六列传第一二四，页六一四五行二）

按：举，徐乾学《明史列传》卷八二《李植传》、万斯同《明史》卷三二五《李植传》、王鸿绪《明史稿》列传卷一〇八《李植传》第四三页上、《明神宗实录》卷一六四第二九八八页"万历十三年八月己酉"条皆作"誉"，疑是。原校勘记宜改写。

鬻高淳诸县草场者（卷二三六列传第一二四，页六一四七行六）

按：鬻，徐乾学《明史列传》卷九〇《汤兆京传》、万斯同《明史》

卷三四一《汤兆京传》、王鸿绪《明史稿》列传卷一一四《汤兆京传》第九三页上、万邦荣《明史列传分纂》卷一二《汤兆京传》作"粥"。"鬻"同"粥"。

独介介于之祥（卷二三六列传第一二四，页六一五五行三）

按：独，徐乾学《明史列传》卷九〇《孙振基传》、万斯同《明史》卷三四一《孙振基传》、王鸿绪《明史稿》列传卷一一四《孙振基传》第九八页上皆作"犹"。

尝过高攀龙请与交欢辞曰吾老矣不能涉嫌要津遽别去（卷二三六列传第一二四，页六一五七行一至二）

按：万斯同《明史》卷三三八《丁元荐传》称："过高攀龙所，适给事中魏大中至，攀龙请与交欢，辞曰：'吾老矣，不能涉嫌要津。'遽数揖而返。"徐乾学《明史列传》卷九〇《丁元荐传》、王鸿绪《明史稿》列传卷一一四《丁元荐传》第九九页下同。本传脱"适给事中魏大中至"一句，致文意不可解。原校勘记宜改写。

畿民富者贫贫者死（卷二三七列传第一二五，页六一六八行二）

按：畿民，原作"饥民"。徐乾学《明史列传》卷八六《傅好礼传》、万斯同《明史》卷三二九《傅好礼传》、王鸿绪《明史稿》列传卷一一三《傅好礼传》第八四页上、万邦荣《明史列传分纂》卷一三《傅好礼传》皆作"畿民"。按此承上文"近京要地"而言，作"畿民"是，据改。王颂蔚《明史考证捃逸》已论及。原校勘记宜改写。

而冀以计智甘言（卷二三七列传第一二五，页六一七一倒五行）

按：计智，徐乾学《明史列传》卷八三《田大益传》、万斯同《明史》卷三三九《田大益传》、《明神宗实录》卷三五四第六六二一页"万历二十八年十二月庚辰"条作"智计"。王鸿绪《明史稿》列传卷一〇九《田大益传》第五二页上、万邦荣《明史列传分纂》卷一三《田大益传》作"计智"。

重足而累息（卷二三七列传第一二五，页六一七二倒五行）

按：累息，原作"纍息"。万斯同《明史》卷三三九《田大益传》、王鸿绪《明史稿》列传卷一〇九《田大益传》第五二页下皆作"累息"，据改。王颂蔚《明史考证捃逸》已论及。原校勘记宜改写。

以致天灾地坼山崩川竭（卷二三七列传第一二五，页六一七二倒五行）

按：坼，疑当作"赤"。按此句徐乾学《明史列传》卷八三《田大益传》、万斯同《明史》卷三三九《田大益传》、王鸿绪《明史稿》列传卷一〇九《田大益传》第五二页下皆作"吁天天灾，诉地地赤，触山山崩，顾川川竭"。《明神宗实录》卷三五九第六七〇二页"万历二十九年五月辛丑条"作"吁天天灾，控地地赤，触山山崩，触川川竭"。据此，可知本传误删"赤"字，并误以"诉"为"坼"。

而羣小犹恣横（卷二三七列传第一二五，页六一七三倒一行）

按：恣，原作"盗"。徐乾学《明史列传》卷八三《田大益传》、万斯同《明史》卷三三九《田大益传》、王鸿绪《明史稿》列传卷一〇九《田大益传》第五三页上、万邦荣《明史列传分纂》卷一三《田大益传》作"恣"，据改。王颂蔚《明史考证捃逸》已论及。原校勘记宜改写。

凌敕使（卷二三七列传第一二五，页六一七五行二）

按：凌，中华书局点校本改作"陵"。按徐乾学《明史列传》卷八六《冯应京传》、万斯同《明史》卷三二九《冯应京传》、王鸿绪《明史稿》列传卷一一三《冯应京传》第八五页上、《景印文渊阁四库全书》本《明史》卷二三七《冯应京传》、万邦荣《明史列传分纂》卷一三《冯应京传》皆作"凌"。可知本书此处不误。兹回改。

土蛮五六百骑营旧辽阳北河（卷二三八列传第一二六，页六一八四行六）

按：原脱"五"，据万斯同《明史》卷三二二《李成梁传》、《明神宗实录》卷七第二七二页"隆庆六年十一月己酉"条、谈迁《国榷》卷六八"隆庆六年十月辛巳"条补。

明年卜失兔复入寨（卷二三八列传第一二六，页六二〇〇倒五行）

按：寨，徐乾学《明史列传》卷八九《麻贵传》作"塞"。万斯同《明史》卷三二三《马贵传》作"寨"。中华书局点校本改"寨"作"塞"，是。

寇以数骑尝（卷二三九列传第一二七，页六二〇六行三）

按：尝，徐乾学《明史列传》卷一八九《张臣传》、万斯同《明史》卷三二三《张臣传》作"当"。王鸿绪《明史稿》列传卷一一六《张臣传》第一一三页上皆作"尝"。

追斩百八十余人（卷二三九列传第一二七，页六二〇七倒一行）

按：原脱"百"，据万斯同《明史》卷三二三《张臣传·附张承荫传》、《明神宗实录》卷四六六第八七九三页"万历三十八年正月戊戌"条补。

云擢署都督同知（卷二三九列传第一二七，页六二二三倒一行）

按：原脱"署"，据徐乾学《明史列传》卷一八九《达云传》、万斯同《明史》卷三二三《达云传》、《明神宗实录》卷二九四第五四六七页"万历二十四年二月癸丑"条补。

益寇钞永昌（卷二三九列传第一二七，页六二二八行二）

按：万斯同《明史》卷三二三《柴国柱传》"永昌"下有"永宁"二字。

帝优旨报闻（卷二百四十列传第一百二十八，页六二三六倒六行）

按：优旨，原作"复旨"。万斯同《明史》卷三四二《叶向高传》、王鸿绪《明史稿》列传卷九五《叶向高传》第四三四页上皆作"优旨"，据改。原校勘记宜改写。

而其时朝士与忠贤抗者率倚向高（卷二四〇列传第一二八，页六二三七倒六行）

按：率倚，原作"卒倚"。万斯同《明史》卷三四二《叶向高传》、王鸿绪《明史稿》列传卷九五《叶向高传》第四三五页下皆作"率倚"，据改。原校勘记宜改写。

先是从哲去帝数称一燝为首辅（卷二四〇列传第一二八，页六二四二行二）

按：原脱"去帝"，据万斯同《明史》卷三四二《刘一燝传》、王鸿绪《明史稿》列传卷一一九《刘一燝传》第一四七页下补。王颂蔚《明史考证攟逸》已论及。原校勘记宜改写。

加少保吏部尚书武英殿大学士（卷二四〇列传第一二八，页六二四三倒三至二行）

按：《明熹宗实录》卷一一第五四七页"天启元年六月甲戌"条、谈迁《国榷》卷八四"天启元年六月乙亥"条、张岱《石匮书》卷一八二《韩爌传》"少保"下有"兼太子太保"五字。

遣御史过庭训赍十六万金振之（卷二四二列传第一三〇，页六二八四倒七至六行）

按：金，万斯同《明史》卷三四九《翟凤翀传》作"银"。然王鸿绪《明史稿》列传卷一二四《翟凤翀传》第一九八页上、《明神宗实录》卷五四一第一〇二九一页"万历四十四年正月壬辰"条皆作"金"。疑本书不误。又，此句"之"字下万斯同《明史》卷三四九《翟凤翀传》有"两临清仓米六万石"一句；《明神宗实录》卷五四一第一〇二九一页"万历四十四年五月壬辰"条作"及分赈米六万"，本书此处脱。

实兆魁一疏基之矣（卷二四二列传第一三〇，页六二八六行四）

按：基，原作"塞"。万斯同《明史》卷三二九《洪文衡传》、王鸿绪《明史稿》列传卷一二四《洪文衡传》第二〇二页上皆作"基"，据改。原校勘记宜改写。

抑且贻隐祸（卷二四二列传第一三〇，页六二八八行三）

按：隐祸，原作"阴祸"，据王鸿绪《明史稿》列传卷一二四《陈伯友传》第二〇三页上改。原有校勘记。

试问谁秉国成（卷二四三列传第一三一，页六三〇五倒四行）

按：试问，原作"讯问"。徐乾学《明史列传》卷九二《邹元标传》、万斯同《明史》卷三四四《邹元标传》、王鸿绪《明史稿》列传卷一二二《邹元标传》第一八〇页下作"试问"，据改。原校勘记宜改写。

慎行遂四疏乞归（卷二四三列传第一三一，页六三〇七倒二行）

按：遂，原作"随"，据徐乾学《明史列传》卷九二《孙慎行传》、万斯同《明史》卷三四四《孙慎行传》、王鸿绪《明史稿》列传卷一二二《孙慎行传》第一八一页下改。原校勘记宜改写。

先臣守仁（卷二四三列传第一三一，页六三一六行六）

按：徐乾学《明史列传》卷九二《冯从吾传》、万斯同《明史》卷三四四《冯从吾传》、王鸿绪《明史稿》列传卷一二二《冯从吾传》第一八五页下"臣"下皆有"王"字，当是。

今日安敢私受（卷二四四列传第一三二，页六三二九倒一行）

按：受，万斯同《明史》卷三五一《左光斗传》、王鸿绪《明史稿》列传卷一二六《左光斗传》第二一七页上、傅维鳞《明书》卷一〇九《左光斗传》、缪敬持《东林同难录》卷中《左光斗传》皆作"授"，疑是。王颂蔚《明史考证捃逸》已论及。

诋德完晚节不振尽丧典刑（卷二四四列传第一三二，页六三三三倒五行）

按：刑，原作"型"。万斯同《明史》卷三五一《魏大中传》、《明熹宗实录》卷一〇第五二四页"天启元年五月乙卯"条作"刑"，据改。

讼多溢词（卷二四四列传第一三二，页六三四七行四）

按：讼，王鸿绪《明史稿》列传卷一二六《王之寀传》第二二四页下、缪敬持《东林同难录》卷中《王之寀传》作"颂"。似作"颂"是。

且下令捕世学（卷二四五列传第一三三，页六三五〇行二至三）

按：下令，万斯同《明史》卷三五二《周起元传》作"不令"，据文意，当是。

臣尝屡请废铜（卷二四五列传第一三三，页六三六七倒四行）

按：原脱"废"，据万斯同《明史》卷三五二《万燝传》、王鸿绪《明史稿》列传卷一二七《万燝传》第二三四页上、《明熹宗实录》卷四三第二一〇三页"天启四年六月戊戌"条、张岱《石匮书》卷一九三《万燝传》、徐开任《明名臣言行录》卷八二《工部万忠贞公燝传》、傅维鳞《明书》卷一一〇《万燝传》、查继佐《罪惟录·列传》卷一三《万燝传》、缪敬持《东林同难录》卷中《万燝传》、邹漪《启祯野乘》卷五《万忠贞传》、陈济生《天启崇祯两朝遗诗小传》卷一《黄忠贞公》、谷应泰《明史纪事本末》卷七一《魏忠贤乱政》补。

捽而殴之（卷二四五列传第一三三，页六三六八行二）

按：捽，原作"摔"。万斯同《明史》卷三五二《万燝传》、王鸿绪《明史稿》列传卷一二七《万燝传》第二三四页上、张岱《石匮书》卷一九三《万燝传》、缪敬持《东林同难录》卷中《万燝传》皆作"捽"，据改。原校勘记宜改写。

永惧率众摽甲入县庭（卷二四六列传第一三四，页六三七三行八）

按：县庭，万斯同《明史》卷三五三《满朝荐传》作"县廷"，与本书及王鸿绪《明史稿》列传卷一二五《满朝荐传》第二〇五页上相异。疑作"县庭"是。

重则竟行其言矣（卷二四六列传第一三四，页六三七五行六至七）

按：竟，万斯同《明史》卷三五三《满朝荐传》、王鸿绪《明史稿》列传卷一二五《满朝荐传》第二〇五页下同。《明熹宗实录》卷二五第一二四〇页至第一二四一页"天启二年八月丁卯"条、徐开任《明名臣言行录》卷八三《太仆满公朝荐》作"径"。据文意，似作"径"是。

他若戚畹岂不当检（卷二四六列传第一三四，页六三七五倒六行）

按：检，《明熹宗实录》卷二五第一二四一页"天启二年八月丁卯"条、徐开任《明名臣言行录》卷八三《太仆满公朝荐》作"简"。

恐东征将士闻而解体（卷二四六列传第一三四，页六三八〇行七至八）

按：东征，王颂蔚《明史考证捃逸》改作"东方"，不知所据。万斯同《明史》卷三五三《侯震旸传》、王鸿绪《明史稿》列传卷一二五《侯震旸传》第二〇八页上、《明熹宗实录》卷五第二七〇页"天启元年正月壬寅"条皆作"东征"。

而汲汲皇皇为无病之沈吟（卷二四六列传第一三四，页六三八五行八）

按：沈吟，据文意，当作"呻吟"。本书此处殆承王鸿绪《明史稿》列传卷一二五《李希孔传》第二一〇页下而误。王颂蔚《明史考证捃逸》已论及。

随犯咸安晋州（卷二四七列传第一三五，页六三九二行四）

按：随，原作"遂"。陆奎勋《陆堂文集》卷一六《明史拟传·刘綖传》、徐乾学《明史列传》卷八八《刘綖传》、万斯同《明史》卷三二一《刘綖传》、王鸿绪《明史稿》列传卷一一七《刘綖传》第一二五页下"随"，据改。

尝遣副将吴子忠击破丢骨人荒没舌三砦（卷二四七列传第一三五，页六三九六倒二行）

按：没舌，徐乾学《明史列传》卷八八《李应祥传》、万斯同《明史》卷三二一《李应祥传》作"没古"。然本书卷二一二《刘显传》、王鸿绪《明史稿》列传卷一一七《李应祥传》第一二八页上、《明神宗实录》卷八七第一八一七页"万历七年五月辛未"条、章潢《图书编》卷四八《松潘事宜》、陈子龙《明经世文编》卷三九〇徐元泰撰《初报河东大捷疏》、谈迁《国榷》卷七〇"万历七年五月辛未"条皆作"没舌"。疑本书不误。下同。

土目安四儿者（卷二四七列传第一三五，页六三九九行八）

按：土目，原作"土木"，据徐乾学《明史列传》卷八八《李应祥传》、万斯同《明史》卷三二一《李应祥传》、王鸿绪《明史稿》列传卷一一七《李应祥传》第一二九页上改。

有平田黎峒白板九密等三十七巢（卷二四七列传第一三五，页六四〇一倒一行至六四〇二行一）

按：平田，万斯同《明史》卷三二一《童元镇传》作"千田"。然徐乾学《明史列传》卷八八《李应祥传》、王鸿绪《明史稿》列传卷一一七《李应祥传》第一三〇页上皆作"平田"，是。

东南为六十三山（卷二四七列传第一三五，页六四〇二行一）

按：六十三山，原脱"六"字。本书卷三一七《广西土司传》称广西瑶、僮"六十三山倚为巢穴"。瞿九思《万历武功录》卷四《岑溪潘积善诸瑶列传》亦谓"六十三山及七山皆岑溪瑶巢也"。据补，下同。原校勘记宜改写。

营将严正中异龙亭过河（卷二四八列传第一三六，页六四三五行八至九）

按：过，原作"及"。万斯同《明史》卷三六六《徐从治传·附孙元化传》、王鸿绪《明史稿》列传卷一四〇《徐从治传·附孙元化传》第三七七页下作"过"，据改。

请敕四川出兵遵义毕节（卷二四九列传第一三七，页六四六〇行五）

按：原脱"毕节"，据天一阁本万斯同《明史列传》第八册《蔡复一传》、万斯同《明史》卷三四六《蔡复一传》、王鸿绪《明史稿》列传卷一二八《蔡复一传》第二四五页下、《明熹宗实录》卷五六第二五四三页"天启五年二月庚辰"条、鄂尔泰《（雍正）贵州通志》卷二三《武备》补。

犄角平贼（卷二四九列传第一三七，页六四六〇行五至六）

按：犄，原作"掎"，据天一阁本万斯同《明史列传》第八册《蔡复一传》、万斯同《明史》卷三四六《蔡复一传》、王鸿绪《明史稿》列传卷一二八《蔡复一传》第二四五页下改。下同。

剿破乌粟螺蛳长田及两江十五砦叛苗（卷二四九列传第一三七，页六四六〇倒四行）

按：螺蛳，原作"螺虾"。天一阁本万斯同《明史列传》第八册《蔡复一传》、万斯同《明史》卷三四六《蔡复一传》、《明熹宗实录》卷六二第二九〇一页"天启五年八月戊寅"条皆作"螺蛳"，据改。

又遣刘超等讨平越苗阿秩等（卷二四九列传第一三七，页六四六〇倒一行）

按：阿秩，本书卷二七〇《鲁钦传》作"阿秧"。然天一阁本万斯同《明史列传》第八册《蔡复一传》、万斯同《明史》卷三四六《蔡复一传》、王鸿绪《明史稿》列传卷一二八《蔡复一传》第二四五页下、《明熹宗实录》卷六五第三〇六四页"天启五年十一月壬子"条作"阿秩"。似作"阿秩"是。王颂蔚《明史考证攟逸》已论及。原校勘记宜改写。

无旨离信地（卷二五〇列传第一三八，页六四七二行一）

按：信，原作"汛"，据万斯同《明史》卷三六四《孙承宗传》、王鸿绪《明史稿》列传卷一三一《孙承宗传》第二七八页上改。

其罪莫逭（卷二五一列传第一三九，页六四八六行五）

按：万斯同《明史》卷三五六《钱龙锡传》、王鸿绪《明史稿》列传卷一三〇《钱龙锡传》第二六四页下作"秦桧莫过"。

此秦皇不行于巴清（卷二五一列传第一三九，页六四八八行五）

按：巴清，王鸿绪《明史稿》列传卷一三〇《钱锡龙传·附钱士升传》第二六六页上作"寡清"。陆奎勋《陆堂文集》卷一二《钱士升传》、谷应泰《明史纪事本末》卷七二《崇祯治乱》作"巴清"。似作"巴清"是。

及解严（卷二五一列传第一三九，页六四八九倒三至二行）

按：解严，原作"戒严"，据万斯同《明史》卷三五六《成基命传》、王鸿绪《明史稿》列传卷一三〇《成基命传》第二六六页下改。原校勘记宜改写。

都城被兵（卷二五一列传第一三九，页六四九二倒三行）

按：被兵，万斯同《明史》卷三五六《成基命传·附钱象坤传》、王鸿绪《明史稿》列传卷一三〇《成基命传·附钱象坤传》第二六七页上作"戒严"。王颂蔚《明史考证捃逸》改"被兵"为"戒严"，当是。

有甚伪学之禁（卷二五一列传第一三九，页六四九六倒五至四行）

按：甚，万斯同《明史》卷三五六《文震孟传》、王鸿绪《明史稿》列传卷一三〇《文震孟传》第二六九页上作"似"。陆奎勋《陆堂文集》卷一二《文震孟传》、《明熹宗实录》卷二七第一三八八页"天启二年十月己丑"条、徐开任《明名臣言行录》卷八七《大学士文文肃公震孟》、邹漪《启祯野乘》卷一《文文肃公》作"甚"。似作"甚"是。

游骑直抵兖州（卷二五二列传第一四〇，页六五一三倒六行）

按：直抵，原作"北抵"。万斯同《明史》卷三六五《杨嗣昌传》、王鸿绪《明史稿》列传卷一三八《杨嗣昌传》第三五七页下皆作"直抵"。按兖州不在济南之北，且下文方言"北旋"，此作"北抵"，误，据改。王颂蔚《明史考证捃逸》、黄云眉《明史考证》已论及。原校勘记宜改写。

沦于市行（卷二五三列传第一四一，页六五三〇行六）

按：沦，万斯同《明史》卷三五七《王应熊传》、王鸿绪《明史稿》列传卷一三三《王应熊传》第二九五页下作"伦"。

除太谷知县（卷二五四列传第一四二，页六五五三行五）

按：太谷，万斯同《明史》卷三五八《乔允升传》作"大谷"。王鸿绪《明史稿》列传卷一三四《乔允升传》第三〇五页上作"太谷"。似作"太谷"是。

夫今日所汲汲于近功者（卷二五五列传第一四三，页六五七四倒四行）

按：汲汲，万斯同《明史》卷三六〇《刘宗周传》、王鸿绪《明史稿》列传卷一四一《刘宗周传》第三八七页下、黄宗羲《黄宗羲全集》第一册《子刘子行状》卷上作"急急"。刘宗周《刘蕺山集》卷二《除京兆谢恩疏》、邵念鲁《思复堂文集碑传》卷一《明儒刘子蕺山先生传》、徐开任《明名臣言行录》卷九五《都御史刘忠正公宗周》作"汲汲"。据文意，似作"汲汲"为妥。

益习为顽钝无耻（卷二五五列传第一四三，页六五七五行八）

按：益，原作"盖"，据万斯同《明史》卷三六〇《刘宗周传》、王鸿绪《明史稿》列传一四一《刘宗周传》第三八八页上、刘宗周《刘蕺山集》卷二《除京兆谢恩疏》、《御选明臣奏议》卷三九刘宗周撰《请无急近功小利疏》改。王颂蔚《明史考证捃逸》已论及。原校勘记宜改写。

默正此心（卷二五五列传第一四三，页六五七六行四至五）

按：万斯同《明史》卷三六〇《刘宗周传》、王鸿绪《明史稿》列传卷一四一《刘宗周传》第三八八页上、黄宗羲《黄宗羲全集》第一册《子刘子行状》卷上、邵念鲁《思复堂文集碑传》卷一《明儒刘子蕺山先生传》作"默证此心"。刘宗周《刘蕺山集》卷二《除京兆谢恩疏》作"自反此心"。

义以正万民（卷二五五列传第一四三，页六五七六行五）

按：万民，万斯同《明史》卷三六〇《刘宗周传》、刘宗周《刘蕺山集》卷二《除京兆谢恩疏》、黄宗羲《黄宗羲全集》第一册《子刘子行状》卷上、邵念鲁《思复堂文集碑传》卷一《明儒刘子蕺山先生传》作"天下"。王鸿绪《明史稿》列传卷一四一《刘宗周传》第三八八页上作"万民"，本书袭之。

然大君者（卷二五五列传第一四三，页六五七七倒三行）

按：大君，万斯同《明史》卷三六〇《刘宗周传》、王鸿绪《明史稿》列传卷一四一《刘宗周传》第三八九页上、黄宗羲《黄宗羲全集》第一册《子刘子行状》卷上作"陛下"。又本传下文有"陛下置辅"一语。据此，似作"陛下"为妥。

毋宠利居功（卷二五五列传第一四三，页六五七七倒二行）

按："居"下原有"成"字，属衍文，据万斯同《明史》卷三六〇《刘宗周传》、王鸿绪《明史稿》列传卷一四一《刘宗周传》第三八九页上、黄宗羲《黄宗羲全集》第一册《子刘子行状》卷上删。

朝政日隳（卷二五五列传第一四三，页六五八〇倒六行）

按：朝政，原作"朝廷"，据万斯同《明史》卷三六〇《刘宗周传》、王鸿绪《明史稿》列传卷一四一《刘宗周传》第三九〇页上、谷应泰《明史纪事本末》卷七二《崇祯治乱》改。《御选明臣奏议》卷四〇刘宗周撰《劾温体仁疏》作"朝廷"，亦误。王颂蔚《明史考证捃逸》已论及。

或以诬告坐（卷二五五列传第一四三，页六五八一倒二行）

按：诬，万斯同《明史》卷三六〇《刘宗周传》、王鸿绪《明史稿》列传卷一四一《刘宗周传》第三九一页上、黄宗羲《黄宗羲全集》第一册《子刘子行状》卷上、谷应泰《明史纪事本末》卷七二《崇祯治乱》皆作"无"。刘宗周《刘蕺山集》卷四《身切时艰疏》、《御选明臣奏议》卷四〇刘宗周撰《劾温体仁疏》作"诬"。据文意，似作"诬"是。

乃列建道揆贞法守崇国体清伏奸惩官邪饬吏治六事以献列（卷二五五列传第一四三，页六五八二倒七至六行）

按：万斯同《明史》卷三六〇《刘宗周传》作"历"。黄宗羲《黄宗羲全集》第一册《子刘子行状》卷上作"列"。据文意，似作"列"为妥。

明年闰四月（卷二五五列传第一四三，页六五九四倒五行）

按：原脱"四"，据万斯同《明史》卷三六〇《黄道周传》、王鸿绪《明史稿》列传卷一四一《黄道周传》第三九六页下、《崇祯实录》卷一〇第三〇四页"崇祯十年闰四月甲子"条、谈迁《国榷》卷九六"崇祯十年闰四月丁卯"条补。

上喜告讦则下喜诬陷（卷二五五列传第一四三，页六五九四倒一行至页六五九五行一）

按：诬陷，黄道周《黄漳浦文选》卷一《求言省刑疏》、查继佐《国寿录》卷四《阁部黄道周传》、孙承泽《春明梦余录》卷四五《刑部二》作"诬赖"。万斯同《明史》卷三六〇《黄道周传》、王鸿绪《明史稿》列传卷一四一《黄道周传》第三九七页上皆作"诬陷"。似作"诬赖"是。黄云眉《明史考证》已论及。

忠贤饰大宅以待（卷二五六列传第一四四，页六六〇六行五）

按：大宅，万斯同《明史》卷三四八《崔景荣传》作"大宴"。然徐乾学《明史列传》卷九三《崔景荣传》、王鸿绪《明史稿》列传卷一二三《崔景荣传》第一八九页下作"大宅"。陈鼎《东林列传》卷一四《崔景荣传》作"巨宅"。作"大宅"是。

而鹤鸣信化贞愈笃（卷二五七列传第一四五，页六六一八行九）

按：原脱"信"，据徐乾学《明史列传》卷九三《张鹤鸣传》、万斯同《明史》卷三四八《张鹤鸣传》、王鸿绪《明史稿》列传卷一二三《张鹤鸣传》第一九〇页下补。原校勘记宜改写。

一日数百里（卷二五七列传第一四五，页六六二二行一）

按：日，原作"旦"，据徐乾学《明史列传》卷九三《赵彦传》、天一阁本《明史列传》第八册《赵彦传》、万斯同《明史》卷三四五《赵彦传》、王鸿绪《明史稿》列传卷一二三《赵彦传》第一九一页上改。又，"百里"，天一阁本《明史列传》第八册《赵彦传》作"千里"。徐乾学《明史列传》卷九三《赵彦传》、万斯同《明史》卷三四五《赵彦传》、王鸿绪《明史稿》列传卷一二三《赵彦传》第一九一页上皆作"百里"。似作"百里"是。原校勘记宜改写。

称大成兴胜元年（卷二五七列传第一四五，页六六二二行五）

按：大成兴胜，徐乾学《明史列传》卷九三《赵彦传》、谈迁《国榷》卷八五"天启二年七月戊申"条、查继佐《罪惟录·列传》卷三一《徐鸿儒传》、谷应泰《明史纪事本末》卷七〇《平徐鸿儒》、毛奇龄《后鉴录》卷四皆作"大乘兴胜"。天一阁本《明史列传》第八册《赵彦传》、万斯同《明史》卷三四五《赵彦传》、王鸿绪《明史稿》列传卷一二三《赵彦传》第一九一页上作"大成兴胜"。似作"大成兴胜"是。王颂蔚《明史考证捃逸》、黄云眉《明史考证》已论及。

石首雨菽（卷二五七列传第一四五，页六六二九行四）

按：菽，万斯同《明史》卷三六三《熊明遇传》作"粟"。《明神宗实录》卷五四五第一〇三四四页"万历四十四年五月辛卯"条、查继佐《罪惟录·列传》卷一三下《熊明遇传》作"荳"，皆与本书及王鸿绪《明史稿》列传卷一三五《熊明遇传》第三二〇页上相异。

扬粤之监司多规避（卷二五七列传第一四五，页六六三〇行二）

按：扬，万斯同《明史》卷三六三《熊明遇传》、《明神宗实录》卷五四五第一〇三四五页"万历四十四年五月辛卯"条作"杨"。似作"扬"是。

以辽事责之己（卷二五七列传第一四五，页六六三一倒五行）

按：责，原作"委"，据万斯同《明史》卷三六三《张凤翼传》、王鸿绪《明史稿》列传一三五《张凤翼传》第三二一页上改。

一日而十舍可至（卷二五七列传第一四五，页六六三四行八）

按："一"下原有"二"字，衍文，据万斯同《明史》卷三六三《张凤翼传》、王鸿绪《明史稿》列传卷一三五《张凤翼传》第三二二页下删。

且彰主过（卷二五七列传第一四五，页六六三九倒三行）

按：彰，万斯同《明史》卷三六三《陈新甲传》、王鸿绪《明史稿》列传卷一三五《陈新甲传》第三二四页下皆作"章"。"章"同"彰"。

言贼在秦晋时（卷二五八列传第一四六，页六六四六倒一行）

按：原脱"言"，据万斯同《明史》卷三七〇《许誉卿传》、王鸿绪《明史稿》列传卷一四三《许誉卿传》第四一〇页下补。原校勘记宜改写。

以多士靖共之精神（卷二五八列传第一四六，页六六四八倒一行）

按：靖共，万斯同《明史》卷三七〇《华允诚传》、王鸿绪《明史稿》列传卷一四三《华允诚传》第四一二页上、孙承泽《春明梦余录》卷二四《内阁》作"修职"。《御选明臣奏议》卷四〇华允诚撰《三大可惜四大可忧疏》作"靖共"。

政府不以人才为重（卷二五八列传第一四六，页六六四九行一）

按：政府，黄宗羲《明文海》卷六五华允诚撰《直陈三大可惜四大可忧疏》、孙承泽《春明梦余录》卷二四《内阁》、文秉《烈皇小识》卷三作"政本"。万斯同《明史》卷三七〇《华允诚传》、王鸿绪《明史稿》列传卷一四三《华允诚传》第四一二页上皆作"政府"。据文意，似作"政府"是。

纎六十万（卷二五八列传第一四六，页六六五一行二）

按：王鸿绪《明史稿》列传卷一四二《魏呈润传》第四〇一页上"十"下有"八"字。

帝益怒曰（卷二五八列传第一四六，页六六六七一行一）

按：原脱"曰"字，据万斯同《明史》卷三七〇《熊开元传》、王鸿绪《明史稿》列传卷一四二《熊开元传》第四〇八页下补。原校勘记宜改写。

捍御两河身自为将如玄默（卷二五八列传第一四六，页六六七七行八）

按：玄默，中华书局点校本因避清圣祖玄烨之名讳而改作"元默"，兹据万斯同《明史》卷三六一《汤开远传》、徐开任《明名臣言行录》卷八八《副使汤公开远传》、孙承泽《山书》卷八《司理建言》回改本字。本卷下文再遇此类情形，径改不出校。

或中盐（卷二五八列传第一四六，页六六八二行八）

按：原作"或中监"，据王鸿绪《明史稿》列传卷一一三《陈龙正传》第九一页下改。原有校勘记。王颂蔚《明史考证捃逸》、黄云眉《明史考证》已论及。

贼前袭击（卷二五九列传第一四七，页六六八六倒六行）

按：万斯同《明史》卷三四七《杨镐传》"前"下有"后"字，疑是。（出校，不补）

俄迎扼敌兵于横河上（卷二五九列传第一四七，页六七〇四倒一行）

按：扼，万斯同《明史》卷三四七《熊廷弼传》、孙承泽《春明梦余录》卷四五《刑部二》作"拒"。"扼""拒"意同。

其气又凌厉一世（卷二五九列传第一四七，页六七〇五行二）

按：凌厉，原作"陵厉"。万斯同《明史》卷三四七《熊廷弼传》、王鸿绪《明史稿》列传卷一一八《熊廷弼传》第一四五页上、孙承泽《春明梦余录》卷四五《刑部二》皆作"凌厉"，据改。

传首边庭（卷二五九列传第一四七，页六七〇六行三）

按：庭，万斯同《明史》卷三四七《熊廷弼传》作"廷"。陆奎勋《陆堂文集》卷一五《熊廷弼传》、王鸿绪《明史稿》列传卷一一八《熊廷弼传》第一四五页上作"庭"。似作"庭"是。

乃撤锦州右屯大小凌河及松山杏山塔山守具（卷二五九列传第一四七，页六七〇九行三）

按：万斯同《明史》卷三六四《袁崇焕传》"杏山"下有"连山"二字。（出校，不补）

尽驱屯兵屯民入关（卷二五九列传第一四七，页六七〇九行三）

按：原脱"屯民"，据万斯同《明史》卷三六四《袁崇焕传》、王鸿绪《明史稿》列传卷一三一《袁崇焕传》第二八三页上补。

而启倧亦以燃炮死（卷二五九列传第一四七，页六七〇九倒五行）

按：燃，原作"然"。万斯同《明史》卷三六四《袁崇焕传》、王鸿绪《明史稿》列传卷一三一《袁崇焕传》第二八三页上皆作"燃"，据改。

欲缓师以待救（卷二五九列传第一四七，页六七一二行三）

按：缓，原"援"，与上下文义不相应，据万斯同《明史》卷三六四《袁崇焕传》、王鸿绪《明史稿》列传卷一三一《袁崇焕传》第二八四页下改。原校勘记宜改写。

忠贤孙亦封伯（卷二五九列传第一四七，页六七一二倒四行）

按：孙，原作"子"。本书卷二二《熹宗纪》、卷三〇五《魏忠贤传》及《明熹宗实录》卷八七第四一九八页"天启七年八月丙申"条、谈迁《国榷》卷八八"天启七年七月庚辰"条皆作"孙"。万斯同《明史》卷三六四《袁崇焕传》、王鸿绪《明史稿》列传卷一三一《袁崇焕传》第二八四页下作"子"。作"孙"是，据改。原校勘记宜改写。

闻变驰与广密谋（卷二五九列传第一四七，页六七一四行六）

按：此句中华书局点校本未标点，文意不顺，兹于"变"下补标逗号。

私通外蕃（卷二五九列传第一四七，页六七一六倒三行）

按：蕃，原作"番"。万斯同《明史》卷三六四《袁崇焕传·附毛文龙传》、王鸿绪《明史稿》列传卷一三一《袁崇焕传·附毛文龙传》第二八六页下皆作"蕃"，据改。

兄弟妻子流三千里（卷二五九列传第一四七，页六七一九行六）

按：三，万斯同《明史》卷三六四《袁崇焕传·附毛文龙传》作"二"。王鸿绪《明史稿》列传卷一三一《袁崇焕传·附毛文龙传》第二八八页上、张岱《石匮书后集》卷一一《袁崇焕传》作"三"。

大清兵北旋光抃唐通白广恩等八镇兵邀于螺山（卷二五九列传第一四七，页六七二〇行八至九）

按：八镇，万斯同《明史》卷三六四《赵光抃传》作"八旗"。王鸿绪《明史稿》列传卷一三七《赵光抃传》第三五一页下作"八镇"。作"八镇"是。

馆甥受挞于朝市（卷二六〇列传第一四八，页六七二五行七）

按：朝市，万斯同《明史》卷三六五《杨鹤传》同。王鸿绪《明史稿》列传卷一三八《杨鹤传》第三五三页上作"市朝"。似作"朝市"

为妥。

又至尊自误（卷二六〇列传第一四八，页六七二六行八）

按：万斯同《明史》卷三六五《杨鹤传》、王鸿绪《明史稿》列传卷一三八《杨鹤传》第三五三页下"又"上有"是"字。

譬如重病初起（卷二六〇列传第一四八，页六七二六倒三行）

按：譬如，万斯同《明史》卷三六五《杨鹤传》、王鸿绪《明史稿》列传卷一三八《杨鹤传》第三五三页下作"势如"。据文意，两可。

道在培养（卷二六〇列传第一四八，页六七二六倒二行）

按：道在，万斯同《明史》卷三六五《杨鹤传》、王鸿绪《明史稿》列传卷一三八《杨鹤传》第三五三页下作"亟当"。

有司不恤下（卷二六〇列传第一四八，页六七二六倒一行）

按：此句万斯同《明史》卷三六五《杨鹤传》、王鸿绪《明史稿》列传卷一三八《杨鹤传》第三五四页上无"下"字，疑是。

防贼南遁（卷二六〇列传第一四八，页六七三一倒二行）

按：南，原作"西"。万斯同《明史》卷三六五《陈奇瑜传》、王鸿绪《明史稿》列传卷一三七《陈奇瑜传》第三四四页下作"南"，据改。

诸将无邀阻挠抚事（卷二六〇列传第一四八，页六七三二行六）

按：原脱"阻"，据万斯同《明史》卷三六五《陈奇瑜传》、王鸿绪《明史稿》列传卷一三七《陈奇瑜传》第三四五页上补。

良玉诸将寄孥与贿焉（卷二六〇列传第一四八，页六七三七行四至五）

按：万斯同《明史》卷三六五《熊文灿传》"良玉"下有"与"字，王鸿绪《明史稿》列传卷一三七《熊文灿传》第三四八页上有"及"字。本书此处脱"与"或"及"，易生歧义，兹揭明。

思岱谮杀茂选（卷二六〇列传第一四八，页六七四七行八）

按：谮杀，原作"潜杀"。万斯同《明史》卷三六一《邵捷春传》、王鸿绪《明史稿》列传卷一三七《邵捷春传》第三四九页下、吴伟业《绥寇纪略》卷七《开县败》皆作"谮杀"，据改。王颂蔚《明史考证捃逸》已论及。原校勘记宜改写。

遂自文灿之愎谏贻之矣（卷二六〇列传第一四八，页六七五〇行三）

按：贻，万斯同《明史》卷三六一《余应桂传》、王鸿绪《明史稿》列传卷一三六《余应桂传》第三三九页下作"基"。

复留解饷之官（卷二六〇列传第一四八，页六七五〇倒一行）

按：复，万斯同《明史》卷三六一《余应桂传》、王鸿绪《明史稿》列传卷一三六《余应桂传》第三三九页下皆作"反"，疑是。

居民不四千不（卷二六〇列传第一四八，页六七五二行八）

按：万斯同《明史》卷三六一《余应桂传·附高斗枢传》、王鸿绪《明史稿》列传卷一三六《余应桂传·附高斗枢传》第三四〇页上作"共"。徐鼒《小腆纪传》卷五七《高斗枢传》作"才"。

身中四矢三刃（卷二六一列传第一四九，页六七六五行四）

按：四矢三刃，万斯同《明史》卷三六六《卢象昇传》、王鸿绪《明史稿》列传卷一三九《卢象昇传》第三六六页下、陈鼎《东林列传》卷五《卢象昇传》、卢安节《明大司马卢公年谱》同。《崇祯实录》卷一一第三五二页"崇祯十一年十二月庚子"条、徐开任《明名臣言行录》卷八九《尚书卢忠烈公象升》、邹漪《启祯野乘》卷八《卢忠烈公象升》、赵吉士《续表忠记》卷四《卢忠烈公传》作"二矢二刃"。查继佐《罪惟录·列传》卷九《卢象昇传》作"四矢二刀"。张岱《石匮书后集》列传第一五《卢象昇传》作"四箭"。

其弟象晋象观又请（卷二六一列传第一四九，页六七六五行八）

按：万斯同《明史》卷三六六《卢象昇传》、王鸿绪《明史稿》列传卷一三九《卢象昇传》第三六六页下作"其弟象云又请"。

即所号五明骥也（卷二六一列传第一四九，页六七六六行二至三）

按：号，万斯同《明史》卷三六六《卢象昇传》、王鸿绪《明史稿》列传卷一三九《卢象昇传》第三六七页上、陈鼎《东林列传》卷五《卢象昇传》皆作"畜"，疑是。

御史董羽宸劾其逗遛（卷二六一列传第一四九，页六七六八行五）

按：逗遛，原作"行留"。万斯同《明史》卷三六六《刘之纶传》、王鸿绪《明史稿》列传卷一三六《刘之纶传》第三二八页上皆作"逗遛"，据改。王颂蔚《明史考证捃逸》已论及。

禾嘉留治中（卷二六一列传第一四九，页六七七一倒五至四行）

按：治中，万斯同《明史》卷三六四《孙承宗传·附丘禾嘉传》、王鸿绪《明史稿》列传卷一三一《孙承宗传·附丘禾嘉传》第二八一页下作"治事"。

拜兵部右侍郎兼佥都御史（卷二六二列传第一五〇，页六七七八行一至二）

按：万斯同《明史》卷三六六《傅宗龙传》、王鸿绪《明史稿》列传卷一三九《傅宗龙传》第三六八页下"兼"下皆有"右"字。

乔年诸将议曰（卷二六二列传第一五〇，页六七七八一倒四至三行）

按："乔年"二字下当脱一"与"字，下文称"诸将皆曰善"，即承乔年与诸将的议论而言。原校勘记宜改写。

雉堞尽碎（卷二六二列传第一五〇，页六七七八二行五）

按：雉堞，万斯同《明史》卷三六六《汪乔年传》作"雉堞"。王鸿绪《明史稿》列传卷一三九《汪乔年传》第三七一页上作"雉堞"。据文意，作"雉堞"是。

始迁验封郎中（卷二六二列传第一五〇，页六七七八五倒一行）

按：迁，万斯同《明史》卷三六六《孙传庭传》、王鸿绪《明史稿》列传卷一三九《孙传庭传》第三七一页下、邵念鲁《思复堂文集碑传》卷二《督师白谷孙公传》皆作"起"。据文意，作"起"为妥。王颂蔚《明史考证捃逸》已论及。

我师阵稍动（卷二六二列传第一五〇，页六七七九二行二）

按：我师，万斯同《明史》卷三六六《孙传庭传》、王鸿绪《明史稿》列传卷一三九《孙传庭传》第三七四页下作"官军"。汪有典《史外》卷三《孙尚书传》及《前明忠义别传》卷九《孙尚书传》作"我师"。王颂蔚《明史考证捃逸》已论及。

兆祥正色拒之（卷二六五列传第一五三，页六八五〇行一）

按：拒，万斯同《明史》卷三八二《孟兆祥传》、王鸿绪《明史稿》列传卷一四七《孟兆祥传》第三三页下作"责"。

遂攻承天岁除（卷二六三列传第一五一，页六七九七行三）

按：王鸿绪《明史稿》列传卷一四〇《宋一鹤传》第三七九页上作"岁除，遂攻承天"。王颂蔚《明史考证捃逸》已论及。

冠服趋王府端礼门雉经（卷二六三列传第一五一，页六七九九行八）

按：雉经，万斯同《明史》卷三六九《冯师孔传·附黄絅传》、王鸿绪《明史稿》列传卷一四〇《冯师孔传·附黄絅传》第三八〇页上作"自缢"。

悉输王所有饷军与其赏盗（卷二六三列传第一五一，页六八〇〇行三至四）

按：此句《景印文渊阁四库全书》本《明史》卷二六三《冯师孔传》、谷应泰《明史纪事本末》卷七八《李自成之乱》、倪元璐《倪文贞集奏疏》卷一〇《救秦急策疏》皆作"宜悉输王所有，与其赏盗，何不享军"。王颂蔚《明史考证捃逸》已论及。

著管见（卷二六三列传第一五一，页六八〇一行五）

按：管见，万斯同《明史》卷三六九《蔡懋德传》、王鸿绪《明史稿》列传卷一四〇《蔡懋德传》第三八一页下、谢旻《（雍正）江西通志》卷五八《名宦二》作"管见臆说"，疑是。

晋王手教趣懋德还省（卷二六三列传第一五一，页六八〇二行八）

按：手教，万斯同《明史》卷三六九《蔡懋德传》、王鸿绪《明史稿》列传卷一四〇《蔡懋德传》第三八二页上作"手书"，疑是。

擒治乐安土豪李中行（卷二六三列传第一五一，页六八〇七行七至八）

按：擒，万斯同《明史》卷三六九《朱之冯传》、王鸿绪《明史稿》列传卷一四〇《朱之冯传》第三八四页下作"禽"。"擒"同"禽"。

再督学政（卷二六三列传第一五一，页六八〇九行七）

按：再，万斯同《明史》卷三六九《陈士奇传》、王鸿绪《明史稿》列传卷一四〇《陈士奇传》第三八五页上皆作"初"。据前文"擢广西提学佥事"，似作"再"为妥。

陷涪州（卷二六三列传第一五一，页六八〇九倒二行）

按：万斯同《明史》卷三六九《陈士奇传》、王鸿绪《明史稿》列传卷一四〇《陈士奇传》第三八五页下、查继佐《罪惟录·列传》卷一二《陈士奇传》"陷涪州"上皆有"六月"二字。另，谈迁《国榷》卷一〇二"崇祯十七年六月甲子"条系"陷涪州"于甲子（初八）。夏燮《明通鉴·附编》卷一上《考异》称："陷涪州在崇祯十七年六月甲子。"是此处"陷涪州"上脱"六月"二字。黄云眉《明史考证》已论及。

贼集军民三万七千余人斫其臂（卷二六三列传第一五一，页六八一〇行三至四）

按：此句万斯同《明史》卷三六九《陈士奇传》、王鸿绪《明史稿》列传卷一四〇《陈士奇传》第三八五页下同。然谈迁《国榷》卷一〇二"崇祯十七年六月丁丑"条作"又驱丁壮万余，割耳鼻断一手以徇各县，谓抗者如之"。与本书此处及万书、王书异。原校勘记宜改写。

维垣又驳臣假借矫激（卷二六五列传第一五三，页六八三八行五）

按：假借矫激，万斯同《明史》卷三八二《倪元璐传》、王鸿绪《明史稿》列传卷一四七《倪元璐传》第二八页上、倪元璐《倪文贞集奏疏》卷一《请毁要典疏》作"假借矫激四字"。陈鼎《东林列传》卷八《倪元璐传》作"矫激假借两言"。疑本书此处脱"四字"二字。

待其贯满可攻去之（卷二六五列传第一五三，页六八三八行六）

按：贯满，万斯同《明史》卷三八二《倪元璐传》、王鸿绪《明史稿》列传卷一四七《倪元璐传》第二八页上作"满贯"。倪元璐《倪文贞集》卷一《请毁要典疏》作"贯满"。下同。

今日之忠直（卷二六五列传第一五三，页六八三八倒六行）

按：忠，文秉《烈皇小识》卷一作"曲"。然万斯同《明史》卷三八二《倪元璐传》、王鸿绪《明史稿》列传卷一四七《倪元璐传》第二八页上、倪元璐《倪文贞集奏疏》卷一《驳杨侍御疏》、倪会鼎《倪元璐年谱》、邹漪《启祯野乘》卷一一《倪文正公元璐》、陈鼎《东林列传》卷八《倪元璐传》皆作"忠"。似作"忠"是。黄云眉《明史考证》已论及。

盈廷互讼（卷二六五列传第一五三，页六八三九行五）

按：廷，万斯同《明史》卷三八二《倪元璐传》、王鸿绪《明史稿》列传一四七《倪元璐传》第二八页上、倪元璐《倪文贞集奏疏》卷一《请毁要典疏》、《御选明臣奏议》卷三九倪元璐撰《请毁要典疏》、陈鼎《东林列传》卷八《倪元璐传》作"庭"，疑是。

数者各有其是（卷二六五列传第一五三，页六八三九行七）

按：数，谷应泰《明史纪事本末》卷六八《三案》、徐开任《明名臣言行录》卷九一《尚书倪文正公元璐》、孙承泽《山书》卷一《毁〈三朝要典〉》、文秉《烈皇小识》卷一、倪会鼎《倪元璐年谱》、邹漪《启祯野乘》卷一一《倪文正公元璐》作"六"。万斯同《明史》卷三八二《倪元璐传》、王鸿绪《明史稿》列传卷一四七《倪元璐传》第二八页下作"数"。似作"六"为确。黄云眉《明史考证》已论及。

民已重困（卷二六五列传第一五三，页六八四八倒三行）

按：原脱"民"，据万斯同《明史》卷三八二《王家彦传》、王鸿绪《明史稿》列传卷一四七《王家彦传》第三三页上补。

时堕环兹地（卷二六五列传第一五三，页六八五二行三）

按：万斯同《明史》卷三八二《施邦曜传》"时"上有"儿"字。黄云眉《明史考证》已论及。

防维决裂（卷二六五列传第一五三，页六八五二倒四行）

按：万斯同《明史》卷三八二《凌义渠传》、王鸿绪《明史稿》列传卷一四七《凌义渠传》第三五页上、陈鼎《东林列传》卷九《凌义渠传》此句下有"无复界限"四字。

宜仿宣宗用况钟故事（卷二六六列传第一五四，页六八五七行四）

按：万斯同《明史》卷三八二《吴麟征传》、王鸿绪《明史稿》列传卷一四八《吴麟征传》第三六页下作"况钟"下有一"等"字。

年六十三（卷二六六列传第一五四，页六八六〇四至五行）

按：六，申涵光《聪山集》卷二《刘文烈公传》作"七"。万斯同《明史》卷三八二《刘理顺传》、王鸿绪《明史稿》列传卷一四八《刘理顺传》第三八页下作"六"。似作"六"是。黄云眉《明史考证》已论及。

而自誓必死（卷二六六列传第一五四，页六八六三行四）

按：自，万斯同《明史》卷三八二《吴甘来传》、王鸿绪《明史稿》列传卷一四八《吴甘来传》第四〇页上作"己"。

主上明决（卷二六六列传第一五四，页六八六三行五）

按：万斯同《明史》卷三八二《吴甘来传》、王鸿绪《明史稿》列传卷一四八《吴甘来传》第四〇页上、张岱《石匮书后集》卷二〇《吴甘来传》作"上明且决"。

明年巡按山西（卷二六六列传第一五四，页六八六六倒五行）

按：原脱"明年"，易生歧义，兹据万斯同《明史》卷三八二《陈纯德传》、王鸿绪《明史稿》列传卷一四八《陈纯德传》第四一页下补。

贼下令百官以某日入见（卷二六六列传第一五四，页六八六七行一）

按：某日，万斯同《明史》卷三八二《陈纯德传》、王鸿绪《明史稿》列传卷一四八《陈纯德传》第四一页下作"二十一日"，当是。

又尝捕治其牙爪吏（卷二六六列传第一五四，页六八六八行八）

按：牙爪，万斯同《明史》卷三八二《成德传》、王鸿绪《明史稿》列传卷一四八《成德传》第四二页上作"爪牙"。

斩首三百（卷二六七列传第一五五，页六八七九行三）

按：王鸿绪《明史稿》卷一四六《张伯鲸传》第一八页上"百"下有"有奇"二字。

汉燃火金龙口柳林为疑兵（卷二六七列传第一五五，页六八八六行二）

按："燃"，原作"然"。王鸿绪《明史稿》列传一四六《高名衡传·附王汉传》第二一页下作"燃"。据文意，作"燃"是。

再增一秩（卷二六九列传第一五七，页六九一四行七）

按：增，原作"赠"，据王鸿绪《明史稿》列传卷一四五《侯良柱传》第六页下改。原校勘记宜改写。

令率众追及之（卷二六九列传第一五七，页六九一五行五）

按：及，万斯同《明史》卷三七四《张令传》作"击"。王鸿绪《明史稿》列传卷一四五《张令传》第六页下作"及"。据文意，作"击"

更妥。

诸将疲乏（卷二六九列传第一五七，页六九一七倒六行）

按：乏，万斯同《明史》卷三七四《猛如虎传》作"之"。王鸿绪《明史稿》列传卷一四五《猛如虎传》第七页下作"乏"。据文意，似作"乏"为妥。

叶向高赴召过仪真（卷二七〇列传第一五八，页六九四〇行二）

按：原脱"真"，据上文"分守瓜洲、仪真"一句及赵吉士《续表忠记》卷三《张忠节公传》补。王颂蔚《明史考证捃逸》已论及。

亲党多无斗志（卷二七〇列传第一五八，页六九四一行五）

按：多，万斯同《明史》卷三八一《张可大传》、王鸿绪《明史稿》列传卷一四四《张可大传》第四二七页上皆作"故"，疑是。另，此句中华书局点校本"多"下标逗号，文意不顺，兹删除。

贝锦高张忠诚孰表（卷二七〇列传第一五八，页六九四四倒一行）

按：此句《明熹宗实录》卷一三第六七三页"天启元年八月乙酉"条作"贝锦含沙，故怨未消，新忠难树"。黄云眉《明史考证》已论及。

麾泥（卷二七一列传第一五九，页六九五四倒三行）

按：本书卷三一二《四川土司二》、曹学佺《蜀中广记》卷三六《边防记第六》、《钦定续文献通考》卷二四一《四川土司》作"摩尼"。王鸿绪《明史稿》列传卷一二九《周敦吉传》第二四九页下作"摩泥"。"麾泥""摩泥""摩尼"，皆音译而异。以下遇到类似情形，不再出校。

奉命守辽阳（卷二七一列传第一五九，页六九五五行二）

按：守，王鸿绪《明史稿》列传卷一二九《周敦吉传》第二四九页下、《盛京通志》卷五六《名宦》皆作"援"。

银定歹青以二千余骑入塞（卷二七一列传第一五九，页六九五六倒一行）

按：银定歹青，本书本卷《官惟贤传》，王鸿绪《明史稿》列传一二九《罗一贯传·附祁秉忠传》第二五〇页下、《官惟贤传》作"银定、歹成"。《景印文渊阁四库全书》本《明史》卷二一《神宗纪一》、卷二七一《罗一贯传·附祁秉忠传》作"伊勒敦、达春"。音译而异。

驻防闾阳（卷二七一列传第一五九，页六九五七行二）

按：王鸿绪《明史稿》列传卷一二九《罗一贯传·附祁秉忠传》第二五〇页下"阳"下有"驿"字。

以所积俸银五百余衣服器具尽给部卒（卷二七一列传第一五九，页六九六三倒二行）

按：万斯同《明史》卷三七三《赵率教传》、王鸿绪《明史稿》列传卷一二九《赵率教传》第二五三页下"余"下皆有"及"字，当是。

臣以为宁远一路（卷二七一列传第一五九，页六九六五行七）

按：路，万斯同《明史》卷三七三《何可纲传》、王鸿绪《明史稿》列传卷一二九《何可纲传》第二五四页上作"镇"。据本传下文，似作"镇"为妥。

其弟参将兴祚阵亡（卷二七一列传第一五九，页六九六七行一）

按：弟，原作"兄"。万斯同《明史》卷三八一《黄龙传》、王鸿绪《明史稿》列传卷一二九《黄龙传》第二五五页上皆作"弟"，据改。

有司月给米一石（卷二七二列传第一六〇，页六九七五行七）

按：原脱"一"，据王鸿绪《明史稿》列传卷一二九《金国凤传·附杨国柱传》第二五七页上补。

弃军资千万余（卷二七三列传第一六一，页六九九二行三）

按：千，万斯同《明史》卷三七五《左良玉传》、吴伟业《绥寇纪略》卷六谷房变作"十"。王鸿绪《明史稿》列传卷一五一《左良玉传》第六八页上作"千"。似作"十"是。

给侍祖大寿家（卷二七三列传第一六一，页七〇〇八行六）

按：侍，万斯同《明史》卷三七三《祖宽传》、王鸿绪《明史稿》列传卷一四四《祖宽传》第四二三页下作"事"。

以臣观庙堂作用（卷二七四列传第一六二，页七〇二〇倒一行）

按：作用，原作"谋画"。万斯同《明史》卷三六八《史可法传》、王鸿绪《明史稿》列传卷一四九《史可法传》第四八页下、张岱《石匮书后集》卷二四《史可法传》作"作用"。温睿临《南疆逸史》卷五《史可法传》作作"规划"。似作"作用"是。

尚思穴胸断胜（卷二七四列传第一六二，页七〇二一行五）

按：断胜，原作"断胫"。万斯同《明史》卷三六八《史可法传》、王鸿绪《明史稿》列传卷一四九《史可法传》第四八页下作"断胫"。史可法《史忠正集》卷一《请出师讨流寇疏》、张岱《石匮书后集》卷二四《史可法传》作"断胜"。作"断胜"是，据改。原校勘记宜改写。

陛下亲简强壮英敏之士（卷二七四列传第一六二，页七〇二五行六）

按：亲，原作"诚"。万斯同《明史》卷三六八《史可法传·附何刚传》、王鸿绪《明史稿》列传卷一四九《史可法传·附何刚传》第五〇页下、徐鼒《小腆纪传》卷四九《何刚传》皆作"亲"，据改。

而以坚持逆案为尤美（卷二七四列传第一六二，页七〇二九倒一行至页七〇三〇行一）

按：尤，万斯同《明史》卷三六八《姜曰广传》、王鸿绪《明史稿》列传卷一四九《姜曰广传》第五二页下、徐开任《明名臣言行录》卷九四《大学士姜公曰广》、汪有典《前明忠义别传》卷二六《姜相国传》、徐鼒《小腆纪传》卷一一《姜曰广传》作"盛"，疑是。

曰广愕然（卷二七四列传第一六二，页七〇三〇倒三行）

按：愕然，万斯同《明史》卷三六八《姜曰广传》、王鸿绪《明史稿》列传卷一四九《姜曰广传》第五三页上皆作"默然"。

将督抚之展布益难（卷二七五列传第一六三，页七〇四七行三）

按：原脱"将"，据万斯同《明史》卷三六八《高倬传》、王鸿绪《明史稿》列传卷一五〇《高倬传》第五七页上补。另，布，万斯同《明史》卷三六八《高倬传》作"采"。

懋第母陈殁于燕（卷二七五列传第一六三，页七〇五〇行九）

按：陈，王士禛《池北偶谈》卷七《左公母》作"徐"。然王鸿绪《明史稿》列传卷一五〇《左懋第传》、左懋第《萝石山房文钞》卷四《明致仕奉政大夫先考云楼府君左公暨宜人先妣张氏行状》皆作"陈"。可知本书此处不误。黄云眉《明史考证》已论及。

复陈民间十四大苦曰里甲曰虚粮曰行户曰搜赃曰钦提曰隔提曰讦讼曰窝访曰私税曰私铸曰解运曰马户曰盐丁曰难民（卷二七五列传第一六三，页七〇五二倒三至二行）

按：据祁彪佳《祁忠惠公遗集》卷一载：崇祯六年正月陈民间十四大苦疏中有"被拘"一项，而无"难民"；另，"讦讼"，原疏作"词讼"。黄云眉《明史考证》已论及。

寻上合筹天下全局疏以策阃宁制登海为二大要分析中州秦晋之流贼江右楚粤之山贼浙闽东粤之海贼滇黔楚蜀之土贼为四大势（卷二七五列传第一六三，页七〇五二倒五至四行）

按：祁彪佳《祁忠惠公遗集》卷一《合筹天下全局疏》载："所谓三大要者，东、插、孔贼是也。所谓四大势者，秦、晋、中州之流贼，江右、楚、粤之山贼，浙、闽、广之海贼，黔、滇、湖、蜀之土司是也。"可知传文与疏文有别，传文谓"二大要"也不确。

极陈控制驾驭之宜（卷二七五列传第一六三，页七〇五二倒四行）

按：原脱"陈"，据万斯同《明史》卷三六八《祁彪佳传》、王鸿绪《明史稿》列传卷一五〇《祁彪佳传》第六三页下补。

樱挈家避海中左卫（卷二七六列传第一六四，页七〇七〇倒二至一行）

按：本书卷九〇《兵志》福建都司所辖无"中左卫"，有中左千户所，简称中左所。疑"卫"字为"所"字之讹。

充实录副总裁（卷二七六列传第一六四，页七〇七一行二）

按：原脱"副"，据王鸿绪《明史稿》列传卷一五二《朱继祚传》第八八页下、《明熹宗实录》卷七七第三七一六页"天启六年十月癸丑"条补。徐鼒《小腆纪传》卷二四《朱继祚传》作"总裁"，亦不确。

复还九江（卷二七七列传第一六五，页七〇八八倒六行）

按：还，万斯同《明史》卷三六七《袁继咸传》、王鸿绪《明史稿》列传卷一五〇《袁继咸传》第六〇页下、陈鼎《东林列传》卷一〇《袁继咸传》作"旋"。

嘉定士民推峒曾为倡（卷二七七列传第一六五，页七一〇〇行一）

按：倡，王鸿绪《明史稿》列传卷一五三《侯峒曾传》第九三页上、温睿临《南疆逸史》卷一五《侯峒曾传》、徐鼒《小腆纪传》卷四六《黄淳耀传》作"主"。

郑芝龙部将夺民舟（卷二七七列传第一六五，页七一〇九行四）

按：部，原作"步"。王鸿绪《明史稿》列传卷一五四《郑为虹传》第一〇五页下作"步"。徐鼒《小腆纪传》卷四九《郑为虹传》作"部"。据文意，作"部"是，据改。原校勘记宜改写。

而举主不问（卷二七八列传第一六六，页七一一四行一）

按：不问，万斯同《明史》卷三六七《杨廷麟传》、王鸿绪《明史稿》列传卷一五四《杨廷麟传》第九八页上、徐鼒《小腆纪传》卷二五《杨廷麟传》作"无恙"，疑是。

国步艰难于今已极（卷二七八列传第一六六，页七一一七倒二行）

按：此句万斯同《明史》卷三六七《万元吉传》、王鸿绪《明史稿》列传卷一五四《万元吉传》第一〇〇页上、张岱《石匮书后集》卷四六《万元吉传》作"国步至今，艰难已极"。

参将谢志良拥众万余于雩都不进（卷二七八列传第一六六，页七一二〇倒二行）

按：原脱"于"，据万斯同《明史》卷三六七《万元吉传》、王鸿绪《明史稿》列传卷一五四《万元吉传》第一〇一页下补。王颂蔚《明史考证捃逸》已论及。

梦开党与民互相残（卷二七八列传第一六六，页七一二七行五）

按：党，原作"等"。按梦开已被杀，不能与民相残。据王鸿绪《明史稿》列传卷一五四《王养正传》第一〇四页下、《景印文渊阁四库全书》本《明史》卷二七八《王养正传》、徐鼒《小腆纪传》卷四三《王养正传》改。王颂蔚《明史考证捃逸》已论及。原校勘记宜改写。

立陈五不可（卷二七八列传第一六六，页七一三〇倒三行）

按：立，万斯同《明史》卷三七二《陈子壮传》、徐鼒《小腆纪传》卷二九《陈子壮传》作"力"。王鸿绪《明史稿》列传卷一五四《陈子壮传》第一〇六页上、汪有典《史外》卷七《陈文忠传》作"立"。

　　急取还天麟所拟旨而罢（卷二七九列传第一六七，页七一五七倒四行）

　　按：原脱"旨"，据万斯同《明史》卷三七二《朱天麟传》补。

　　还攻石屏宁州嶍峨皆陷之（卷二七九列传第一六七，页七一六〇行一至二）

　　按：本书卷三一三《云南传》作"攻石屏不下"。温睿临《南疆逸史》卷二二《杨畏知传》、《明末忠烈纪实》卷一五《杨畏知传》作"石屏则龙在田"。冯甦《滇考》卷下《普吾沙乱滇》作"守亦坚"。原校勘记宜改写。

七、标点误

　　总兵官王继祖却寇永昌，镇羌参将蔡勋等战镇番、山丹，三告捷，斩首百四十余级。（卷二一四列传第一〇二，页五六五六行四至五）

　　按：中华书局点校本"永昌"下标逗号，"镇羌"下未标点，皆误。本书卷一九九《王以旗传》载："套寇自西海还，肆掠永昌、镇羌，总兵官王继祖御却之。已，复来犯，并及镇番、山丹。部将蔡勋、马宗援三战皆捷。"万斯同《明史》卷二九六《杨博传》载："二十八年正月，套贼掠永昌、镇羌诸处，总兵官王继祖督诸将御却之。四月，复犯镇番、山丹，参将蔡勋等三战皆捷。"《明世宗实录》卷三五一"嘉靖二十八年八月庚申"条载："正月，套虏自西海还，掠永昌、镇羌等处，甘肃总兵王继祖督诸将御却之。四月，虏复犯镇羌、永昌、镇番、山丹等处，参将蔡勋、游击马宗援等三战三捷。"此外，何乔远《名山藏》卷二五《典谟记》载："二十八年正月……套虏掠永昌、镇羌诸处，总兵王继祖三却之。"谈迁《国榷》卷五九"嘉靖二十八年八月乙未"条亦载"套虏自西海还掠永昌、镇羌，边将拒却之。"查继佐《罪惟录·帝纪》卷一二、徐学聚《国朝典汇》卷一七〇《兵部》、陈鹤《明纪》卷三三"嘉靖二十八年春正月"条、夏燮《明通鉴》卷五九"嘉靖二十八年正月壬申"条所载同。综上可知，时总兵官王继祖却寇于永昌、镇羌两处，故"永昌"下当标顿号，"镇羌"下当标逗号，即为"总兵官王继祖却寇永昌、镇羌，参将蔡勋等战镇番、山丹"。

明年，打来孙复入益昌，击却之。（卷二一四列传第一〇二，页五六五六倒二行）

按：中华书局点校本"入"下无标点，而于"益昌"下标逗号，误。据本传上文，"益昌"乃"周益昌"之省称，当为人名，而此处误为打来孙入犯之处。万斯同《明史》卷二九六《杨博传》载："明年，打来孙复以万骑入马兰峪，博遣益昌击却之。"焦竑《国朝献征录》卷二五徐阶撰《光禄大夫柱国少师兼太子太师吏部尚书赠太傅谥襄毅杨公博神道碑》、徐开任《明名臣言行录》卷六五《尚书杨襄毅公传》亦载："明年，打来孙复以万骑入马兰峪，博遣益昌击却之"。此外，张四维《条麓堂集》卷三〇《光禄大夫柱国少师兼太子太师吏部尚书赠太傅谥襄毅虞坡杨公行状》载"明年，虏以万入马兰峪，公督大将周益昌击走之，其酋打来孙。"范守已《皇明肃皇外史》卷三四、雷礼《皇明大政纪》卷二四、刘效祖《四镇三关志》卷一〇《夷部考》载："虏以万骑寇马兰峪，总督右都御史杨博檄总兵周益昌击走之。"何乔远《名山藏》卷一〇八《王享记四》、查继佐《罪惟录·帝纪》卷十二、谈迁《国榷》卷六一"嘉靖三十三年九月丙寅"条、徐日久《五边典则》卷三、陈鹤《明纪》卷三四、《明季烈臣传》卷一所载同。综上，点校本此句标点当改为："明年，打来孙复入，益昌击却之。"

修阳神地诸墙堑，以绝入山西路。（卷二一四列传第一〇二，页五六五七行一）

按，"阳神地"，当作"阳方、神池"。万斯同《明史》卷二九六《杨博传》作"阳神池"；王鸿绪《明史稿》列传卷九三《杨博传》作"阳神地"。然据《明世宗实录》卷四五九"嘉靖三十七年五月丙辰"条载：总督尚书杨博"请以修复墩堡为要，次则塞银钗、驿马等岭，以绝虏窥紫荆、倒马之路；备居庸南山一道，以绝虏窥陵寝畿甸之路；修阳方、神池诸处墙堑，以绝虏入山西之路。"另，《明世宗实录》卷二四四"嘉靖十九年十二月甲戌"条、卷二六二"嘉靖二十一年闰五月戊辰"条及陈子龙《明经世文编》卷二七三杨博撰《覆山西抚按官陈讲等增置三关兵将疏》、韩邦奇《苑洛集》卷一六《慎重边疆以保安地方事》皆载为"阳方、神池"。按，阳方，指阳方口，神池指神池口，二者皆在山西，见《明史》卷七六《职官志五》、李侃《（成化）山西通志》卷三《关塞》。据之可见，中华书局点校本《明史·杨博传》及万斯同《明史》卷二九六《杨博传》、王鸿绪《明史稿》列传卷九三《杨博传》皆有脱误，当补改为"阳方、神池"，并于二词旁补标专名号。

而京通二仓积贮无几（卷二一四列传第一〇二，页五六六零倒三行）

按：据本书卷七二《职官志》、卷七九《食货志》载："京"，即北京仓，"通"，即通州仓，二者均为专名，中华书局点校本"京"旁未标专名号，当补标。

万一变起仓卒（卷二一四列传第一〇二，页五六六三行一）

按：中华书局点校本"仓卒"下标逗号，文意不通。据万斯同《明史》卷三〇四《刘体乾传》载，"仓卒"下有"征调"二字：王鸿绪《明史稿》列传卷九三《刘体乾传》第四一四页下删之，本书误袭。兹当补"征调"二字，并删"卒"下逗号，转而于"起"下标逗号。

且河南北山东西（卷二一四列传第一〇二，页五六六七行三）

按：此句万斯同《明史》卷三〇四《王廷传》、《明穆宗实录》卷七第二一三页"隆庆元年四月戊申"条作"且河之南北，山之东西"。中华书局点校本将"河之南北""山之东西"误解为"河南"北部，"山东"西部，并于"河南""北""山东""西"旁皆标专名号，不妥。据万书、《明穆宗实录》，本传此句当标"且河南北、山东西"。

体乾请从已言（卷二一四列传第一〇二，页五六六三倒四行）

按：中华书局点校本"已"旁未标专名号，而误标于"言"旁。"已"指本传上文李已，当标专名号，而"言"不当标。

寻上疏陈四事一（卷二一五列传第一〇三，页五六七四行一）

按：中华书局点校本"事"下标句号，下文"一"至"之"标引号，皆不妥。兹于"事"下改标冒号，删"一"至"之"所标引号。

夫哱拜诛关白死（卷二一六列传第一〇四，页五七〇三倒三行）

按：中华书局点校本于"关白"二字旁未标专名号。按，关白，此处为人名，谷应泰《明史纪事本末》卷六二《援朝鲜》称"关白，本萨摩州人，倭部之稍黠者耳"。故当补标专名号。

以延宁将士捣巢功予一子官（卷二二〇列传第一〇八，页五七八五行六）

按：中华书局点校本"延宁"二字间未标点，但标专名号。据万斯同《明史》卷三一八《王之诰传》载："延、宁二镇将士直捣贼巢，出塞五百余里，斩贼首百六十余级，录功予一子。"《明穆宗实录》卷五一第一二八八页"隆庆四年十一月辛卯"条亦载："总督陕西三边右都御史王之诰奏上延绥、宁夏诸将捣巢破虏首功。"据此可知，本书"延宁"当为延绥、宁夏二镇之简称，故二者之间当以顿号点开，并分别标专名号。

皆献首恶出降增俸一级进右副都御史（卷二二一列传第一〇九，页五八一三行四至五）

按：中华书局点校本"级"下标逗号，不妥。万斯同《明史》卷三一八《王廷瞻传》称："献首恶二十八人出降，廷瞻以桑远功增俸一级。八年，进右副都御史。"另据《明神宗实录》卷九五第一九一三页"万历八年正月壬子"条、卷九七第一九四一页"万历八年三月壬寅"条载"增俸一级"是在万历八年正月，而"进右副都御史"是在三月，二事并非同月发生。故"级"下当标句号，并改中华书局点校本"降"下所标句号为逗号。

使副将李宁袭板升于镇夷堡（卷二二一列传第一〇九，页五八二二倒三至二行）

按：中华书局点校本"板升"二字未标专名号。本书卷二二二《王崇古传》称："俺答又纳叛人赵全等，据古丰州地，招亡命数万，屋居佃作，号曰板升。"《明世宗实录》卷四八六第八一〇〇页"嘉靖三十九年七月庚午"条载同。可见，"板升"为地名，当加专名号。下同。

又淮清河浊淮弱河强河水一斗沙居其六伏秋则居其八非极湍急必至停滞当藉淮之清以刷河之浊筑高堰束淮入清口以敌河之强使二水并流则海口自浚即桂芳所开草湾亦可不复修治（卷二二三列传第一一一，页五八七〇行六至九）

按：中华书局点校本于"又"下标冒号，并将"淮清"至"修治"一句标引号，误以为此句为潘季驯所云，当删引号。

后由贵人进中宫（卷二二六列传第一一四，页五九四三行六）

按：后，指前文"明德后"，中华书局点校本未标专名号，当补标。

过会城（卷二二七列传第一一五，页五九六五行三）

按：会城，地名，中华书局点校本未标专名号，当补标。

特不得入番中又曩宁夏乏饷（卷二二七列传第一一五，页五九七一行六）

按：中华书局点校本"中"下标句号，"又"下无标点，文意不顺。据万斯同《明史》卷三三四《钟化民传》，《明神宗实录》卷二〇一第三七七三页"万历十六年七月丁丑"条、卷二〇七第三八七二页"万历十七年正月癸亥"条载，"边塞土寒"至"特不得入番中"为万历十六年七月所奏；而"曩宁夏乏饷"至"永停征派"为万历十七年正月所奏。故"中"下当标句号和引号，"又"下当标冒号，并将"曩宁夏乏饷"至"永停征派"用引号引起。

朵颜小歹青福余伯言儿分犯锦义（卷二二八列传第一一六，页五九八二行八至九）

按：中华书局点校本"伯言"与"儿"分别标专名号，不妥。据文意，"伯言儿"为人名，当共标一专名号。

天下大计奈何以此匪人当之（卷二三四列传第一二二，页六一〇八行五）

按：万斯同《明史》卷三二六《刘纲传》"计"下有"主持在大君，领袖在首辅，任非轻矣"一句，中华书局点校本删之，并于"计"下未标逗号，文意不顺，当补标。

何张皇自疑乃尔（卷二三五列传第一二三，页六一二八倒四行）

按：中华书局点校本"张皇"二字未标专名号，不妥，当补标。

振基孟祯云中策及给事李成名（卷二三六列传第一二四，页六一五四行八至九）

按：据本传前文，云中，当指魏云中；"策"，当指刘策。中华书局点校本误以"云中策"为人名而标一专名号，不妥。当在"中"下补标顿号，并于"策"旁另标专名号。

故总兵郭成将叙马兵扼其吭（卷二四七列传第一三五，页六三九七行九）

按：中华书局点校本"叙""马"间标顿号，不妥。据《明神宗实录》卷二○二第三七七九页"万历十六年八月壬午"条，曹学佺《蜀中广记》卷三六《边防记》，陈子龙《明经世文编》卷三九○徐元太撰《初报河东大捷疏》、卷四二三李化龙撰《播州善后事宜疏》，黄廷桂《（雍正）四川通志》卷二○《土司》载，"叙马"，即叙马泸兵备道，并非两地。兹删去"叙""马"间顿号。又，"扼"，徐乾学《明史列传》卷八八《李应祥传》、王鸿绪《明史稿》列传卷一一七《李应祥传》第一二八页上作"抗"。万斯同《明史》卷三二一《李应祥传》作"扼"。王颂蔚《明史考证攟逸》以为作"扼"是，兹从之，径改标点。

天启元年以通政参议召迁太常少卿擢右佥都御史（卷二四八列传第一三六，页六四一八行七）

按：中华书局点校本"卿"下标逗号，不妥。据万斯同《明史》卷三五○《梅之焕传》、王鸿绪《明史稿》列传卷一三六《梅之焕传》第三二九页上、钱谦益《牧斋初学集》卷七三《梅长公传》、陈鼎《东林列传》卷二○《梅之焕传》载，"擢右佥都御史"是在天启三年，而非元年，若标逗号，易生歧义，故当改逗号为句号。

如此则八里内守兵八万矣（卷二五○列传第一三八，页六四六七行六）

按：八里，即本传前文"八里铺"，中华书局点校本未标专名号，不妥，当补标。下同。

嘱尚书闵洪学起私人唐世济为南京总宪（卷二五八列传第一四六，页六六六一行四至五）

按：中华书局点校本此句下标逗号，易与下文"锢正人瞿式耜等"混为一事。据万斯同《明史》卷三七一《黄绍杰传》、王鸿绪《明史稿》列传卷一四三《黄绍杰传》第四一三页下改逗号为分号。

时寿宁主婿冉兴让为掌家宫人梁盈女内官彭进朝等殴辱（卷二六○列传第一四八，页六七二五行八）

按：冉兴让，人名，为寿宁公主婿，见本书卷二四《庄烈帝纪二》，《明神宗实录》卷四五五第八五八五页"万历三十七年二月丁卯"条、卷五○○第九四四二页"万历四十年十月辛酉"条。中华书局点校本仅于"让"旁标专名号，不妥，当补标。

焦竑著述编年考[*]

晚明学者焦竑博综通洽，覃思著述，所著各书遍及经、史、子、集，又兼涉金石、文字、音韵等，可谓宏富，时人顾起元称："先生之于学，真所谓终身以之者。语谓忘老将至，书称惟日不足，微先生畴能当此者哉！其以此学著书而传世也，明道本则有《支谈》、正续《笔乘》、《答问录》、正续《澹园集》、《阴符解》、《老庄翼》、《理学名臣传》、《养正图解》；述政体则有《献征录》《玉堂嘉话》《国史经籍志》《忠节录》《京学志》；示博物则有《焦氏类林》《金陵旧事》，它尚多笥藏者，要皆羽翼圣真，辉煌治理。"①然而，辗转至清，焦竑著述因遭禁毁，多有散佚，流传不广。缘此，历来学者对其著作数量聚讼纷纭，或言"十余种"，或言"二十余种"，或言"三十余种"，甚而用"著作丰富""著作等身"一言蔽之。就连晚明以后的官私书目在著录焦竑著述时，也多挂此漏彼，有失全面。鉴于此，兹依焦竑主要著述成书时间为序，附以同类其他著作，对其经、史、子、集著述予以考索，并对明清以来学界诸多误解予以辩正。

万历十三年（1585年） 四十六岁 成《焦氏类林》

《焦氏类林》是焦竑最早一部笔记体史书。自万历八年（1580年）始，焦竑有感于葛洪"余钞掇众书，撮其精要，用功少而所收多，思不繁而所见博"②，遂于读书披览之余，自羲、轩至元代，"遇会心处，辄以片纸记之"。如此近两年，后焦竑"计偕北上，因罢去"。万历十三年，书成，前有自序，但未刊刻。③至十五年，时人李登（字士龙）见笔录残稿"可以资其文字之引用，备遗忘之万一也，乃手自整理，取《世说》编目

---

* 本文系与郑州大学历史学院吴漫教授合著。

① （明）顾起元撰：《遁园漫稿》庚申《翰林院修撰澹园先生焦公墓表》，明刻本，第79页。

② （清）周中孚撰：《郑堂读书记》卷五八《焦氏类林》，《续修四库全书》本，第925册，第73页。

③ （清）周中孚撰：《郑堂读书记》卷五八《焦氏类林》，《续修四库全书》本，第925册，第73页。

括之，其不尽者，括以他目"①。至此全书告成，并于当年付梓刊刻。书前有姚汝循、王元贞和李士龙序。今有《粤雅堂丛书》本、《金陵丛书》本。另有《丛书集成初编》本，但认为该书即是《焦氏笔乘》，误。明人陈第《世善堂藏书目录》卷上《诸子百家类》著录为十卷。黄虞稷《千顷堂书目》（以下称《千目》）、《明史·艺文志》（以下称《明志》）著入"类书类"，作八卷。《四库全书总目》（以下称《总目》）卷一三二《子部·杂家类》存目、徐乾学《传是楼书目》"子部"、祁承爜《澹生堂藏书目》、丁仁《八千卷楼书目》卷十三"子部"亦著录为八卷。

《焦氏类林》（以下称《类林》）仿南朝刘义庆《世说新语》（以下称《世说》）体例，"搜百代之菁华，掇群书之芳润，乃详于伦纪而略于批墨"②，分编撰、君臣、父子、兄弟、夫妇、师友、方正、长厚、消介、雅量、慎密、俭约、识鉴、言语、政事、文学、干局、赏誉、品藻、夙惠、警悟、豪爽、任达、宠礼、企羡、仕宦、栖逸、游览、伤逝、术解、书法、巧艺、兵策、容止、简傲、汰侈、矜率、诋毁、排调、假谲、纰漏、惑溺、象纬、形胜、节序、宫室、冠服、食品、酒茗、器具、文具、典籍、声乐、熏燎、摄食、草木、鸟兽、仙踪、释道 59 个门类，收录 2483 则故事，杂记古人逸闻事迹，"皆非奇秘之文"③。较之《世说新语》，此书"稍稍裒益其间"④，《世说》"主在辅谈"，以为消闲，而《类林》"要在垂训"⑤，以求经世。于此，焦竑同乡王孟起《类林序》感叹道："噫！援古而示训，乃即耻独为君子者，其功伟矣，弱侯真有道之士乎

---

① （明）焦竑撰，李剑雄点校：《澹园集》卷二二《题类林后》，北京：中华书局，1999 年，第 274 页。

② （明）焦竑辑：《焦氏类林》卷首《刻焦氏类林引》（李登），《续修四库全书》本，第 1189 册，第 180 页。

③ （清）永瑢等撰：《四库全书总目》卷一三二《焦氏类林》提要，北京：中华书局，1965 年，第 1123 页。

④ （明）焦竑辑：《焦氏类林》卷首《刻焦氏类林引》（李登），《续修四库全书》本，第 1189 册，第 180 页。

⑤ （明）焦竑辑：《焦氏类林》卷首《焦氏类林序》（姚汝绍），《续修四库全书》本，第 1189 册，第 178 页。

哉！"①其故友李贽更是赞道："临川王撰《世说》，自汉末以及魏晋二百年间物耳，上下古今，固未备也。《焦氏类林》起自羲轩，迄于胜国，备矣，而复遗《世说》不载，岂以《世说》为不刊之书邪，其见卓矣；其见卓，固《类林》仍复为不刊之书焉。今观二书，虽千载不同时，而碎金宛然丰神若一，学者取而读之，于焉悦目，于焉赏心，真前后自相映发，令人应接不暇也。"②

《明世说》八卷，周中孚《郑堂读书记》云："《明世说》八卷，当续是书（《焦氏类林》）而作，今无传本。"③《千目》《明志》均有著录。孙殿起《贩书偶记》载孙氏家尝藏此书。④

万历十五年（1587 年）　四十八岁　作《老子翼》自序

《老子翼》原题"北海焦竑弱侯辑，秣陵（今南京市）王元贞孟起校"。卷首有万历十五年（1587 年）王孟起序和焦竑是年仲冬所作原序，其谓："第取前人所疏，手自排缵为一编，而一二肤见附焉。（翟）德孚亦方解《阴符》未就也，俟其成，当并出以示学者，今姑叙之，藏於家。"⑤可知，此书撰成后并未刊出，而是暂藏于家，以待翟德孚完成《阴符解》一并刊刻。据此推知，此书最终刊刻时间在万历十五年前后（详见下文《庄子翼》条）。

焦竑接触《老子》较早，其称："余幼好刚使气，读《老子》，如以耳食无异也。年二十有三（时嘉靖四十一年），闻师友（按：是年耿定向督南京学政，焦竑从其学）之训，稍志于学。"⑥此后多年，他潜心《老子》研究，"顾二十年以来，触涂成室，有室必有疑；考古多乖，有乖必有反，盖未尝暂去于怀也。顷岁，困衡既久，浸以成痼，偃息之余，俄有独悟"。至于为何撰《老子翼》，则是受友人翟德孚所托，"友人翟德孚好言《老子》，间举以相讯，余以近窬疏之，德孚未尝不击节也，属余章为

---

① （明）焦竑辑：《焦氏类林》卷首《焦氏类林序》（王孟起），《续修四库全书》本，第 1189 册，第 177 页。

② （明）李贽撰：《李温陵集》卷一〇《初潭集序》，明刻本，第 116 页。

③ （清）周中孚：《郑堂读书记》卷五八《焦氏类林》，《续修四库全书》本，第 925 册，第 73 页。

④ （清）孙殿起录：《贩书偶记》，上海：上海古籍出版社，1982 年，第 310 页。

⑤ （明）焦竑撰：《老子翼》卷首《老子翼序》，《丛书集成新编》本，第 19 册，第 324 页。

⑥ （明）焦竑撰：《老子翼》卷首《老子翼序》，《丛书集成新编》本，第 19 册，第 324 页。

之解，因取家藏《老子》……第取前人所疏，手自排缵为一编"①。

《老子翼》原刊二卷，《附录》一卷，《考异》一卷。《总目》提要称三卷，其中将《附录》与《考异》合为一卷。《贩书偶记》著录《老子元翼》二卷，《附录》一卷，《考异》一卷，题"明焦竑原辑，山阳郭乾泗重校，乾隆庚申三多齐刊"。《千目》"道家类"著录《老子翼》一卷，《考异》一卷，《附录》一卷。《明志》著录《老子翼》二卷，《考异》一卷；祁承爜《澹生堂藏书目》著录为二卷。《老子翼》今有《四库全书》本、《金陵丛书》本、《万历续道藏》本等。

焦竑著《老子翼》旨不于"复作"，而是博引韩非等六十四家"精语"，并附入所撰《焦氏笔乘》②中涉及《老子》若干条。此书体例不一，《总目》提要云："其首尾完具，自成章段者，仿李鼎祚《周易集解》之例，各标举姓名，列本章之后。其音义训诂，但取一字一句者，则仿裴骃《史记集解》之例，联贯其文，缀本章末句之下。"③又云："（焦）竑之去取，亦特精审，大旨主于阐发元言，务明清净自然之理……竑于二氏之学，本深于儒学，故其说儒理者多涉悠谬，说二氏之理者转具有别裁。"④

另，《阴符经解》一卷，收于陈继儒《宝颜堂秘笈》，焦竑后跋作于万历十四年（1586 年），顾起元前序作于二十九年。周中孚评价道："澹园喜谈禅悦，又即以佛理作是经，与其所作《老子翼》，自成一家之言。盖佛老本同源也，较之以兵家、神仙家之附会此经者，相去远矣。"⑤《千目》卷十六"道家类"有著录。有关焦竑传记中，唯查继佐《罪惟录》与清人王介锡纂、周钲所辑《明朝百家小传》叙及此书。

---

① （明）焦竑撰：《老子翼》卷首《老子翼序》，《丛书集成新编》本，第 19 册，第 324 页。
② 按：《焦氏笔乘》万历八年（1580 年）曾刻过数卷。焦竑自序云："万历辰庚（八年）岁，友人取数卷刻之，余藏巾笥中未出也。"（明·焦竑撰，李剑雄点校：《焦氏笔乘》卷首《自序》，上海：上海古籍出版社，1986 年，第 1 页）而此书全刻在万历三十四年，故书中所附《焦氏笔乘》当是万历八年刻本。
③ （清）永瑢等撰：《四库全书总目》卷一四六《老子翼》提要，第 1244 页。
④ （清）永瑢等撰：《四库全书总目》卷一四六《老子翼》提要，第 1244 页。
⑤ （清）周中孚撰：《郑堂读书记》卷六九《阴符经解》提要，第 338 页。

万历十六年（1588 年）　四十九岁　成《庄子翼》

万历十六年（1588 年）正月七日，焦竑为《庄子翼》作序，《总目》据此认为"是编成于万历戊子（十六年）"。该书成书晚于《老子翼》，自序云："余既辑《老子翼》若干卷，复取《庄子义疏》读之，采其合者为此编，亦名之曰《庄子翼》。"[①]故此，此书体例与《老子翼》同，卷首先列所采书目，其中属"全书编削类次"者，凡郭象《注》等二十二家；属"旁引他说，互相发明"者，凡支遁《注》等十六家；属"章句音义"者，凡十一家。[②]除洪迈《容斋随笔》、杨慎《丹铅录》、焦竑《焦氏笔乘》为宋明笔记外，其余多为魏晋前后《庄子》注疏本。为资以考证，书末附《庄子阙误》一卷，乃全录宋人陈景元《南华经解》。[③]又《附录》一卷，列司马迁《史记·庄子列传》、阮籍《庄子论》、王安石《庄子论》、苏轼《祠堂记》、潘佐《赠别》、王雱《杂说》、李士表《庄子九论》等七种关于庄子学说的阐释。

此书《千目》卷十六"道家类"、《澹生堂藏书目》仅著录《庄子翼》八卷，未提《阙误》《附录》。《郑堂读书记》卷六九《跋语》云："《明史·艺文志》作《庄子翼》八卷，《南华经余事杂录》二卷，《拾遗》一卷。盖《拾遗》即《阙误》，《余事杂录》即《附录》，而误作二卷尔。"[④]稽璜《续文献通考》卷一七五《经籍考》、丁仁《八千卷楼书目》卷一四"子部"著录为：《庄子翼》八卷，《庄子阙误》一卷，《附录》一卷。可见《千目》著录《南华真经余事集录》（疑即《南华经余事杂录》）二卷，《拾遗》一卷，实即《附录》《阙误》。其中，清人李调元疑《庄子阙误》一卷是杨慎所作，焦竑窃为己有，其谓："《庄子阙误》一卷，见于焦竑所刻《升庵外集》中，每条下所附则采升庵《经子难字》中之《庄子难字》也。《难字》一书，余遍采未获，故仍之。按明代著书博洽者，无过于升庵与竑，而竑有《庄子翼》八卷，末亦载《庄子阙误》一卷，不题升庵作，直

---

① （明）焦竑撰：《庄子翼》卷首《庄子翼叙》，《丛书集成续编》本，第 38 册，第 236 页。

② （清）永瑢等撰：《四库全书总目》卷一四六《庄子翼》提要，第 1247 页。

③ 按：明人杨慎著《庄子阙误》一卷，见焦竑所刻《外菴外集》，非焦竑《阙误》也。

④ （清）周中孚撰：《郑堂读书记》卷六九《庄子翼》，《续修四库全书》本，第 925 册，第 189 页。

据为己有。明人好袭，竑尚不免，他何论乎。"①万历间，《庄子翼》与《老子翼》合刊，查继佐《罪惟录·焦竑》提及焦竑有《老庄翼》一书"行于世"。又，过庭训《本朝分省人物考》卷一三《焦竑》、张岱《石匮书》卷二七〇下《焦竑》皆载《老庄翼》；《贩书偶记》亦著有《老庄翼》十一卷，由《老子翼》三卷与《庄子翼》八卷组成。《庄子翼》今有《四库全书》本、《金陵丛书》本和《万历续道藏》本；万历合刊本《老庄翼》影印本藏于尊经阁文库。

焦竑认为《庄子》以"明道德"为旨，"老庄盛言虚无之理，非其废世教也"②。在其看来，老庄虽主张虚无、无为，但虚无"并不废世"，无为"并非不治"，而将虚无、无为等同于"清淡废事"，正是晋宋文人之纰漏。出乎此，焦竑试图通过诠释《庄子》，表达儒道融通的观点，"夫老之有庄，犹孔之有孟也。老子与孔子同时，庄子又与孟子同时，孔孟未尝攻老庄也……岂以孔孟之言详于有，而老庄详于无，疑其有不同者欤……孔孟非不言无也，无即寓于有。而孔孟也者，姑因世之所明者引之，所谓下学而上达者也"③。应该说，这一论说具有一定的合理性，但四库馆臣在《庄子翼》提要中却批评焦竑"援儒入墨，持论颇乖"。

万历二十二年（1594年）　五十五岁　成《养正图说》

《养正图说》，又称《养正图解》，原刊不分卷，共一册，而《千目》《明志》著录为二卷，盖版本不同。关于此书成书时间，查继佐《罪惟录·艺文志》云："（万历）十七年……修撰焦竑辑《养正图说》，备元子讲习，为内官所指，乃已。"④焦竑自述云："臣蒙恩拔擢，列于禁近。万历二十二年，恭遇皇长子出阁，叨与劝讲之役。供事以来，荏苒四载，学术空疏，靡所补益。顷皇长子天姿日茂，睿龄加长，多识前言往行，此适其时。而日所讲读，止《尚书》、《论语》二书，虽聪明饶于天授；而覩记犹为未广，于臣等自效之义，窃有未安。伏覩太祖高皇帝谕教太子诸王，

---

① （清）李调元撰：《童山文集》卷一四《庄子阙误跋》，《丛书集成新编》本，第 77 册，第 469 页。
② （明）焦竑撰：《庄子翼》卷首《读庄子》，《丛书集成续编》本，第 38 册，第 239 页。
③ （明）焦竑撰：《庄子翼》卷首《庄子翼叙》，《丛书集成续编》本，第 38 册，第 236 页。
④ （清）查继佐撰：《罪惟录·志》卷五《艺文志》，《续修四库全书》本，第 321 册，第 355 页。

自经书外，旁及《资治通鉴》《大学衍义》诸编，三书并授，著为成规。已又选秀才张宗浚等，陈说古今孝弟忠信、文学诸故事，及民间疾苦、稼穑艰难之类，为法甚悉。即先臣郑纪、邹守益、霍韬，亦并为《圣功图》以献于朝，无非循典制，重元良，为宗社长久计也。近该辅臣题奉讲解《通鉴》，谨候旨行，无容别义。臣愚不自揆，仰遵成宪，窃比前修；择载籍中故事有关法诫者，稍加训释，并绘为图，名曰《养正图解》，装潢成编，上尘乙览。夫以辅臣轮侍，观劘既深，同官敷陈，开导备至，岂臣之区区能为有无？"①可见，万历十七年（1589 年）此书未成。至万历二十二年，元子出阁，焦竑任讲官，为便于教导，特"取故事可为劝戒者"，图文并貌，撰成此书。②焦竑同年朱国桢在其《湧幢小品》中对《养正图说》的编纂也有叙述："元子初出阁，定讲官六人，癸未则郭明龙，丙戌唐抑所、袁玉蟠、萧玄圃、全玄洲，己丑则弱侯。太仓相公迎谓曰：'此重任，我辈先年少著精神，故到今扞格乃尔。诸公看元子资向如何？择其近而易晓者，勒一书进览方佳。'无何，相公去国，诸公不复措意，惟弱侯三上、三多、三不惑，纂《养正图说》一册。郭闻之，不平曰：'当众为之，奈何独出一手，真谓我辈不学耶？且此书进后，傥发讲，将遂与古书并讲，抑出汝之手，令我辈代讲，谁则甘之。'其说甚正。弱侯亦寝不复理，后其子携归，刻于南中，送之寓所，正在案而珰陈矩适至，取去数部。达御览，诸老大恚，谓由它涂进，图大拜，事不可解矣。"③直至万历二十五年，焦竑才上呈《养正图解》。④

《养正图说》成书后，是否"进览"，说法不一。《明史·焦竑传》云：

---

① （明）焦竑撰，林树惠、傅贵九校点：《澹园集》卷三《恭进图解以仰裨谕教疏》，北京：中华书局，1999 年，第 14—15 页。
② （清）黄宗羲：《明儒学案》卷三五《泰州学案四·文端焦澹园先生竑》，北京：中华书局，1985 年，第 829 页。
③ （明）朱国桢撰：《湧幢小品》卷一〇《己丑馆选》，北京：中华书局，1959 年，第 216 页。
④ 万斯同《明史》卷一三四《艺文志》载："焦竑《养正图解》二卷，万历二十五年九月，修撰竑为皇长子讲官，编进帝，命赐皇长子。同官有嫉之者，言其私因陈矩以进，坐浮躁，降广东断事。"谈迁《国榷》卷七七"万历二十五年九月戊戌"条亦载："戊戌，翰林院修撰焦竑上皇长子《养正图解》。"丁丙《善本书室藏书志》卷一五《养正图解》（清光绪刻本）载："前有万历二十五年九月初八日题奉圣旨：'览奏，知道了。所进《养正图解》，留览并赐之。'"

"拟进之，同官郭正域辈恶其不相闻，目为贾誉，竑遂止。"①似乎此书并未进览，此误。据朱国桢所言，万历十七年此书出后，焦竑同僚郭明龙"闻之不平"，但焦竑对此却"寝不复理"。又，沈德符《万历野获编》卷二五《吕焦二书》载："大珰陈矩购得数部以呈上览，于是物议哄然。"②可见，无论陈矩如何得到《养正图说》，但上奏御览却是事实，且《罪惟录·焦竑》云："（竑）作《养正图解》，劝戒元子。上取览，褒答之。"③足证《明史·焦竑传》讹误。《养正图说》今北京图书馆藏有万历二十二年吴怀让刻本，共一函二册，原注为明万历二十二年玩虎轩刊本，系由明代著名画家丁云鹏绘图，徽州著名刻工黄奇镌刻，图式精美绝伦，文画契合，可谓三绝。另有清光绪武英殿刻本、《宛委别藏》本。

又，《东宫讲义》④六卷，亦焦竑任东宫讲官时所撰，成书时间与《养正图说》相当。《千目》卷三"经解类"、万斯同《明史》卷一三三《艺文一》、朱彝尊《经义考》卷二五〇《群经》有著录。过庭训《本朝分省人物考》卷一三《焦竑》、徐开任《明名臣言行录》卷七四《修撰焦文端公竑》也叙及焦竑著有《东宫讲义》。查继佐撰《罪惟录》时，尝见此书"行于世"。《贩书偶记》载："孙家尝藏《东宫讲义》六卷，题明琅琊焦竑撰。"今未见传本。

万历二十三年（1595 年） 五十六岁 刻《皇明人物考》

据钱茂伟先生考证，《皇明人物考》万历二十三年（1595 年）刻。⑤为焦竑参修国史期间，利用金匮藏书及碑铭志状等撰写而成，后纂《献征录》，盖以此书为基础。该书《明志》未著录，诸家传记也未提及。徐乾学《传是楼书目》著录《皇明人物考》六卷，题明焦竑、翁正春撰。姚觐元《清代禁毁书目四种》载："查《明人物考》系题明焦竑、翁正春撰。盖当时，坊间所刊行所录皆《明臣小传》，据外省原签御名字样查，系明

---

① 《明史》卷二八八《焦竑传》，北京：中华书局，1974 年，第 7393 页。

② （明）沈德符撰：《万历野获编》卷二五《吕焦二书》，北京：中华书局，1959 年，第 636 页。

③ （清）查继佐撰：《罪惟录·列传》卷一八《焦竑》，《续修四库全书》本，第 323 册，第 281 页。

④ 按：《东宫讲义》，过庭训《本朝分省人物考》卷一三《焦竑》、徐开任《明名臣言行录》卷七四《东宫讲义》作"《东宫讲义解》"。

⑤ 钱茂伟：《明人史著编年考录》，《浙江学刊》，1994 年第 6 期。

代刻本，应毋庸议外，其余签出之处，亦俱系明史。现载事迹，尚无干
碍，应请毋庸销毁，惟内有应删字句，仍请抽毁。"①《千目》卷一〇
"传记类"著录《明朝人物考》七卷，未题著者名，据万斯同《明史》卷
一三四《艺文志》、《明志》、赵宏恩《（乾隆）江南通志》卷一九一《艺文
志》，疑《千目》所录为薛应旂七卷本《皇明人物考》；德国学者傅吾康则
推测，七卷本《明朝人物考》盖好利书商所为。②《皇明人物考》今北京
图书馆藏有万历刻本，台北"中央图书馆"、美国哥伦比亚大学东亚图书
馆、内阁文库藏有舒承溪重刊本及复本。

另，《逊国忠节录》六卷，成书时间不详，多载靖难诸臣事迹。《千
目》《贩书偶记》有著录，顾起元《遯园漫稿·翰林院修撰澹园先生焦公
墓表》、过庭训《本朝分省人物考》卷一三《焦竑》、查继佐《罪惟录·列
传》卷一八《焦竑》、陈田《明诗纪事·乙签》卷一、朱彝尊《明诗综》
卷一八、朱彝尊《静志居诗话》卷五皆谓焦竑著《逊国忠节录》。万斯同
《明史》卷一三四《艺文志》、孙殿起《贩书偶记》载为四卷，《明志》、
《（同治）上元县志·艺文志》载为八卷，卷数不一，原因不详。又，《千
目》、万斯同《明史》卷一三四《艺文志》著录张朝瑞《忠节录》五卷、
《考误》一卷，《四库总目存目》著录《忠节录》六卷，题张朝瑞撰，焦竑
《澹园集》卷一四有《忠节录序》、过庭训《本朝分省人物考》卷三二《张
朝瑞》，亦云《忠节录》出自鸿胪张朝瑞。此书今无传本，焦竑在撰《献
征录》时，照录《忠节录》者达 51 处，基本保存了此书之大概。可知，
焦竑《逊国忠节录》与张朝瑞《忠节录》并非一书。

万历三十年（1602 年） 六十三岁 刻《国史经籍志》

《国史经籍志》，即《皇明国史经籍志》，是一部史志目录。万历二十
二年（1594 年），焦竑参修国史，"与词臣分纪其事"③，主要承担了"经
籍志"的编修工作，此《明史·焦竑传》、高杕《三朝法传录·小引》、张
萱《西园闻见录·缘起》、倪文灿《明史·艺文志序》均有记载。万历二

---

① （清）姚觐元编：《清代禁毁书目四种》，《续修四库全书》本，第 921 册，第 535 页。
② 转引自向燕南《焦竑的学术特点与史学成就》，《文献》，1999 年第 2 期。
③ （明）焦竑辑：《献征录》卷首《献征录序》（顾起元），《续修四库全书》本，第 525 册，第 1 页。

十五年，史事因故中辍，而焦竑却纂成《国史经籍志》。具体成书时间，据《涌幢小品》载："（万历二十一年）陈文端（于陛）请修正史，分志二十八（按：当作二十二），务于详备，一志多至四、五十万余言。未几，文端薨，各志草草了事。"按陈于陛死于万历二十四年（1596 年），而此时各志已成雏形，可推焦竑《经籍志》也当于是年左右完成。今人吕彼得先生考证是在万历二十六年（1598 年）①，恐误。又《中国古籍善本书目·史部》著录此书有十七种明刻本和清抄本，其中以万历三十年陈汝元三馆刻本最早，盖此书刻于是年。《千目》、《明志》、《总目》、《澹生堂藏书目》、嵇璜《续文献通考》卷一六五《经籍考》、丁仁《八千卷楼书目》卷九等均著录"焦竑《国史经籍志》五卷，《纠谬》一卷"。

关于《国史经籍志》之义例，周中孚《郑堂读书记》卷三二载："万历中，弱侯分修国史，未成而罢，仅成是志。仿取《通志·艺文略》之例，以四部分类，类各一卷，又分经为十一目，史为十五目，子为十六目，集为六目，冠以制书类一卷。凡御制敕修、中宗御制、记注、时政皆编入焉。又仿《通志·校雠略》之例，附以《纠缪》一卷，凡汉、隋、唐、宋史志及宋人书目，皆驳正焉。其著录既非据见存之书，而历代史志所载又重复录之，且考证未详，方诸郑氏《艺文略》又亚之矣。然弱侯能参之，汉、隋《志》例，各于分目之后，作总论目一则，以畅发其大旨，是又新、旧《唐志》、《宋志》所不及为者，所谓质有其文也，此则加于人一等矣。"②具体而言，《国史经籍志》仿孙明传、张萱等校辑《内阁藏书目录》首列"圣制部"之法，先列制书。其他以荀勖开创的四部分类法为准，采用三级分类，分门厘定，诠配图书。又按照郑樵《通志》"编次必记亡书"的原则，兼采历代书目，存亡并录。于此，四库馆臣评曰："其书丛钞旧目，无所考核，不论存亡，率尔滥载。古来目录，惟是书最不足凭。"③而时人陈汝元赞道："此书一行，令好古者因名以求书，其为助不

---

① 昌彼得：《焦洪国史经籍志的评价》，屈万里先生七秩荣庆论文集编辑委员会编：《屈万里先生七秩荣庆论文集》，台北：联经出版事业公司 1978 年，第 307—318 页。

② （清）周中孚撰：《郑堂读书记》卷三二《国史经籍志》，《续修四库全书》本，第 924 册，第 366—367 页。

③ （清）永瑢等撰：《四库全书总目》卷八七《国史经籍志》提要，第 744 页。

浅。"①客观地说，《国史经籍志》作为明代最早的史志目录，其价值无可替代。其一，《国史经籍志》以《通志·艺文略》为基础，增补了南宋、辽、金、明著述，并为后世《明志》等书目的编纂奠定了基础。其二，《纠谬》一卷，虽然在某些方面"未悉古今学术源流，不于离合异同之间深求其故；而观其所议，乃是仅求甲乙部次，苟无违越而已"②。但他能在参考《汉志》至《宋志》等史志书目，以及《崇文总目》《郡斋读书志》等官私书目之时，对其分类不当之处予以纠正，颇具见地，所谓："讥正前代著录之误，虽其识力不逮郑樵，而整齐有法，去汰裁甚，要亦有可节取者焉。"③其三，《国史经籍志》恢复了《汉志》《隋志》各类冠以类序的做法，大体依"部分不明则兵乱，类例不立则书亡"④的分类原则，每类著录完毕，即加以序言，对所统部类之范围、性质及源流予以叙述。全书加上总论一篇，共有序言五十篇，而制书中御制、中宫御制、敕修、记注等四类有总序无类序，究此缘由，盖制书一类历来书目不录，尝无源流可叙，故如此。以上大小序论后焦竑合为一篇，称"《经籍志》论"，收入其《澹园集》。

所谓"史籍浩繁，一人之力不能兼尽"⑤，加之焦竑不得已而"丛抄旧目"，"不论存亡"⑥，致使《国史经籍志》著录图书时也有挂此漏彼之处。为此，清人宋定国、谢星缠撰《国史经籍志补》加以补充；章学诚有《焦竑误校〈汉书艺文志〉》一篇。此书现存本子较多，除明刊本、粤雅堂本外，通行本有《丛书集成初编》本、《续修四库全书》本和1959年北京商务印书馆出版的《明史艺文志·补编·附编》本。

《总目》卷八七"史部·目录类"存目《国史经籍志》提要载："盖万历间，陈于陛议修国史，引（焦）竑专领其事。书未成而罢，仅成此

---

① （明）焦竑撰：《国史经籍志》卷首《序》（陈汝元），《四库全书存目丛书》本，史部第277册，第295页。

② （清）章学诚撰：《校雠通义》卷二《焦竑误校汉志》，《续修四库全书》本，第930册，第779页。

③ （清）章学诚撰：《校雠通义》卷二《焦竑误校汉志》，《续修四库全书》本，第930册，第779页。

④ （明）焦竑撰：《国史经籍志》卷三《史类》，《续修四库全书》本，第916册，第379页。

⑤ （清）章学诚撰：《校雠通义》卷四《论修史籍考要略》，《续修四库全书》本，第930册，第813页。

⑥ （清）永瑢等撰：《四库全书总目》卷八七《国史经籍志》提要，第744页。

志。"①谓陈氏议修国史，"仅成此志"，误。实际上，此次修史成果丰硕，除《国史经籍志》外，尚有不少成果。谈迁《国榷》卷七七云："所撰各帝本纪、皇后本纪、各志俱就。"且言他自己"尝读典礼、河渠、兵制诸志及本纪、列传，间见数首"②。张萱《西园闻见录·缘起》云："时史局惟叶公向高有《四夷志》，焦公竑有《经籍志》，余所受简，皆未有闻。"③孙承泽《春明梦余录》卷一三载："（修史）集累世之《实录》，采朝野之见闻，纪传书志颇有成绪。"黄汝亨言当时"纪志诸编稍稍就绪。"④可见，当时已经部分完成了志、本纪等撰修工作。至于具体完成哪些成果，清人孙承泽以为所修书稿于万历二十五（1597 年）年六月十九日"忽遭天灾，化为煨烬"⑤。其实不然，据当时组织抢救转移的大学士赵志皋奏："正史编辑虽在史官，而启闭、誊稿琐屑诸务，例用吏胥……昨史馆被灾之时，累朝《宝训》、《实录》及正史各项册籍，各役并力救运，不致废失，其劳亦不可泯。"⑥可知"天灾"发生时正史所成书稿已被安全转移。这些书稿至今流传于世者，除焦竑《国史经籍志》外，尚有吴道南《国史河渠志》、叶向高《四夷志》、史继偕《皇明兵制考》、杨继礼《皇明后纪妃嫔传》、陈懿典《七太子传》及《庙祔十五王传》和《汉庶人传》等重要成果。于此，李小林先生已有考辨⑦，兹不赘述。

除了上述官修成果外，参与史事的其他学者也撰有史学著作。就焦竑而言，据张萱《西园闻见录·缘起》、倪文灿《明史·艺文志序》、高杖《三朝法传录·小引》、顾起元《献征录》卷首序，此次修史，焦竑分纂《国史经籍志》。但至史事中辍，他不仅独撰《国史经籍志》，也利用馆阁藏书部分完成《国朝献征录》的辑录工作，于此，顾起元道："（其间焦

---

① （清）永瑢等撰：《四库全书总目》卷八七《国史经籍志》提要，第 744 页。

② （明）谈迁著，张宗祥校点：《国榷》卷七七"万历二十五年六月癸未"条，北京：中华书局，1958 年，第 4798 页。

③ （明）张萱撰：《西园闻见录》卷首《西园闻见录缘起》，《续修四库全书》本，第 1168 册，第 3 页。

④ （明）焦竑撰：《献征录》卷首《献征录序》（黄汝亨），《续修四库全书》本，第 525 册，第 6 页。

⑤ （清）孙承泽著，王剑英点校：《春明梦余录》卷一三《皇史成》，北京：北京古籍出版社，1992 年，第 163 页。

⑥ 南炳文、吴彦玲辑校：《辑校万历起居注》，万历二十五年七月十七日，天津：天津古籍出版社，2010 年，第 1514 页。

⑦ 李小林：《万历官修本朝正史研究》，天津：南开大学出版社，1999 年。

竑）分类别采而缉之，自禁中之副，名山之藏，通都大邑之传，毕登于简，一代史材犁然大备，兹录固其一尔……而（先生）为时所忌，归卧东山，广内之储，匮而在笥，岂不惜哉。然先生意不忍忘，时为雠校，绪成其业。"①黄汝亨亦言："（其间）先生殚日夜之力，取累朝训录及海内碑铭、志状、表传之属尽录之，下及齐谐小说，靡不诠择，自曹分而外，并有结撰。"②四库馆臣甚至径言："此书殆即当时所辑录。"③可见，作为焦竑的"私人"产品，《献征录》虽未定稿，但已具规模。此外，张萱《西省日钞》似亦出自此次修史，《西园闻见录缘起》有言："时有正史之役，谬为当事推择，窃幸获观金匮石室之藏，后死谓何！……视草之暇，即觅书备节略累朝《实录》，自洪武迄隆庆，凡三百卷，私名之曰《西省日钞》，不敢言《实录》也。"④是知张萱不仅参与史役，且有所创获。可见，《总目》"仅成此志"有失确当。

除《国史经籍志》外，焦竑还擅长编纂藏书目录，其藏书楼曰"万轴楼"，书斋名"欣赏斋"，因藏书丰富，被誉为"东南之冠"。缘此，焦竑编有《焦氏藏书目》二卷、《欣赏斋书目》六卷；又因其精于金石，搜集颇富，故有《欣赏斋金石刻目》二卷。三书《千目》卷一〇"薄录类"、万斯同《明史》卷一三四《艺文志》、《澹生堂藏书目》有著录。今未见传本。

万历三十四年（1606 年） 六十七岁 合刊《焦氏笔乘》及《焦氏笔乘续集》

《焦氏笔乘》，原题"秣陵焦竑弱侯辑，门人谢与栋吉甫、焦尊生茂直校"。原刊《焦氏笔乘》六卷，《焦氏笔乘续集》八卷，半页九行十九字。⑤《总目》卷一二八"子部·杂家类"存目五总作八卷，无《焦氏笔乘续集》，《金陵丛书》本与此同，《明志》子部小说家类总作二十卷。对

① （明）焦竑撰：《献征录》卷首《献征录序》（顾起元），《续修四库全书》本，第 525 册，第 2 页。
② （明）焦竑撰：《献征录》卷首《献征录序》（黄汝亨），《续修四库全书》本，第 525 册，第 6 页。
③ （清）永瑢等撰：《四库全书总目》卷六二《献征录》提要，第 559 页。
④ （明）张萱：《西园闻见录》卷首《西园闻见录缘起》，《续修四库全书》本，第 1168 册，第 3 页。
⑤ 陈第《世善堂藏书目录》卷上亦作"《焦氏笔乘》六卷"；丁仁《八千卷楼书目》卷一二"子部"作"《焦氏笔乘》六卷，《续笔乘》八卷，明焦竑撰，粤雅堂本"。

此不同，历来解释为"盖皆所见本不同也"①，或"采进本偶殊也"②。据焦竑万历三十四年（1606年）自序可知，此书最早刊于万历八年，序云："曩读书之暇，多所札记。万历庚辰岁，友人取数卷刻之，余藏巾笥中未出也。"③可见此次刊刻并非全稿。李贽《续藏书·与焦弱侯太史书》曾言"日者如真（李登字）寄给《笔乘》二册"，盖即此刊本，因李贽于万历三十年已自刭，无法见到万历三十四年合刻本。又《郑堂读书记跋语》据焦竑"并前编合刻"云云，认为此次所刻的《焦氏笔乘》正集共六卷。此后二十多年，焦竑"牵丝入仕，随所见闻，辄寄笔札"④，并在"未出者"的基础上，陆续收集增写了许多条目，其间虽因被贬一事，散佚者十之五六，谢与栋"见而惜之"，并于万历三十四年将先前已刊者与所余者合刊，此即今存最早刊本。今存版本有：《粤雅堂丛书》本、《丛书集成初编》本、《金陵丛书》本、中华书局排印本和1986年上海古籍出版社点校本。

今人李剑雄先生将《焦氏笔乘》的内容概括为六个方面，甚为全面，详见《焦氏笔乘》校点说明。而四库馆臣则贬其"剿袭说部，没其所出"，且因"兼涉名理"，其中论说"乖迕正经，有伤圣教"⑤，实持之太过。相较而言，周中孚《郑堂读书记》的评价较为中肯："其书订经子之讹，补史传之阙，网罗时事，缀辑艺文，不无可取。而肤浅杜撰，疑误观听者，往往有之。且其精核者皆剽窃前人说部而没所自来，亦不足以资考证，至其冥契教乘，喜谈名理，乃万历间狂禅之习，尤有乖名教也。"⑥又云："《焦氏笔乘》一书，皆乖迕正经，大伤圣教者也。"⑦

又，《千目》卷一二"小说类"、万斯同《明史》卷一三五《艺文志》著录焦竑有《笔乘别集》六卷，明刻本《澹园集》题记亦叙此，未知

①　（清）周中孚撰：《郑堂读书记》卷五七《焦氏笔乘》，《续修四库全书》本，第925册，第59页。
②　（明）焦竑撰，李剑雄点校：《焦氏笔乘》附录《粤雅堂刻本伍崇曜跋》，上海：上海古籍出版社，1986年，第435页。
③　（明）焦竑撰，李剑雄点校：《焦氏笔乘》卷首《自序》，第1页。
④　（清）周中孚撰：《郑堂读书记》卷五七《焦氏笔乘》，《续修四库全书》本，第925册，第59页。
⑤　（清）永瑢等撰：《四库全书总目》卷一二八《焦氏笔乘》提要，第1103页。
⑥　（清）周中孚撰：《郑堂读书记》卷五七《焦氏笔乘》，《续修四库全书》本，第925册，第59—60页。
⑦　（清）周中孚撰：《郑堂读书记》卷五七《说储》，《续修四库全书》本，第925册，第61页。

所据。

另,《支谈》,亦作《焦氏支谈》,《总目》作三卷,祁承㸁《澹生堂藏书目》作一卷。初为单行本,后并入《焦氏笔乘续集》,平步青《霞外攟屑》卷六载:"《支谈》上、中、下入《四库全书》子部杂家类存目二,凡三卷,与《笔乘》自为一书,不知何人并省入《笔乘》中,疑续非出文端(按:文端,焦竑谥号)自定也。"① 《焦氏笔乘续集》卷二将其分为上、中、下三节,盖《支谈》"专以西方直指,化诱后学,几如宗门导师"②。故后人将其摘出,以为单行,此即《总目》卷一二五《焦氏支谈》提要所载三卷本,其谓:"是书主于三教归一,而并欲阴驾佛老于孔子之上,此姚江末流之极弊,并其本旨失之者,虽亦讲学之言,不复以儒家论之,亦不复以儒理责之矣。"诸家焦竑传记中,唯过庭训《本朝分省人物考》、查继佐《罪惟录》提及《焦氏支谈》。今《宝颜堂秘笈》第三十三册收有此书。

关于《焦氏支谈》之内容,嵇璜《续文献通考》卷一七六《经籍考》谓该书"主于三教归一"。周中孚《郑堂读书记》则言:"《支谈》三卷……前有万历丁亥张文晖引,称'孔老释迦之道,曷尝有异,而其或命之曰儒,曰释,曰道,各随世之所谓语言文字以名之,而道则安有是也,此先生所为不得已而详言之也'。是书宗旨已尽于此,然此亦不过举其大概耳,实则欲扬释老而抑孔子,又欲扬释迦而抑老氏,无论孔子,盖沿姚江之末派,而失其本原,遂流而为异端之归,其害岂可胜言哉!"③

万历三十四年(1606 年) 六十七岁 成《澹园集》;三十九年(1611 年) 七十二岁 成《澹园续集》

焦竑,号澹园,其文集以此命名,作《澹园集》,旨在淡泊名利,清净致远,"澹园者,竑所自号也。自未仕至家居,无日不讲学,然以罗汝芳为宗,而善耿定向、弟定理,皆禅学也。故其学亦悉入于禅,其训门

① (清)平步青:《霞外攟屑》卷六《玉树庐芮录·笔乘续之误》,上海:上海古籍出版社,1982 年,第 398 页。
② (明)焦竑撰,李剑雄点校:《焦氏笔乘》附录《粤雅堂刻本伍崇曜跋》,第 435 页。
③ (清)周中孚撰:《郑堂读书记》卷五三《支谈》,《续修四库全书》本,第 925 册,第 6 页。

人，亦时以禅机相开悟，颇为识者所讥"①。伍崇曜《焦氏笔乘跋》云：
"（焦）竑，字弱侯，上元人，有《澹园集》。"焦竑，又字澹园，盖其文集
也称《澹园集》。焦竑书斋名"欣赏斋"，故《千目》别集类、万斯同《明
史》卷一三七《艺文志》、邹祗谟《倚声初集》卷四《韵辨一》又著为
《欣赏斋集》，三者实为一书。而《四库全书大辞典》②叙及焦竑有《澹然
集》，误，"然"当作"园"。《澹园集》正集原刊四十九卷，半页九行十九
字；徐乾学《传是楼书目》云："《焦澹园集》四十九卷，十本；《澹园续
集》二十七卷，四本。"台湾有四十二卷本，属残本。据耿定向、方时俊
等万历三十四年（1606年）序，今有万历三十四年刻本。《澹园集》所载
为焦竑万历三十四年以前作品。

《澹园续集》二十七卷，万历刊本，《千目》、万斯同《明史》卷一三
七《艺文志》、《明志》著录为三十五卷，原因不详。万历三十九年正月，
焦竑门生徐光启为《澹园续集》作序，此年夏天，兵备副使金励嘱托朱汝
鳌在当涂（今安徽省当涂县）将此书刊刻。③至此，《澹园集》及《澹园
续集》全部问世。二集流传不广，今有民国四年（1915年）排印《金陵
丛书》本和伟文图书出版有限公司影印本。另《广理学备考》第六函存
《澹园集》一卷。今人李剑雄先生点校《澹园集》，将二集合刊，由中华书
局1999年5月出版。

《澹园集》内容丰富：一是为时人所撰墓志铭、神道碑、行状、公
诔、小传等；二是为时人著述撰写序文、题跋等，如为李贽《藏书》、陈
第《毛诗古音考》作序；三是各类书信、问答等，如《明德堂答问》《崇
正答问》《答耿师》等；四是各种诗文、议论、赞语、策问、奏疏、诰命
等，如《修史修陈四事议》《大器犯规矩华绳论》《谨述科场始末乞赐查勘
以明心迹疏》《竹坡孙翁暨配吴硕人像赞》等。

万历三十八年（1610年）　七十一岁　作《俗书刊误》自序

《俗书刊误》，《千目》卷三"小学类"、万斯同《明史》卷一三三《艺

---

① （清）万斯同撰：《明史》卷三八五《儒林传三》，《续修四库全书》本，第331册，第125页。
② 杨家骆：《四库全书大辞典》，北京：中国书店，1987年。
③ 容肇祖：《焦竑及其思想》，《燕京大学（燕京学报）》1938年第23期。

文志》、《明志》、《总目》著录为十二卷，陈第《世善堂藏书目录》卷下作十卷。今有《四库全书》本。据卷首万历三十八年（1610年）自序，此书约成于是年。但书中所载盖始于焦竑主持顺天科考间，序云："早岁课子尝间为点定，儿曹因笔于策，以识不忘云尔。"后致仕归故，逢友人杨中甫刻书，遂"取此秩并梓之"。全书第一至第四卷类分四声，刊正讹字，若"芈"之非"丰"，"容"不从"谷"；第五卷略记字义，若"赤"之通"尺"，"鼬"之同"犹"；第六卷略记骈字，若"句娄"之不当作"岣嵝"，"辟历"之不当作"霹雳"；第七卷考字始，若"对"之改口从士，"叠"之改晶从畾；第八卷考音义同字异，若"庖犠"之为"炮羲"、"神农"之为"神由"；第九卷考音同字义异，若"锟铻"之与"琨珸"，"沧浪"之与"簹筤"；第十卷字同音异，若"敦"有九音，"苴"凡两读；第十一卷考俗用杂字，若"山岐"曰"岙"；第十二卷考字形疑似，若"支"之与"支"。然此书只考讹误，不论致误原因，此切合于焦竑只求此书"触类旁通""通经学古"之初衷。至于《提要》认为此书"拘泥篆文不分字体者多矣"[1]，也是事实。

万历三十九年（1611年） 七十二岁 作《熙朝名臣实录》自序

《熙朝名臣实录》二十七卷，《千目》《明志》等均未著录。卷首有万历三十九年（1611年）焦竑序，后附李贽评语，可知此书约成于是年。坊刻有李贽《熙朝名臣实录》二十七卷，朱鸿林先生认为此书即《续藏书》[2]。《总目》卷六二"史部·传记类存目四"著录在焦竑名下；又《续修四库全书》本、《四库全书存目丛书》收录此书，皆题焦竑撰。经笔者比较，二书虽卷数相同，专记明代名臣，但所载内容相差甚远，题名李贽者，盖坊刻好利者所为，不足为信。今人朱仲玉先生认为《熙朝名臣实录》是在焦竑《献征录》的基础上编纂而成[3]，此不妥，因《献征录》成于万历四十四年，成书晚于《熙朝名臣实录》。

焦竑撰《熙朝名臣实录》是出于"明代诸帝有《实录》，而诸臣之事

---

① （清）永瑢等撰：《四库全书总目》卷四一《俗书刊误》提要，第355页。
② 朱鸿林：《〈熙朝名臣实录〉即〈续藏书〉考》，《大陆杂志》，1986年第6期。
③ 朱仲玉：《焦竑的史学成就》，《历史文献研究》（北京新八辑），北京：北京师范大学出版社，1997年。

不详，因撰此书。"据此，他仿宋人实录义例，"凡书诸臣之卒，必附列本传，以纪其始末"①，记载了明初至万历末名臣之行迹，如靖难诸臣之事，明初通晓四书科，韩文劾刘瑾事等，皆《明史·选举志》及《明会典》所未载，颇足以资考证。当然，此书亦有欠缺，《总目》论道："各传中多引《寓圃杂记》及《琐缀录》诸书，皆稗官小说，未可征信。又或自叙事，或仅列旧文，标其书目，于体亦乖。"②至于卷尾李贽评语，"尤多妄诞，不足据为定论也"③，虽有偏颇，但也点明其之不足。此外，《熙朝名臣实录》虽名"名臣录"，但所载遍及"王侯、将相及士庶人、方外、缁黄、僮仆、妾伎"④，名实有乖，令人费解。徐乾学《传是楼书目》、《四库总目存目》、嵇璜《续通志》卷一五九《艺文略》著录，今有《续修四库全书》本、《四库全书存目丛书》本。

万历四十一年（1613 年）　七十四岁　成《易筌》

《易筌》六卷，《附论》一卷，徐乾学《传是楼书目》、《千目》、《明志》、嵇璜《续文献通考》卷一四五《经籍考》、祁承㸁《澹生堂藏书目》著录均为六卷，不计《附论》一卷。《总目》卷六二"纪传类·存目四"著录《献征录》时，云："竑有《易鉴》已著录。"按"鉴"当作"筌"，形近致讹；上海书店在整理《献征录》时，在出版说明中也误云"《易鉴》"。

《总目》称焦竑此书旨在"以二氏（佛道）通於《易》，每杂引《列子》《黄庭内景经》《抱朴子》诸书以释经。"《易筌》"依经训释，后附各先儒论说"⑤，颇具价值，焦竑自序谓："善乎李觏之言，无思无为之义晦而心法胜，积善积恶之诚泯而因果作……是编出，学者知二氏所长乃《易》之所有，而离类绝伦不可为国家者，则易之所无也。"⑥他援佛道以通《易》，以释经，这种禅化儒学，融通"三教"之风在晚明蔚然勃兴，

---

① （清）永瑢等撰：《四库全书总目》卷六二《熙朝名臣实录》提要，第 559 页。
② （清）永瑢等撰：《四库全书总目》卷六二《熙朝名臣实录》提要，第 559 页。
③ （清）永瑢等撰：《四库全书总目》卷六二《熙朝名臣实录》提要，第 559 页。
④ （清）永瑢等撰：《四库全书总目》卷六二《熙朝名臣实录》提要，第 559 页。
⑤ （清）阮元撰，王爱亭、赵嫄点校：《文选楼藏书记》卷一，上海：上海古籍出版社，2009 年，第 2 页。
⑥ （明）焦竑撰：《易筌》卷首《易筌序》，《续修四库全书》本，第 11 册，第 1—2 页。

影响久远。

除《易筌》外,焦竑经部著述尝有《禹贡解》一卷,《考工记解》二卷。二书刊刻时间不详,查继佐《罪惟录》、过庭训《本朝分省人物考》、徐开任《明名臣言行录》所载焦竑传叙及二书,但只列其名,不明卷数。二书今未见传本。

万历四十四年(1616年) 七十七岁 成《献征录》

焦竑编纂《献征录》,始于万历中与修国史期间,虽然他主要承担了"经籍志"的撰修,但他"自曹分而外,并有结撰"①,开始搜集资料编纂《献征录》。据顾起元回顾:"(焦竑)取累朝训录、方国纪志,与家乘野史,门分类别,采而缉之。自禁中之副,名山之藏,通都大邑之传,毕登于简。一代史才,犁然大备,兹录固其一尔。"万历二十五年,国史事因故中断,焦竑又遭人"所忌","归卧东山"②,但他"不忘其初,凡所睹闻,佥命掌记,时为缵辑。自同姓诸侯王传、文臣、武臣以及四夷等传,凡百二十余卷,万有一千余叶,录名《献征》"③。可见,《献征录》也属万历官修国史成果,而《明史·焦竑传》"先撰《经籍志》,其他率无所撰"有失妥当。关于《献征录》的成书时间,据顾起元、黄汝亨序和现存万历刻本,可知该书约成于万历四十四年。今有1986年中国书店影印本、《续修四库》本、《四库全书存目丛书》本。

《献征录》祖本为明万历四十四年徐象橒曼山馆本,此本书口下刻有"曼山馆"三字,前有黄汝亨及顾起元万历四十四年序。每卷目录后皆题明校勘和刊刻人姓名,刊刻者为徐象橒,校勘者每卷为二人,其中茅元仪一人通校全书,另外一人,则多有变动,如张汝霖、张耀芳、黄应登、俞思冲等都参与过校勘工作。由此看来,上海书店影印《献征录》"出版说明"云:"目录后题山阴张汝霖、吴兴茅元仪同校,钱唐(当作塘)徐象橒刊行。"将校勘者定为张、茅二人,失于实际。

《千目》、《明志》著录《献征录》为一百二十卷,而焦竑《国史经籍

① (明)焦竑辑:《献征录》卷首《献征录序》(黄汝亨),《续修四库全书》本,第525册,第6页。
② (明)焦竑辑:《献征录》卷首《献征录序》(顾起元),《续修四库全书》本,第525册,第2页。
③ (明)焦竑辑:《献征录》卷首《献征录序》(黄汝亨),《续修四库全书》本,第525册,第7页。

志》却著录为三百六十卷。《国史经籍志》约成于万历二十四年前后，而《献征录》成于万历四十四年，为何先者会著录后者？今《中国古籍善本书目·史部》著录《国史经籍志》有明代刻本两种，其中万历三十年陈汝元函三馆刻本，盖为最早刊本。另一种刻本为万历四十四年徐象橒曼山馆本，与《献征录》祖本同年刊刻。据此，笔者疑《国史经籍志》自万历三十年初刻至四十四年重刻的十余年间，焦竑曾对其补修过，故会著录此时已成稿的《献征录》。至于为何著录为三百六十卷，原因未详。

《献征录》所收人物起自明开国初，包括元末部分人物，如郭子兴、俞廷玉、花云、徐寿辉、张德胜、耿再成等均死于元至正年间，并非严格意义上的"国朝"人物。可见有人认为《献征录》所收人物起于明初或洪武初，有失准确；对此书所收人物的下限，四库馆臣云"迄于嘉靖"[①]，上海书店影印"出版说明"、东北师范大学古籍所所编《简明中国古籍辞典》皆从此说；牟复礼等《剑桥中国明代史》则认为所收人物下限为"万历初"[②]。实际上，《献征录》所收人物下限应在"万历末"。据笔者统计，《献征录》所收人物共有3554人，其中就有不少生活在万历末年，如沈子木卒于万历三十七年（1609年），王锡爵卒于万历三十八年（1610年），阮鹗卒于万历四十一年（1613年），申时行卒于万历四十二年（1614年），最晚的是李廷机，卒于万历四十四年（1616年），仅比焦竑早死四年。

《献征录》是明代最完整的传记资料集，全书所记人物众多，凡宗室、戚畹、勋爵、内阁、六卿、孝子、义人、儒林、艺苑、隐人、寺人、释道、四夷等，此《列卿记》《弇山堂别集》《琬琰录》《吾学编》等已刊同类传记无法比拟。故万斯同云："《献征录》一书，搜采最广，自大臣至郡邑吏，莫不有传。"[③]

① （清）永瑢等撰：《四库全书总目》卷六二《献征录》提要，第559页。
② （美）牟复礼、（英）崔瑞德编：《剑桥中国明代史》，张书生、黄沫、杨品泉，等译，思炜、张言、谢亮生校，北京：中国社会科学出版社，1992年，第812页。
③ （清）万斯同撰：《石园文集》卷七《寄范笔山书》，《续修四库全书》本，第1415册，第510页。

万历四十六年（1618 年） 七十九岁 作《玉堂丛语》自序

《玉堂丛语》八卷，诸家书目均有著录，《千目》将其著入"史部·别史类"，王鸿绪《明史稿·艺文志》著入"史部·杂史类"，而《明志》归入"子部·杂家类"。据焦竑万历四十六年五月序和现存四十六年刻本，盖《玉堂丛语》成于是年，焦竑自序云："（此书）读者倘与近日《翰林记》《馆阁类录》《殿阁词林记》《应制集》诸书而并存之，亦余之幸也夫。"①盖焦竑作序之前，此书已流传学界。全书"体例仍之《世说》，区分准之《类林》"，"采撷明初以来翰林诸臣遗言往行，分条胪载，凡五十有四类"。②其中多数内容或是作者耳闻目睹，或是作者自采"金鐀石室、典册高文"及"稗官野史"。③故此书一出，即可"补苴国史之弗备"，"宛然成馆阁诸君子一小史然"④。《玉堂丛语》流传不广，最早有万历四十六年曼山馆刻本，通行本有中华书局排印本和中华书局 1981 年点校本。

《玉堂丛语》"义例精而权量审，闻见博而取舍严"⑤，"先生之功，于是为大"⑥。但此书之成型，则源自焦竑的孜孜求索，"余自束发，好览观国朝名公卿事迹。迨滥竽词林，尤欲综核其行事，以待异日之参考……苦无从咨问，每就简册中求之，凡人品之淑慝，注厝之得失，朝廷之论建，隐居之讲求，辄以片纸志之，储之巾箱"⑦。特别是焦竑任职翰林期间，对其中人事多有目睹。凡此，皆为他撰写《玉堂丛语》准备了"其人""其事"和"其书"⑧。

焦竑于"朝家之宪章，人伦之品目"，多能"矢口而谭，援笔而写"，且可"批析枝条，根极要领"⑨。故除《玉堂丛语》外，他还撰有《词林

① （明）焦竑撰：《玉堂丛语》卷首《书玉堂丛语》，北京：中华书局，1981 年，第 5 页。
② （清）永瑢等撰：《四库全书总目》卷一四三《玉堂丛语》提要，第 1223 页。
③ （明）焦竑撰：《玉堂丛语》卷首《玉堂丛语序》（顾起元），第 1 页。
④ （明）焦竑撰：《玉堂丛语》卷首《玉堂丛语序》（郭一鹗），第 3 页。
⑤ （明）焦竑撰：《玉堂丛语》卷首《玉堂丛语序》（顾起元），第 1 页。
⑥ （明）焦竑撰：《玉堂丛语》卷首《玉堂丛语序》（郭一鹗），第 3 页。
⑦ （明）焦竑撰：《玉堂丛语》卷首《书玉堂丛语》，第 5 页。
⑧ （明）焦竑撰：《玉堂丛语》卷首《玉堂丛语序》（顾起元），第 1 页。
⑨ （明）焦竑撰：《玉堂丛语》卷首《玉堂丛语序》（顾起元），第 1 页。

历官表》三卷、《京学志》八卷、《词林嘉话》六卷。三书成书时间未详，今未见传本。其中前二书《千目》、《明志》、徐乾学《传是楼书目》均有著录；《词林嘉话》，诸类文献中唯顾起元《遯园漫稿·翰林院修撰澹园先生焦公墓表》、《明朝百家小传·焦竑传》提及，但称《玉堂嘉话》。又《贩书偶记》载孙氏家尝藏此书。

《焦弱侯问答》一卷，成书时间未详

《焦弱侯问答》为焦竑晚年讲学时的问答记录，由后学潘曾纮整理编成，成书时间未详。据《总目》卷一二五《焦弱侯问答》提要云："明焦竑撰，潘曾纮编。竑师耿定向而友李贽，于贽之习气沾染尤深，二人相率而为狂禅。贽至于诋孔子，而竑亦至尊崇杨墨，与孟子为难，虽天地之大无所不有，然不应妄诞至此也。曾纮乃缀拾刻之，以教新郑之士子，可以见明季风气矣。"①嵇璜《续通志》卷一六〇《艺文略》、嵇璜《续文献通考》卷一七六《经籍考》、钱谦益《绛云楼书目》卷三皆有著录。诸家传记中唯《明朝百家小传》提及《答问录》一书，盖即此书。据 1986 年中国书店影印《国朝献征录》时，在出版说明中云此书有传本，今未见。

另，焦竑有《金陵旧事》一种，黄虞稷《千顷堂书目》卷六著录为："焦竑《金陵旧事》十卷。"②顾起元《客座赘语》卷七《金陵人金陵诸志》云"焦太史竑有《金陵旧事》"③。张岱《石匮书》卷二七〇下《李贽焦竑列传》、《明朝百家小传·焦竑传》提及该书。今《焦氏笔乘续集》卷七、卷八有《金陵旧事》上下篇。至于《中原文献》与《三十九字品汇释评》，虽均题"修撰澹园焦竑撰"，但据王重民考证，此二书乃时人伪托焦竑所作。④

① （清）永瑢等撰：《四库全书总目》卷一二五《焦弱侯问答》提要，第 1077 页。
② （清）黄虞稷撰，瞿凤起、潘景郑整理：《千顷堂书目》卷六，上海：上海古籍出版社，2001 年，第 160 页。
③ （明）顾起元：《客座赘语》卷七《金陵人金陵诸志》，北京：中华书局，1987 年，第 219 页。
④ 王重民撰：《中国善本书提要》，上海：上海古籍出版社，1983 年，第 379 页。

参 考 文 献

一、古籍文献

（唐）刘知幾：《史通》，（清）浦起龙《史通通释》本，上海：上海书店，1988 年。

（宋）杜大珪编：《名臣碑传琬琰之集》，《景印文渊阁四库全书》本。

（宋）洪迈撰，孔凡礼点校：《容斋随笔》，北京：中华书局，2005 年。

（宋）马端临：《文献通考》，北京：中华书局，1986 年。

（宋）郑樵撰：《通志》，北京：中华书局，1987 年。

（宋）仲并撰：《浮山集》，《景印文渊阁四库全书》本。

（宋）朱熹编：《宋名臣言行录》，《景印文渊阁四库全书》本。

（明）毕自肃撰：《辽东疏稿》，《四库未收书辑刊》本。

（明）陈洪谟撰：《治世余闻》，《续修四库全书》本。

（明）陈建辑，江旭奇补订：《皇明通纪集要》，《四库禁毁书丛刊》本。

（明）陈建撰，（明）沈国元订补：《皇明从信录》，《四库禁毁书丛刊》本。

（明）陈建撰：《皇明从信录》，《续修四库全书》本。

（明）陈循、彭时：《寰宇通志》，北京：书目文献出版社，2014 年。

（明）陈子龙等选辑：《明经世文编》，北京：中华书局，1962 年。

（明）陈子壮撰：《昭代经济言》，《丛书集成初编》本。

（明）程开祜撰：《筹辽硕画》，《丛书集成续编》本。

（明）东村八十一老人撰：《明季甲乙汇编》，《四库禁毁书丛刊》本。

（明）董应举撰：《崇相集》，明崇祯十二年（1639 年）刻本。

（明）范景文撰：《昭代武功编》，明崇祯十一年（1638 年）刻本。

（明）方孔炤撰：《全边略记》，《明代蒙古汉籍史料汇编》第 3 辑，呼和浩特：内蒙古
  大学出版社，2006 年。

（明）方孝孺撰：《逊志斋集》，《景印文渊阁四库全书》本。

（明）冯梦龙编著，吴伟斌、卞岐校点：《甲申纪事》，南京：江苏古籍出版社，1993 年。

（明）冯琦撰：《宗伯集》，明万历三十五年（1607 年）刻本。

（明）高岱撰：《鸿猷录》，《丛书集成初编》本。

（明）高汝栻辑：《三朝法传录》，《续修四库全书》本。

（明）高汝栻撰：《皇明续纪三朝法传全录》，明崇祯九年（1636 年）刻本。

（明）葛昕撰：《集玉山房稿》，《景印文渊阁四库全书》本。

（明）过庭训撰：《本朝分省人物考》，《续修四库全书》本。

（明）何乔新撰：《椒邱文集》，《景印文渊阁四库全书》本。

（明）胡忻撰：《欲焚草》，清康熙四十二年（1703 年）胡恒升刻本。

（明）胡应麟：《少室山房笔丛》，北京：中华书局，1958 年。

（明）黄凤翔撰：《嘉靖大政类编》，明万历三十七年（1609 年）自刻本。

（明）黄金撰：《皇明开国功臣录》，《明代传记丛刊》本。

（明）黄景昉著，陈士楷、熊德基点校：《国史唯疑》，上海：上海古籍出版社，2002 年。

（明）黄汝亨撰：《寓林集》，明天启四年（1624 年）刻本。

（明）黄宗昌撰：《疏草》，《四库未收书辑刊》本。

（明）黄尊素撰：《黄忠端公集》，清康熙十五年（1676 年）许三礼刻本。

（明）黄佐撰：《南雍志》，《续修四库全书》本。

（明）蒋平阶撰：《东林始末》，《四库全书存目丛书》本。

（明）焦竑辑：《献征录》，《续修四库全书》本。

（明）焦竑撰，李剑雄点校：《澹园集》，北京：中华书局，1999 年。

（明）焦竑撰，李剑雄点校：《焦氏笔乘》，上海：上海古籍出版社，1986 年。

（明）焦竑撰：《国史经籍志》，《续修四库全书》本。

（明）焦竑撰：《焦氏类林》，《续修四库全书》本。

（明）焦竑撰：《老子翼》，《景印文渊阁四库全书》本。

（明）焦竑撰：《俗书刊误》，《景印文渊阁四库全书》本。

（明）焦竑撰：《熙朝名臣实录》，《续修四库全书》本。

（明）焦竑撰：《养正图解》，《宛委别藏》本。

（明）焦竑撰：《玉堂丛语》，北京：中华书局，1981 年。

（明）焦竑撰：《庄子翼》，《景印文渊阁四库全书》本。

（明）金日升辑：《颂天胪笔》，明崇祯二年（1629 年）刻本。

（明）瞿九思撰：《万历武功录》，北京：中华书局，1962 年。

（明）瞿式耜撰：《瞿忠宣公集》，清道光十五年（1835 年）刊本。

（明）郎瑛撰：《七修类稿》，上海：上海书店出版社，2001 年。

（明）雷礼辑：《国朝列卿记》，《续修四库全书》本。

（明）雷礼辑：《皇明大政纪》，《续修四库全书》本。

（明）李邦华撰：《李忠肃先生集》，清乾隆七年（1742 年）徐大坤刻本。

（明）李长祥撰：《天问阁文集》，《四库禁毁书丛刊》本。

（明）李化龙：《平播全书》（点校本），北京：大众文艺出版社，2008 年。

（明）李默撰：《孤树裒谈》，《中国野史集成》本，济南：泰山出版社，2000 年。

（明）李清撰，何槐昌点校：《南渡录》，杭州：浙江古籍出版社，1988 年。

（明）李维桢撰：《大泌山房集》，明万历三十九年（1611 年）刻本。

（明）李贽：《焚书》，北京：中华书局，1975 年。

（明）李贽：《续藏书》，北京：中华书局，1959 年。

（明）李贽：《续焚书》，北京：中华书局，1975 年。

（明）梁梦龙撰：《海运新考》，《四库全书存目丛书》本。

（明）廖道南、黄佐撰：《殿阁词林记》，《景印文渊阁四库全书》本。

（明）林尧俞纂修，俞汝楫编撰：《礼部志稿》，《景印文渊阁四库全书》本。

（明）林之盛撰：《皇明应谥名臣备考录》，《明代传记丛刊》本。

（明）凌迪知撰：《万姓统谱》，《景印文渊阁四库全书》本。

（明）刘鸿训撰：《四素山房集》，《四库未收书辑刊》本。

（明）刘麟撰：《清惠集》，《景印文渊阁四库全书》本。

（明）刘若愚：《酌中志》，北京：北京古籍出版社，1994 年。

（明）刘振撰：《识大录》，《四库全书存目丛书》本。

（明）刘宗周撰：《刘蕺山集》，《景印文渊阁四库全书》本。

（明）卢象昇撰：《卢公奏议》，清道光九年（1829 年）刻本。

（明）陆粲撰：《陆子余集》，《景印文渊阁四库全书》本。

（明）陆梦龙撰：《挺击始末》，《四库全书存目丛书》本。

（明）陆应阳撰，（清）蔡方炳增辑：《广舆记》，清康熙五十六年（1717 年）聚锦堂
  刻本。

（明）鹿善继撰：《鹿忠节公集》，《续修四库全书》本。

（明）吕毖辑：《明朝小史》，《四库禁毁书丛刊》本。

（明）吕坤撰：《去伪斋文集》，《四库全书存目丛书》本。

（明）茅瑞征撰：《万历三大征考》，《续修四库全书》本。

（明）茅元仪撰：《石民四十集》，《续修四库全书》本。

（明）倪元璐撰：《倪文贞集》，《景印文渊阁四库全书》本。

（明）彭韶撰：《彭惠安集》，《景印文渊阁四库全书》本。

（明）钱士馨：《甲申传信录》，上海，上海古籍出版社，1996 年。

（明）戚祚国汇纂，李克、郝教苏点校：《戚少保年谱耆编》，北京：中华书局，2003 年。

（明）祁承㸁：《澹生堂藏书约》，上海：上海古籍出版社，2005 年。

（明）申时行等修：《明会典》（万历朝重修本），北京：中华书局，1989 年。

（明）沈德符撰：《万历野获编》，北京：中华书局，1959 年。

（明）沈国元：《皇明从信录》，《续修四库全书》本。

（明）沈鲤撰，（清）刘榛辑：《亦玉堂稿》，《景印文渊阁四库全书》本。

（明）沈一贯撰：《敬事草》，《四库存目丛书》本。

（明）沈应魁辑：《皇明名臣言行录新编》，《明代传记丛刊》本。

（明）孙承宗等辑：《车营叩答合编》，《续修四库全书》本。

（明）孙承宗撰：《高阳集》，《续修四库全书》本。

（明）孙旬辑：《皇明疏钞》，《续修四库全书》本。

（明）谈迁著，张宗祥校点：《国榷》，北京：中华书局，1958 年。

（明）谭大初纂修：《（嘉靖）南雄府志》，《天一阁藏明代方志选刊续编》本。

（明）陶望龄撰：《歇庵集》，《续修四库全书》本。

（明）天都山臣撰：《女直考》，《四库禁毁书丛刊》本。

（明）万时华撰：《溉园集》，《四库禁毁书丛刊》本。

（明）王鏊撰：《震泽长语》，《景印文渊阁四库全书》本。

（明）王圻撰：《续文献通考》，北京：现代出版社，1986 年。

（明）王汝南：《续补明纪编年》，《台湾文献丛刊》第 5 辑，台北：台湾大通书局，
    1987 年。

（明）王士琦撰：《三云筹俎考》，《明代蒙古汉籍史料汇编》第 6 辑，呼和浩特：内蒙
    古大学出版社，2009 年。

（明）王世德撰：《崇祯遗录》，《四库禁毁书丛刊》本。

（明）王世贞撰，魏连科点校：《弇山堂别集》，北京：中华书局，1985 年。

（明）王世贞撰：《嘉靖以来首辅传》，《明代传记丛刊》本。

（明）王世贞撰：《弇州史料》，《四库禁毁书丛刊》本。

（明）王锡爵撰：《王文肃公文集》，《四库禁毁书丛刊》本。

（明）王在晋撰：《三朝辽事实录》，明崇祯二年（1629 年）刻本。

（明）魏焕辑：《皇明九边考》，《四库全书存目丛书》本。

（明）温纯撰：《温恭毅集》，《续修四库全书》本。

（明）文秉撰：《先拨志始》，《四库存目丛书》本。

（明）吴道南撰：《吴文恪公文集》，《四库禁毁书丛刊》本。

（明）吴亮辑：《万历疏钞》，明万历三十七年（1609 年）刻本。

（明）吴亮辑：《万历疏钞》，明万历三十七年（1609 年）刻本。

（明）吴朴撰：《龙飞纪略》，《四库全书存目丛书》本。

（明）吴甡著，秦晖点校：《柴庵疏集》，杭州：浙江古籍出版社 1989 年。

（明）吴应箕撰：《东林事略》，《续修四库全书》本。

（明）吴应箕撰：《启祯两朝剥复录》，《续修四库全书》本。

（明）吴应箕撰：《熹朝忠节死臣列传》，《明代传记丛刊》本。

（明）伍袁萃撰：《林居漫录》，《四库全书存目丛书》本。

（明）项笃寿撰：《今献备遗》，《景印文渊阁四库全书》本。

（明）萧彦、王致祥等撰：《掖垣人鉴》，《景印文渊阁四库全书》本。

（明）谢肇淛撰：《滇略》，《景印文渊阁四库全书》本。

（明）熊明遇：《文直行书诗文》，清顺治十七年（1660 年）熊人霖刻本。

（明）徐昌治撰：《昭代芳摹》，明崇祯九年（1636 年）徐氏知问斋刻本。

（明）徐纮撰：《明名臣琬琰录》，《景印文渊阁四库全书》本。

（明）徐咸辑：《皇明名臣言行录》，《续修四库全书》本。

（明）徐象梅撰：《两浙名贤录》，明天启四年（1624 年）刻本。

（明）徐学聚撰：《国朝典汇》，明天启四年（1624 年）徐与参刻本。

（明）徐祯卿撰：《翦胜野闻》，（明）沈节甫辑：《纪录汇编》，中华全国图书馆文献微
缩复制中心，1994 年。

（明）许浩撰：《复斋日记》，《中华野史》，济南：泰山出版社，2000 年。

（明）许重熙撰：《嘉靖以来注略》明崇祯刻本。

（明）薛应旂撰，展龙、耿勇校注：《宪章录》，南京：凤凰出版社，2014 年。

（明）杨坤等辑，（清）缪敬持补辑：《东林同难录》，《四库未收书辑刊》本。

（明）杨嗣昌撰：《杨文弱先生集》，《续修四库全书》本。

（明）杨天民撰：《杨全甫谏草》，《四库存目丛书》本。

（明）杨廷麟撰：《兼山集》，《四库禁毁书丛刊》本。

（明）姚良弼修，（明）杨宗甫纂：《（嘉靖）惠州府志》，《天一阁藏明代方志选刊》本。

（明）姚希孟撰：《棘门集》，明崇祯十年（1637 年）刻本。

（明）叶盛撰，魏中平点校：《水东日记》，北京：中华书局，1997 年。

（明）叶向高撰：《苍霞草全集》，扬州：江苏广陵古籍刻印社，1994 年。

（明）于慎行撰：《谷城山馆文集》，《景印文渊阁四库全书》本。

（明）余继登撰，（明）冯琦编：《淡然轩集》，《景印文渊阁四库全书》本。

（明）俞大猷撰，廖渊泉、张吉昌整理点校：《正气堂全集》，福州：福建人民出版
社，2007 年。

（明）袁袠撰：《皇明献实》，《明代传记丛刊》本。

（明）张岱撰：《石匮书》，上海：上海古籍出版社，2008 年。

（明）张国维撰：《抚吴疏草》，《四库未收书辑刊》本。

（明）张瀚撰：《台省疏稿》，明万历二年（1574 年）吴道明刻本。

（明）张居正撰：《张太岳集》，上海：上海古籍出版社，1984 年。

（明）张鼐撰：《宝日堂初集》，明崇祯二年（1639 年）刻本。

（明）张诩撰：《皇明名臣琬琰录序》，《明代传记丛刊》本。

（明）张萱撰：《西园闻见录》，《续修四库全书》本。

（明）章潢撰：《图书编》，《景印文渊阁四库全书》本。

（明）赵用贤撰：《松石斋集》，明万历四十六年（1618 年）刻本。

（明）郑晓撰：《今言》，北京：中华书局，1984 年。

（明）郑晓撰：《吾学编》，《续修四库全书》本。

（明）周念祖辑：《万历辛亥京察记事始末》，《续修四库全书》本。

（明）周起元撰：《周忠愍奏疏》，《景印文渊阁四库全书》本。

（明）周文郁撰：《边事小纪》，《四库全书禁毁书丛刊补编》本。

（明）朱国桢撰：《涌幢小品》，北京：中华书局，1959 年。

（明）朱国桢撰：《皇明史概》，《续修四库全书》本。

（明）朱荃宰撰：《文通》，《四库全书存目丛书》本。

（明）朱吾弼辑：《皇明留台奏议》，明万历三十三年（1605 年）刻本。

（明）诸葛元声撰：《两朝平攘录》，明万历三十四年（1606 年）商濬刻本。

（明）祝允明撰：《九朝野记》，（明）邓士龙辑：《国朝典故》，北京：北京大学出版
社，1993 年。

（明）庄廷鑨撰：《明史钞略》，《四部丛刊三编》本。

（清）阿桂、梁国治撰：《皇清开国方略》，《景印文渊阁四库全书》本。

（清）柏起宗撰：《东江始末》，清光绪三十二年（1906 年）铅印本。

（清）蔡世远撰：《二希堂文集》，《景印文渊阁四库全书》本。

（清）曹溶撰：《崇祯五十宰相传》，《明代传记丛刊》本。

（清）查继佐撰：《国寿录》，《明代传记丛刊》本。

（清）查继佐：《罪惟录》，杭州：浙江古籍出版社，1986 年。

（清）查慎行撰：《人海记》，北京：北京古籍出版社，1989 年。

（清）陈伯陶纂，谢创志整理：《胜朝粤东遗民录》，上海：上海人民出版社，2011 年。

（清）陈鼎：《东林列传》，《明代传记丛刊》本。

（清）陈鹤撰：《明纪》，清同治十年（1871 年）江苏书局刻本。

（清）陈田撰：《明诗纪事》，《明代传记丛刊》本。

（清）陈僖撰：《燕山草堂集》，《四库未收书辑刊》本。

（清）陈仪撰：《直隶河渠志》，《景印文渊阁四库全书》本。

（清）成瓘等编纂：《（道光）济南府志》，清道光二十年（1840 年）刻本。

（清）储大文撰：《存研楼文集》，《景印文渊阁四库全书》本。

（清）戴笠著，陈协琴、刘益安点校：《怀陵流寇始终录》，沈阳：辽沈书社，1993 年。

（清）戴名世撰：《南山集》，清光绪二十六年（1900 年）刻本。

（清）鄂尔泰监修，（清）靖道谟编纂：《（乾隆）贵州通志》，《景印文渊阁四库全
书》本。

（清）方苞著，刘季高校点：《方苞集》，上海：上海古籍出版社，1983 年。

（清）方浚颐撰：《二知轩文存》，清光绪四年（1878 年）刻本。

（清）方象瑛撰：《明史分稿残本》，《振绮堂丛书》本。

（清）冯甦撰：《滇考》，《景印文渊阁四库全书》本。

（清）冯甦撰：《见闻随笔》，《四库全书存目丛书》本。

（清）傅维麟撰：《明书》,《四库全书存目丛书》本。

（清）傅泽洪撰：《行水金鉴》,《景印文渊阁四库全书》本。

（清）顾复撰,林虞生校点：《平生壮观》,上海：上海古籍出版社,2011 年。

（清）顾师轼撰：《吴梅村先生年谱》,清道光二十五年（1845 年）刻本。

（清）顾炎武撰,黄珅等校点：《天下郡国利病书》,上海：上海古籍出版社,2012 年。

（清）顾炎武撰,谭其骧、王文楚等点校：《肇域志》,上海：上海古籍出版社,2004 年。

（清）顾炎武撰：《亭林文集》,《续修四库全书》本。

（清）顾祖禹撰,贺次君、施和金点校：《读史方舆纪要》,北京：中华书局,2005 年。

（清）何絜撰：《晴江阁集》,清康熙十七年（1678 年）刻本。

（清）和珅：《大清一统志》,《景印文渊阁四库全书》本。

（清）洪亮吉撰：《卷施阁集》,清光绪三年（1877 年）洪氏授经堂刻洪北江全集增
　　修本。

（清）胡林翼撰：《读史兵略续编》,《续修四库全书》本。

（清）黄鸿寿撰：《清史纪事本末》,《续修四库全书》本。

（清）黄叔璥撰：《南台旧闻》,《四库全书存目丛书》本。

（清）黄虞稷撰,瞿凤起、潘景郑整理：《千顷堂书目》（附索引）,上海：上海古籍出
　　版社,2001 年。

（清）黄宗羲编：《明文海》,《景印文渊阁四库全书》本。

（清）黄宗羲撰：《明儒学案》,《景印文渊阁四库全书》本。

（清）嵇璜、曹仁虎撰：《钦定续文献通考》,《景印文渊阁四库全书》本。

（清）嵇曾筠监修,（清）沈翼机编纂：《（雍正）浙江通志》,《景印文渊阁四库全书》本。

（清）计六奇撰,魏得良、任道斌点校：《明季北略》,北京：中华书局,1984 年。

（清）姜宸英撰,（清）黄叔琳编：《湛园集》,《景印文渊阁四库全书》本。

（清）姜宸英撰：《拟明史传》,清吴氏绣谷亭抄本。

（清）蒋良骐撰,林树惠、傅贵九校点：《东华录》,北京：中华书局,1980 年。

（清）王介锡纂,（清）周钲辑：《明朝百家小传》,北京：北京大学图书馆藏善本。

（清）金鉷监修,（清）钱元昌编纂：《（雍正）广西通志》,《景印文渊阁四库全书》本。

（清）觉罗石麟修,（清）储大文纂：《（雍正）山西通志》,雍正十二年（1734 年）
　　刻本。

（清）康基田撰：《河渠纪闻》,《四库未收书辑刊》本。

（清）李馥荣撰：《滟滪囊》,清道光二十七年（1847 年）退思轩刻本。

（清）李焕章撰：《织水斋集》,《四库全书存目丛书》本。

（清）李清馥撰,徐公喜、管正平、周明华点校：《闽中理学渊源考》,南京：凤凰出
　　版社,2011 年。

（清）李逊之撰：《三朝野纪》,道光四年（1824 年）李兆洛活字印本。

（清）刘承幹撰：《明史例案》，北京：文物出版社，1982 年。

（清）刘景伯撰：《蜀龟鉴》，清咸丰四年（1854 年）刻本。

（清）刘统修，（清）刘炳、王应鲸纂：《（乾隆）任丘县志》，乾隆二十七年（1762
　年）刻本。

（清）刘汋编：《先君子蕺山先生年谱》，清乾隆四十二年（1777 年）山阴刘毓德
　刻本。

（清）龙文彬纂：《明会要》，北京：中华书局，1956 年。

（清）陆奎勋撰：《陆堂文集》，《四库全书存目丛书》本。

（清）迈柱修，（清）夏力恕等纂：《（雍正）湖广通志》，雍正十一年（1733 年）
　刻本。

（清）毛奇龄撰：《后鉴录》，《四库全书存目丛书》本。

（清）毛奇龄撰：《蛮司合志》，《四库全书存目丛书》本。

（清）毛奇龄撰：《西河集》，《景印文渊阁四库全书》本。

（清）潘柽章撰：《国史考异》，《续修四库全书》本。

（清）潘柽章撰：《松陵文献》，《续修四库全书》本。

（清）潘耒撰：《遂初堂文集》，《续修四库全书》本。

（清）彭孙贻：《流寇志》，杭州：浙江人民出版社，1983 年。

（清）彭孙贻辑，陈协琴、刘益安点校：《平寇志》，上海：上海古籍出版社，1984 年。

（清）彭遵泗等：《蜀碧》（外二种），北京：北京古籍出版社，2002 年。

（清）齐召南撰：《水道提纲》，《景印文渊阁四库全书》本第 583 册。

（清）钱谦益、藏并撰：《绛云楼书目》，《续修四库全书》本。

（清）钱谦益：《列朝诗集小传》，上海：上海古籍出版社，1959 年。

（清）钱谦益著，（清）钱曾笺注，钱仲联标校：《牧斋初学集》，上海：上海古籍出版
　社，1985 年。

（清）屈大均撰：《皇明四朝成仁录》，《明代传记丛刊》本。

（清）屈大均撰：《翁山文外》，《续修四库全书》本。

（清）全祖望撰，朱铸禹汇校集校：《鲒埼亭集》，《全祖望集汇校集注》，上海：上海
　古籍出版社，2000 年。

（清）任启运撰：《清芬楼遗稿》，清嘉庆二十二年（1817 年）刻本。

（清）邵长蘅撰：《青门簏稿》，清光绪二十二年（1896 年）刻本。

（清）邵念鲁撰：《思复堂文集碑传》，《明代传记丛刊》本。

（清）邵廷采撰：《东南纪事》，《台湾文献史料丛刊》第 5 辑，台北：台湾大通书局，
　1987 年。

（清）邵应聘：《西南纪事》，南宁：广西人民出版社，2008 年。

（清）沈佳撰：《明儒言行录》，《景印文渊阁四库全书》本。

（清）沈佳撰：《明儒言行录续编》，《景印文渊阁四库全书》本。

（清）沈彤撰：《果堂集》，《景印文渊阁四库全书》本。

（清）盛枫撰：《嘉禾征献录》，《四库存目丛书》本。

（清）孙宝瑄：《忘山庐日记》，上海：上海古籍出版社，1983 年。

（清）孙承泽辑，裘剑平校点：《山书》，杭州：浙江古籍出版社，1989 年。

（清）孙承泽著，王剑英点校：《春明梦余录》，北京：北京古籍出版社，1992 年。

（清）孙殿起录：《贩书偶记》，上海：上海古籍出版社，1982 年。

（清）谈迁著，罗仲辉、胡明校点校：《枣林杂俎》，北京：中华书局，2006 年。

（清）唐执玉、李卫监修，（清）田易编纂：《（雍正）畿辅通志》，《景印文渊阁四库全书》本。

（清）田雯撰：《古欢堂集》，《景印文渊阁四库全书》本。

（清）万邦荣撰：《明史列传分纂》，清道光十四年（1834 年）襄城万六德刻本。

（清）万斯同辑：《宋季忠义录》，《宋代传记资料丛刊》本。

（清）万斯同撰：《明史》，《续修四库全书》本。

（清）万斯同撰：《明史稿》，天一阁藏本。

（清）万斯同撰：《明史纪传》，国家图书馆缩微胶片。

（清）万斯同撰：《石园文集》，《续修四库全书》本。

（清）汪学金辑：《娄东诗派》，清嘉庆九年（1804 年）诗志斋刻本。

（清）汪有典撰：《前明忠义别传》，《四库未收书辑刊》本。

（清）汪有典撰：《史外》，清乾隆十四年（1749 年）淡艳亭刻本。

（清）王铎著，李根柱点校：《拟山园选集》，郑州：河南人民出版社，2013 年。

（清）王夫之撰：《永历实录》，上海：上海古籍出版社，1987 年。

（清）王鸿绪撰：《明史稿》，敬慎堂刊本。

（清）王履泰撰：《畿辅安澜志》，《续修四库全书》本。

（清）王士禛撰，勒斯仁点校：《池北偶谈》，北京：中华书局，1982 年。

（清）王士禛撰：《居易录》，《景印文渊阁四库全书》本。

（清）王颂蔚撰：《明史考证捃逸》，《续修四库全书》本。

（清）王先谦撰：《东华录》，《续修四库全书》本。

（清）王新命纂修：《（康熙）江南通志》，康熙二十三年（1684 年）刻本。

（清）王源撰：《居业堂文集》，清道光十一年（1831 年）读雪山堂刻本。

（清）魏源撰，韩锡泽、孙文良点校：《圣武记》，北京：中华书局，1984 年。

（清）温睿临撰：《南疆逸史》，《续修四库全书》本。

（清）翁洲老民：《海东逸史》，杭州：浙江古籍出版社，1985 年。

（清）吴坤等修，（清）何绍基、杨沂孙纂：《（光绪）重修安徽通志》，清光绪四年（1787 年）刻本。

（清）吴世杰撰：《甓湖草堂集》，《四库未收书辑刊》本。

（清）吴肃公撰：《街南续集》，《四库禁毁书丛刊》本。

（清）吴伟业撰：《梅村集》，清顺治十七年（1660 年）刻本。

（清）吴炎、潘柽章撰：《今乐府》，《四库禁毁书丛刊》本。

（清）吴炎撰：《吴赤溟先生文集》，清光绪三十二年（1906 年）铅印本。

（清）夏燮撰：《明通鉴》，北京：中华书局，2009 年。

（清）谢旻监修，陶成编纂：《（雍正）江西通志》，清雍正十年（1732 年）刻本。

（清）徐芳撰：《悬榻编》，《四库禁毁书丛刊》本。

（清）徐开任辑：《明名臣言行录》，《续修四库全书》本。

（清）徐乾学撰：《憺园文集》，《续修四库全书》本。

（清）徐乾学撰：《明史列传》，《明代传记丛刊》本。

（清）徐鼒：《小腆纪传》，《续修四库全书》本。

（清）许鸣盘撰：《方舆考证》，清济宁潘氏华鉴阁本。

（清）许献、高祐、高廷珍，等撰，《东林书院志》整理委员会整理：《东林书院志》，
　　北京：中华书局，2004 年。

（清）严遂成撰：《明史杂咏》，清乾隆十二年（1747 年）刻本。

（清）杨椿撰：《孟邻堂文钞》，《续修四库全书》本。

（清）杨陆荣撰，吴翊如点校：《三藩纪事本末》，北京：中华书局，1985 年。

（清）杨毓秀撰：《平回志》，清光绪十五年（1889 年）剑南王氏刻本。

（清）叶昌炽著，王欣夫补正，徐鹏辑：《藏书纪事诗》，上海：上海古籍出版社，
　　1989 年。

（清）英廉等编：《全毁抽毁书目》，《丛书集成新编》本。

（清）永瑢等撰：《四库全书总目》，北京：中华书局，1965 年。

（清）尤侗撰：《明史拟稿》，清刻本。

（清）尤侗撰：《西堂文集》，《续修四库全书》本。

（清）余廷灿撰：《存吾文稿》，《续修四库全书》本。

（清）张廷玉编撰：《明史》，北京：中华书局，1974 年。

（清）张廷玉撰：《御定资治通鉴纲目三编》，《景印文渊阁四库全书》本。

（清）张夏撰：《雒闽源流录》，清康熙二十一年（1682 年）黄昌衢彝叙堂刻本。

（清）章学诚：《文史通义》，上海：上海书店，1988 年。

（清）章学诚撰：《校雠通义》，《续修四库全书》本。

（清）赵尔巽等撰：《清史稿》，北京：中华书局，1977 年。

（清）赵宏恩监修，（清）黄之隽编纂：《（乾隆）江南通志》，《景印文渊阁四库全书》本。

（清）赵吉士、卢宜撰：《续表忠记》，《四库存目丛书》本。

（清）赵吉士辑撰，周晓光、刘道胜点校：《寄园寄所寄》，合肥：黄山书社，2008 年。

（清）赵翼撰，曹光甫校点：《廿二史札记》，上海：上海古籍出版社，2011 年。

（清）郑虎文：《吞松阁集》，清嘉庆十四年（1809 年）刻本。

（清）周中孚撰：《郑堂读书记》，《续修四库全书》本。

（清）朱彝尊著，（清）姚祖恩编，黄君坦校点：《静志居诗话》，北京：人民文学出版社，1990 年。

（清）朱彝尊撰：《明史馆稿传》，上海图书馆藏手稿本。

（清）朱彝尊撰：《曝书亭集》，《景印文渊阁四库全书》本。

（清）邹漪：《明季遗闻》，《台湾文献史料丛刊》第 5 辑，台北：台湾大通书局，1987 年。

（清）邹漪撰：《启祯野乘》，《四库禁毁书丛刊》本。

（清）邹钟泉撰：《道南渊源录》，《四库未收书辑刊》本。

《明季烈臣传》，清抄本。

《明实录》，台北："中研院"历史语言研究所校印本，1962 年。

《清实录》，北京：中华书局，1985 年。

《清通志》，《景印文渊阁四库全书》本。

《盛京通志》，清康熙二十三年（1684 年）刻本。

《御选明臣奏议》，《景印文渊阁四库全书》本。

《中国方志丛书》，台北：成文出版社，1966 至 1985 年。

何乔远：《名山藏》，上海：上海古籍出版社，1987 年。

二、今人著述

〔美〕牟复礼、〔英〕崔瑞德编：《剑桥中国明代史》，张书生、黄沫、杨品泉，等译，思炜、张言、谢亮生校，北京：中国社会科学出版社，1992 年。

〔日〕山根幸夫编：《中国史研究入门》，田人隆等译，北京：中国社会科学出版社，1994 年。

〔英〕巴特菲尔德：《个人在历史上的作用》，《历史》1955 年增刊。

安作璋主编：《中国古代史史料学》，福州：福建人民出版社，1994 年。

巴兆祥：《明代方志纂修略述》，《文献》1988 年第 3 期。

白钢：《中国政治制度史》，北京：人民出版社，1996 年。

白寿彝：《中国通史》（第 15 册），上海：上海人民出版社，1999 年。

蔡友谋：《谈迁〈国榷〉》，《书馨》1998 年第 3 期。

昌彼得：《焦洪国史经籍志的评价》，屈万里先生七秩荣庆论文集编辑委员会编：《屈万里先生七秩荣庆论文集》，台北：联经出版事业公司，1978 年。

陈宝良：《悄悄散去的幕纱——明代文化历程新说》，西安：陕西人民教育出版社，1988 年。

陈高华、陈智超等：《中国古代史史料学》，北京：北京出版社，1987 年。

陈寒鸣：《明代中后叶的平民儒学与"异端"运动》，《浙江学刊》1993 年第 4 期。

陈其泰：《史学与中国文化传统》，北京：书目文献出版社，1992 年。

陈时龙：《天一阁藏〈明史稿·隐逸传〉的史源与史笔》，《史学史研究》2015 年第 4 期。

陈守实：《〈明史〉抉微》，《国学论丛》1927 年第 4 期。

丁宏宣：《论焦竑与〈国史经籍志〉》，《图书馆论坛》1997 年第 1 期。

杜维运：《清代史学与史家》，北京：中华书局，1988 年。

杜维运：《清乾嘉时代之史学与史家》，台北：台湾大学文学院，1962 年。

范文澜：《经学史讲演录》，《历史学》1979 年第 6 期。

冯惠民等选编：《明代书目题跋丛刊》，北京：书目文献出版社，1994 年。

冯天瑜：《明清文化史散论》，武汉：华中工学院出版社，1984 年。

傅玉璋、傅正：《明清史学史》，合肥：安徽大学出版社，2005 年。

葛兆光：《明代中后期的三股史学思潮》，《史学史研究》1985 年第 1 期。

郭培贵：《建文帝有实录吗》，《殷都学刊》2000 年第 4 期。

郭培贵：《明史选举志笺正》，呼和浩特：内蒙古大学出版社，1997 年。

侯外庐、邱汉生、张岂之主编：《宋明理学史》，北京：人民出版社，1984 年。

侯外庐主编：《中国思想通史》，北京：人民出版社，1963 年。

黄苇：《论方志的继承与创新》，《方志论集》，杭州：浙江人民出版社，1983 年。

黄燕生：《明代的地方志》，《史学史研究》1989 年第 4 期。

黄云眉：《明史考证》，北京：中华书局，1979 年。

嵇文甫：《晚明思想史》，北京：东方出版社，1996 年。

季羡林、任继愈、刘俊文：《〈四库全书存目丛书〉编纂缘起》，《文史哲》1997 年第 4 期。

姜胜利：《20 世纪〈明史〉研究述评》，《史学理论与史学史学刊》2008 年卷。

姜胜利：《明代野史述论》，《南开学报（哲学社会科学版）》1987 年第 2 期。

姜胜利主编：《明史研究》，北京：中国大百科全书出版社，2009 年。

金毓黻：《中国史学史》，石家庄：河北教育出版社，2000 年。

瞿林东：《中国古代史学批评纵横》，北京：中华书局，1994 年。

瞿林东：《中国史学史纲》，北京：北京出版社，1999 年。

瞿晓岩：《明代的官府藏书及其利用》，《甘肃社会科学》1993 年第 6 期。

阚红柳：《清初私家修史研究——以史家群体为研究对象》，北京：人民出版社，
2008 年。

雷梦辰：《清代各省禁书汇考》，北京：北京图书馆出版社，1989 年。

李焯然：《焦竑的实学思想及其对晚明学风的影响》，林徐典编：《汉学研究之回顾与
前瞻》（历史哲学卷），北京：中华书局，1995 年。

李剑雄：《论焦竑的哲学思想》，《华东师范大学学报（哲学社会科学版）》1992 年

第 2 期。

李小林：《万历官修本朝正史研究》，天津：南开大学出版社，1999 年。

李新峰：《〈献征录〉明初三传校读》，（台北）《明代研究》2014 年第 22 期。

梁启超：《清代学者整理旧学之总成绩》，北京：商务印书馆，1999 年。

梁启超：《中国历史研究法》，上海：上海古籍出版社，1987 年。

刘节：《中国史学史稿》，郑州：中州古籍出版社，1982 年。

刘叶秋：《古典小说笔记论丛》，天津：南开大学出版社，1985 年。

鲁迅：《这个与那个》，《鲁迅全集》，北京：人民文学出版社，2000 年。

吕志毅：《论我国古代历史编纂学》，《河北大学学报（哲学社会科学版）》1983 年第 4
　　期。

南炳文：《明代文化特色浅论》，《历史教学》1999 年第 10 期。

南炳文：《正直博学的焦澹园》，《明史研究》1994 年第 4 辑。

南炳文、吴彦玲辑校：《辑校万历起居注》，天津：天津古籍出版社，2010 年。

牛建强：《广域的史料观念：谢国桢对明清笔记小说价值之认识》，《史学集刊》2003
　　年第 4 期。

齐吉祥、范楚玉、彭林总纂：《中华文明史》，石家庄：河北教育出版社，1994 年。

钱茂伟：《明代史学编年考》，北京：中国文联出版社，2000 年。

钱茂伟：《明代史学的历程》，北京：社会科学文献出版社，2003 年。

钱新祖：《焦竑与晚明新儒思想的重构》，上海：东方出版中心，2017 年。

乔治忠、姜胜利编著：《中国史学史研究述要》，天津：天津教育出版社，1996 年。

任道斌：《论明代学术文化的发展》，《中国社会科学院研究生院学报》1991 年第 1 期。

容肇祖：《焦竑及其思想》，《燕京大学（燕京学报）》1938 年第 23 期。

容肇祖编：《李贽年谱》，北京：生活·读书·新知三联书店，1957 年。

孙建民、薛亚康：《笔记史学刍议》，《河南大学学报（社会科学版）》1991 年第 8 期。

孙钦善：《中国古文献学史》，北京：中华书局，1994 年。

王彬主编：《清代禁书总述》，北京：中国书店，1999 年。

王锦贵：《中国纪传体文献研究》，北京：北京大学出版社，1996 年。

王守稼：《封建末世的积淀和萌芽》，上海：上海人民出版社，1990 年。

王炜民：《〈焦氏笔乘〉的文献学价值》，《阴山学刊（社会科学版）》1994 年第 3 期。

王炜民：《从〈四库全书〉看焦竑》，《殷都学刊》1995 年第 4 期。

王炜民：《从〈养正图解〉看焦竑的治政思想》，《阴山学刊（社会科学版）》1992 年
　　第 2 期。

王炜民：《焦竑的文献学》，《历史文献研究》（北京新五辑），北京：北京师范大学出
　　版社，1994 年。

王炜民：《论焦竑〈玉堂丛语〉的史料价值》，《北京师范大学学报》1991 年增刊。

王勇刚:《焦竑的史学思想》,《殷都学刊》2001 年第 3 期。

王重民撰:《中国善本书提要》,上海:上海古籍出版社,1983 年。

吴泽主编、袁英光编选:《中国史学史论集》(二),上海:上海人民出版社,1980 年。

武新立编著:《明清稀见史籍叙录》,南京:金陵书画社,1983 年。

向燕南:《焦竑的学术特点与史学成就》,《文献》1999 年第 2 期。

向燕南:《晚明著名学者焦竑》,《文史知识》1990 年第 7 期。

向燕南:《中国史学思想通史·明代卷》,合肥:黄山书社,2002 年。

谢国桢:《〈鲁迅与北京风土〉序》,《瓜蒂庵文集》,沈阳:辽宁教育出版社,1996 年。

谢国桢:《明末清初的学风》,上海:上海书店出版社,2004 年。

谢国桢:《史料学概论》,福州:福建人民出版社,1985 年。

谢国桢编著:《增订晚明史籍考》,上海:上海古籍出版社,1981 年。

刑兆良:《晚明社会的文化变迁和科学发展》,《社会科学战线》1998 年第 3 期。

徐昕:《状元藏书家——焦竑》,《中国典籍与文化》2000 年第 2 期。

许殿才:《〈汉书〉的论赞》,《社会科学辑刊》1996 年第 6 期。

杨连生、孙业山、王东:《中国官方修史的组织:唐朝至明朝正史编修的原则和方法》,《历史教学问题》1995 年第 5 期。

杨绪敏:《论焦竑及其史学研究的成就与缺失》,《江苏社会科学》2002 年第 3 期。

杨绪敏:《明末清初私家修史研究》,北京:中国社会科学出版社,2016 年。

杨艳秋:《〈熙朝名臣实录〉与〈续藏书〉》,《中国史研究》2003 年第 3 期。

杨艳秋:《明代史学探研》,北京:人民出版社,2005 年。

杨翼骧编:《中国史学史资料编年》(第三册)(元、明),天津:南开大学出版社,1999 年。

杨豫、胡成:《历史学的思想和方法》,南京:南京大学出版社,1996 年。

尹达主编、《中国史学发展史》编写组编著:《中国史学发展史》,郑州:中州古籍出版社,1985 年。

展龙:《〈四库全书总目〉焦竑著述提要补正两则》,《大学图书情报学刊》2005 年第 1 期。

展龙:《明清以来焦竑研究述论》,《历史典籍和传统文化研究》,北京:方志出版社,2004 年。

展龙:《张居正改革时期民族政策研究》,北京:人民出版社,2013 年。

张辅麟:《晚明文化思潮述略》,《社会科学辑刊》1997 年第 5 期。

张怀承:《略论泰州学派对王学的改造与背离》,《船山学刊》1994 年第 1 期。

张孟伦:《中国史学史》,兰州:甘肃人民出版社,1986 年。

张中良:《论明代中期以来的三次启蒙主义思潮》,《西北大学学报(哲学社会科学版)》1991 年第 2 期。

中国第一历史档案馆编:《纂修四库全书档案》,上海:上海古籍出版社,1997 年。

中国古籍善本书目编辑委员会编：《中国古籍善本书目》，上海：上海古籍出版社，
　　1998 年。

中国古籍善本书目编辑委员会编：《中国古籍善本书目提要》，上海：上海古籍出版
　　社，1989 年。

周积明：《文化视野下的四库全书总目》，南宁：广西人民出版社，1991 年。

周群：《融通儒佛的焦竑文论》，《苏州大学学报（哲学社会科学版）》1999 年第 3 期。

朱保炯、谢沛霖编：《明清进士题名碑录索引》，上海：上海古籍出版社，1979 年。

朱鸿林：《〈熙朝名臣实录〉即〈续藏书〉考》，《大陆杂志》1986 年第 6 期。

朱义禄：《逝去的启蒙——明清之际启蒙学者的文化心态》，郑州：河南人民出版社，
　　1995 年。

朱仲玉：《焦竑的史学成就》，《历史文献研究》（北京新八辑），北京：北京师范大学
　　出版社，1997 年。